汉语言文学基础知识

主编　尤丽洵　廖荣娟　赫　英

哈尔滨工程大学出版社

Harbin Engineering University Press

内容简介

本书主要为应用型本科人才培养及成人自学考试学习而编写,内容包括汉字、文学文体、语言的表达方式、语言的锤炼、导游语言表达、古代山水名胜诗词名篇赏析、历代游记。编写和选篇过程中注重理论与实践相结合,将我国的传统人文地理特色,古今文人墨客对于我国大好河山的赞美都完美地呈现出来。同时,本书从我国导游人员的现实水平出发,从导游工作实践出发,突出展现了我国悠久的历史文化底蕴及时代特色。

本书可作为成人自学考试用书及各地组织中级导游考试的培训教材,也可供导游人员、旅游院校师生使用。

图书在版编目(CIP)数据

汉语言文学基础知识/尤丽洵,廖荣娟,赫英主编. —哈尔滨:哈尔滨工程大学出版社,2022.3
ISBN 978-7-5661-3370-0

Ⅰ.①汉… Ⅱ.①尤… ②廖… ③赫… Ⅲ.①汉语-高等学校-教材 Ⅳ.①H193.9

中国版本图书馆 CIP 数据核字(2022)第 048689 号

汉语言文学基础知识
HANYUYAN WENXUE JICHU ZHISHI

选题策划	夏飞洋	
责任编辑	夏飞洋	
封面设计	刘长友	

出版发行	哈尔滨工程大学出版社	
社 址	哈尔滨市南岗区南通大街 145 号	
邮政编码	150001	
发行电话	0451-82519328	
传 真	0451-82519699	
经 销	新华书店	
印 刷	哈尔滨午阳印刷有限公司	
开 本	787 mm×1 096 mm 1/16	
印 张	17.25	
字 数	333 千字	
版 次	2022 年 3 月第 1 版	
印 次	2022 年 3 月第 1 次印刷	
定 价	48.00 元	

http://www.hrbeupress.com
E-mail:heupress@ hrbeu.edu.cn

前　　言

本书可作为成人自学考试用书及各地组织中级导游考试的培训教材,同时也可作为导游人员、旅游院校师生学习汉语言文学基础知识的教材使用。

本书编写的指导思想:以马克思主义科学发展观、语言原理为指导,以教改为契机与动力,以语文工具性、人文性为内核,以提高导游人员的业务素质为目标,以充实当前汉语言文学基础课程资源为职责,以继承、借鉴、开拓、创新为追求,以精心策划、严密组织、审慎编写为原则。

本书在编写中充分考虑到我国目前导游人员培训与考试工作的需要,注重理论与实践相结合,从我国导游人员的现实水平出发,从导游工作实践出发,突出中国特色与时代特色。

本书由黑河学院尤丽洵、重庆幼儿师范高等专科学校廖荣娟、黑龙江能源职业学院赫英主编。编写分工如下:尤丽洵负责第二、三章,廖荣娟负责第四、五章,赫英负责第一、六、七章。

本书编者深知教材编写之不易,创新更艰难。因此,本书历时两年,才得集成付梓。

由于编者水平有限,书中不足之处在所难免,恳请广大读者批评指正。

编　者
2022 年 1 月

目　　录

第一章　汉　　字

第一节　汉字的起源

汉字的起源可以追溯到约 5 000 年前的甲骨文和商代铜器文化时期。最早的汉字是象形文字，即通过描绘事物的形状来表示意义，如"日""月""山"等字。随着时间的推移，汉字不断发展与演变，出现了指事文字、形声文字和会意文字等不同的文字表现形式，并逐渐形成了庞大的字库。在汉字的发展过程中，还出现了许多奇特的汉字，如"鳖""龙""麒麟"等，这些汉字的出现丰富了汉字的表现力，并且体现出了中国文化的深厚底蕴。关于汉字的起源，有着不同的说法，流传最广泛的有以下六种。

一、结绳记事

结绳记事是汉字起源最早的说法。结绳在此处指的是上古先民通过将蚕丝编织成面状丝绸的技艺，而文字的出现则应该比制丝的技术更晚。结绳也是桑树种植、养蚕、丝绸织造产业发展的标志。在仰韶文化遗址的发掘中，出土了陶制和石制的纺轮，表明仰韶文化时期就已经具备了纺织业或编织业的技术，这也就是结绳记事时代的背景。

《易经·系辞》中说："上古结绳而治，后世圣人易之以书契"，意思是在上古时代人们没有文字的情况下，用结绳来协助记忆。到了后世，圣人们才用书写的方式来取代结绳。结绳记事就是原始人用打结的方式来记录时间、人数、男性或女性等信息，通过打结的位置和不同形状来表达不同的含义。我国古籍《周易注》中有"结绳为约，事大，大结其绳；事小，小结其绳"的记载。这种记事方法不仅在中国存在，在古埃及、古波斯、非洲、澳洲等地土著人族中也使用过。

结绳记忆的说法是可信的，但是结绳是一种利用实物进行记忆的方法，无法直接演化为文字。结绳和文字之间的联系，仍然是一个研究的命题。它作为一种帮助人们克服时间和空间限制的方法，可以被看作发明文字之前的一种探索。

二、契刻说

《尚书·序》一书中记载:"古者伏羲氏之王天下也,始画八卦,造书契,以代结绳之政,由是文集生焉。""八卦"是《周易》中的占卜符号,它没有直接演化为文字,但是阴阳转化的原理是创字的基本原理。其中,"书"和"契"有所区别,"契"指的是经刻画或刻划物品形成的符号。契刻记事是一种在木棒或木板上刻上各种线条或插入各种物品用来记事、记数或当作信物的方法。竹简说则认为将各种线条、符号等刻在竹子或木材上记事,竹子是最常用的材料。人们将竹子剖成同样长、宽、厚的细长条,去掉外面的绿色薄皮,然后在上下位置分别削出三角形的小缺口,之后将竹条放在火上烤,烤至竹条的"汗水"完全变干,用结实的绳子绕过一级级的小缺口,把竹条连拼成一大块竹片,就可以在上面写字了。一篇文章写在一块大竹片上,卷起来捆好,就成了一册书简,这也是古代广泛使用的一种方法。

契刻和结绳一样是一种辅助记忆的手段,与创造文字并没有直接的关联。创造文字体系需要经过复杂的思维过程,而不是简单的手工工艺过程。每一个文字都蕴含着创造者的思考成果,每一个文字的意义也代表着创造者所记录的历史和文化。因此,文字是人类文明中不可或缺的一部分,它为人类社会的发展做出了巨大的贡献。

三、八卦说

八卦是上古巫人用于吉凶占卜的一种特殊符号。孔安国在《尚书》序中提道"古代的庖牺氏掌管天下,最初创造了八卦,并制作书契,代替了结绳的统治,从而孕育了文献"。宋代郑樵在《通志·六书略·论便从》中也提道:"文字可以根据笔画的便利来创造。坎、离、坤是横线的卦象,因此,用来作为字的话就应该有横画。所以会有'水'字里面有一横的构造,'火'字中有两竖一横的构造,而'川'字中则有三个竖杠的结构。"虽然郑樵的观点看起来难以令人信服,但卦爻符号的纵横变化仍然可能与某些汉字的构形有所关联。尽管有限的八卦符号无法演化成众多原始汉字,但我们仍然无法排除文化上的某种联系。

四、仓颉造字

关于汉字的起源和传播,最广泛流传的说法是仓颉造字。《说文解字·序》中提道:"黄帝的一位史官仓颉,根据鸟兽、蹄迹等的形状,意识到对事物进行分类划分是可能的。他开始创造书契,百工和万物都在其中,创造了所谓的文字,后来因形声相合而称之为字。"仓颉创造汉字不只是根据文献记载,而是通过对"仓颉"这个词的字义分析得出的。仓颉,仓指人类启蒙心智,颉指吉利之首。有些学者认为,现代学者有些人无法理解仓颉创造汉字的思维方式,尤其是那些武断地认为没有仓颉的人。这种观点是错误的。仓颉创造汉字开创了中华民族文字的历史,并以"字"的字义承载历史智慧。研究仓颉创字必然涉及对创字思维的探讨。例如,"龙"字的起源:包含尤和匕的构造,蚩尤是龙的起源,龙的起源实际上是蚩尤。蚩尤是草丛中出没的疣猪,也就是龙的起源。繁体字"龍"更加详细地解释了蚩尤就是猪。

民间流传着一个形象的故事,描述了汉字的来源。在发明文字之前,人们使用打结的绳子来记事。有一天,仓颉让他的下属去市场用一匹马换取两辆车。然而,下属误解了仓颉的意思,以致所有事情都变得一团糟,仓颉也非常苦恼。于是仓颉开始思考,如何将图画转化为文字。他每天都涂涂画画,最终掌握了将图画转化为文字的方法。他从日常生活中总结出六种原则,即"六书",并开始创造汉字,以造福人类。后来,黄帝召见仓颉,让他专注于创造汉字。于是,仓颉更加积极地创造汉字,正是因为祖先的创造才有了今天的汉字。

五、河图洛书说

《易·系辞上》中有"河出图,洛出书,圣人则之"之说。河图与洛书是中国古代流传下来的两幅神秘图案,历来被认为是河洛文化的源头。据传说,在上古时代,黄河中出现了一匹背负着"河图"的龙马,奉献给了伏羲氏,伏羲据此创造出了八卦,后来八卦成了《周易》的基础。另一种传说是,当大禹治水成功时,在洛河中出现了一只神龟,背着"洛书"献给了大禹,大禹也因此将天下划分为九州。

汉字的河图洛书说认为文字是上天的恩赐。例如,"神"字的构成:"示"字代表展示、表示,"申"字则是从下至上的写法,也就是将"田"字安置在上方。这表明,先民将对农业的寄托和希望体现在"申"字中,也是先民的愿景。河出图、洛出书只是先民的神话,它反映了文字和某种符号最初可能发源于河洛一带,但并不反映文字真正的起源。

文字是人类活动的重要特征,是人类自身创造的。文字的产生是人类意识和文化的产品,不是所谓"神"的创造。甚至"神"也是人类的杰作,是人类意识形态的表现。文字神赐说是唯心主义的文字观,显然是不成立的。后世有人宣扬文字神赐说,其目的是增加文字的神秘性。

六、起一成文说

起一成文说是中国学界提出的一种关于汉字起源的学说,具体指汉字从图画形式起步,经过符号化和表意化的过程,逐渐演变成了现在我们所熟悉的汉字。这一学说相对于其他的学说,如象形、形声、会意等学说,更加强调汉字的符号化和表意化过程。

根据起一成文说,汉字的起源可以追溯到早期的图画形式。在人类还没有发明文字,只能通过图画记录事物的时期,人们通过画出生活中的对象、动物、植物等图画来进行信息的记录和传递。随着人类文明的发展,图画逐渐具备了象征性,人们通过加入一些非常简单的线条和符号,以表示这些事物特有的特征或属性,从而简化和提升了图画的表达效果。

随着时间的推移,汉字不断地演变和发展。在古代,人们逐渐意识到汉字的图画形式无法完全表达复杂的思想和社会活动,他们开始采用符号、象形、会意等形式对汉字进行表述,并且逐渐形成了一套完整的文字体系。

总之,起一成文说是一种比较综合和清晰的汉字起源学说,将汉字的起源和演变过程概括为一个完整的符号化和表意化过程,对于我们理解汉字的本质和理解古代文化有着重要的意义。

第二节　甲骨文的出土及对其相关研究的意义

汉字的创造和应用不仅推进了中华文化的发展,而且对世界文化的发展也产生了深远的影响。汉字产生后,对周边国家产生了深刻影响。日本、越南、朝鲜等国家的文字都是在汉字的基础上创造的。中国汉字经过几千年漫长岁月的洗礼,成为当今世界上唯一留存下来的充满审美韵味与哲理意蕴的象形文字。中国的汉字可以说是中华民族智慧的一种结晶和象征,在这个四四方方的世界里,有着说不尽的无穷魅力和神奇力量。

如果说钻木取火标志着人类告别了茹毛饮血的野蛮岁月,那么文字的出现就意味着人类走出了结绳记事的洪荒年代。甲骨文的发现,就是照亮中华文明的一盏明灯。甲骨文不仅是一个文明的符号、文化的标志,而且印证了包括《史记》在内的一系列文献的真实,把有记载的中华文明史向前推进了近5个世纪。在世界四大古文字体系中,唯有以殷墟甲骨文为代表的中国古汉字体系,历经数千年的演变而承续至今,书写出了一部博大精深的中华文明史。目前,安阳殷墟共出土甲骨15万片,单字约4 500个,其中约有1 500个单字已被释读。3 000多年以来,甲骨文虽然经过了金文、篆书、隶书、楷书等不同书写形式的变化,但是以形、音、义为特征的文字和基本语法依然保留至今,成为今天世界上1/5人口仍在使用的方块字,对中国人的思维方式、审美观产生了重要的影响,为中国书法艺术的产生和发展奠定了基础。

对于甲骨文的出土及其相关研究,我们可以归纳出甲骨文的四点意义:

1. 历史意义

甲骨文是中国最早的文字之一,为研究中国古代社会、文化、语言等方面提供了重要资料,对于推进中华文明史的研究有着重要的历史意义。

殷墟甲骨文的发现证实了中国早期国家——商王国的存在。在此之前,人们只能从有限的文献记载中得知历史上曾经有过一个商王朝,但这些文献均并非成于商代。而殷墟甲骨文的发现,向学者展现了商人亲手书写、契刻的大量文字,将商史从传说时代分离出来,进入历史时代。特别值得一提的是,1917 年,王国维发表了《殷卜辞中所见先公先王考》及《续考》,证明《史记·殷本纪》和《世本》所载的殷王世系几乎均可以由卜辞资料证实,是相当可靠的。同时,他根据缀合的两片卜辞,发现上甲之后几位先公的次序应是报乙、报丙、报丁,而《史记》中所记载的顺序则为报丁、报乙、报丙,均为后世传抄修改得来的。这篇著名的论文,无可辩驳地证明了《殷本纪》所载商王朝的存在是确凿的。这一发现不仅是中国历史研究的重要进展,也在世界历史研究中占有一席之地。

2. 文化意义

甲骨文是中华文化的重要符号之一,是中华文明的精髓之一,代表着中华文化的根源和底蕴。甲骨文在文化传承、文化交流、文化传播等方面具有非常重要的作用。甲骨文是一种古代的文字形式,它出现在商代晚期(公元前 14 世纪至公元前 11 世纪),是中国历史上最早的文字之一。甲骨文是刻在龟甲和兽骨上的文字,用于预测吉凶祸福和记载日常事务。每一个甲骨文都是一段当时人们生活的缩影,它们体现了商代社会的各个方面,包括经济、政治、宗教、军事等,因此,每一块甲骨文的出土都意义重大。

甲骨文的出土及相关研究对中国文化的意义非常深远。首先,它为我们提供了认识商代社会的新视角。甲骨文提供了商代人的具体生活信息,如人口、耕种、疾病、祖先崇拜及少数民族等,这些都是此前通过历史文献很难得知的。其次,甲骨文的出土丰富了中华文化的内涵和历史信息,揭示了古代汉字书写的原始形态和演变轨迹。通过对甲骨文的研究,我们更好地了解了汉字的历史渊源和演化过程。最后,甲骨文对于中华文化的其他方面也有很大的贡献。比如在音乐、艺术、文学、哲学等方面,甲骨文为古代文化的嬗变提供了特别的参照和启示。

王国维曾用甲骨文证实《殷本纪》的史料价值,这一发现不仅增强了《史记》等历史文献中所记载的中国古代历史的可信性,其意义也不仅限于商史。这一发现启发史学家,如果《殷本纪》中关于商王世系的记载基本可信,如果司马迁的《史记》如同刘向、扬雄所说的一样是"实录",那么司马迁在《夏本纪》中所记载的夏王朝和夏王世系也可能不是纯粹的幻想。这一重要发现特别是在 20 世纪 20 年代的疑古思潮期间,甲骨文资料的证实,恢复了历史学家关于古典文献可靠性的信心,也帮助历史学家摆脱了长期以来的困惑。

总而言之,甲骨文的出土及相关研究是中国文化发展的重要里程碑,它让我们更好地了解和认识中国文化的丰富内涵。甲骨文的研究不仅对于中国文化,而且对于世界语言、文化、历史学的研究也有很大贡献。

3.语言意义

甲骨文是中文文字的重要组成部分,它的形、音、义结合的特点,包括拼音在内的各种语言元素,为后世汉字书写的形成和发展打下了基础,是了解古代汉语语言与文法的重要资料。

甲骨文是中国古代商代后期和西周时期遗留下来的一种文字,主要用于记录祭祀和政治经济方面的活动。它是以龟甲或兽骨等器物上所刻的文字为主体,具有浓厚的历史文化和语言学意义,对于研究古代汉字的形、音、义、形态变化,以及古代政治、经济、宗教、文化等也具有重要的价值。

甲骨文的出土是一次重大的历史事件,它的发现为人们认识古代中国文化提供了新的途径。甲骨文的发掘和研究也为中华文明和文化发展提供了重要的历史证据。

从语言学的角度来看,甲骨文对于研究古汉语的发音和语法变化,以及中文与其他语言的关系等方面具有重要的意义。甲骨文的形态结构和语言特点也与汉字演变和历史发展密切相关,反映了汉字的发展轨迹和变化规律,对于汉字学习和教学也有重要的借鉴价值。

甲骨文的出土对于古代文章的研究具有重要的意义。例如,在商代的一些甲骨文中就出现了"涂山"的记载,这在其他古籍文献中没有提及过。但是在出土的甲骨文中发现了大量的"涂山"之名,甚至还有"涂山祭"的相关记录,这为我们了解商代的证书制度和宗教信仰提供了非常重要的资料。

此外,近年来出土的甲骨文材料也为我们认识古代文章所扮演的重要角色提供了更多的支持。例如,在河南省安阳市商博研究院出土的一片甲骨上,发现了"贝聿铭祭后部隆顶文"等相关记录,具有很高的历史价值。

甲骨文的研究对于古代文章的语言、体裁、主题等也提供了宝贵的参考资料。例如,在出土的一些甲骨文中可以发现类似于古诗韵文的押韵情况,这说明早在商代时期就有了一定的诗歌创作。

甲骨文的出土及对其相关研究为我们认识古代文章及其语言特点提供了非常重要的资料,为我们深入了解中华文化提供了重要的思路和契机。

总之,甲骨文的出土和研究不仅为人们认识古代社会、经济、文化和语言发展提供了珍贵的历史资料,也为后人的学习、研究和传承提供了深厚的文化底蕴。

4. 艺术意义

甲骨文是中国书法艺术的重要源头之一，其书法的线条和笔画，为后世书法艺术的发展奠定了基础，其造型也体现了当时的审美水平和文化特征，在中国书法史上具有不可替代的地位。

甲骨文的出土及对其相关研究在古代艺术研究上也具有一定的意义。

首先，甲骨文的出土为我们了解古代艺术提供了宝贵的资料。甲骨文中除了文字记载外，还有大量的图案和符号，这往往是古代艺术的重要表现形式。例如，在出土的甲骨文中，可以发现很多象形符号，这些符号是古代艺术的基础。同时，甲骨上的图案、印章等也为我们了解古代艺术的发展提供了线索。

其次，甲骨文对于古代书法研究的意义也不可忽视。甲骨文是古代书法的重要起源之一，其中的符号和结构被认为是古代书法的基础。甲骨文的字形各异、形态复杂，要求书写者具备高超的书法技巧，这使得甲骨文成了古代书法研究的重要材料之一。

最后，甲骨文对于绘画研究也有积极的作用。甲骨上的图案、印章等往往采取线刻或者凹刻的方式，说明古代绘画也具备了线刻、凹刻等技法，这为人们了解古代绘画手法和表现形式提供了宝贵的资料。

举例来说，甲骨文中的各种象形符号是了解古代艺术的重要窗口之一。通过对甲骨文中的象形符号的研究，我们可以了解古代艺术中的人物、动物、花卉等表现形式，例如"龟""鹿""蛇"等动物图案，这些动物的形态和姿态都具备古代艺术特色，同时象形符号中也融入了一些抽象的图案，这些图案在古代玉器或陶器上的使用也屡见不鲜。因此，甲骨文的出土为我们了解古代艺术的起源提供了重要的资料。

甲骨文对于古代书法研究的意义也不容忽视。举例来说，甲骨文中的"十""口"等图案是古代书法中的基础笔画，这些笔画的形态和结构可以直接影响到古代书法的发展。同时，甲骨文中的每一个符号都具备识别性和美感，例如在一些甲骨文中我们可以看到笔画刻意弯曲、深浅相若的情况，这些特点在古代书法艺术中也有重要的研究价值。

甲骨文不仅具有图文信息，同时也蕴含了丰富的文化传统。例如，甲骨文中的各种符号和印章常常融入了古代神话、宗教和玄学元素，这些元素在古代艺术中也有着深入的表现和发展，因此，甲骨文的出土不仅可以启迪我们对艺术文化的认知，也为我们理解古代文化的智慧和内涵提供了珍贵的资料。

总之，甲骨文的出土及对其相关研究为人们探索古代艺术瑰宝提供了宝贵的线索和材料，也为人们了解中华文化的艺术价值提供了重要的支持。

第三节　古代文字的记载形式及字体

一、甲骨文

(一)甲骨文的含义

甲骨文是刻(也有少量书写)在龟甲或兽骨上的早期汉字,19 世纪末发现于河南安阳西北郊的小屯村,这里在历史上曾经是商代后期的都城,当时称为"殷"。殷商被周王朝灭掉后,此地毁为废墟,所以甲骨文又叫"殷墟文字"。

(二)甲骨文的特点

甲骨上的文字内容多为预测祸福、判断吉凶之类。商王崇尚鬼神,举凡大小事情,例如气候、年景、征战、出行,乃至田猎、生育等,都要进行占卜。他们还设立了"贞人"的官职,由其掌管、执行占卜事宜。有时商王也亲自动手占卜。占卜前,他们会在经过加工整理的乌龟腹甲或兽类(牛、鹿等)的肩胛骨的背面钻或挖出圆形、椭圆形的槽,占卜时在这些槽内烧灼,使正面相应的部位出现裂纹。根据裂纹的数目和形状(叫作"兆")推断所卜问事项的凶吉或可能。在整个占卜过程结束或事情的结果出来以后,再把上述情况用文字刻写在该块龟甲或兽骨的一定部位,作为王室档案。这类文字具有一定的格式(如"首辞""贞辞""占辞""验辞"等),叫作"卜辞",是迄今发现的殷墟甲骨文的主体。少数甲骨文只是一般记事,乃至排列记日顺序的"干支表"。

甲骨文具有很强的图画性。譬如,"人"字是人侧立之形,而画一匹有鬃、有尾的马形就是"马"字。有时只取最具特征的部分来表示,比如以角上翘的牛头代表"牛",角下弯的羊头代表"羊"。有时突出全角中的某部分以表达该部分的意义,如♀(身)就是强调人身腹部的部分。

甲骨文毕竟属于早期的汉字,具有一些与后世汉字不同的特点。例如,一个字可以由不同的部件组成,同样的部件可以在不同的位置上下左右乃至正反排列,同一个部件内部也可以有不同数量的笔画和繁简程度。这些特点导致甲骨文的形体不够固定,难以辨认。此外,许多字只在人名、地名中出现,缺乏成句组词的语境,也未再被后世使用,因此,甲骨文中的大部分字至今仍未能确定意义。从 1899 年开始发现甲骨文至今,已出土了约 10 万片甲骨,在其中出现的所有单字总数约为

4500个,而未被考释辨认而成为定论的占了大多数。自殷墟发现甲骨文后,河南省郑州市、洛阳市,山西省洪洞县,山东省济南市,陕西省长安区、扶风县、岐山县,以及北京市昌平区等地的古代文化遗址也相继发现了甲骨文。其中,陕西上述地区古代属于周王朝的发祥地,这些甲骨文为灭商前后的周王室所使用,因此称为"周原甲骨文"。

(三)甲骨文的文化价值

甲骨文是我国古代文字发展史的重要组成部分,是商代时期使用的一种文字,由此具备了重要的文化价值。历史学家在对甲骨文的研究中,不断揭示它所蕴含的各种文化信息,从而深入研究了古代文化、宗教、祭祀、经济、政治、军事等各个领域的情况。

首先,甲骨文中所记录的"占卜"和"祭祀"的信息,成为研究古代社会宗教信仰和文化发展的重要依据之一。在甲骨文中,经常出现"卜辞""占问"等类型的文字,记录商代时期各种宗教、祭祀活动中所使用的人物、物品、时间、地点等相关信息。通过研究这些卜辞,我们可以更加深入地了解当时社会中的宗教信仰、仪式和礼仪制度等方面的信息。

其次,甲骨文中涉及的经济信息,为我们理解古代商代经济运作模式提供了重要依据。商代时期是东亚地区的青铜时代,铜器作为重要商品,控制了其中发展的重要权力。甲骨文中记录了不同时期商人、铸铜匠、官员等不同身份与职业的词汇,更加深入地了解商道开辟的情况。此外,甲骨文也能帮助研究者了解商代时期的贸易、物资调拨、地理分布、劳动力、商品价格等重要经济信息。

最后,甲骨文对于研究商代战争、政治和社会组织形态也有着极高的价值。甲骨文中体现的商代时期王权、刑法、地方政治等方面的内容,为研究商代时期政治、经济、社会等方面的信息提供了重要线索。同时,也为分配城墙附属的村庄、单个建筑的建设、土地分配等提供了丰富而有深度的证据。

综上所述,甲骨文作为我国古代历史文化的重要资料之一,承载着我国早期社会的历史记载,是了解商代社会日常生活、经济生产、政治制度、文化信仰等方面的重要途径,同时也为保护和传承我国文化遗产提供了具体和直观的证据。

二、金文

(一)金文的含义

金文是指铸刻在古代青铜器上的文字,也称为钟鼎文。青铜是铜、锡等的合金。从商代到周代,统治者和贵族广泛利用青铜铸造各种器具,如鼎、鬲(lì)、豆、爵、盘、钟、钲(zhēng)等食器、酒器、水器、乐器,在这些器具上铸刻文字,记载有关祀典、赐命、契约、征伐等方面的内容。因为古代的铜常称为"金",所以这些文字就叫作"金文"。

(二)金文的特点

青铜器的铸造跟现代的铸铁一样,一般也要使用泥制模型,叫作"陶范"。金文是预先雕刻在陶范上再铸出来的,也有少数是铜器铸好后直接刻上去的。由于陶范质地较龟甲、兽骨松软,雕刻更为容易,所以早期金文具有比甲骨文更强的图绘性质,例如金文的"日"字比甲骨文显得更圆,更接近太阳的形状。和甲骨文一样,金文的形体也还没有定型化,同一个字常常可以有不同的写法。不过青铜器一般要传得久远,因此比起甲骨文,金文的写法更为庄重,结构也更为严谨。

西周盛行青铜器,其上的文字也由最早的几个字的记名标记增加到几百个字的长篇铭文,如周宣王时毛公鼎上的金文就有将近 500 个字,是现存铭文最长的青铜器,其内容是研究当时历史和社会的珍贵材料。现藏于我国台湾"国立"宫博物院的散氏盘(也叫矢人盘)是西周晚期青铜器,其上的铭文记述了矢人将大片田地移付于散氏时所订的契约,是研究西周土地制度的重要史料。

到目前为止,商周青铜器上发现的不同单字的金文约有 3 000 个,其中 2/3,即约 2 000 个可以正确释读。

春秋战国以后,文字不再被统治者和贵族垄断,使用的材料和范围也大为扩展,如兵器、货币、玺印、简牍、缯帛、玉石上都可以铸刻或书写文字。随着周王室统治势力的衰落,社会上对文字的神圣观念和规范意识大为淡薄,某种程度上出现了文字运用无序的状态。各诸侯国虽然都使用汉字,但是形体结构和书写风格都带有不同的地方特色,甚至彼此之间难以沟通,形成了现在所称的"战国文字"的混乱局面。

三、小篆

(一)小篆的出现

文字使用的混乱无序状态,不仅对统一管理的畅通不利,同时也对经济和文化的交流造成了严重阻碍。因此,雄才大略的秦始皇在统一六国之后,首先要完成的大事之一就是"书同文",即规范、统一汉字。秦始皇废除了战国文字中与秦国文字不同的形体,将秦国原有文字的形体进行简省删改,最终形成了一种新的正式字体——小篆。这种新的字体不仅形态简洁规范,而且易于识别,使得不同地区、不同民族的人们之间的交流更加便捷,也为统一多民族国家的文化提供了坚实的基础。

(二) 小篆的特点

小篆是中国古代的一种正字法字体,是由秦始皇统一汉字所订定和推广使用的。小篆的形态简洁规范,每个汉字都有固定的笔画结构,易于识别与书写。在小篆之前,中国的文字形态极为复杂,各种地方都有自己的文字,互相之间难以交流。小篆的推广使得汉字统一化,文化交流变得更加顺畅。

小篆笔画精炼,具有极高的美学价值,被广泛运用在印章、书法、绘画等艺术形式中。例如,清代大书法家钟鼎之、明代画家唐寅等都在自己的作品中使用小篆字体,赋予了作品独特的古韵和文化内涵。

今天,小篆已经不再是日常生活中常用的字体,但在文化遗产保护、历史研究、书法、绘画等领域依然具有重要地位。

相对于甲骨文、金文、战国文字,汉字发展到小篆阶段,表现出强烈的定型化趋势。

1. 轮廓定型

甲骨文、金文、战国文字的长短大小高下参差不齐,现已变成基本整齐的长方形。如:

2. 笔画定型

由甲骨文、金文、战国文字的笔画方圆粗细不等,现已变成均匀回转的线条。如:

3. 结构定型

由甲骨文、金文、战国文字的部件上下左右自由书写,现已变成具有相对固定的位置,同一字而有不同形体的现象也大为减少。如:

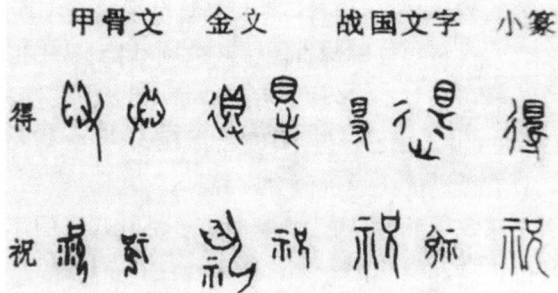

定型之后的小篆进一步削弱了汉字的象形意味,使汉字更加符号化,减少了书写和识读方面的混乱和困难。它是我国历史上第一次正式运用行政手段大规模地规范文字的产物,也是汉字在古文字阶段所迈出的最后一步。

甲骨文、金文、战国文字直至小篆,统称为汉字的古文字。对于汉字的古文字的研究,也已经形成了一种专门的学科,叫作"古文字学"。

汉字的古文字在今天已经基本丧失了实用功能,但在书法、篆刻等艺术领域却仍然占据着相当重要的地位。古文字学的发展对于促进中国古代历史、哲学、经济、法律、文化乃至科学技术的研究都具有极为重要的意义。

四、隶书

(一) 隶书的流行

战国时期,秦国由于地处偏远,官方文字较为传统保守,保留了西周金文较多的面貌。然而民间使用文字有所不同,存在一种比较随意、潦草的字体,现在我们称其为"秦隶"或"古隶",也就是早期的隶书。在秦始皇进行"书同文"、创制小篆之后,由于隶书书写便捷,仍在民间和基层官府中流行。

隶书在秦代灭亡后得到进一步的推广和流行。随着纸张的发明和毛笔的改良,进入西汉时期时,隶书又呈现出新的面貌,轮廓由较为方正变得较为扁平,笔画中出现了较多的波磔,其中有一种说法称之为"蚕头燕尾",这就是我们现在所称的"汉隶",也叫"今隶"。近几十年来,我国的西北和华北地区发掘出许多西汉简牍,其中相当部分书写采用了今隶字体。东汉中期以后,隶书成为官方承认的正式字体,许多大型石刻和重要文献都是用今隶字体书写的,而小篆等其他字体则只被用于碑额(即标题)的书写。

(二) 隶书的特点

隶书比起小篆,在笔画造型和形体结构方面都发生了较大的变化。

(1)小篆不规则的曲线和回转的线条变为平直方整的笔画,从而使汉字进一步符号化,几乎全部丧失了象形意味。如:

鸟 燕 鱼 马 衣 舟

虽然上述几个字在小篆中已经相对线条化、符号化,但仍然保留了一定的象形意味,例如"鸟"的爪子与尾巴、"燕"和"鱼"的尾巴、"马"的腿和尾巴还能看到。但在隶书中,这些特征都变成了四个点,而"衣"和"舟"写成隶书后,也不再像衣服和船的形状了。

因此,隶书将汉字的象形字变成了"不似于形的象形字"。在汉字的发展史上,这是一次重大的变化。

(2)隶书的形体,较之小篆往往有所减省。如:

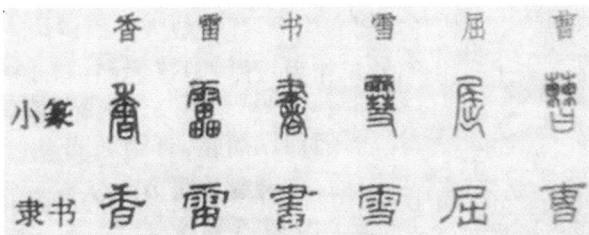

比起小篆的形体,隶书的"香"字减省了"北","雷"字减省了"⊞⊞","书"字减省了"者"的上半部,"雪"字减省了"⧣","屈"字减省了"毛","曹"字的减省就更多了,省去一个"东",并将另一个"东"省为"甶"。

总的来说,汉字的形态从小篆演变为隶书,有了很大的简化,更便于书写。

汉字从小篆演变为隶书的过程称为"隶变",这是汉字发展史上一个重要的转折点。隶变结束了汉字的古文字阶段,将汉字带入一个更为定型的阶段。隶书之后的汉字更接近于今天使用的汉字,比古文字更容易辨认。

但是,汉字的演变并未因隶书的产生而结束,不久后,草书、楷书和行书等字体就从隶书演变而来。

五、草书

草书是汉字书法中的一种书写风格,常用于书写文章、诗词、信札等。草书的特点是笔画奔放、连绵不断、形态变化多样,甚至有时候还可能会出现断笔现象。因为其书写速度非常快且随意,所以被称作"草书"。草书的出现可以追溯到东汉末年,经过长期的演变,发展出了多种流派和不同的艺术风格,极大地丰富了中国书法艺术的内涵。

(一) 草书的出现

草书是一种书写速度迅疾、笔画之间连绵不断的字体。它最初源自民间,后经文人和书法家的加工,逐渐形成了相对规整、严谨的形体。据考证,草书大约在东汉时期出现,当时的"章草"具备明显的隶书特点,被用于书写呈给皇帝阅览的奏章,因此得名。也有人认为,草书取名"章草",是因为汉章帝非常欣赏这种字体。

(二) 草书的发展

随着时间的推移,草书的书写形式逐渐发生变化。草书不仅越来越少地体现隶书的笔意,还可以在字与字之间连写,形体愈发简便,这就形成了后来的"今草"。其中一些简体字形态,就是从草书形体发展而来的,例如"长""为""东""书""专"等。草书的书写技巧需要专门学习,一般人难以辨认。因此,随着时间的推移,草书逐渐失去了实用价值,只作为一种书法艺术品被人们欣赏。

六、楷书

楷书是一种书写规范、端庄大方、笔画简洁、结构均匀的汉字书体,被广泛应用于印刷、书写、文献、广告及标识设计等领域。楷书源于汉朝的隶书和草书,经过几个时代的发展,于唐代达到了高峰,并在元明清时期得到了进一步的发展和推广。

楷书的字形端庄大气,结构匀称,笔画简约有力。其适合印刷的特点,使其成为现代社会应用非常广泛的书体之一。楷书的要求十分严格,其书写需要掌握多项技巧和规矩,因此,一般人需要经过长时间的学习和实践才能达到较为娴熟的书写水平。

楷书的特点还在于它有很高的辨识度。楷书的字形十分规范、统一,因此在一些重要文献、法律文件、广告标语、商标设计等方面被广泛应用。同时,楷书也是中国书法艺术最重要的形式之一,其高雅的笔调和美丽的字形,使其成为书法爱好者最为热衷的书体之一。

(一) 楷书的特点

楷书是从隶书发展而来的一种书体,其核心特点在于笔画简洁、结构匀称、端庄大方。相对于隶书,楷书的一些笔画表现方式有所改变,例如横笔的末端不再向上挑,而是收锋;点笔由长形变为带圆状;撇笔的方向改为斜向下,出尖锋;钩笔不用慢弯,成了硬钩。此外,楷书让汉字呈现更加方正的形态。

另外,汉字的基本形态基本上呈现方形,更加呈现出规整、平衡的感觉,这也是楷书的一个重要特点。

(二) 楷书的发展历程

楷书在汉代就已经初步形成,但直到魏晋南北朝时期,经过一系列的变迁,才逐渐成熟。到了隋唐时期,楷书的笔画、结构都变得非常精致、严谨,成为当时主流书体之一。作为我国古代四大发明之一的印刷术,楷书被广泛应用于印刷。在宋代,楷书被美术化,书写更加规矩而且漂亮,形成了"宋体字"。此后,还有类似宋体字的变化,例如"仿宋体",继续为人们所使用。

七、行书

行书是中国书法的一种,是在楷书基础上发展而来的一种书写方式,行书在形态和结构上比楷书更加简约、自然,更注重书写的动态感和笔墨的变化。

(一) 行书的特点

行书是中国书法的一种,它比楷书更加自由灵动,具有以下特点:

(1)笔画简练:行书的笔画通常是以直线和曲线相结合的方式呈现,笔画粗细变化明显,但整体上结构简洁明了。

(2)结构自然:行书字体的结构相对于楷书更加自然流畅,字与字之间的连接更加稳定,每个笔画都能够形成较好的整体性。

(3)自由多变:行书的结构具有一定的自由性和多变性,它不刻板固定,能够根据书写者的心情和创意进行灵活变化。

(4)表现情感:行书是一种富有情感的书写方式,因为它是在快速书写的过程中完成的,人们可以通过笔画的变化和运动轨迹来表现自己的情感和心情。

(5)巧妙运笔:行书中的各种线条处理十分巧妙,而且文气相间,轻重缓急分明,在整体上呈现出舒适自然的感觉。

总之,行书在字体造型、结构排列、笔画运行等方面都具有独特的特点,尤其是在满足表达情感和创造性的书写需求方面更是得心应手。

(二)行书的流行

行书是中国书法中的重要字体之一,在历史上曾经得到广泛的运用和流行。以下是一些行书流行的例子:

(1)王羲之的《兰亭集序》:这是中国古代最著名的书法作品之一,也是行书的代表作。王羲之在书写《兰亭集序》时,采用自由、奔放的行书,其笔画简练、气势雄浑,尤其是在穿插鱼龙虫蝉等图案的过程中表现了行书独特的魅力。《兰亭集序》被称为"书法之祖"。

(2)曹全碑:这是明代书法家曹汝的一件碑刻作品,刻于明成化十四年(1478年)。曹全碑用行书书写"郑注明公墓志",其字形端庄秀丽,笔力含蓄深沉,流畅自如。曹全碑不仅在明代广受欢迎,至今仍是书法收藏家们追捧的珍品。

(3)秦牧的书法:秦牧是中国现代著名的书法家,他擅长行书,并将其发扬光大,注重结构的自由性和笔画的流动性。他的行书作品具有极高的艺术价值,尤其是在新文化运动时期,他的行书在中国文艺界得到了广泛的流传和影响。

在中国历史上,不只上面这些例子,行书在书法史上留下了深刻的印记,并因其独特的韵味和独特的美感得到了广泛的流行。

第四节　汉字的结构和演变规律

中国古代有很多关于造字的说法,如伏羲氏画八卦,炎帝写"穗书",黄帝写"云书"等,甚至有关于仓颉造字而使"天雨粟,鬼夜哭"等传说。实际上,汉字是众多先民在长期的生产和生活过程中逐渐创造和积累,达到彼此承认、共同使用的程度,才正式形成。战国时期的思想家荀卿在《荀子·解蔽篇》中说:"好书者众矣,而仓颉独传者,一也。"即不排除某个人由于用心专一而在文字系统的整理中所起的一定作用。根据迄今为止的考古材料,汉字的起源可能是多元的。汉字属于表意体系的文字,字形和意义有密切关系,分析字形有助于对本义的了解,因此有必要了解汉字形体的构造。汉字的历史悠久,且构造又比较奇特,很早就已经有人注意研究并总结汉字结构的规律,于是产生了"六书"理论。

一、汉字的结构

(一)许慎的"六书"理论

"六书"是古人分析汉字的造字方法而归纳出来的六种条例,也称为"六义"。

"六书"一词最早见于《周礼》,但人们对其解释不一。班固在《汉书·艺文志》中说:"古者八岁入小学。故周官保氏掌养国子,教之六书,谓象形、指事、形声、会意、转注、假借。"郑众注《周礼》,将"六书"解释为象形、会意、转注、处事、假借、谐音等。公元东汉时期的文字学家许慎(58—147年)著有我国第一部系统分析汉字字形、探究字源的字书《说文解字》,在其《叙》中对"六书"进行了比较详细的说明:《周礼》规定,儿童八岁入学,"保氏"掌管贵族子弟教育,先教六种字体,即象形、指事、形声、会意、转注、假借。

　　一曰指事。指事者,视而可识,察而见意(在象形字上加标记,通过观察,判断新字的意义),上下是也。二曰象形。象形者,画成其物,随体诘詘(依据物体形状来画,注意其细节之处),日月是也。三曰形声。形声者,以物为名,取类相成(用表示意义的部首和表示读音的部分组合成新字),江河是也。四曰会意。会意者,通过比喻、联想相结合,表示新字的意义(使用部件表示语义上的意义),武信是也。五曰转注。转注者,归纳同部首、同义字,在字形上做出注解,有利于读者理解(旨在帮助人们理解和记忆同音字或同义字),考老是也。六曰假借。假借者,由于无合适的字形,通过借用同音字来表示新的意义,令长是也。清代以后,一般用许慎的命名方式,采用班固的字序。现今,大多数人认为指事、象形、形声和会意是传统汉字的四种基本造字方式。假借方式是一种通过借用同音字来实现的造字方法。对于"转注",有不同的解释,一般认为它不属于造字方式的范畴,因此无须深究。

(二) 汉字的形体结构

　　指事、象形、形声和会意字可以分为两类:一类是没有表音成分的纯表意字(包括指事、象形和会意字);另一类是有表音成分的形声字。

　　象形字是将事物的轮廓或具有特征的部分描绘出来。在文字的创造时期,象形是最基本的原则。象形文字以图画为基础,但图画不等同于文字。早期社会的图画往往是为了告诉他人或帮助自己记忆,而不仅仅是简单的表现概念,也没有固定的读音。直到图画所描述的概念固定下来,线条简化成形象化的符号,并与语言的词汇产生联系,有了一定的读音,才成为文字。

　　会意字由两个或更多的符号组成,人们可以通过这两个符号来理解其意义。会意字通常是两个象形字的组合。例如,在甲骨文中,"步"字由两只脚一前一后组成,表示"行走"的意思。"逐"字则由一只脚和豕(shi,猪)组成,表示"追逐"。"牧"字由一只手拿着一根棍子,旁边有一头牛,合在一起表示"放牧"的意思。

　　形声字由表达概念意符和表示读音的声符组成。汉字从很早的时候就有90%是形声字,形声字的形式主要有六种:左形右声,如江、超;左声右形,如攻、胡;上形下声,如空、苦;上声下形,如汞、基;内形外声,如问、闽;内声外形,如固、阁。会意字和形声字在大多数情况下也是以象形字为基础的。

分析汉字的形体结构,目的在于学会通过字形了解其本义。有些字我们今天所熟知的是它后来发展出来的义项,而古书中常用到它的本义,阅读时可能会遇到困难。例如《诗经·豳风·七月》:"塞向瑾户","向"就是朝北的窗户。山像房屋,口就是窗户。至于"方向""向着"等义项,则是后来发展出来的。

指事是一种靠符号指出事物特点的造字方法,有的是纯符号的指事字,如上、下;有的是在象形字的基础上增加指事符号,如在木的根部加一点表示"本",在木的梢头加一点表示"末"。

"六书"是中国传统文字学中非常重要的概念,也是关于汉字结构一般规律的概括和总结。需要说明的是,先民在创造汉字的实践中先行一步,而"六书"理论和归纳则是后来进行的,绝不是有了"六书"之后才开始造汉字的。

二、汉字的演变规律

汉字是中国传统文化的重要组成部分,它的演变历程十分悠久,也非常丰富多彩。在几千年的时间里,汉字不断地吸收借鉴和创新,并形成了自身的优越演变规律。

首先,汉字的演变是一种有机的发展过程。随着时代的发展和社会的变迁,汉字不断地吸收外来文化和文字的影响,形成了不同的文化和风格,例如楷书、行书、草书等,使得汉字呈现出多样性的面貌。

其次,汉字的演变是一种特异性的过程。汉字作为一种表意文字,它的演变不仅要考虑到音韵和字形的演变,还要考虑到文字含义的演变。例如"钟"最初的含义是一种烟雾缭绕的仪式器具,后来表示铜制的觥盘或钟表,再到表示时间的钟表。

再次,汉字的演变是一种趋同性的过程。虽然汉字的演变历程中发生了多种复杂的变化,但总体来看,汉字演变出来的结构和形式是有着共通性的。例如汉字的基本部件、笔画和结构等都具有一定的规律性,这些规律共同构成了汉字的基础框架。

最后,汉字的演变是一种普适性的过程。虽然汉字是中国独具特色的语言和文化体系,但是汉字所展示出来的演变规律、发展特点和思维方式都有一定的普适性,可以为其他国家和地区的语言和文化研究提供参考和借鉴。

总的来说,汉字的演变规律体现了中国古代文化的深度和广度,不仅反映了自身的独特性,而且具有普适性,是中国文化走向世界的重要窗口和方式之一。

第五节　古今字、异体字和繁简字

　　一个字原则上只应有一个形体,不需要两种以上的写法,但是汉字是一种具有几千年历史的文字,使用汉字的人也非常多。在汉字的发展过程中,有些字很自然会出现两种以上的写法,古籍中也常常可以见到一些形体分歧的字。汉字简化以后,字的形体统一起来了,给人们带来了很大的便利。对于一般人来说,掌握简化后的汉字就够了,但是对于从事导游工作的人来说,如果只掌握现在通行的简化字,而不了解那些形体分歧的字,在对名胜古迹的题词、碑文、对联等进行理解、讲解时就会遇到很多困难。

　　不同形体的字可以分为三大类:古今字、异体字和繁简字。古今字是指汉字在发展过程中出现形体变化的现象。例如,古代的"宀"形(表示房屋)变成了现代的"宝石盒"形,这就是古今字的一个例子。异体字是指在不同历史时期、不同地区和不同书写习惯下形成的不同写法。例如,在古代的儒家经典《论语》中,"子曰"这个句子中的"曰"字有两种写法,"日"和"曰",这就是异体字的一个例子。繁简字是指同一个字在不同时期、不同地区或不同使用场合下所采用的书写形式不同。繁体字是指形体较为复杂的汉字,如"體""觸"等,常用于我国港澳台地区和海外华人社群中。简体字则指形体较为简单的汉字,例如"体""触"等,在我国大陆地区使用较为广泛。

　　总的来说,汉字的形体分歧是汉字发展历程中的一部分,了解并掌握这些不同形体的字,可以更好地理解和解读名胜古迹、碑文、对联等文化遗产。

一、古今字

(一)古今字的产生

　　在上古时期,尤其是先秦时期,汉字的数量比后代少得多。许慎《说文解字》只收录了9 353个字,其中许多是僻字,实际上常用的字只有三四千个。随着社会的发展和语言的变迁,原有的字在表达意思时已经不够使用,只能用一个字来表示多个词的含义。后来,原本包含多个意义的字开始分化,有些意义被新字取代,然后"古今字"的问题就出现了。在这些字中,新造的字就是"今字",而原来的字则是"古字"。当然,这里的"古"和"今"是相对而言的,对于现代人而言,所谓"今字"也已经相当古老。

（二）古今字例释

下面是一些古今字的例子：

属予作文以记之。（《岳阳楼记》）（这个意义后来写作"嘱"）

不夙则莫。（《诗经·齐风·东方未明》）（这个意义后来写作"暮"）

知者见于未萌。（《商君书·更法》）（这个意义后来写作"智"）

秦国辟远。（《史记·范雎列传》）（这个意义后来写作"僻"）

春往冬反。（《韩非子·说林上》）（这个意义后来写作"返"）

还有一些例子，如"大太""弟悌""要腰""共供""竟境""益溢""昏婚""田畋""戚慽""陈阵""错措""说悦""赴讣""卷捲""尸屍""责债""匈胸""取娶"等。古字在前，今字在后。其中，"大""弟"等是古代的字，"太""悌"等是比较新的字。古今字是指这些字之间的关系。但这并不是说，古字已经被废弃，它们扮演的角色已完全被后来的字取代，而只是将它们多重意义中的一部分转交给了新的字。例如，"陈"移交给"阵"的只是"交战时的战斗队列"的意思，而其他意思（陈列、陈述等）并没有丧失。

（三）了解古今字的意义

古今字的出现是社会生活发展的必然结果，也反映了文字发展的客观事实。了解古今字之间的关系，可以更准确地掌握古文的含义。例如："匪直游人过而乐之，虽神灵窟宅，亦冯依焉而不去。"（朱彝尊《游晋祠记》）这里的"冯"是"凭"的古字。如果不了解这两个字的古今字关系，可能就无法理解这句话的意思。

再比如："赴于齐。"（《战国策·赵策三》）这里并不是指赶赴齐国，而是向齐国报丧。这个意思后来写作"讣"，如果不懂得"赴"和"讣"的关系，就容易产生误解。

二、异体字

音同义同但形体不同的字叫作异体字，包括俗体、古体、简体、帖体等形式。例如"嘆"和"歎""迹""跡"和"蹟"等。在汉字简化后，有的会用简化字取代某些异体字，而有些则选用其中一个形式，比如"迹"。

与古今字的区别不同的是，异体字在任何情况下都可以互相替换，意义完全相同，但古今字之间并不总是可以无条件地相互替代。

在古代，字的形体很难实现完全规整一致，同一个词有时会有两个或更多的不同形式。例如："弃棄""睹覩""诒贻""谕喻""蚓螾""照炤""妒妬""欣忻""罪辠""村邨""奔逩"都是异体字。

(二)异体字的类型

异体字在形体上的区别有以下几种情况：

(1)会意字和形声字的区别,如"泪"是会意字,"淚"是形声字;"岳"是会意字,"嶽"是形声字;"凭"是会意字,"憑"是形声字。

(2)意符的不同,如从"言"的"詠"和从"口"的"咏",从"欠"的"歎"和从"口"的"嘆",从"系"的"綺"和从"衣"的"袴"。

(3)声符的不同,如从"引"得声的"蚓"和从"寅"得声的"螾",从"垔"得声的"煙"和从"因"得声的"烟"。

(4)声符和意符都不同,如"贃"从贝,朕声,"剩"从刀,乘声。

(5)各成分的位置改变,如"惭"和"慙","够"和"夠","峰"和"峯","群"和"羣"等。

汉字异体繁多,给人们阅读学习带来了不必要的负担。文字是记录语言的符号,原则上一个字只需要一个形体,不需要两种以上的写法。为了解决这一问题,相关文化部门整理了异体字,1955 年年底公布了《第一批异体字整理表》,共精简异体字 1 055 个。但对于导游人员来说,由于其常接触文物古迹、姓氏、书法、篆刻等艺术作品,题字和招牌的手写中仍然保留了大量的异体字,因此对异体字必须有所了解。

三、繁简字

(一)繁简字的含义和演变

繁简字是指在书写形式上存在多种不同的形态,包括繁体字和简体字。繁体字通常用于传统文化中,如文学、书法、绘画等领域;而简体字则在大陆地区广泛使用,在海外华人社区及电子媒体中也得到了广泛应用。繁体字和简体字最初分别源于中国的古代文字,在漫长的演变过程中形成了不同的书写形式。

繁体字的演变可以追溯到汉朝时期,当时的汉字还非常简单,无论是书写方式、笔画还是笔顺都比现在简单得多。到了唐朝时期,汉字逐渐形成了现在的形态,开始出现了一些装饰性的笔画,字形逐渐变得繁复。这种情况持续到了明清时期,笔画更加烦琐,形成了今天我们所熟知的繁体字。

简体字是在中华人民共和国成立后逐渐形成的。为了降低全民读写汉语的门槛,当时的政府推行了汉字的简化。这些简化的字形通常是去掉或简化繁体字中的一些笔画,使汉字更加简单明了。简体字被广泛使用,逐渐地演变成一种拥有自己独特特点的书写形式。

汉字简化以后,阅读古籍就会出现繁简字的问题。繁简字指同一个字的繁体和简体。从形体不同的角度来看,繁体和简体也是一种异体字。

在甲骨文时代,就已经出现了繁体和简体的差别。汉代民间应用的简体字就有不少,如把"壽"简化为"寿"。北魏时期,"亂"字已简化为"乱","辭"有时也简化为"辞"。宋元以后,简体字又有了进一步发展。汉字简化的过程从未停止过。

总的来说,繁简字的演变是由历史和文字学的发展所决定的。在这个过程中,繁体字和简体字逐渐形成了自己的书写特点和风格,并得到广泛的应用和认可。

(二)汉字简化的主要方式

当今我国通行的简化字,主要有以下几种来源:

(1)用历代简体字或俗体。如:

體体　辦办　對对　繼继　傑杰

(2)用群众创造的简化字。如:

隊队　幣币　講讲　進进　論论

(3)采用古字和笔画比较简单的异体字或通用字。如:

雲云　無无　個个　氣气　禮礼

(4)由同音字代替。如:

"丑"(地支名)兼代"醜"(丑恶;同类)/"里"(长度单位,乡里)兼代"裏"(里外)/"只"(句末语气词)兼代"祇"(仅仅,只有)/"干"(干戈)兼代"乾"(干湿)和"幹"(才干)/"升"(容量单位)兼代"昇"(升起)和陞(提升)

(5)草书楷化。如:

書书　東东　門门　偉伟

(三)简化字和繁体字的对应关系

(1)绝大多数简化字与繁体字是一对一的关系。如:

罷罢　隸隶　愛爱　達达

(2)少数简化字与繁体字是一对二或一对三的关系。如:

当:當噹　　千:乾幹　　台:臺檯颱

(四)掌握繁简字的意义

汉字简化是人们社会生活的迫切需要,是汉字改革的重要步骤。但对于导游人员来说,掌握一定的繁体字,了解繁体字与简体字之间的关系十分必要,否则不但会给辨识带来障碍,还会对古文的文义产生误解。例如:

1. 后、後

现在,简化字"后"兼代了繁体字"后"和"後",但在古代,这两个字意义差别很大。

"后"指君主或皇后,"後"指先后或后代。在先秦少数古籍中,曾以"后"代"後",但不普遍,后来一般不再通用。如《史记·孝景本纪》:"孝文在代时,前后有三男,及窦太后得幸,前后死,及三子更死,故孝景得立。"文中两处"后"指汉文帝过去的正妻,不能误解为"後"。

2. 适、適

虽然现在"適"已简化为"适",但在古代汉语中,"适"和"適"是两个字,意义各不相同。古代"适"(音 kuò),一般只用于人名,如《论语·宪问》:"南宫适问于孔子曰",这里的"适"不能理解为"適"。而適(音 shì),指到……去,女子出嫁,适合、恰好等。如欧阳修《江邻几墓志铭》:"女三人,长适秘书丞钱衮,余尚幼。"这里"適"指女子出嫁,不同于"适"。

3. 余、餘

在古代汉语中,"余"是第一人称代词;"餘"则是剩下的、多余的、以后、以外等意思。如屈原《离骚》"仆夫悲余马怀兮"中的"余马",不能理解成剩余的马。杜甫《客至》诗句"肯与邻翁相对饮,隔篱呼取尽餘杯"中的"餘杯"不能理解为"我的酒杯",而是指剩下的酒。

总之,数千年来,汉字形成了一套字形复杂、体系纷繁的符号系统,作为导游人员,为了更好地开展工作,在掌握简化字的基础上,还要具备一定的繁体字知识。

第六节　古今字义的异同

现代汉语是在古代汉语的基础上发展起来的,二者之间既有继承关系,又有发展关系,既有相同点,又有相异点。其中,语言的发展除了旧字淘汰、新字产生等情况外,还表现为字义的不断演变。在接触古代汉语时,不能不注意古今字义的异同。

除了字形和发音上的变化,现代汉语与古代汉语的语义差异也比较明显。很多古代汉语中几乎不用的字,在现代汉语中被赋予新的意义,而原先的意义则逐渐被忘记或忽视。同时,新的生活、社会等环境的出现也会使某些词语的意义发生改变,甚至被赋予截然不同的意义。因此,接触古代汉语时,必须注意到古今字义的异同,避免在理解古代文献时产生误解。

一、古今字义基本相同

汉语是拥有悠久历史的语言,有着大量的文献资料。在这样的环境下,语言的发展变化,以及字义的演变是难以避免的。但是,经过深入研究,我们可以发现古今字义之间的基本相同之处。

首先,即使是在古代,人们也曾经注意到字义的变化。在《说文解字》的介绍中,对于"诸侯"一词既有"地位尊贵者"的解释,又有"离开君主的臣子"的解释,这两种解释都揭示了字义的辩证性。在古代人们意识到,在特定的语境下,同一个词语可能会有不同的意思。

其次,考虑到汉字文化的连续性和延续性,我们可以看到在现代汉语中突出的文化和历史因素,也在古代汉语中有所体现。例如,在古代汉语中,我国许多名山大川的名字都是由一两个汉字组成的,而这些山川名字也对应了许多著名的历史事件和传说故事。这些词语与现代汉语中的另一些词语含义类似,即使是多个世纪之后,所表达的意义仍然基本相同。

再次,虽然在现代汉语中会出现一些新词汇,然而这些新词汇往往也是基于现有汉字和古代汉语单词逐渐发展而来的,其语义上的基调与古代汉语单词之间也是贯通的。例如,现代汉语中"互联网"这一词汇可能在古代并没有出现过,但是通过解释其中的单词,我们可以明显发现"互联网"与古代汉语中"网络"相关的概念是相同的,并且具有演化关系。

因此,尽管我们可以看到汉字的复杂性和演变性,然而同一组汉字在古今汉语中所表达的基本意义是相同的。在特定的语境和领域,有时一个词汇的用法甚至与中古时代或更久远的汉代文献中的用法相同。尽管在细节方面会有所不同,但是古今汉语中词汇的大多数基本义项都是继承关系,由此所形成的汉字文化也具有正面的连贯性。

二、古今字义毫不相同

汉语是一个历史悠久的语言,有着丰富的文献资料,因此在字义方面,古今汉语之间大多数具有一定的联系和延续性,但也有一些使用同一个形体,而古今意义无关的字在汉语中存在,不过这类字相比于那些延续性更强的字来说则更为少见。

例如,"绸"这个字在古代汉语中指的并非绸缎,而是缠绕,如《尔雅·释天》中的"素锦绸杠"就是讲白色丝织品缠绕旗杆的场景。再比如,"该"在上古和中古汉语中没有"应该"的意思,而是指具备、完备、包括,如班固《封燕然山铭》中的"螭虎之士,爰该六师"讲的就是齐备的六支军队;左思《吴都赋》中的"耳目之所不该"则表示耳目无法涵盖所有事物。

此外,例如在元、明以前,"抢"并没有"抢夺"的意义,而是指碰撞(《战国策·魏策四》:"以头抢地尔。");突过(《庄子·逍遥游》:"抢榆枋。");逆,反方向(庚阐《扬都赋》:"艇子抢风。"),这些意思都与现代"抢劫"的意义无关。

尽管这些字在古代与现代的意义有所不同,但我们依旧能够看到从某些词性和用法来看,它们所体现的语言规律和文化背景是一脉相承的。而且随着时间的流逝,一些字的意义也可能会发生一定的变化,这恰恰也是汉字文化不断演变的一个表现。

三、古今意义微殊

一般情况下,古义和今义之间既有联系又有区别,既有继承又有发展,其细微区别的部分是掌握古今字义的难点。这种差异极易被人们忽略,以致被人们以今人的理解去想当然地看待古文。

(一)字义范围的差异

1. 字义范围的扩大

字义扩大是词语意义发展、丰富的一个重要途径,它的特点是现代义大于古代义,古代义包含于现代义之中。例如:"睡"这个字最初指的是坐着打瞌睡,中古以后才逐渐具备了睡着、睡觉的意义。欧阳修的《秋声赋》中写道:"童子莫对,垂头而睡。"指的是耷拉着脑袋打盹儿的样子,这也是《说文解字》所指的"睡,坐寐也"。

"菜"这个字最初专指蔬菜,而不包括今天所说的烹调后下饭、下酒的蛋品、鱼、肉等,正如《说文解字》中所说:"菜,草之可食者。"而罗大经的《鹤林玉露》中则写道:"某为太守,居常不敢食肉,只是吃菜;公为小官,乃敢食肉,定非廉士。"

"脸"这个字在古代所指的范围比现代要小得多,只是指颧骨上边的那一部分面颊,是古代女子搽胭脂的区域。例如白居易的《山石榴》中写道:"泪痕裛损胭脂脸。"指的就是从颧骨开始逐渐遮盖的那一部分面庞。

2. 字义范围的缩小

字义缩小指的是古代义所表示的范围大于现代义。例如:"穷"这个字在古代常见的意义是指境遇不佳,不能仕进,也就是不能成为显贵的人。例如韩愈的《柳子厚墓志铭》中写道:"吾不忍梦得之穷,无辞以白其大人。"王勃的《滕王阁序》中也写道:"穷且益坚,不坠青云之志。"那时的"穷"并不是指缺乏衣食钱财。

"除"这个字在古代主要表示两种意义,一是除去,二是台阶。现在,第二个意义已经不再使用了。例如杜甫的《南邻》中写道:"得食阶除鸟雀驯。"其中的"除"指的是一种台阶。

"宫"这个字在先秦时期和"室"是同义词,泛指房屋住宅。秦汉以后,"宫"开始特指皇帝的房屋、宫殿。例如《史记·秦始皇本纪》中写道:"作宫阿房,故天下谓之阿房宫。"宗庙、神庙也可以称为"宫",如北京的雍和宫、洛阳的上清宫、成都的青羊宫、天台的桐柏宫等。而到了现在,除了保留有关"宫"的专有名称外,"宫"只作为人民文化活动或娱乐用的房屋的名称,如青年宫、民族宫、劳动人民文化宫等。

"瓦"在古代汉语中一般指铺屋顶用的建筑材料,以及用泥土烧成的器皿,例如陶崇正在描绘天坛时写道:"金瓦灵坛高接天,先皇设醮事祈年。"但在古代,"瓦"还指纺锤。例如《诗经·小雅·斯干》中就写道:"乃生女子,载寝之地,载衣之裼,载弄之瓦。"不过现在,"瓦"的"纺锤"意义已经不再使用。

"盖"在古代既指器物上的盖子,也指遮阳障雨的用具,例如车盖和伞。苏轼在《冬景》中写道:"荷尽已无擎雨盖,菊残犹有傲霜枝。"但是现在已经没有车盖和伞的意思。

"爱"在古代汉语中除了现代汉语中保留的亲爱、疼爱等意思之外,还有吝惜、吝啬的意思。但在现代汉语中,"爱"表示吝啬的意思已经不再使用。例如《老子》中写道:"甚爱必大费。"

"一"在古汉语中可以作为副词,表示都、一概。白居易在《庐山草堂记》中写道:"广袤丰杀,一称心力。"

3.字义的转移

字义的转移是指新旧义有一定的联系,但一般新义产生后,旧义已不再使用。

"售"今天的意思是卖,而古代的意思则是卖出。例如柳宗元在《钴鉧潭西小丘记》中写道:"货而不售",这里的"不售"不是不卖,而是指卖不出去的意思。同样地,文中"余怜而售之"也不是指卖它(小丘),而是指"使它卖出去",这里指买下它。

"购"在古代是指用重赏征求或用重金收买。例如苏轼在《送刘道原归觐南康》诗中写道:"十年闭户乐幽独,百金购书收散亡。"这里的"购"与一般的"买"是有区别的。

"汤"本义是指热水,例如朱彝尊在《游晋祠记》中写道:"乱水如沸汤。"而菜汤、汤药则是后来衍生出来的意义。在今天,热水、开水的含义只在某些成语中使用,例如扬汤止沸、赴汤蹈火。

"暂"本指突然、一下子。例如《史记·李将军列传》中写道:"广暂腾而上胡儿马。"后来,这个词的意义开始转移为"不久",例如王勃在《滕王阁序》中写道:"宇文新州之懿范,襜帷暂驻。"也就是说,古代的"暂"只表示时间很短,没有将来对比的意思。现代的"暂"表示暂时,预示将来行为的方向。

"再"在古代汉语中指第二次、两次,表示动作的数量。例如徐弘祖在《游黄山日记(后)》中写道:"一路沿危壁西行,凡再降升。""再"是指两次。同样,《左传·庄公十年》中写道:"一鼓作气,再而衰,三而竭。"《史记·孙子吴起列传》中也写道:"田忌一不胜而再胜。"这些都不是"再一次"的意思。例如"三年再会"是指三年之内会面两次,而不是三年之后再见面。

"走"在古今的词义差别明显。古代,"走"的基本含义是跑,例如康有为在《过昌平城望居庸关》中写道:"云垂大野鹰盘势,地展平原骏走风。"这里的"骏走"指骏马奔跑。另外,"走"还可以做名词,指仆人、被驱使的人,常用于自谦之词。例如司马迁在《报任安书》中写道:"太史公牛马走。""牛马走"形容像牛马一样的仆人。但这些意义现在已经不再使用了。现代的"走"在古代称作"行"。

"塘"在现代一般指水塘,但在上古只有堤防、堤岸的意思。例如谢灵运在《登池上楼》中写道:"池塘生春草,园柳变鸣禽。"这里的"池塘"指的是水池的堤岸,而不是水池本身。这种意义的"塘"还保留在现代汉语的一些词语和地名中,例如海塘、池塘、钱塘、瞿塘等。

"涕"在古代一般指眼泪,而不是鼻涕。例如欧阳修在《泷冈阡表》中写道:"岁时祭祀,则必涕泣。"只有在一些比较接近口语风格的作品中,"涕"才有"鼻涕"的意思。

(二)字义感情色彩的差异

1.字义褒贬的不同

"赂",在现代只用于"贿赂"一词中,指用于贿赂别人的财物,也指用财物贿赂别人,含有贬义。而古代"赂"是褒义,指赠送的财物,或用财物赠送别人,如《左传·庄公二十八年》:"取赂而还。"

"谤",本指公开指责别人的过失,属于中性词。如《国语·周语上》:"厉王虐,国人谤王。"《战国策·齐策》:"谤讥于市朝。"都不是造谣中伤的意思,后来才变成了贬义。

2.字义轻重的不同

"诛",本指责问、谴责,如李陵《重报苏武书》:"汉厚诛陵不死。"后来才发展成了"杀死"的意思,引申为惩罚、消除的意思,是一种贬义。

"恨",在古代主要是指"遗憾"的意思,程度比"怨"轻。例如,杜甫《八阵图》中写道:"江流石不转,遗恨失吞吴。"进入现代后,"恨"则逐渐演变成一种比"怨"更重的情感,容易引起极端的行为。

此外,古代汉语和现代汉语还有一个很大的差别,那就是古代汉语以单音词为主,现代汉语以双音词为主。有时,古代汉语中连在一起的两个字很容易使人误解为现代汉语中的双音词,于是用今义去解释它,从而产生误解,如:

宇宙：王勃《滕王阁序》中写道："天高地迥，觉宇宙之无穷。"在古代汉语中，"宇"指上下四方、天下，"宙"是古往今来，指所有的时间。因此，"宇宙"是两个词，而不是现代人所理解的包括地球及其他天体在内的无限空间。类似的例子还有很多。

地方：如古籍中经常见到"地方千里"等词语，绝不能把"地方"理解成一个词。"地"指地区、地域，"方"是表示面积的用语，相当于"纵横"。

睡觉：在古代是睡醒了的意思，并不是现代汉语中的双音词。"睡"指睡觉（jiào），而"觉"（júe）指醒，如程颢《秋日偶成》中写道："闲来无事不从容，睡觉东窗日已红。"

牺牲：古代祭祀用的牲畜，颜色纯正称为"牺"，体全称为"牲"，而不是现代汉语中描述"为了正义的目的舍弃自己的利益或生命"的意思。如柳宗元《时令论上》写道："合秩刍，养牺牲。"

第二章 文学文体

　　文学是一种语言文字艺术,是一种以语言文字为媒介表情达意的艺术样式。文学是一种意识活动,是作家用独特的语言艺术表现其独特的心灵世界的作品,它融合了主观和客观,凝结了作者的精神体验和心灵感触,具有形象性、真实性、情感性、审美性的特征。文学以不同的形式(即体裁)表达内心的情感,再现一定时期和一定地域的社会生活。一切文学作品的思想内容都要通过这样或那样的体裁来表现,没有体裁的文学作品是不存在的。在中国文学发展的历史上,出现了多种多样的文学体裁,主要包括诗歌、散文、小说、戏剧文学、影视文学等艺术样式。

第一节　诗　　歌

　　诗歌具有一种特殊的外部形式,一般分行排列,它是通过凝练、生动、形象、富有节奏和韵律的语言,还有丰富的想象和情感,优美的意境来表达作者对生活的感受,抒发作者思想情感的一种文学样式。

一、诗歌的起源和发展

　　诗歌是最古老也是最具文学特质的文学样式,它起源于上古时期的劳动号子(后发展为民歌)及祭祀颂词。诗歌原是诗与歌的总称,诗和音乐、舞蹈结合在一起,统称为诗歌。甲骨卜辞和《周易》卦爻辞中的韵语,是有文字记载的古代诗歌的萌芽。中国诗歌的发展经历了劳动号子、《诗经》、楚辞、汉魏六朝乐府诗、唐诗、宋词、元曲、"五四"新诗和当代诗歌等诸多发展阶段。

(一)劳动号子

　　中国最早的诗歌起源于劳动,先民在劳动的过程中,为了降低疲劳,增加劳动的乐趣,在集体劳动的过程中,用歌唱的形式直接孕育了最原始的诗歌。最初,远古的人们在劳动中用"啊""兮""哦""唉"等感叹词来协调动作,统一行动,减轻疲劳,加强效率,增加劳动情趣。慢慢地加进了双音词,比如"哼唷""么哦""嗬嗬",这种劳动呼声虽然有声无义,但在具体场合中,有时也蕴含着某种情感或情绪。

(二)《诗经》

《诗经》是我国第一部诗歌总集,原名《诗》或称"诗三百",标志着中国古代诗歌的开端。《诗经》收集了西周初年至春秋中叶(前11世纪至前6世纪)的诗歌,共305篇,另有6篇为笙诗,即只有标题,没有内容,称为笙诗六篇,反映了周初至周晚期约五百年间的社会生活面貌。《诗经》的作者包括从贵族到平民的社会各个阶层人士,绝大部分已经无法考证。

《诗经》根据音乐的不同分为"风""雅""颂"三类,表现手法主要是"赋""比""兴"。《诗经》内容丰富,反映了劳动与爱情、战争与徭役、压迫与反抗、风俗与婚姻、祭祖与宴会,甚至天象、地貌、动物、植物等方方面面,是周代社会生活的一面镜子。例如:

> 关关雎鸠,在河之洲。窈窕淑女,君子好逑。
>
> 参差荇菜,左右流之。窈窕淑女,寤寐求之。
>
> 求之不得,寤寐思服。悠哉悠哉,辗转反侧。
>
> 参差荇菜,左右采之。窈窕淑女,琴瑟友之。
>
> 参差荇菜,左右芼之。窈窕淑女,钟鼓乐之。

(《诗经·周南·关雎》)

《周南·关雎》是《诗经》中的第一首诗,通常认为是一首描写男女恋爱的情歌。在艺术形式上采用了"兴"的表现手法,首章以雎鸟相向合鸣,相依相恋,兴起淑女陪君子的联想。全诗语言优美,善于运用双声叠韵和重章叠词,增强了诗歌的音韵美,同时,写人状物,拟声传情,生动无比。

(三)楚辞

战国时期出现的楚辞,在中国文学史上有着特殊的意义。它和《诗经》共同构成中国诗歌史的源头。南方楚国文化特殊的美学特质,以及屈原高洁的品性和正直的人格,造就了辉煌灿烂的楚辞文学。

《楚辞》是中国文学史上第一部浪漫主义诗歌总集,相传是屈原创作的一种新诗体。句式长短参差,以六言、七言为主,多用"兮"字。《楚辞》经历了屈原的作品始创、屈后仿作、汉初搜集至刘向辑录等历程,成书时间应在公元前26年至公元前6年间。《楚辞》运用楚地的方言声韵,叙写楚地的山川人物、历史风情,具有浓厚的地域文化色彩。全书以屈原的作品为主,如《离骚》《九章》等不朽诗篇;其余各篇也都承袭屈赋的形式,感情奔放,想象奇特。例如:

帝高阳之苗裔兮,朕皇考曰伯庸。摄提贞于孟陬兮,惟庚寅吾以降。

皇览揆余初度兮,肇锡余以嘉名。名余曰正则兮,字余曰灵均。

纷吾既有此内美兮，又重之以修能。扈江离与辟芷兮，纫秋兰以为佩。
汩余若将不及兮，恐年岁之不吾与。朝搴阰之木兰兮，夕揽洲之宿莽。
日月忽其不淹兮，春与秋其代序。唯草木之零落兮，恐美人之迟暮。
不抚壮而弃秽兮，何不改乎此度？乘骐骥以驰骋兮，来吾道夫先路！
……

指九天以为正兮，夫唯灵修之故也。曰黄昏以为期兮，羌中道而改路。
初既与余成言兮，后悔遁而有他。余既不难夫离别兮，伤灵修之数化。
余既滋兰之九畹兮，又树蕙之百亩。畦留夷与揭车兮，杂杜衡与芳芷。
……

苟余情其信姱以练要兮，长顑颔亦何伤。擥木根以结茝兮，贯薜荔之落蕊。
矫菌桂以纫蕙兮，索胡绳之纚纚。謇吾法夫前修兮，非世俗之所服。
虽不周于今之人兮，愿依彭咸之遗则。长太息以掩涕兮，哀民生之多艰。
……

进不入以离尤兮，退将复修吾初服。制芰荷以为衣兮，集芙蓉以为裳。
不吾知其亦已兮，苟余情其信芳。高余冠之岌岌兮，长余佩之陆离。
芳与泽其杂糅兮，唯昭质其犹未亏。忽反顾以游目兮，将往观乎四荒。
佩缤纷其繁饰兮，芳菲菲其弥章。民生各有所乐兮，余独好修以为常。
虽体解吾犹未变兮，岂余心之可惩。
……

(屈原《离骚》)

这是《离骚》第一小节的节选，诗人通过自叙的笔法，提出了积极用世的人生观，为我们塑造了一个坚贞高洁的抒情主人公形象，可以看出诗人奋发自励、苏世独立的人格。

(四)汉魏六朝乐府诗

乐府诗起源于汉代，盛行于汉魏六朝时期。公元前112年，乐府正式成立于西汉汉武帝时期，主要职能是收集编纂各地汉族民间音乐、整理改编与创作音乐、进行演唱及演奏等。汉乐府指由汉时乐府机关所采制的诗歌。这些诗原本在民间流传，经由乐府保存下来，汉代叫作"歌诗"，魏晋时始称"乐府"或"汉乐府"。后世文人仿此形式所做的诗，亦称"乐府诗"。乐府诗大多描写平民百姓平凡的生活、城乡风景、战争、爱情等，体现了汉魏六朝时期社会的生动性和多样性。其主要的代表作品有《长歌行》《木兰诗》《孔雀东南飞》《陌上桑》等。例如：

唧唧复唧唧，木兰当户织。不闻机杼声，唯闻女叹息。问女何所思，问女何所忆。女亦无所思，女亦无所忆。昨夜见军帖，可汗大点兵。军书十二卷，卷卷有爷名。阿爷无大儿，木兰无长兄。愿为市鞍马，从此替爷征。

东市买骏马,西市买鞍鞯,南市买辔头,北市买长鞭。旦辞爷娘去,暮宿黄河边。不闻爷娘唤女声,但闻黄河流水鸣溅溅。旦辞黄河去,暮至黑山头。不闻爷娘唤女声,但闻燕山胡骑鸣啾啾。

万里赴戎机,关山度若飞。朔气传金柝,寒光照铁衣。将军百战死,壮士十年归。

归来见天子,天子坐明堂。策勋十二转,赏赐百千强。可汗问所欲,木兰不用尚书郎,愿驰千里足,送儿还故乡。

爷娘闻女来,出郭相扶将;阿姊闻妹来,当户理红妆;小弟闻姊来,磨刀霍霍向猪羊。开我东阁门,坐我西阁床。脱我战时袍,著我旧时裳。当窗理云鬓,对镜帖花黄。出门看火伴,火伴皆惊忙:同行十二年,不知木兰是女郎。

雄兔脚扑朔,雌兔眼迷离;双兔傍地走,安能辨我是雄雌?　　　　(《木兰诗》)

《木兰诗》是南北朝时期北方的一首长篇叙事民歌,是乐府诗的代表作品。诗歌记述了木兰女扮男装、代父从军、征战沙场、凯旋回朝、建功受封、辞官还家的故事,充满传奇色彩。

(五)唐诗

唐诗是中华民族珍贵的文化遗产之一,是中华文化宝库中的一颗明珠,同时也对世界上许多国家的文化发展产生了影响,对于后人研究唐代的政治、民情、风俗、文化等都有重要的参考意义。唐诗的形式是多种多样的。唐代的古体诗,主要有五言和七言两种。近体诗也有两种,一种叫作绝句,一种叫作律诗。绝句和律诗又各有五言和七言之不同。所以唐诗的基本形式有六种:五言古体诗、七言古体诗、五言绝句、七言绝句、五言律诗、七言律诗。唐诗数量众多,题材多样,作者广泛。从古至今,唐诗不仅以积极向上的生活理想和精神风貌给后人以感染,而且以异彩纷呈的艺术画面和审美情趣给后人以陶冶,成为中国文化中重要的文学遗产。例如:

①红豆生南国,春来发几枝?愿君多采撷,此物最相思。(王维《相思》)

②风急天高猿啸哀,渚清沙白鸟飞回。无边落木萧萧下,不尽长江滚滚来。万里悲秋常作客,百年多病独登台。艰难苦恨繁霜鬓,潦倒新停浊酒杯。

（杜甫《登高》)

例①是一首借咏物而寄相思五言绝句,全诗仅二十字,却能展现出清新的画图,传达出真切的意境。例②是一首七言律诗,全诗通过登高所见秋江景色,倾诉了诗人长年漂泊、老病孤愁的复杂感情,慷慨激越、动人心弦。

(六)宋词

宋词是一种相对于古体诗的新体诗歌之一,盛行于宋代。为宋代儒客文人智慧的精华,标志着宋代文学的最高成就。宋词句子有长有短,便于歌唱。进入宋代,词的创作逐步蔚为大观,产生了大批成就突出的词人,如苏轼、辛弃疾、李清照等,名篇佳作层出不穷。宋词是继唐诗之后的又一种文学体裁,基本分为豪放派和婉约派两大类别。例如:

①大江东去,浪淘尽,千古风流人物。故垒西边,人道是,三国周郎赤壁。乱石穿空,惊涛拍岸,卷起千堆雪。江山如画,一时多少豪杰。

遥想公瑾当年,小乔初嫁了,雄姿英发。羽扇纶巾,谈笑间,樯橹灰飞烟灭。故国神游,多情应笑我,早生华发。人生如梦,一尊还酹江月。(苏轼《念奴娇·赤壁怀古》)

②寻寻觅觅,冷冷清清,凄凄惨惨戚戚。乍暖还寒时候,最难将息。三杯两盏淡酒,怎敌他、晚来风急!雁过也,正伤心,却是旧时相识。

满地黄花堆积,憔悴损,如今有谁堪摘?守着窗儿,独自怎生得黑!梧桐更兼细雨,到黄昏,点点滴滴。这次第,怎一个愁字了得!

(李清照《声声慢·寻寻觅觅》)

例①是豪放派词的代表作品之一,充分体现了豪放派词的特点:视野广阔,气象恢宏雄放,喜用诗文配画的手法,语词宏博,用事较多,不拘守音律。例②是婉约派词的代表作品之一,充分体现了李清照的词学观。她提出了词"别是一家"之说,反对以作诗文之法作词。形式上善用白描手法,自辟途径,强调协律,崇尚典雅,语言清丽。

(七)元曲

元曲是盛行于元代的一种文艺形式,为元代儒客文人智慧的精髓。一般来说,元杂剧和散曲合称为元曲,杂剧是戏曲,散曲是诗歌。不过,元杂剧的成就和影响远远超过散曲,因此也有人认为"元曲"单指杂剧。元曲有严密的格律定式,每一曲牌的句式、字数、平仄等都有固定的格式要求。杂剧兴起于宋代,鼎盛于元代,是以滑稽搞笑为特点的一种表演形式。每本以四折为主,在开头或折间另加楔子,每折由同宫调同韵的北曲套曲和宾白组成。例如:

〔外扮监斩官上,云〕下官监斩官是也。今日处决犯人,着做公的把住巷口,休放往来人闲走。〔净扮公人,鼓三通,锣三下科,刽子磨旗、提刀、押正旦带枷上,刽子云〕行动些,行动些,监斩官去法场上多时了。〔正旦唱〕

【正宫·端正好】没来由犯王法,不提防遭刑宪,叫声屈动地惊天。顷刻间游魂先赴森罗殿,怎不将天地也生埋怨。

　　【滚绣球】有日月朝暮悬,有鬼神掌着生死权。天地也!只合把清浊分辨,可怎生糊突了盗跖,颜渊?为善的受贫穷更命短,造恶的享富贵又寿延。天地也!做得个怕硬欺软,却原来也这般顺水推船!地也,你不分好歹何为地!天也,你错勘贤愚枉做天!哎,只落得两泪涟涟。……
　　　　　　　　　　　　　　　　　　　　　　　　　　　　(关汉卿《窦娥冤》)

　　《窦娥冤》是关汉卿元杂剧的代表作,也是我国古代悲剧的代表作。全杂剧一共四折,以上为第三折的开头部分。此杂剧充分体现了现实主义与浪漫主义风格的有机融合,作品用丰富的想象和大胆的夸张,设计超现实的情节,显示出正义的强大力量,寄托了作者鲜明的爱憎情感,反映了广大人民伸张正义、惩治邪恶的愿望。

(八)"五四"新诗

　　"五四"新诗运动兴起于1917—1919年的"五四"文学革命,是"五四"文学革命的重要组成部分。"五四"新诗运动主张以白话新体诗取代文言旧体诗,在诗歌形式上明显区别于传统的旧体诗形式。胡适在《论新诗》里明确提出,必须"推翻词调曲谱的种种束缚;不拘格律,不拘平仄,不拘长短;有什么题目,做什么诗;诗该怎么做,就怎么做";后来,他又将上述主张概括为"作诗如作文"。"五四"新诗从稚嫩逐渐走向成熟,出现了众多的诗歌流派,如湖畔诗社、新月派、中国诗歌会、现代派等;涌现了大批的诗人,如胡适、郭沫若、闻一多、徐志摩、李金发、戴望舒、艾青等,他们的诗作风格独特、引人入胜。例如:

　　　　这是一沟绝望的死水,清风吹不起半点漪沦。
　　　　不如多扔些破铜烂铁,爽性泼你的剩菜残羹。

　　　　也许铜的要绿成翡翠,铁罐上锈出几瓣桃花;
　　　　再让油腻织一层罗绮,霉菌给他蒸出些云霞。

　　　　让死水酵成一沟绿酒,漂满了珍珠似的白沫;
　　　　小珠们笑声变成大珠,又被偷酒的花蚊咬破。

　　　　那么一沟绝望的死水,也就夸得上几分鲜明。
　　　　如果青蛙耐不住寂寞,又算死水叫出了歌声。

　　　　这是一沟绝望的死水,这里断不是美的所在,
　　　　不如让给丑恶来开垦,看它造出个什么世界。

　　　　　　　　　　　　　　　　　　　　　　　　　　　　(闻一多《死水》)

　　这首诗充分体现了闻一多诗歌创作"三美"的主张,即音乐美、建筑美和绘画

美。通过对"半殖民地半封建旧中国"多角度、多层面的谱写,揭露和讽刺了腐败不堪的旧社会,表达了对当时社会环境的愤懑之情和深沉的爱国主义感情。

(九)当代诗歌

中国当代诗歌是指 1949 年中华人民共和国成立以后诗人创作的诗歌,其发展经历了 50~70 年代诗歌、80 年代诗歌、90 年代诗歌等几个主要阶段,每个阶段都呈现出不同的特点。比较有代表性的诗人有郭小川、贺敬之、闻捷、北岛、舒婷、王家新、于坚等。其中 20 世纪 70 年代末 80 年代初出现的朦胧诗引发了争论,产生了较大的影响。朦胧诗的特征是:以内在精神世界为主要表现对象,采用整体形象象征、逐步意象感发的艺术策略和方法来隐示情思,呈现为诗境模糊朦胧、主题多义莫明的特征。例如:

> 雾打湿了我的双翼,
> 可风却不容我再迟疑。
> 岸啊,心爱的岸,
> 昨天刚刚和你告别,
> 今天你又在这里。
> 明天我们将在,
> 另一个纬度相遇。
> 是一场风暴,一盏灯,
> 把我们联系在一起。
> 是一场风暴,另一盏灯,
> 使我们再分东西。
> 不怕天涯海角,
> 岂在朝朝夕夕。
> 你在我的航程上,
> 我在你的视线里。　　　　　　　　(舒婷《双桅船》)

《双桅船》是一首典型的朦胧诗。这首诗采用象征和意象的手法,表达了诗人的主观情绪,成为伸张人性的佳作。全诗表现了诗人双重的心态与复杂的情感。

二、诗歌的分类

诗歌按内容可分为叙事诗、抒情诗、哲理诗;按形式可分为旧体诗、新体诗、格律诗、自由诗、散文诗、民歌等。下面着重介绍其中四种。

（一）叙事诗

叙事诗是用诗的形式刻画人物,通过写人叙事来抒发情感,与小说戏剧相比,它的情节一般较为简单。叙事诗回避复杂情节,不以故事的曲折离奇取胜,而是寓丰富于单纯。古典诗歌中著名的叙事诗有《木兰诗》《孔雀东南飞》《长恨歌》《琵琶行》等;现当代著名叙事诗有《凤凰涅槃》《王贵与李香香》《漳河水》《将军三部曲》《复仇的火焰》等;外国著名叙事诗有《巴特里克·史宾斯爵士》《兰德尔王》《古舟子之咏》等。例如:

公元一九三〇年,有一件伤心事出在三边。
人人都说三边有三宝,穷人多来富人少;
一眼望不尽的老黄沙,那块地不属财主家?
一九二九年雨水少,庄稼就象炭火烤。
瞎子摸黑路难上难,穷汉就怕闹荒年。
荒年怕尾不怕头,第二年的春荒人人愁。
掏完了苦菜上树梢,遍地不见绿苗苗。
百草吃尽吃树杆,捣碎树杆磨面面。
二三月饿死人装棺材,五六月饿死没人理!
窑里粮食霉个遍,崔二爷粮食吃不完。
穷汉饿得皮包骨,崔二爷心狠见死他不救。
风吹大树嘶啦啦响,崔二爷有钱当保长。
一个算盘九十一颗珠,崔二爷牛羊没有数数。
三十里草地二十里沙,那一群牛羊不属他家?
烟洞里冒烟飞满天,崔二爷他有半个天;
县长跟前说上一句话,刮风下雨都由他。
天气越冷风越紧,人越有钱心越狠!
天旱庄稼没收成,庄户人家皱眉头;
打不下粮食吃不成饭,崔二爷的租子也难还。
饿着肚子还好过,短下租子命难活!
王麻子三天没见一颗米,崔二爷的狗腿子来催逼。
舌头在嘴里乱打转,王麻子把好话都说完。
"还不起租子我还有一条命,这辈子还不起来世给你当牲畜。"
"短租子,短钱,短下粮——老狗你莫非想拿命来抗?"
一句话来三瞪眼,三句话来一马鞭。

——(李季《王贵与李香香》)

《王贵与李香香》以王贵和李香香的爱情故事为线索,展现了"三边"人民走上革命的历程。主人公爱情的悲欢与革命的发展紧密相关,由此显示了劳动人民的个人命运与整个阶级的革命大业是血肉相连的。

(二)抒情诗

抒情诗以表现主观感情、抒怀咏志为主,主要通过抒发诗人的主观思想感情来反映社会生活。作者把社会生活做了"主观化"和"自我化"的处理,所有的诗歌意象都因经过了作者心灵的改造而表现出个性化的特征,一般没有完整的人物和事件,即使出现,也是作者寄寓强烈主观感情的形象片段。"诗言志",诗歌表达的感情炽烈,或用形象的语言直抒胸臆,或托物言志、借景抒情。抒情诗具有含蓄性、主观性、个性化、诗意化等特征,有的还会体现时代特色。白居易说:"感人心者,莫先乎情,莫始乎言,莫切乎声,莫深乎义。诗者,根情、苗言、华声、实义。"这就说明诗歌以抒情为根本,诗的情感要真挚、独特、健康、高尚。例如:

轻轻的我走了，
正如我轻轻的来；
我轻轻的招手，
作别西天的云彩。

那河畔的金柳，
是夕阳中的新娘；
波光里的艳影，
在我的心头荡漾。

软泥上的青荇，
油油的在水底招摇；
在康河的柔波里，
我甘心做一条水草！

那榆荫下的一潭，
不是清泉，是天上虹；
揉碎在浮藻间，
沉淀着彩虹似的梦。

寻梦？撑一支长篙，
向青草更青处漫溯；
满载一船星辉，
在星辉斑斓里放歌。
但我不能放歌，
悄悄是别离的笙箫；
夏虫也为我沉默，
沉默是今晚的康桥！
悄悄的我走了，
正如我悄悄的来；
我挥一挥衣袖，
不带走一片云彩。　　　　　（徐志摩《再别康桥》）

《再别康桥》是徐志摩抒情诗的代表作，这首诗以离别康桥时的感情起伏为线索，抒发了作者对康桥依依惜别的深情。全诗语言轻盈柔和，形式精巧圆熟，诗人用虚实相间的手法，描绘了一幅幅流动的画面，构成了一处处美妙的意境，细致入微地将诗人对康桥的爱恋，对往昔生活的怀念，对眼前的无可奈何的离愁，表现得真挚、浓郁、隽永。

(三) 哲理诗

哲理诗是表现诗人的哲学观点、反映哲学道理的诗。这种诗内容深沉浑厚、含蓄,多将哲学的抽象哲理蕴含于鲜明的艺术形象之中。诗人往往通过形象的比拟挖掘生活中的道理与规律。例如:

> 你站在桥上看风景,
>
> 看风景人在楼上看你。
>
> 明月装饰了你的窗子,
>
> 你装饰了别人的梦。　　　　　　　　(卞之琳《断章》)

《断章》是一首典型的哲理诗,诗人在诗中熔铸了浓厚的哲学思辨意识。诗人将人生哲理与诗歌意象融合起来,表达了自己对宇宙和人生的探求;在技巧和形式方面,诗人融会了传统的意境和西方象征主义的艺术手法,形成了自己的现代诗风。

(四) 民歌

民歌是指每个民族在古代或者近代时期创作的带有自己民族风格特色的歌曲,是每个民族劳动人民的传统歌曲。民歌是经过广泛的群众性的即兴编作、口头传唱而逐渐形成和发展起来的。它是无数人智慧的结晶,音乐形式具有简明朴实、平易近人、生动灵活的特点。例如:

> 三月鹧鸪满山游,四月江水到处流,
>
> 采茶姑娘茶山走,茶歌飞上白云头。
>
> 草中野兔窜过坡,树头画眉离了窝,
>
> 江心鲤鱼跳出水,要听姐妹采茶歌。
>
> 采茶姐妹上茶山,一层白云一层天,
>
> 满山茶树亲手种,辛苦换得茶满园。
>
> 春天采茶抽茶芽,快趁时光掐细茶。
>
> 风吹茶树香千里,盖过园中茉莉花,
>
> 采茶姑娘时时忙,早起采茶晚插秧,
>
> 早起采茶顶露水,晚插秧苗伴月亮。
>
> 采茶采到茶花开,漫山接岭一片白,
>
> 蜜蜂忘记回窠去,神仙听歌下凡来。　　　　(《采茶歌》)

采茶歌有很多版本,此版本传唱于"歌海"广西壮族自治区,展现了丰富的地域文化色彩。

三、诗歌的特点

诗歌的特点有很多,比如饱含着作者的思想感情与丰富的想象;语言凝练而形象性强;具有鲜明的节奏,和谐的音韵,富于音乐美;语句一般分行排列,注重结构形式的美等。下面主要介绍其中三种特点。

(一)语言的凝练性

诗歌反映生活具有高度的概括性,语言凝练,含义丰富、深刻,形式整齐或大体整齐。诗歌的语言之所以具有凝练的特征,与其产生之初作为歌谣形式传播的需要直接相关。为了便于吟诵和说唱,便于记忆和传播,语言要高度凝练,完全符合韵律和节奏的规范。以最简练的词语表达尽可能丰富的思想内容,达到言简意丰的艺术效果。有时是对一种叙事的高度简约,有时是对一个生活片段的压缩式描绘,有时甚至是一种情感的浅尝辄止,这就需要读者、欣赏者充分发挥自我的想象与联想能力,来挖掘这种凝练的语言背后的深层意蕴,建构起一个完整的艺术审美世界。例如:

> 今生今世
> 我最忘情的哭声有两次。
> 一次,在我生命的开始,
> 一次,在你生命的告终。
> 第一次,我不会记得,是听你说的。
> 第二次,你不会晓得,我说也没用。
> 但这两次哭声的中间,
> 有无穷无尽的笑声。
> 一遍一遍又一遍,
> 回荡了整整 30 年,
> 你都晓得,我都记得。
>
> (余光中《今生今世》)

这是一首赞颂母亲的诗,全诗通篇表达了对母亲深深的思念之情。但语言颇为凝练,概括性极强。余光中怀念母亲的诗作不少,这是其中较为简洁、深情的一首。

(二)意象的丰富性

诗歌想象丰富,形象鲜明,将要表达的思想感情具体生动地呈现在读者眼前。诗歌艺术的关键就是将无形的情感化为有形的意象,将抽象的观念化为生动的具象,即通过诗歌的意象和意境来实现作者感情的形象化。意象是诗歌最基本的审美元素,是传达诗人的情感和体验外部世界的客观对应物。意象的丰富性表现在意象的自由组合上,诗中表现的事物往往前后没有直接的关联,使读者在感觉上产生较大的空白和飞跃。意象的层递、并置、叠加或随意转换,造成诗歌结构的起伏、跳跃,增强了作品的张力。例如:

枯藤老树昏鸦,小桥流水人家,古道西风瘦马。夕阳西下,断肠人在天涯。

(马致远《天净沙·秋思》)

这首诗出现了枯藤、老树、昏鸦、小桥、流水、人家、古道、西风、瘦马等多个意象,全篇无一"秋"字,但却描绘出一幅凄清感人的天涯游子深秋漂泊图,并且准确地传达出旅人凄苦的心境,增强了作品的感染力。

(三) 和谐的音乐性

诗歌的音乐美是利用汉语言的音、韵、调构成双声、叠韵、押韵、平仄、节奏、同音(谐音)、重言(叠音)、反复等符合规律而又有变化地在语言结构中出现,以形成音韵和谐、节奏鲜明、旋律优美、抑扬顿挫,给人一种相似于音乐的听觉上的流动感、愉悦感。诗歌的音乐性是诗歌的重要体现之一,音乐性不仅能够增强诗歌的艺术价值,更能够从语言层面唤起读者的情感共鸣,具有很强的抒情功能。例如:

吴丝蜀桐张高秋,空山凝云颓不流。
江娥啼竹素女愁,李凭中国弹箜篌。
昆山玉碎凤凰叫,芙蓉泣露香兰笑。
十二门前融冷光,二十三丝动紫皇。
女娲炼石补天处,石破天惊逗秋雨。
梦入坤山教神妪,老鱼跳波瘦蛟舞。
吴质不眠倚桂树,露脚斜飞湿寒兔。 (李贺《李凭箜篌引》)

这首诗声韵和谐,富于节奏感,运用一连串出人意料的比喻,传神地再现了乐工李凭创造的诗意浓郁的音乐境界,生动地记录下李凭弹奏箜篌的高超技艺,也表现了作者对乐曲的深刻理解,艺术想象力丰富。

四、诗歌的表现技巧

(一) 赋比兴

赋、比、兴是《诗经》中的三种主要表现手法,是中国古代对于诗歌表现方法的归纳。它是根据《诗经》的创作经验总结出来的。"赋"指直陈其事,直抒胸臆,体现诗歌的直接抒情性;"比"指以彼物比此物,就是类比或比喻,它能更生动、更形象地表达诗人的情感;"兴"指先言他物以引起所咏之词,多用于一首诗或一段诗

的开头,看似与下文无关,但在意思和韵律上都与下文有内在联系,即所谓唤起联想,使读者思而得之,从而收到韵外之致。例如:

①七月流火,九月授衣。一之日觱发,二之日栗烈。无衣无褐,何以卒岁!三之日于耜,四之日举趾。同我妇子,馌彼南亩。田畯至喜。

七月流火,九月授衣。春日载阳,有鸣仓庚。女执懿筐,遵彼微行,爰求柔桑。春日迟迟,采蘩祁祁。女心伤悲,殆及公子同归。

七月流火,八月萑苇。蚕月条桑,取彼斧斨,以伐远扬,猗彼女桑。七月鸣鵙,八月载绩。载玄载黄,我朱孔阳,为公子裳。　　　　　(《诗经·豳风·七月》)

②手如柔荑,肤如凝脂,领如蝤蛴,齿如瓠犀。螓首蛾眉,巧笑倩兮,美目盼兮。

(《诗经·卫风·硕人》)

③孔雀东南飞,五里一徘徊。　　　　　(汉乐府《孔雀东南飞》)

例①采用"赋"的手法,"敷陈其事""随物赋形",叙述了农夫在一年十二个月中的生活,真实地展现了当时的劳动场面、生活图景和各种人物的面貌,以及农夫与公家的相互关系,构成了西周早期社会一幅男耕女织的风俗画。例②采用"比"的手法,在描绘卫庄公夫人庄姜之美时,用了一连串的比喻,着力刻画了庄姜高贵、美丽的形象,描写细致,比喻生动。例③采用"兴"的手法,先言他物以引起所咏之物。运用孔雀失偶时徘徊不去的景象进行起兴,象征了刘兰芝和焦仲卿的爱情悲剧,烘托、渲染出一种悲凉、凄婉的笼罩全诗的缠绵悱恻的氛围。

(二)象征

象征是利用事物之间在特定条件下的联系,通过联想或约定,用某种象征物去代替原来的事物。如用松、菊象征高洁,用香草美人象征忠君爱国就是这种手法。象征的表现效果是:寓意深刻,能丰富人们的联想;耐人寻味,使人获得意境无穷的感觉;能给人以简练、形象的实感,能表达真挚的感情。例如:

撑着油纸伞,独自

彷徨在悠长、悠长

又寂寥的雨巷

我希望逢着

一个丁香一样的

结着愁怨的姑娘

她是有

丁香一样的颜色

> 丁香一样的芬芳
>
> 丁香一样的忧愁
>
> 在雨中哀怨
>
> 哀怨又彷徨 　　　　　　　　　（戴望舒《雨巷》）

这首诗运用了象征手法,其中"雨巷"象征当时主人公所处的社会环境,是诗人体验到的人生境遇的象征;"丁香姑娘"是诗人朦胧而美好的憧憬与渴望的象征,这种美好的渴望与憧憬充满了悲剧色彩。

(三)通感

通感又叫"移觉",是在描述客观事物时,用形象的语言使感觉转移,将人的视觉、嗅觉、味觉、触觉、听觉等不同感觉互相沟通、交错,彼此挪移转换,将本来表示甲感觉的词语移用来表示乙感觉,使意象更为活泼、新奇的一种修辞格式。例如:

> 雪净湖天牧马还,月明羌笛戍楼间。借问梅花何处落,风吹一夜满山关。
>
> 　　　　　　　　　　　　　　　　（高适《塞上听吹笛》）

这首诗运用了通感的手法,诗人把听觉形象的笛声转化为视觉形象的梅花。由梅花飘洒似的笛声的听觉之美引出梅花的视觉之美,似乎展现出笛声吹开朵朵梅花的边塞月夜的绮丽景色,使人更加深刻地感受到作品所提供的意象世界之美。

(四)反讽

反讽最突出的语义表达特征是所言非所指,即正话反说。诗人要赋予某个语词以某种含义时,通常借助语境的作用对它进行持续的修正,反讽主要依赖语境的作用使语义发生改变。

例如:

> 葡萄美酒夜光杯,欲饮琵琶马上催。
>
> 醉卧沙场君莫笑,古来征战几人回? 　　　　（王翰《凉州词》）

这首诗的后两句"醉卧沙场君莫笑,古来征战几人回?"是典型的主题性反讽诗句,包含着彼此对立的双重反讽主题——既悲伤厌战,又旷达豪迈。

第二节 散 文

一、散文的概念

散文是一种抒发作者真情实感、写作方式灵活的记叙类文学体裁。《辞海》认为:中国六朝以来,为区别韵文与骈文,把凡不押韵、不重排偶的散体文章(包括经传史书),统称"散文",后又泛指诗歌以外的所有文学体裁。先秦散文、唐宋散文和明清笔记小品是我国古代散文成就辉煌的三个高潮。

现代散文有广义和狭义之分。广义的散文包括报告文学、传记文学、杂文、随笔、游记、科学小品、文艺通讯等在内的一切用散文语言形式写作的文章体裁;狭义的散文专指以记叙和抒情为主、取材广泛、形式短小灵活、语言自由、情文并茂的文艺性散文。

二、散文的分类

散文大致可分为三大类,即叙事性散文、抒情性散文和议论性散文。除此之外,游记、小品文也是散文常见的类型。

(一) 叙事性散文

叙事性散文以叙事为主,又洋溢着浓厚的抒情气氛。叙事情节不求完整,但很集中,以对人和事物的具体叙述和描绘为主要特色,同时表现作者的认识和感受。它侧重于从叙述人物和事件的发展变化过程反映事物的本质,具有时间、地点、人物、事件等因素。如鲁迅的《藤野先生》《范爱农》《从百草园到三味书屋》,魏巍的《谁是最可爱的人》等。例如:

西南联大有许多很有趣的教授,金岳霖先生是其中的一位。金先生是我的老师沈从文先生的好朋友。沈先生当面和背后都称他为"老金"。大概时常来往的熟朋友都这样称呼他。

关于金先生的事,有一些是沈先生告诉我的。我在《沈从文先生在西南联大》一文中提到过金先生。有些事情在那篇文章里没有写进,觉得还应该写一写。

金先生的样子有点怪。他常年戴着一顶呢帽,进教室也不脱下。每一学年开始,给新的一班学生上课,他的第一句话总是:"我的眼睛有毛病,不能摘帽子,并不是对你们不尊重,请原谅。"他的眼睛有什么病,我不知道,只知道怕阳光。

……

金先生教逻辑。逻辑是西南联大规定文学院一年级学生的必修课,班上学生很多,上课在大教室,坐得满满的。在中学里没有听说有逻辑这门学问,大一的学生对这课很有兴趣。金先生上课有时要提问,那么多的学生,他不能都叫得上名字来——联大是没有点名册的,他有时一上课就宣布:

"今天,穿红毛衣的女同学回答问题。"于是所有穿红衣的女同学就都有点紧张,又有点兴奋。那时联大女生在蓝阴丹士林旗袍外面套一件红毛衣成了一种风气——穿蓝毛衣、黄毛衣的极少。问题回答得流利清楚,也是件出风头的事。金先生很注意地听着,完了,说:"Yes!请坐!"

……

金先生朋友很多,除了哲学家的教授外,时常来往的,据我所知,有梁思成、林徽因夫妇,沈从文,张奚若……君子之交淡如水,坐定之后,清茶一杯,闲话片刻而已。金先生对林徽因的谈吐才华,十分欣赏。现在的年轻人多不知道林徽因。她是学建筑的,但是对文学的趣味极高,精于鉴赏,所写的诗和小说如《窗子以外》、《九十九度中》风格清新,一时无二。林徽因死后,有一年,金先生在北京饭店请了一次客,老朋友收到通知,都纳闷:老金为什么请客?到了之后,金先生才宣布:"今天是徽因的生日。"

金先生晚年深居简出。毛主席曾经对他说:"你要接触接触社会。"金先生已经八十岁了,怎么接触社会呢?他就和一个蹬平板三轮车的约好,每天蹬着他到王府井一带转一大圈。

我想象金先生坐在平板三轮上东张西望,那情景一定非常有趣。王府井人挤人,熙熙攘攘,谁也不会知道这位东张西望的老人是一位一肚子学问,为人天真、热爱生活的大哲学家。

金先生治学精深,而著作不多。除了一本大学丛书里的《逻辑》,我所知道的,还有一本《论道》。其余还有什么,我不清楚,须问王浩。

我对金先生所知甚少。希望熟知金先生的人把金先生好好写一写。

(汪曾祺《金岳霖先生》)

这是一篇写人记事的散文,作者抓住"有趣"二字来刻画金岳霖先生的形象,在文中可以理解为奇特、独特、幽默、风趣、率真、可爱等意思,从字里行间,让读者感受到的金岳霖先生是一个外在形象和内在个性都非常鲜明的形象,体现为痴迷学问、热爱学生、纯朴天真、感情执着、特立独行。

(二) 抒情性散文

抒情性散文是注重表现作者思想感受、抒发作者思想感情的散文。它或直抒胸臆,或触景生情,一般都洋溢着浓烈的诗情画意,但这些只是为抒情提供条件,点明感情因何而起、为何而发,主要是托物言志、借景抒情。优秀的抒情散文感情真挚、语言生动,将思想寓于形象之中,因而具有强烈的艺术感染力。例如:

在我过去四十余年的生涯中,冬的情味尝得最深刻的,要算十年前初移居白马湖的时候了。十年以来,白马湖已成了一个小村落,当我移居的时候,还是一片荒野。春晖中学的新建筑巍然蠢立于湖的那一面,湖的这一面的山脚下是小小的几间新平屋,住着我和刘君心如两家。此外两三里内没有人烟。一家人于阴历十一月下旬从热闹的杭州移居这荒凉的山野,宛如投身于极带中。

那里的风，差不多日日有的，呼呼作响，好像虎吼。屋宇虽系新建，构造却极粗率，风从门窗隙缝中来，分外尖削，把门缝窗隙厚厚地用纸糊了，缝中却仍有透入。风刮得厉害的时候，天未夜就把大门关上，全家吃毕夜饭即睡入被窝里，静听寒风的怒号，湖水的澎湃。靠山的小后轩，算是我的书斋，在全屋子中风最小的一间，我常把头上的罗宋帽拉得低低地，在洋灯下工作至夜深。松涛如吼，霜月当窗，饥鼠吱吱在承尘上奔窜。我于这种时候深感到萧瑟的诗趣，常独自拨划着炉灰，不肯就睡，把自己拟诸山水画中的人物，作种种幽邈的遐想。现在白马湖到处都是树木了，当时尚一株树木都未种。月亮与太阳都是整个儿的，从上山起直要照到下山为止。太阳好的时候，只要不刮风，那真和暖得不像冬天。一家人都坐在庭间曝日，甚至于吃午饭也在屋外.像夏天的晚饭一样。日光晒到哪里，就把椅凳移到哪里，忽然寒风来了，只好逃难似的各自带了椅凳逃入室中，急急把门关上。在平常的日子，风来大概在下午快要傍晚的时候，半夜即息。至于大风寒，那是整日夜狂吼，要二三日才止的。最严寒的几天，泥地看去惨白如水门汀，山色冻得发紫而黯，湖波泛深蓝色。

下雪原是我所不憎厌的，下雪的日子，室内分外明亮，晚上差不多不用燃灯。远山积雪足供半个月的观看，举头即可从窗中望见。可是究竟是南方，每冬下雪不过一两次。我在那里所日常领略的冬的情味，几乎都从风来。白马湖的所以多风，可以说有着地理上的原因。那里环湖都是山，而北面却有一个半里阔的空隙，好似故意张了袋口欢迎风来的样子。白马湖的山水和普通的风景地相差不远，唯有风却与别的地方不同。风的多和大，凡是到过那里的人都知道的。风在冬季的感觉中，自古占着重要的因素.而白马湖的风尤其特别。

现在，一家偶居上海多日了，偶然于夜深人静时听到风声，大家就要提起白马湖来，说"白马湖不知今夜又刮得怎样厉害哩！"

白马湖之冬，可谓是快意人生！

（夏丏尊《白马湖之冬》）

《白马湖之冬》是一篇写景抒情散文。作者选择一年中最萧索乏味，甚至有些凄冷可怕的白马湖冬天来写景抒情，不仅角度新奇，而且表现出一种特别的情趣。主要抓住冬天的风进行描述，让读者领悟到一种萧瑟的诗趣和特有的情调，同时又在貌似平淡无味的日常生活中领悟人生的情趣和世态风习，把作者对白马湖的怀念之情表现得十分真切而朴实，同时也流露出作者处世自然、达观的人生态度。

（三）议论性散文

议论性散文以说理议论为主，是用"散文"的笔法"发议论"，或者是以阐述某个观点为中心的散文。议论性散文没有议论文的逻辑推理和严密论证，却有文学作品特有的鲜明的形象性和强烈的艺术性。议论性散文具有抒情性、形象性和哲理性的特点,它给读者一种富于理性的形象和情感,从而提供一个广阔的思索和联想的空间。它往往蕴含着深邃的哲理,熔情感、哲理、形象于一炉。例如:

听说,杭州西湖上的雷峰塔倒掉了,听说而已,我没有亲见。但我却见过未倒的雷峰塔,破破烂烂的映掩于湖光山色之间,落山的太阳照着这些四近的地方,就是"雷峰夕照",西湖十景之一。"雷峰夕照"的真景我也见过,并不见佳,我以为。

然而一切西湖胜迹的名目之中,我知道得最早的却是这雷峰塔。我的祖母曾经常常对我说,白蛇娘娘就被压在这塔底下!有个叫做许仙的人救了两条蛇,一青一白,后来白蛇便化作女人来报恩,嫁给许仙了;青蛇化作丫鬟,也跟着。一个和尚,法海禅师,得道的禅师,看见许仙脸上有妖气,——凡讨妖怪作老婆的人,脸上就有妖气的,但只有非凡的人才看得出——便将他藏在金山寺的法座后,白蛇娘娘来寻夫,于是就"水漫金山"。我的祖母讲起来还要有趣得多,大约是出于一部弹词叫作《义妖传》里的,但我没有看过这部书,所以也不知道"许仙""法海"究竟是否这样写。总而言之,白蛇娘娘终于中了法海的计策,被装在一个小小的钵盂里了。钵盂埋在地里,上面还造起一座镇压的塔来,这就是雷峰塔。此后似乎事情还很多,如"白状元祭塔"之类,但我现在都忘记了。

那时我惟一的希望,就在这雷峰塔的倒掉。后来我长大了,到杭州,看见这破破烂烂的塔,心里就不舒服。后来我看看书,说杭州人又叫这塔作"保叔塔",其实应该写作"保俶塔",是钱王的儿子造的。那么,里面当然没有白蛇娘娘了,然而我心里仍然不舒服,仍然希望他倒掉。

现在,他居然倒掉了,则普天之下的人民,其欣喜为何如?

这是有事实可证的。试到吴越的山间海滨,探听民意去。凡有田夫野老,蚕妇村氓,除了几个脑髓里有点贵恙的之外,可有谁不为白娘娘抱不平,不怪法海太多事的?

和尚本应该只管自己念经。白蛇自迷许仙,许仙自娶妖怪,和别人有什么相干呢?他偏要放下经卷,横来招是搬非,大约是怀着嫉妒罢,——那简直是一定的。

听说,后来玉皇大帝也就怪法海多事,以至荼毒生灵,想要拿办他了。他逃来逃去,终于逃在蟹壳里避祸,不敢再出来,到现在还如此。我对于玉皇大帝所做的事,腹诽的非常多,独于这一件却很满意,因为"水漫金山"一案,的确应该由法海负责;他实在办得很不错的。只可惜我那时没有打听这话的出处,或者不在《义妖传》中,却是民间的传说罢。

秋高稻熟时节,吴越间所多的是螃蟹,煮到通红之后,无论取哪一只,揭开背壳来,里面就有黄,有膏;倘是雌的,就有石榴子一般鲜红的子。先将这些吃完,即一定露出一个圆锥形的薄膜,再用小刀小心地沿着锥底切下,取出,翻转,使里面向外,只要不破,便变成一个罗汉模样的东西,有头脸,身子,是坐着的,我们那里的小孩子都称他"蟹和尚",就是躲在里面避难的法海。

当初,白蛇娘娘压在塔底下,法海禅师躲在蟹壳里。现在却只有这位老禅师独自静坐了,非到螃蟹断种的那一天为止出不来。莫非他造塔的时候,竟没有想到塔是终究要倒的么?

活该。

(鲁迅《论雷峰塔的倒掉》)

这是鲁迅先生的一篇杂文,全文运笔随意,议论精辟独到,在遣词造句上十分生动形象和准确,寓深刻思想于嬉笑怒骂之中,是一篇充满战斗力的檄文。

三、散文的特点

散文最显著的特点是"形散而神不散"。所谓"形散"是指散文取材广泛,写法灵活,不受时间和空间的限制;所谓"神不散"是指散文表达的中心思想明确而集中,体现了作者的写作意图。"形散神不散"最初是肖云儒在 1961 年 5 月 12 日《人民日报》"笔谈散文"专栏的一篇名为《形散神不散》的短文中提出来的。他说:"师陀同志说'散文忌散'很精辟,但另一方面'散文贵散',说得确切些,就是'形散神不散'。""形散神不散"是人们解读散文最基本的依据,除此之外,散文还具有如下特点。

(一) 散文的"真"

散文的"真"有两层含义:

一是指选材的"真"。作者把自己的经历以及对生活的感受经过艺术加工真实地展现给读者,不像小说、戏剧那样通过虚构来反映生活的本质。这里的"真"是指散文所反映的人和事是真实的。

二是作者感情的"真"。作者总是将自己在生活中的真切体验和盘托出,给人以开缄论心之感,仿佛走进了作者那敞开的心灵,听他倾诉衷情,那么纯真如痴,朴素自然,是作者真情实感的直接抒发。冰心曾经说过,"有什么可乐的事情,不妨写出来,让天下小孩子一同笑笑;有什么可悲的事情,也不妨说出来,让天下小孩子陪着哭哭"。冰心的散文主张抒发儿童认同的感情,她的《小橘灯》《寄小读者》《笑》等散文都体现了这个特点。

(二) 散文的"小"

散文的"小"有两层含义:

一是题材的"小"。花鸟鱼虫、山水砂石、一种观念、一缕情丝,乃至生活中的平凡琐事,都可以在散文中表现,以小见大,却能生发出哲理与情趣,给人以启示,引人深思。例如周作人的散文强调"无意不可入,无事不可言",从社会批评到生活琐事,古今中外无所不谈。《乌篷船》《北京的茶食》《故乡的野菜》《喝茶》《饮酒》《苍蝇》《初恋》等,这些平凡琐碎的事物经过作者的笔墨点染,便生发出别样的人生况味。

二是篇幅的"小"。广为流传的散文,一般都篇幅短小而情长意远,这是散文可贵的优点。例如刘禹锡的《陋室铭》仅 81 字、周敦颐的《爱莲说》119 字、柳宗元的《小石潭记》193 字,都是千古流传的散文名篇。现代散文名篇也大多篇幅短小,茅盾的《白杨礼赞》、老舍的《济南的冬天》、朱自清的《荷塘月色》也都不过千字,然而意蕴丰厚。

(三) 散文的"美"

散文的"美"有两层含义:

一是理趣之"美"。理趣之美是散文的最高境界,是指作品中呈现出来的给读者以人生哲理启迪和道德情操熏陶的一种境界,使读者在为作家的奇思妙想或真知灼见所折服的同时,获得文学阅读必不可少的美的愉悦,从而激发读者的审美情趣。例如钱钟书的《窗》、巴金的《灯》、梁实秋的《下棋》、许地山的《落花生》、余秋雨的《废墟》、波德莱尔的《论想象》等,都体现了散文的理趣之美。

二是语言之"美"。一般来说,散文的语言具有朴素、简洁、自然、流畅的特点,并且具有很强的抒情意味和感染力。"真正的散文是充满诗意的,就像苹果饱含着果汁一样。"读者只要"缓缓咀嚼一番,便会有浓密的滋味从口角流出!"(朱自清《山野掇拾》)朱自清的散文堪称"美文",具有很高的艺术成就。他的散文文辞精美,既讲究藻饰,又大量使用口语,做到既有文采,又清秀、朴素、自然亲切。例如:

曲曲折折的荷塘上面,弥望的是田田的叶子。叶子出水很高,像亭亭的舞女的裙。层层的叶子中间,零星地点缀着些白花,有袅娜地开着的,有羞涩地打着朵儿的;正如一粒粒的明珠,又如碧天里的星星,又如刚出浴的美人。微风过处,送来缕缕清香,仿佛远处高楼上渺茫的歌声似的。这时候叶子与花也有一丝的颤动,像闪电般,霎时传过荷塘的那边去了。叶子本是肩并肩密密地挨着,这便宛然有了一道凝碧的波痕。叶子底下是脉脉的流水,遮住了,不能见一些颜色;而叶子却更见风致了。

(朱自清《荷塘月色》)

《荷塘月色》是朱自清脍炙人口的散文名篇,文章用口语入文,善用重言叠字和比喻、通感等修辞手法,增强了语言的音乐感。

五、散文鉴赏

散文鉴赏是指以欣赏和分析的态度来阅读散文,并通过分析和了解散文的语言、结构、主题和背景等因素,来领悟散文中所表达的思想、韵味和艺术价值。鉴赏散文需要注意以下几点。

(一) 精读与心读

首先,要选择内涵丰富、结构紧凑、语言简洁、感染力强的优秀散文进行深入阅读;其次,要把读散文当作一种心理充电,通过情感共鸣提高自己的文化素养和文学修养。

(二) 多元解读

鉴赏散文的时候要注意,在阅读时应该全面而深入地分析散文的语言艺术、思想内涵和文化背景,要从多种角度解读散文的内涵和寓意,不断丰富自己的理解和感受。

(三) 领悟艺术

散文是文学艺术的重要体现形式,阅读者在鉴赏散文时应该从中领悟散文的艺术之美,包括语言美、形式美、思想美等方面,尽力领悟作品所蕴含的文学美感。

(四) 品味思考

散文鉴赏不仅是对散文的欣赏,更是对人生的思考。要善于从散文的阅读中获得精神启迪和智慧,例如对生命和人生的理解、对人性和情感的领悟等。

总之,散文鉴赏的方法因人而异,可以根据自己的背景和兴趣,采用不同的方法。无论采用何种方法,关键是要对作品进行深刻的思考和理解,体察蕴含其中的人生智慧和文化内涵。

第三节　小　　说

小说,是一种以刻画人物形象为中心,通过完整的故事情节和环境描写来反映社会生活的叙事性文学体裁。与其他文学样式相比,小说的叙事容量较大,它可以细致地展现人物性格和人物命运,可以表现错综复杂的矛盾冲突,同时还可以描述人物所处的社会生活环境。

一、小说的三要素

在小说理论中,体现小说文体特征的因素主要分为两类:一类是小说的内容因素,包括小说的题材、主题、人物、情节、环境等;另一类是小说的形式要素,包括小说的语言、结构、体裁、表现技巧等。在通常情况下,人们又把最能显示小说独特性的人物、情节、环境称为"小说三要素"。

(一)人物

人物是小说的核心要素,是小说的灵魂,是情节发展的中心。小说中的人物必须尽可能真实可信,让读者能够产生共鸣并感同身受。人物应该有自己独特的性格、动机和情感,让读者能够深入了解他们的内心世界。小说以刻画各种各样的人物为主题,再现社会生活,反映社会本质。小说塑造人物的手法多种多样,可以概括介绍,也可以具体描绘;可以写人物外貌,也可以刻画人物心理活动;可以描写人物的行动和对话,也可以适当插入作者的议论;可以正面着笔,也可以侧面烘托。古今中外,优秀的小说都是以个性鲜明人物形象来打动读者的。例如《红楼梦》中的林黛玉、《三国演义》中的赵云、《祝福》中的祥林嫂、《家》中的觉新、《边城》中的翠翠、《青春之歌》中的林道静、《白鹿原》中的白嘉轩等。

(二)情节

情节是小说故事的核心,是由一系列事件和行动构成的故事线,贯穿整个小说。情节应该有足够的张力和节奏感,能够吸引读者的注意力,引起读者的情感共鸣。小说的情节一般分为开端、发展、高潮、结局四个部分,有些小说还具有序幕、尾声两部分。但有些意识流小说和散文化的小说不注重故事情节,并没有讲述一个完整的故事。

(三)环境

环境描写是小说情节和人物塑造的重要因素之一,它能够为小说增添真实感和生动感,营造一定的氛围和情境,进一步推进故事的发展。小说中的环境描写包括自然环境描写和社会环境描写。

自然环境:指自然界的景物、地点、气候、时间、场面等。自然环境的选择要符合故事情节的需要,能够让读者更好地理解人物的行为和情感。小说中的时间不仅涉及年代、季节和日期等方面,更关键的是情节发展的时序、次第和时间跨度。时间的设置必须合理,让读者能够理解故事发展的进程和人物的心理变化。

社会环境:指故事发生的社会背景,包括政治、经济、文化、道德等方面。社会背景会影响人物的价值观、言行举止和身份地位,是小说情节发展的重要因素。熟练设置社会背景可以让小说更加真实,从而更能引起读者的关注。

二、小说的类型

根据小说分类标准的不同,可以将小说分为很多类型。传统的分法是根据篇幅长短和字数多少,将小说划分为微型小说(一千字左右、两千字以内)、短篇小说(两千字以上、三万字以内)、中篇小说(三万字到十万字)、长篇小说(十万字以上)四类。除此之外,还可以根据小说的内容、表现形式和写作流派将小说划分为很多类型,比如 20 世纪 70 年代末 80 年代初以来活跃于文坛的小说流派。下面简单介绍几种小说类型。

(一) 改革小说

改革小说是 20 世纪 70 年代末 80 年代初兴起的小说流派,以蒋子龙的《乔厂长上任记》首开先河。从总体上看,改革文学侧重反映的是新旧体制转换时期的社会矛盾,记录了改革的艰难及其导致的"人"的观念、人与人关系,包括伦理关系和道德观念的变化;在创作方法上以现实主义为主,注重人物形象特别是改革者形象的创造。改革小说的代表作还有柯云路的《新星》、李国文的《花园街五号》和张洁的《沉重的翅膀》等。

(二) 寻根小说

寻根小说是 1985 年前后形成的小说流派,它超越社会政治层面,突入历史与文化的深处,对中国的民间生存和民族性格进行文化学的思考。其特点是:以现代意识观照现实和历史,反思传统文化,重铸民族灵魂,探寻中国文化重建的可能性;作品题材和文化反思对象呈鲜明的地域特点;在表现手段上既有中国传统文学的手法,又运用现代派的象征、暗示、抽象等方法,丰富和加深了作品的文化意蕴。寻根小说的主要代表作有韩少功的《爸爸爸》、阿城的《棋王》、王安忆的《小鲍庄》等。

(三) 先锋小说

先锋小说是 20 世纪 80 年代中期兴起的小说流派,其在创作上的特点主要有:一是在文学观念上颠覆传统的真实观,文本只具有自我指涉的功能;二是文本特征上的叙述游戏,人物趋于符号化,性格没有深度,通常采用戏拟、反讽等写作策略。先锋小说的代表作品主要有马原的《冈底斯的诱惑》、洪峰的《极地之侧》、格非的《迷舟》、余华的《现实一种》等。1985 年,刘索拉的中篇小说《你别无选择》发表,引起热烈反响,被有的批评家称为"真正的"现代派小说。

(四) 新写实小说

新写实小说是 20 世纪 80 年代后期崛起的文学思潮,其创作特点主要体现在:创作方法虽仍以写实为主,但特别注重对现实生活"原生态"的还原,强调作品中所呈现的现实生活应有一种毛茸茸的原生态的感觉;主题意蕴更多地是表现现实的荒诞、丑恶、灰暗与无奈;大多采用客观化的叙述态度,提倡作家应"退出小说""零度介入",即有意采用一种缺乏价值判断的冷漠叙述等。新写实小说的代表性作品有刘恒的《狗日的粮食》、刘震云的《一地鸡毛》、池莉的《烦恼人生》等。

(五) 新体验小说

"新体验小说"是对"新写实小说"的一种发展和继续,它是在"新写实小说"对真实性注重的基础上,进一步强化"小说"与"真人真事"的联系,使小说具有了某种"新闻"的性质。"新体验小说"的构想是在 1993 年年末由一些北京作家提出的。1994 年年初,《北京文学》打出"新体验小说"的旗号,发起人包括陈建功、刘恒、刘震云等。

所谓"新体验小说",即要求作家在创作之前亲身体验他所要表现的某种生活环境,甚至自己暂时加入那种生活当中,以取得与所要表现的人物相同的"心理体验",从而使作品更具"现场感"。叙事者无论选材还是叙事,都将"亲历性"放在最重要的位置,使作者的"亲历"成为小说的线索。由于作品强调的是作家亲身切入真实生活的体验,因此,它将排斥"有因有果"的戏剧化情节,而着重表现某种生活氛围、生活场面,某种人的生活感受及作者对所展示的生活内容的主观评价。

(六) 新历史小说

新历史小说是与传统历史小说不同的一种小说。它不以真实历史人物和事件为框架来构筑历史故事,而是把人物活动的时空推到历史形态中,来表现当代人的人生态度与思想情感。新历史小说代表作有陈忠实的《白鹿原》、莫言的《丰乳肥臀》、苏童的《米》、叶兆言的《枣树的故事》、刘震云的《故乡天下黄花》《温故1942》等。

(七) 女性小说

20 世纪 90 年代,女性作家已经开始以自觉的写作来彰显女性写作的独立意义。她们以一种开放的、生长性的方式开创着中国女性写作的一个自由、多元境界。王安忆是女性小说的代表作家,她是一个能不断突破自己、超越自己的作家。从《荒山之恋》《小城之恋》《锦绣谷之恋》到《小鲍庄》,再到《长恨歌》,王安忆几乎每一部作品都能获得较大的反响。此外,东北作家迟子建在 20 世纪 90 年代也一度呈现出劲健之势,《树下》《日落碗窑》《白银那》等小说接二连三地冲击着中国文坛,叙事老练、流畅,对世界和世道人心的把握举重若轻。

(八) 意识流小说

"意识流"是西方现代文学艺术中,特别是小说和电影中广为应用的写作技巧。意识流小说最早出现于第一次世界大战之后,是现代派小说的一个重要类型,着重描述心理活动。意识流小说突出的特点是打破了传统小说的表达方式,采取直接叙述意识流动过程的方法来布局篇章结构和塑造人物形象。它可以打破时空界限,进行立体交叉式的描写,具有较大的浓缩性和凝聚力。在叙事方法上,主要是通过人物的感觉印象、情绪变化及意识流动为线索来构思作品,形成大跨度的时空跳跃、颠倒和交错。大量的心理独白、多角度叙事及象征手法、讽喻性滑稽模仿等手法被大量运用于此类作品中,形成了怪诞新奇的风格。中国意识流小说的代表作家有王蒙、莫言、刘以鬯等。在 1979—1980 年不到两年的时间里,王蒙相继发表了《布礼》《夜的眼》《风筝飘带》《蝴蝶》《春之声》《海的梦》一组被称为"集束手榴弹"的六篇中短篇小说,对西方意识流手法进行了尝试与创新。从 1985 年开始,莫言相继发表了《枯河》《爆炸》《红高粱》《欢乐》《红蝗》等一系列具有强烈意识流风格的小说,将意识流的技巧运用推向了一个高峰。

(九) 网络小说

网络小说是依托网络基础平台,由网络作家发表的小说。它是随着网络的快速发展而出现的一种新兴小说类型。网络小说风格自由,题材不限,发表及阅读方式都较为简单,主要题材以玄幻和言情居多。2001 年,网络小说家今何在出版了网络小说《悟空传》,这是第一本在现实中出版的网络小说,引发了读者对网络小说的无限热情。

三、中国现当代小说代表作

(一) 鲁迅的《阿 Q 正传》

《阿 Q 正传》是中国现代小说史上的一个杰出创造,也是最早被介绍到世界去的中国现代小说。这篇小说创作于 1921 年 4 月至 1922 年 2 月,在《晨报副刊》上连载。小说把探索中国农民问题(即农民在民主革命中的处境、地位)和考察中国革命问题联系在一起,通过对阿 Q 的遭遇和阿 Q 式的革命的描写,深刻地总结了辛亥革命之所以归于失败的历史教训。另外,小说活画了国人的灵魂,暴露了国民的弱点,达到了"揭出病苦,引起疗救的注意"的效果。《阿Q正传》是鲁迅长期以来关注和探讨"国民性"的结果。他在谈到创作该作品的动机时明确说过是想"写出一个现代的我们国人的魂灵来""是想暴露国民的弱点"。阿Q的身份虽是农民,但这个形象所表现出的性格弱点却并不只是农民才有的,它具有更广泛的普遍性,鲁迅把阿Q性格作为国民性的最劣表现加以鞭挞,因而也就更具广泛的社会意义。

(二)茅盾的《子夜》

《子夜》出版于1933年1月,是一部中国近代民族工业资本主义的社会命运的悲剧,它描写了一个中国民族资本家吴荪甫在帝国主义和军阀政治的双重挤压下,在工农革命的夹击中失败的过程。这部小说的艺术眼光更多地集中在政治经济的层面,是20世纪30年代中国知识分子的思维焦点所在。茅盾曾引用过一位外国批评家的话:"左拉因为要做小说,才去体验人生;托尔斯泰是经验了人生以后才来做小说。"作家的创作宗旨很明确:要形象地把握中国社会发展的"时代性"。由于1930年夏秋间发生了一场关于中国社会性质的论战,他便自然而然地使小说的"时代性"带上特殊形态,用小说参与时代对重大问题的思考,从而获得这样的思路:"中国并没有走向资本主义发展的道路,中国在帝国主义的压迫下,是更加殖民地化了。"

(三)老舍的《骆驼祥子》

1936年,《骆驼祥子》的问世,奠定了老舍在中国文学史上的地位。这是一部描写北京城下层市民生活的杰作。作品以洋车夫祥子的生活经历为线索,叙述了一个充满血泪的故事。全书的基本情节就是祥子买车的"三起三落"。小说通过洋车夫祥子自我奋斗而最终失败的悲惨遭遇,对吃人的半封建、半殖民地的罪恶社会提出了控诉,揭示了劳动者在旧制度下,要想完全靠自己的个人奋斗摆脱贫困和奴役,只能得到悲剧性的结果,从而否定了"个人奋斗"的道路。

(四)巴金的《家》

《家》代表巴金前期小说创作的最高成就。这部小说与《春》《秋》合称为《激流三部曲》。《家》描写了20世纪20年代初期四川成都一个封建大家庭高家的罪恶及腐朽,控诉了封建制度对生命的摧残,歌颂了觉新、觉民、觉慧等青年一代的反封建斗争以及民主主义的觉醒。小说以清醒的现实主义笔调,揭示与批判了封建制度的罪恶,宣告了一个垂死、不合理制度的必然灭亡。

(五) 沈从文的《边城》

《边城》是 1933 年冬至 1934 年春完成的,是沈从文的代表作。小说约七万字,全书二十一节,每节两千到三千多字,每节都如一首诗,连起来成为一首长诗,或二十一幅连轴的水彩画。它以 20 世纪 30 年代川湘交界的边城小镇茶峒为背景,以兼具抒情诗和小品文的优美笔触,描绘了湘西地区特有的风土人情;借船家少女翠翠的爱情悲剧,凸显出了人性的善良美好与心灵的澄澈纯净。它以独特的艺术魅力、生动的乡土风情吸引了众多海内外的读者,也奠定了《边城》在中国现代文学史上的特殊地位。

(六) 钱钟书的《围城》

《围城》是中国现代文学史上一部风格独特的讽刺小说。被誉为"新儒林外史"。第一版于 1947 年由上海晨光出版公司出版。《围城》饱含着深厚的思想意蕴。一是社会批判层面。作品通过主人公方鸿渐的人生历程,对 20 世纪三四十年代国统区的国政时弊和众生相进行了批判,包括对上海洋化商埠的腐败堕落、对内地农村的落后闭塞,对教育界、知识界的腐败现象的讥讽。二是文化批判的层面。这一点主要是通过对"新儒林"的描写和对一批归国留学生或高级知识分子形象的塑造来实现的。三是对人生、对现代人命运的哲理思考,深入人本的形而上的层次,诸如对人的基本生存处境和人生的根本意义的探讨,对人的基本根性和人际间的基本关系的探讨。

(七) 张爱玲的《金锁记》

《金锁记》是张爱玲最优秀的作品,创作于 1943 年。小说主要描写一个小商人家庭出身的女子曹七巧的心灵变迁历程。曹七巧做过残疾人的妻子,欲爱而不能爱,几乎像疯子一样在姜家过了 30 年。在财欲与情欲的压迫下,她的性格终于被扭曲,行为变得乖戾,不但破坏儿子的婚姻,致使儿媳被折磨而死,还拆散女儿的爱情。张爱玲善于挖掘人物的心理深度,她的人物几乎都具有很强的心理深度,其中对人物心理挖掘最深刻、最触目惊心的应该是《金锁记》。

(八) 路遥的《平凡的世界》

《平凡的世界》是路遥创作的一部百万字的小说。这是一部全景式地表现中国当代城乡社会生活的长篇小说,全书共三部。《平凡的世界》是用温暖的现实主义的方式来讴歌普通劳动者的文学作品。作家把苦难转化为一种前行的精神动力。描写苦难的新时期作家不乏其人,但真正把苦难转化为一种精神动力的作家却并不多,路遥当属其中之一。这部小说在展示普通小人物艰难生存境遇的同时,极力书写了他们克服重重困难的美好心灵与坚韧不拔的奋斗精神。作品中的主人公孙少安、孙少平是挣扎在贫困线上的青年人,但他们自强不息,依靠自己的顽强毅力与命运抗争,追求自我的道德完善。

(九) 王蒙的《春之声》

《春之声》描写了工程物理学家岳之峰回家探亲途中挤在闷罐子车厢里的种种见闻,感受以及由此引发的各种联想。作家设置了特定的环境,以巧妙的艺术构思,通过人物的尽情联想和闪电式的变化,展现出一幅十分广阔的生活图景,讴歌了中国经过拨乱反正之后社会生活中所出现的令人振奋的历史性转机。小说主要运用意识流手法,主人公坐在车中联想着中国与外国、现在与过去、城市与乡村……被称为放射性的心理结构。

(十) 贾平凹的《商州初录》

《商州初录》由一段"引言"和 14 个相对独立的短章组成。作者感受到商州古老文化的存在对于现代社会的价值和意义,他的写作意图便在于对这种文化加以全面、深入的描述,努力展现出它的种种美好。《商州初录》首先展示出商州的自然之美,在贾平凹看来,自然之美无疑正是孕育着风情与人情之美的理想土壤。作者同样深情地把商州人称作"勤劳、勇敢而又多情多善的父老兄弟",对来客他们都尽心相待,把好酒给你喝,把好菜给你吃,天冷路滑,他们扶你,背你,人与人之间相互扶持、相互帮助,"宁叫人亏我,不叫我亏人"是这里人与人交往的基本原则。在淳朴民风的陶冶下,人人都有着一颗纯洁无邪的美好心灵。《商州初录》里的每个小故事几乎都是在表现这种人情的美,写出了商州民风的质朴、善良、大胆、真诚、正义和宽容。

(十一) 汪曾祺的《受戒》

《受戒》发表于 1980 年。首先给人的印象是一个美的世界:这个世界中人的生活方式是世俗的,然而又是率性自然的,它充满了人间的烟火气,同时又有一种超功利的潇洒与美。在当地,出家仅仅是一种谋生的职业,它既不比别的职业高贵,也不比别的职业低贱,庵中的和尚不高人一等,也不矮人三分,他们照样有人的七情六欲,也将之看作是正常的事情,并不以之为耻:"这个庵里无所谓清规,连这两个字也没人提起。"他们可以娶妻、找情人、谈恋爱,还可以杀猪、吃肉,唱酸曲。人的一切生活方式都顺乎人的自然本性,自由自在,原始纯朴,不受任何清规戒律的束缚,正所谓"饥来便食,困来便眠"。庙里的和尚是如此,当地的居民也是如此,英子一家的生活,男耕女织,温饱无虞,充满了一种俗世的美。《受戒》表面上的主人公是明海和小英子,实际上的主人公却应该是这种"桃花源式"的自然纯朴的生活理想。这个桃花源中诸多人物不受清规戒律的约束,其情感表露非常直接而且质朴,他们虽然都是凡夫俗子,却没有任何奸猾、恶意,众多人物之间的朴素自然的爱意组成了洋溢着生之快乐的生存空间。作者以一种通达的甚至理想化的态度看待这种生活,没有丝毫的冬烘头脑与迂腐习气,他塑造的这个空间是诗意的,又充满了梦幻色彩。

(十二) 莫言的《红高粱》

《红高粱》被读者推选为《人民文学》1986 年"我最喜爱的作品"第一名。小说站在民间立场上讲述了一个抗日的故事。这种民间立场首先体现在作品的情节框架和人物形象两个方面。《红高粱》与以往革命历史战争小说的不同之处就在于,它以虚拟家族回忆的形式把全部笔墨都用来描写由土匪司令余占鳌组织的民间武装,以及发生在高密东北乡这个乡野世界中的各种野性故事。这部小说的情节是由两条故事线索交织而成的:主干写民间武装伏击日本汽车队的起因和过程;后者由余占鳌与戴凤莲在抗战前的爱情故事串起。在爱情这条故事线索中,始终凸显的是一种生机勃勃的民间激情。

(十三) 陈忠实的《白鹿原》

《白鹿原》获 1993 年"陕西双五文学奖"、1996 年人民文学出版社"炎黄杯文学奖""第四届茅盾文学奖"。小说起笔于辛亥革命,终于解放战争,借关中平原上白鹿两大家族三代人的明争暗斗、恩怨情仇,将中国近现代史上所经历的诸多政治大事件囊括其中,以家族的兴衰沉浮来浓缩中国社会和民族历史的变迁,以当代性的艺术思考去穿透历史纵深,写民族秘史、悲怆国史、隐秘心史,再现历史艰难曲折的延伸与挺进,展示民族文化的深邃与厚重,从而获得凝重、大气、深沉的史诗性品格。小说充分显示了历史的宏阔性、复杂性。其历史感性饱满、有血有肉。小说中白鹿两家几代人为争夺白鹿原的统治权而争斗不已,上演了一幕幕惊心动魄的活话剧:巧夺风水地,恶施美人计,孝子为匪,亲翁杀媳,兄弟相煎,情人反目……又融入大革命、日寇入侵、三年内战等大事变,白鹿原上翻云覆雨,王旗变幻,家仇国恨交错缠结,冤冤相报,代代不已。

(十四) 王安忆的《长恨歌》

《长恨歌》获得了"第五届茅盾文学奖"。小说是一部上海都市的"民间史"。前半部分写上海是"繁华如梦"的人间天堂,而王琦瑶则是风光无限的"上海小姐";后半部分写上海"繁华梦灭""化繁为简",而王琦瑶也已是韶华已逝的半老徐娘。小说写出人生的苍凉,历史的苍凉,也揭示出上海的文化精神:擅长"把人生往小处做"。王安忆看似平淡却幽默冷峻的笔调,在对细小琐碎的生活细节的津津乐道中,展现时代变迁中的人和城市,被誉为"现代上海史诗"。

四、小说的审美特征

小说作为叙事文学的主要类型,有着自己独特的审美特征。

(一)小说的生活美

小说可以多侧面、多层次,深且广地反映社会生活,不受时间和空间的限制,因而小说反映生活的容量大,体现了生活美。小说中生活的场景、细节、风土人情、生活琐事等无不体现出生活的美,通过真实而生动的生活情境的营造,让读者如临其境,领略到人生百态的多彩和生命的深度。首先,小说的场景应该具有真实性和自然感,通过场景的细致刻画和描绘,增强读者的阅读体验。其次,小说应该描绘和表达生活的细节,小说中生活细节的描写,不仅体现了小说的真实性,还给读者带来一种节奏变化的阅读感受;再次,小说还应该描绘风土人情和展现民俗,通过对某种文化、习俗或价值观的描绘,反映人民的生活方式和生活态度。总之,小说的生活美包括感性、理性、情感、文化等多个层面,是小说的重要内容之一,既表现出现实生活中琐碎的日常,又能够引领读者品味生命的真谛。

(二)小说的构思美

小说的构思是指小说创作的思路和方法,是小说创作成功的关键之一。首先,小说的构思美体现为构思的新颖性和独特性,好的小说构思应该是新颖的和独特的,以别出心裁的视角或故事情节为基础,启发读者阅读,使读者能够体验到原创性、新颖性和独特性的艺术魅力;其次,小说的构思不仅要有深度,而且要有广度,从多个维度或角度来构思情节和人物,使得整个小说呈现出更加丰富的情感色彩;再次,小说的构思要体现出完整性和逻辑性,每个情节或人物形象都要有合理的设计和思考,并且在小说中能够完整、连贯地呈现,并以一定的逻辑性带领读者进入故事世界;最后,好的小说构思需要注重探索和突破,尝试跨界创新,尝试不同的创作方式和思考,创作出有别于以往的作品,提升作品的创新性和艺术性。

(三)小说的人物美

小说的人物美是指小说中所描绘的人物形象生动优美、超凡脱俗、充满魅力和吸引力。这种美可以体现在外表、性格、言谈举止等方面。小说中的人物美往往是作者对人性的赞美和理性的探究,也是小说创作中最为重要的元素之一。在经典小说《红楼梦》中,林黛玉被刻画成美丽绝伦、聪明伶俐、文艺才华出众的形象,她的人物美体现在她的内在和外在,让读者无法忘怀。小说中的人物有时候是作者创作的原创人物,有时候也可以是现实生活中一些人物形象的再创作,无论是原创还是再创作,都需要运用一定的手法来刻画人物形象,如用形象夸张、修辞手法、精神内涵等来体现人物的美。在小说中,人物美往往代表着某种美德或某种理想,比如说男主角的高贵、女主角的善良等,这些美德或理想给人以启迪和感动,往往也是小说中人物形象深入人心的原因之一。小说中的人物美不仅仅是形象的美,更是对人性的审视和探究,是作者对人性的感悟和理解。

(四) 小说的情节美

小说的情节美体现为小说中情节的设计和处理方式,以及情节的起伏变化和高潮迭起等方面的表现形式,使得小说的情节引人入胜,令人想要一读到底。小说的情节美主要包括以下几个方面:首先,小说的情节应该具有合理性和连贯性,情节的发展应该是自然而然的,具有逻辑性,不出现前后矛盾或突兀的情况;其次,小说的情节应该具有节奏感和张力感,使得读者在读到情节高潮时,产生情感的共鸣和强烈的读者体验;再次,小说情节应该包含足够的意外性和深度,不断给读者带来新的情节发展惊喜,同时又能够深度挖掘每个人物形象的情感世界;最后,小说情节的呈现应该具有多样性和开放性,既要注重情节的精彩之处和紧凑性,也要适当地给读者留有想象空间,引导读者进行解读和发掘。

(五) 小说的语言美

小说的语言美是指作者运用语言的艺术来表现作品的主题和思想情感的一种审美体验。它体现在小说的文字运用、语言表达、形式美学等方面。小说的语言美是体现小说创作水平和艺术性的一种重要方式。运用恰当的字句、修辞手法,配合形象生动的情境描写和人物刻画,营造丰富有趣、动人心弦的语言氛围,可以让读者更深地理解小说所要表达的思想情感,从而提高小说的阅读魅力和艺术性。例如,莫言《红高粱》中的语言具有极强的穿透性,小说运用了大量充满想象力且违背常规的比喻,在语言层面上形成瑰丽神奇的美。比如:"石桥伏在水面上,像一个大病初愈的病人。""枪声沉沉,像雨夜中阴沉的狗叫。""过去的一切,像一颗颗香气馥郁的果子,箭矢般坠落在地。"这些比喻想象力丰富,造就了整个小说异于寻常的民间之美。

五、小说鉴赏

小说鉴赏是指对小说作品进行审美、分析和欣赏的过程,通过审视小说的情节、人物、文学技巧等方面,深入理解小说作品中所包含的思想、文化、美学价值。小说鉴赏主要包括以下几个方面。

(一)情节分析

通过对小说中情节的铺陈、起伏、高潮、结局等进行分析和理解,探究其与主题的关联性,并分析其逻辑、可信性、合理性和艺术性。例如,对史铁生的长篇小说《务虚笔记》的情节进行分析:小说是由 22 个段落合成的长篇小说,叙述 20 世纪 50 年代以来的社会嬗变带给残疾人 C、画家 Z、女教师 O、诗人 L、医生 F、女导演 N 等一代人的影响。这部小说是史铁生的首部长篇小说,也是史铁生半自传式的作品。史铁生在写作《务虚笔记》的漫漫长夜,写下了耐人寻味的话语:"我是我的印象的一部分,而我的全部印象才是我。在写作之夜里,不尽的思绪纷至沓来,在作家的印象中,时间与空间往来自由,不受限制,人物之间随机的穿插、混淆、重叠,既一矢中的,又漫漶不清。"小说既深刻表现了命运的无情与人生的脆弱,又深情赞美了人的奋斗精神。作家有意模糊了人物的身份与性格,也有意突出了人的命运的偶然性,并由此探索生与死、爱与恨、忠诚与背叛、信仰与怀疑、平等与差别、理想与牺牲等一些永远诱惑人也困扰人的主题。小说浓缩了一代人的生命体验,也浓缩了人类的生存悖论:每一个人都会偶然地与不幸遭遇;每一种人生的追求都会在无情的现实中遭遇困惑;然而永远不可征服的,是人的欲望与梦想!

(二)人物分析

通过对小说中的人物形象进行分析和解读,分析其性格、成长轨迹、行为动机与故事情节中其他人物的关系,体悟作品深刻的思想内涵。例如,对谌容《人到中年》的主人公陆文婷进行分析,可以从家庭和事业两个方面入手,探讨陆文婷这个人物形象的双重典型意义:既是正直的中年知识分子的人格写照,又是具有传统美德的中国知识女性的代表。陆文婷在爱情和家庭生活中所表现出来的品德、情操,与她在工作上表现出来的高尚品质、负责任的态度相映生辉,相得益彰,成为浑然一体的一个女性的丰满形象。由此深度挖掘作者的艺术功力,谌容善于从容易被忽略的生活现象中,发现不容易被忽略的内容,从普通到近于平淡的事情中,提炼出并不普通也不平淡的问题,从而使读者在她的启示下,能够对周围的生活有更进一步的认识。

(三)表现技巧分析

通过对小说中的表现技巧进行分析和解读,例如修辞手法、语言风格、叙事技巧等,分析其运用的效果和意义,领悟小说所体现的艺术魅力。例如,对张爱玲《金锁记》中"月亮"的意象进行分析,可以充分体会作品苍凉的艺术品质。《金锁记》对月亮的描写,带有很强的感情色彩,作品中的月亮意象多次出现:

第一次:

三十年前的上海,一个有月亮的晚上……我们也许没赶上看见三十年前的月亮。年轻的人想着三十年前的月亮该是铜钱大的一个红黄的湿晕,像朵云轩信笺上落了一滴泪珠,陈旧而迷糊,老年人回忆中的三十年前的月亮是欢愉的,比眼前的月亮大,圆,白,然而隔着三十年的辛苦路往回看,再好的月亮也不免带点凄凉。

第二次出现月亮,是丫鬟对话结束以后:

天就快亮了。那扁扁的下弦月,低一点,低一点,大一点,像赤金的脸盆,沉了下去。

(有叙事性,有没落感)

第三次是长安退学前的那一夜:

长安爬下床来,半蹲半坐在地上,从枕边摸出一只口琴偷偷摸摸地吹起来。竭力地按捺着吹,她接不上气来,歇了半晌。这时候窗子外面月亮出来了:

窗格子里,月亮从云里出来了。墨灰的天,几点疏星,模糊的缺月,像石印的图画,下面白云蒸腾,树顶上透出街灯淡淡的圆光。

(悲哀氛围)

第四次:

曹七巧让长白给自己烧一夜鸦片,不让他和芝寿同房。半夜三更的烟榻上,母子对抽鸦片,取笑可怜的芝寿。

起坐间的帘子撤下送去洗濯了。隔着窗玻璃望出去,影影绰绰乌云里有个月亮,一搭黑,一搭白,像个戏剧化的狰狞的脸谱。一点,一点,月亮缓缓地从云里出来了,黑云底下透出一线炯炯的光,是面具底下的眼睛。

(阴郁的变态氛围)

第五次出现,是长白陪曹七巧抽大烟,芝寿独守空房时看到的月亮:

今天晚上的月亮比哪一天都好,高高的一轮满月,万里无云,像是漆黑的天上的一个白太阳。

窗外还是那使人汗毛凛凛的反常的明月——漆黑的天上一个灼灼的小而白的太阳。

第六次是结尾出现的月亮:

三十年前的月亮早已沉了下去,三十年前的人也死了,然而三十年前的故事还没完——完不了。

作品中的月亮作为一种意象,在特定的语境中,具有很强的暗示、烘托作用,暗示某种感情、烘托一种氛围,增强了作品的感染力量,它为读者提供了更多的想象、体验的空间。

(四)文化、思想内涵分析

通过对小说中所涉及的文化、人文思想进行分析和解读,了解作品所体现的文化价值、哲学思考和审美主张。例如,对张恨水《啼笑因缘》中樊家树与沈凤喜、何丽娜、关秀姑三位女性的情感纠葛进行分析,可以探究这三种爱情模式所蕴含的文化内涵。小说表现了反封建的内涵,揭露封建军阀的罪恶,表现了一种反封建"门阀""节烈"的观念。小说熔言情、武侠、社会于一炉,融传统章回小说与西洋小说新技法于一体。

(五)比较鉴赏

通过对不同作者、不同年代、不同文体的小说进行比较和鉴赏,体会其异同之处,发掘小说所呈现的文化和历史背景对作品的影响。例如,汪曾祺的小说《受戒》和沈从文的小说《边城》在风格上十分相似,可进行比较鉴赏。

总之,小说鉴赏是对小说进行理性、审美的分析和欣赏的过程,需要深入了解小说的情节、人物、表现技巧、文化内涵等内容,从多个层面去领悟作品的内涵。

第四节　戏剧文学

戏剧文学是供戏剧演出用的剧本,它的特征和戏剧的特点是不可分割的。戏剧有广义和狭义之分,广义的戏剧指话剧、歌剧、戏曲的总称;狭义的戏剧专指话剧。广义的戏剧文学则应包括歌剧剧本、戏曲剧本在内;狭义的戏剧文学专指话剧剧本。

戏剧文学也称"剧本"。只供阅读的剧本,叫"案头剧"或"书斋剧";经过导演处理,用于演出的剧本,叫"脚本"或"台本"。它直接规定戏剧的主题、人物、情节、语言和结构,是舞台演出的基础和依据。

一、戏剧文学的分类

根据不同的分类标准可以把戏剧分为多种类型。根据戏剧冲突的性质不同分为悲剧、喜剧和正剧;根据艺术形式的不同分为话剧、歌剧和舞剧。下面做具体介绍。

(一) 悲剧

悲剧大都展示重大的或有深刻社会意义的矛盾冲突,表现在善恶两种势力的激烈斗争中,邪恶势力对善的势力的暂时胜利。悲剧所反映的是不能解决的或不能缓和的矛盾,在斗争中常因力量悬殊而以正面主人公的失败或毁灭告终。例如,莎士比亚的《哈姆雷特》是悲剧的集大成者。哈姆雷特与奥菲莉亚的悲剧性爱情是其中重要的悲剧元素,他们原本纯洁的爱情由于时势的逼迫、坏人的利用和人性中弱点的暴露而最终凋零。

(二) 喜剧

喜剧与悲剧恰好相反。一般来说,它是以讽刺或嘲笑丑恶落后现象,从而肯定美好、进步的现实或理想为主要内容的。喜剧最重要的是创造喜剧性格,通过巧妙的结构和诙谐的台词,运用夸张的手法和滑稽的形式,产生引人发笑的艺术效果。例如,丁西林的代表作《一只马蜂》描写的是五四运动后觉醒的青年为争取婚姻的自由而与守旧势力抗争的独幕喜剧。剧中三个人物都有鲜明的喜剧性格,三个人物的喜剧性格都是心口不一、言行不一。剧中新青年吉先生为争取婚姻自由与旧思想的吉老太太斗智斗勇,又与相亲对象余小姐拌嘴互怼出情愫⋯⋯全剧的字里行间都透露出独特的"中国式幽默"。

(三) 正剧

正剧兼有悲剧和喜剧的因素,介于悲剧和喜剧之间,所以又称为悲喜剧。它在反映生活方面超越了悲剧和喜剧的范围。悲剧中无法解决的矛盾,在正剧中可以得到解决。社会生活在大多数情况下,并不单纯呈现为悲剧性的或喜剧性的,而是有悲有喜,悲喜交织。因此,混合着悲喜成分,以代表正义的一方取得胜利为结局的正剧,在戏剧舞台上占据了突出的地位。18世纪,启蒙运动时期的哲学家、美学家狄德罗写了剧本《私生子》,并阐明建立严肃剧的主张,指出严肃剧介于"两个极端类型的戏剧种类之间",这类作品"题材必须是重要的;剧情要简单和带有家庭性质,而且一定要和现实生活很接近"。他所说的"严肃剧",也就是后世的正剧。

正剧的外部表现特征,主要在于人物命运、事件结局的完满性。它既指完美的收场、幸福的结局,又指生活的肯定方面或生活的否定方面。主人公也像悲剧人物那样追求着历史的必然要求,所不同的是,这种要求在悲剧中不可能实现,而在正剧中则具备了实现的可能性。在喜剧中,不合乎历史潮流的要求被当作现实的目的而被追求着,而在正剧中,不合乎历史潮流的要求则被否定掉。

(四) 话剧

话剧是通过演员的对白来揭示全剧内容的戏剧。我国的话剧起始于"五四运动"以后。受欧洲话剧的影响,话剧继承和发展了我国传统戏剧中的有益成分。五四时期,挪威剧作家易卜生的《娜拉》对中国话剧创作的题材和内容产生了较为深刻的影响。中国话剧比较有代表性的作品有胡适的《终身大事》、田汉的《南归》、郭沫若的《屈原》、曹禺的《雷雨》、夏衍的《上海屋檐下》、老舍的《茶馆》等。话剧是一门综合艺术,剧本创作、导演、表演、舞美、灯光、评论缺一不可。

(五) 歌剧

歌剧是以歌唱、音乐为主的戏剧,所以也称歌剧为乐剧。有的歌剧只有歌唱,没有独白和对话,有的歌剧则是歌唱、独白和对话三者兼而有之。西洋古典歌剧只有唱歌,没有对话和独白;中国古代的戏曲,是歌舞剧或歌剧。歌剧的唱词像诗歌一样,有韵律和浓厚的感情色彩,比较适合于表现人物的心理活动。例如歌剧《白毛女》《草原之歌》《刘三姐》《洪湖赤卫队》等。一般而言,与其他戏剧不同的是,歌剧演出更看重歌唱和歌手的传统声乐技巧等音乐元素。

(六) 舞剧

舞剧是舞台剧的一种,是以舞蹈作为主要表达手段的舞台艺术。舞剧由若干要素组成,其中最主要的是人物、事件、矛盾冲突。舞剧作为舞蹈、戏剧、音乐相结合的表演形式,在我国历史上源远流长。舞剧音乐是舞剧的重要组成部分,它在表现思想内容、发展戏剧情节、塑造人物形象及性格上发挥着重要作用。音乐不但担任舞蹈的器乐伴奏,而且音乐本身具有揭示剧情和刻画角色内心感情的作用,具有较强的独立性。正如人们所说:"音乐是舞蹈的灵魂。"

中国舞剧的探索始终遵循"古为今用""洋为中用"的原则,注重融会贯通和群众的喜闻乐见。民族舞剧的探索促进了戏曲舞蹈的提炼与改造,逐渐形成了一种约定俗成的"古典舞风格"。例如,舞剧《丝路花雨》的创作取材于敦煌莫高窟壁画,开启了古代乐舞文化的复兴。它的出现标志着中国舞剧事业的复苏和民族舞剧新时代的开始,之后便出现了《文成公主》《铜雀伎》等具有标志意义的舞剧作品。

三、中国现当代话剧代表作

(一) 曹禺的《雷雨》《日出》《原野》

曹禺先后创作了《雷雨》《日出》《原野》等经典剧作,使中国现代话剧的剧场艺术得以确立,并在中国的观众中扎根,中国的现代话剧由此走向成熟。

《雷雨》(1934 年 7 月)是曹禺创作的第一部话剧,也是现代话剧成熟的标志。剧中以两个家庭、八个人物、30 年的恩怨为主线,在两个场景、剧中情节发展不到 24 小时内,集中展开了周鲁两家 30 年的恩怨情仇。不论是家庭秘密还是身世秘密,所有的矛盾都在雷雨之夜爆发,在叙述家庭矛盾纠葛、怒斥封建家庭腐朽顽固的同时,反映了更为深层的社会及时代问题。

《日出》(1936 年 6 月)离开了作者最为熟悉的中国旧家庭生活,转为解剖 20 世纪 30 年代的都市社会,将下层的苦难与上层的腐朽进行对比展现,发表与演出后产生了较大影响。曹禺在《日出》的开头引述了老子《道德经》里的一段话:"天之道损有余而补不足,人之道则不然——损不足以奉有余。"作品鞭挞"损不足以奉有余"的黑暗和扭曲人的灵魂的金钱社会。

作品揭露了 20 世纪 30 年代中国大都市生活黑暗糜烂的一面,控诉了那个"损不足以奉有余"的社会和操纵这个社会的恶势力。

《原野》(1937 年 4 月)一反前两部剧作的写实传统,借鉴中国戏曲和西方的表现主义,描写被压迫者的复仇悲剧。至此,曹禺的剧作形成了紧张热烈、焦灼郁愤的独特风格。《原野》是曹禺先生唯一一部描写中国农村的作品,其风格显然不同于《雷雨》《日出》等其他代表作。这个冤冤相报、看似简单的复仇故事,蕴含着阔大渊深的人物情感并展现出复杂鲜明的人物性格:它不仅仅揭露了封建社会的黑暗,表现被压迫、被摧残的农民对美好生活的向往,还更深地发掘了人性的复杂多面性。

曹禺的出现,使中国话剧的历史面貌焕然一新。一方面,他继承和发扬了新文学的现实主义传统,反对专制与压迫,颂扬民主与个性解放,出色地再现了民族历史与文化的某些侧面;另一方面,他的话剧文本大都具有象征性框架与潜在意蕴,显示出对诸如命运、仇恨、理想价值等超越性问题的哲理思考。曹禺是一位悲剧诗人,善于营造悲剧气氛,抒发悲剧情怀。他塑造了一系列性格鲜明的悲剧人物形象,善于揭示人的复杂情感与深邃难测的心灵世界。

(二) 郭沫若的《屈原》

抗日战争时期,郭沫若以极大的政治热情创作了《虎符》《屈原》《棠棣之花》《高渐离》《南冠草》《孔雀胆》六部历史剧,其中《屈原》的成就最高。郭沫若在 10 天内完成了五幕话剧《屈原》的创作,1942 年 4 月由中华剧艺社在重庆国泰大剧院公演,引起了轰动,被公认为是郭沫若历史剧中成就最高、影响最大的一部作品。郭沫若曾说:"皖南事变后,全中国进步的人们都感受着愤怒,因而我便把这时代的愤怒复活在屈原时代里去了。换句话说,我是借了屈原的时代来象征我们当前的时代。"屈原是民族灵魂的化身,这部剧作成为呼唤爱国主义、抵抗日本侵略的风云之作。

(三) 田汉的《获虎之夜》

田汉是中国早期话剧的开拓者之一,《获虎之夜》是一出爱情悲剧,塑造了极具个性的莲姑形象。富裕猎户的女儿莲姑与其表兄黄大傻从小相爱,由于黄大傻家庭变故,沦为孤儿,莲姑之父阻挠他们相爱,就把她许配给一富户人家,并把黄大傻逐出家门,但莲菇并不追慕富贵荣华,至死不渝地爱着黄大傻。当黄大傻误中猎枪后,被抬至魏家,她护理他一夜,并当面与家父争吵,拒不出嫁,还紧握黄大傻的手表达心声:"生,死,我都不离你。"最后被父亲强行拉走。在毒打声、怒骂声和哭声中,黄大傻结束了自己年轻的生命。在此之前,莲姑曾想同他私奔到城里去做工。莲姑这一精神上追求自由、经济上追求独立的独特艺术形象,在反对封建包办婚姻的斗争中出色地完成了。

(四) 夏衍的《上海屋檐下》

《上海屋檐下》创作于抗日战争前夕,通过一群生活在上海弄堂石库门中的小人物的悲惨遭遇,和他们的喜怒哀乐,揭露了国民党统治下的黑暗现实,暗示出雷雨将至的前景,力图使观众"听到些将要到来的时代的脚步声"。夏衍说这是一出悲喜剧,作品有意识地用阴晴不定、沉闷压抑的黄梅天气,影射当时的政治环境,反映了西安事变以后民族危亡之时,小人物在动荡不安的处境中的苦闷、悲伤和希望。剧本巧妙地截取了上海弄堂房子的一个横断面,在一天的时间里,同时展现了经历不同、性格各异的五家住户的命运,生动地刻画了一群生活在半殖民地半封建社会的都市中心的小市民和小资产阶级知识分子形象。

(五) 老舍的《茶馆》

1956 年,老舍创作了三幕话剧《茶馆》,这是一部中国话剧史上的扛鼎之作。剧作展示了戊戌变法、军阀混战和中华人民共和国成立前夕三个时期近半个世纪的社会风云变化。《茶馆》结构上分三幕,以老北京一家叫裕泰的大茶馆的兴衰变迁为背景,展示了从清朝末年到北洋军阀时期再到抗日战争胜利以后的近 50 年间,北京的社会风貌和各阶层的不同人物的生活变迁。每一幕写一个时代,北京各阶层的三教九流人物,出入于这家大茶馆,全剧展示出来的是一幅幅气势庞大的历史画卷,形象地说明了旧中国的必然灭亡和中华人民共和国诞生的必然性。《茶馆》在国内外多次演出,赢得了较高的评价,堪称中国当代话剧创作的经典作品。

三、戏剧文学的审美特征

(一)舞台表演的剧场性

剧场性是戏剧创作的一个非常重要的审美规定性。剧场性是指由舞台和观众席组成的观演空间,构成了戏剧赖以存在的观演交流关系,这种交流关系对戏剧的审美表现形成了一种制约,在戏剧的叙事上体现得最为明显。戏剧的剧场性能够对戏剧创作产生重要的影响。戏剧舞台具有假定性,其舞台时空浓缩了象征性的世界;戏剧演出的时间绝不能超过观众的心理和生理承受能力,剧作家必须增强剧本的戏剧性,以吸引观众的观赏兴趣和注意力;剧作家还必须综合艺术元素,开发舞台潜力,形成独特的戏剧表现技巧。

戏剧文学是为舞台表演而创作的文学作品,因此必须具备舞台表演的审美特征,即具有舞台可演性、舞台艺术性、舞台节奏感等特点。其中舞台的艺术性是指借助场景、灯光、音响、服装等舞台元素,将戏剧作品真实地展现在观众面前的艺术形态。舞台艺术性是戏剧艺术的重要组成部分,它可以增加戏剧表现的层次和深度,也能够加强观众对戏剧作品的感知和理解。优秀的舞台剧本应该准确地描绘故事背景、人物形象,保证演出的真实性和感染力。舞台设计也需要创造适合剧情和人物形象的场景及布置,使观众走进故事之中,感受奇妙的戏剧艺术魅力。另外,灯光音效是营造舞台艺术氛围的主要元素,通过灯光的明暗变化,能够有效地表现人物的情绪和氛围,使观众进一步体验到舞台效果。

(二)戏剧形象的直观性

戏剧艺术是舞台表演艺术,它是对人物、环境和情节发展的一种直观再现,它不像其他文学作品那样必须通过阅读和想象,才能在脑海中呈现出来。戏剧文学是以人物形象为主体的创作,通过各种表现手段,如语言、动作等方式,将人物形象塑造得直观、鲜明、生动。

戏剧人物的衣着造型和动作配合是表现人物形象的主要手段。角色的着装要体现人物的特定背景及其身份、地位等要素。一个成功的戏剧形象所应具备的特色有:多维度分析人物设定,贯穿其言行、情感和心理等方面,刻画出真实、生动、独特的形象;结合其所处的情境与场景来展示人物形象,包括细节处理、音乐渲染等多种表现手法,最终实现非凡的感官体验。同时也会对观众产生深刻的影响,引发强烈的共情感受,揭示戏剧作品所要表达的核心主题。

(三) 戏剧冲突的强烈性

戏剧冲突是戏剧表现社会生活的基本手段,是戏剧艺术的生命,"没有冲突就没有戏剧"。戏剧冲突是表现人与人之间矛盾关系和人的内心矛盾的特殊艺术形式。它是戏剧中矛盾产生、发展、解决的过程,由戏剧动作体现出来。戏剧是冲突的艺术,冲突是戏剧的灵魂,能够将剧本人物、结构、语言紧密地结合在一起。强烈而合理的戏剧冲突,不仅能展示人物之间的微妙关系、突出人物个性、推动故事情节发展,更能凸显作者的创作意图,引起观众的情感共鸣,增加戏剧的张力和吸引力,保持观众的兴趣和注意力。

高尔基说过:"戏剧要求作家除了有文学家的才能之外,还要有制造冲突的巨大本领。"牢牢把握戏剧冲突是鉴赏戏剧的关键。在戏剧中,一些平淡的矛盾往往被组成有声有色的冲突,由于矛盾的双方都有足够的冲击力,因而冲突的最后爆发是格外强烈的。只有存在戏剧冲突的戏剧,才能形成跌宕起伏、引人入胜的情节。现实生活中,人与人之间、人与环境之间、人的内心深处的矛盾和冲突,经过艺术提炼,在戏剧里得到集中的反映。戏剧冲突是构成戏剧情境、戏剧情节的基础,是展示人物性格、反映生活本质、揭示作品主题的重要手段。

(四) 戏剧情节的集中性

戏剧情节的集中性是剧作家将故事情节或主题内容有意识地集中在某一个时间、地点、事件和人物身上,达到故事情节的紧凑性和高潮迭起的效果。这种方式能够使剧情更加紧凑,在短时间内将故事展现得更为完整和深入。戏剧情节的集中性可以通过多种方式来体现。其中一种常用的手法是设置故事的时间和地点,将所有情节都紧密地与这个时间和地点相关联;另一种是通过增加角色之间的互动和冲突,来增强故事情节的集中性和紧张感。另外,在剧作的选择上,剧作家也可以选择那些主题明确、情节相对集中的内容。

(五) 人物语言的个性化

戏剧人物语言的个性化是指在舞台表演时,每一个人物的话语风格、语言习惯等都能够反映其个性或社会地位等不同特征,使观众感受到人物形象的独特性。人物语言必须口语化、动作化、性格化。戏剧中人物形象的塑造只能依靠人物自己的台词和行动来完成,而且必须在有限的时空里进行,这两个因素对剧本台词的个性化提出了很高的要求。要使台词个性化,首先必须根据人物的出身、年龄、职业、教养、经历、社会地位及所处时代等条件,掌握人物的语言特征。力戒千部一腔、千人一面。其次,台词的性格化还要求剧作者牢牢把握人物性格的发展,把握戏剧情境的变化,把握人物错综复杂的相互关系,写出此时此地、此情此景中人物唯一可能说出的话。不仅剧本中不同人物的台词不能相互混淆,就是同一人物在不同戏剧场景中的台词也不能任意调换。实现台词性格化的关键是剧作者熟悉生活、熟悉笔下的人物,并且在写作时深入人物的灵魂深处,设身处地地体会人物的内心感情,揣摩人物表达内心的语言方式与特点。例如:

朴　(四凤端茶,放朴园前。)四凤,(向冲)你先等一下。(向四凤)叫你跟太太煎的药呢?

四　煎好了。

朴　为什么不拿来?

四　(看蘩漪,不说话。)

蘩　(觉出四周的征兆有些恶相)她刚才跟我倒来了,我没有喝。

朴　为什么?(停,向四凤)药呢?

蘩　(快说)倒了,我叫四凤倒了。

朴　(慢)倒了?哦?(更慢)倒了!——(向四凤)药还有么?

四　药罐里还有一点。

朴　(低而缓慢)倒了来。

蘩　(反抗的)我不愿意喝这种苦东西。

朴　(向四凤,高声)倒了来。

〔四凤走到左面倒药。〕

冲　爸,妈不愿意,你何必这样强迫呢?

朴　你同你母亲都不知道自己的病在哪儿。(向蘩漪低声。)你喝了,就会完全好的。(见四凤犹豫,指药)送到太太那去。

蘩　(顺忍着)好。先放在这儿。

朴　(不高兴的)不。最好现在就喝了它吧。

蘩　(忽然)四凤,你把他拿走。

朴　(忽然严厉地)喝了它,不要任性,当着这么大的孩子。

蘩　(声颤)我不想喝。

朴　冲儿,你把药端到母亲面前去。

冲　(反抗的)爸!

朴　(怒视)去!

〔冲只好把药端到蘩漪面前。〕

朴　说,请母亲喝。

冲　(拿着药碗,手发颤,回头,高声)爸,您不要这样。

朴　(高声)我要你说。

萍　（低头，至冲前低声）听父亲的话吧，父亲的脾气你是知道的。

冲　（无法，含着泪，向着母亲）您喝吧，为我喝一点吧，要不然，父亲的气是不会消的。

蘩　（恳求地）哦，留着我晚上喝不成么？

朴　（冷峻地）蘩漪，当了母亲的人，处处应当替孩子着想，就是自己不保重身体，也应当替孩子做个服从的榜样。

蘩　（四面看一看，望望朴园，又望望萍。拿起药，落下眼泪，忽而又放下）哦，不！我喝不下！

朴　萍儿，劝你母亲喝下去。

萍　爸，我——

朴　去，走到母亲面前！跪下，劝你的母亲。

［萍走至蘩漪前。］

萍　（求恕地）哦，爸爸！

朴　（高声）跪下！（萍望蘩漪和冲；蘩漪泪痕满面，冲身体发抖）叫你跪下！（萍正向下跪）

蘩　（望着萍，不等萍跪下，急促地）我喝，我现在喝！（拿碗，喝了两口，气得眼泪又涌出来，她望一望朴园的峻厉的眼和苦恼的萍，咽下愤恨，一气喝下！）哦……（哭着，由右边饭厅跑下。）

（曹禺《雷雨》）

以上的人物对话充分体现了个性化的特征：周朴园的话语透出专横与威严；蘩漪欲反抗却又无奈；周冲在服从中有不满；周萍则是软弱中见尴尬。人物对白，与人物不同的身份、地位、性格达到了和谐一致。既是矛盾冲突的显现，又推动了剧情发展。

第五节　影视文学

影视文学通常是指电影、电视剧的剧本，也包括影视纪录片、电视小品、电视专栏节目等的文字脚本。影视文学和诗歌、散文、戏剧、小说相比，是一种新兴的文学样式。它既具备文学性，又具备影视艺术的特征。

一、影视文学的分类

影视文学可以分为电影文学、电视文学、电视剧文学、电视电影等文学样式。

（一）电影文学

电影文学即电影文学剧本，是电影剧作家对影片内容进行文字表达和描绘的特有的文学样式。它属于语言艺术的范畴，可供阅读，但主要是为拍摄影片提供文字脚本。电影文学剧本是电影艺术的基础，一部影片的创作，是从电影剧本的编写开始的。电影剧本根据电影表现手段的要求，故事结构，塑造人物，描写出反映社会生活，揭示主题思想的具体场景、动作、对白和细节。真正的电影文学剧本，既要有可拍性，又要有可读性。

（二）电视文学

电视文学是指运用文学创作的一般规律，通过特殊的荧屏造型手段，形象地反映生活、塑造人物、抒发情感，富有文学气息，给观众以文学审美情趣的电视艺术作品。电视文学是一个非常宽泛的概念，在外延上，它既包括电视荧屏上所有的文学形式，也包括电视专题片中的文学部分，以及电视纪录片、电视艺术片的内部构成。在内涵上，它主要包括依据文学创作规律和审美特征所创作的电视小说、电视散文、电视诗歌、电视报告文学等电视作品。

电视小说是一种新型的兼具电视与小说双重审美特征的电视文学类型。它是将已经出版和发表的小说，通过图像和音乐的加工，将文字小说转化为声画结合的电视作品，搬上电视屏幕，具有浓厚的文学氛围。电视小说必须忠实于原著，保留原著的创作风貌，同时又要比原著更丰富，使观众能够领略到比原著更丰富的情感和意蕴。

电视散文是将优秀的散文作品通过电视画面和声音展现出来，具有浓厚的抒情意味和较高的文化品位，是一种唯美、舒缓的艺术形式。制作电视散文对篇目、音乐、画面的要求极高，尤其是朗读的选择，要追求一种情趣之美。电视散文要遵循选材独到、立意新颖、联想丰富的创作规律，将散文的美感通过电视媒体传达给观众，达到声情并茂、赏心悦目的艺术效果。

电视诗歌是指选择一些感人至深的诗篇，配上音乐和画面，再配上朗读者优美的画外音，形成画面清晰、诗句凝练、富于想象、节奏鲜明的艺术特点。电视诗歌的创作要善于营造诗歌的意境，有了意境，就有了诗，也就有了尽善尽美的电视诗歌作品。

电视报告文学是一种综合性的艺术创作，它以生动的故事叙述、真实的写实风格、感性的情感表达，展现出新闻事件的重要性和现实意义。电视报告文学是一种综合新闻、艺术、文学特点的电视文学样式。它既具备电视艺术的美学风格，又具备新闻时效性和真实性的特征。电视报告文学的核心价值是塑造先进的人物形象,以产生广泛的社会影响。与文学领域的报告文学相比,电视报告文学的优越性更加突出,它以画面为基础,再现现实生活中具有典型意义的真人真事,然后再加以解说、音乐、音响效果等的艺术处理,最终达到思想启迪、震撼人心的效果。

(三)电视剧文学

电视剧是一个地地道道的中国概念,1958 年 6 月 15 日,北京电视台采用演播室直播的方式,第一次向北京市的观众播出了电视剧《一口菜饼子》,主创人随之首创了"电视剧"这个新名词,一直沿用至今。

电视剧文学即电视剧剧本,为电视剧的拍摄提供文字脚本。电视剧文学是将文学元素和视听元素融为一体的创作形式,结合了文学、戏剧和电影艺术的特点。其创作过程与电影剧本相仿,同样需要丰富的生活根基和写作技巧。其表述与结构,则要求精练严谨,要有很强的视觉形象感。电视剧文学通常剧情紧凑,情节错综复杂,在人物造型上的要求非常高,通过细致的人物刻画和神秘感十足的故事情节,来引发观众的好奇心和思考。相对于其他文学形式,电视剧文学更加注重观众的视觉和听觉享受,更加着眼于人物形象的深入刻画,以及故事情节的多元化和社会意义的深度探索。

(四)电视电影

电视电影是专门为电视播放所拍摄的电影,通常用数字技术进行拍摄,制作规模一般不大,拍摄周期相对较短。电视电影起源于 20 世纪 60 年代的美国,世界上许多著名的电影作品其实都属于电视电影。如基耶斯洛夫斯基的《十诫》、希区柯克的《精神病患者》、侦探片《神探亨特》等。同样,很多著名的导演、演员也是因拍电视电影而出名的,如斯皮尔伯格。20 世纪 90 年代末,中央电视台电影频道开始尝试制作电视电影,1999 年春节第一次播出了电视电影《岁岁平安》。为表彰优秀电视电影作品,繁荣影视创作,电影频道从 2001 年起设立电视电影"百合奖"。一直以来,电影频道的电视电影都以新人新事、凡人小事、韵味独特、催人向上的艺术形象,以及制作轻盈的特点,得到了观众的认可和好评。

二、影视文学的特征

(一) 视像性

视像性是指影视文学剧本所描写的文字能够鲜明地体现出视觉形象,具有具体、实在的影像特征。视像性要求影视文学在用语言塑造形象时,必然不同于一般文学作品的形象化描述,而是根据影视艺术的要求,创造出视觉感鲜明的荧屏形象。这种视像性的特点使得影视作品的形象明确、具体,富于造型的表现力。只有采用视像性的语言,影视文学才能顺利地转化为荧屏形象。例如《红高粱》剧本中的一段:

淡紫色的晨雾笼罩下的高粱地,如梦如海。在晨风追逐下,高粱的绿浪缓缓地涌向朦朦胧胧的天边。一只土黄中星杂着白斑点的百灵在云雾蒸腾的高空尖声呼啸而过。高粱梢头,薄气袅袅,刚刚露头的高粱穗子睡眼惺忪。密密层层的高粱拥拥挤挤,推推搡搡,四面八方响着高粱生长的噼啪声。

(画外音)

"我要讲的事儿就发生在我老家这片高粱地里……"

一声锐利的、刺耳的驴叫拔地而起。远远望去,一处北方村落在渐渐消散的雾气中呈现出来。从东边高粱地里,露出一弧血红血红的朝阳。炽目的、潮湿的阳光,照临大地。

这段文字描写的内容都可以直接转换成荧屏画面,具备视像性的特征。因此,影视文学的写作要遵循能够将文字转换成画面的原则,所用的文字必须是具象可感的。有一些文学作品的语言,读起来很美,但却不能将其直接转换成画面。例如:"春天踩着湿淋淋的脚步来了。"再比如朱自清的《荷塘月色》中描写月下荷塘采用了通感的手法:"微风过处,送来缕缕清香,仿佛远处高楼上渺茫的歌声似的。"以上这两个例子都不能将文字直接转换成画面,因此不具备视像性的特点。

(二) 动作性

动作性是影视文学的根本属性之一,是推进影视作品中的矛盾冲突和剧情发展的根本动力。影视剧本中人物的动作描写应该是清晰、丰富、充满质感的。影视文学的创作应尽量突出动作性的特征,并积极寻求外在的动作,包括语言、演员形体、场景变化、对摄影机的调度等,使之在一个清晰的具体的运动过程中展现。此外,动作性也是影视作品揭示人物心理活动的主要手段,它通过人物的动作、行为、身体语言等方式来展示人物的反应和情感状态的内在变化,能够更好地揭示人物心理活动的细节和复杂度。

动作性是影视作品中通过肢体动作、行为表现人物心理活动和丰富故事情节的手段。正是有了动作性,影视作品才能更好地打动和感染观众,从而让观众更加真实地感受到人物的内心和深层次变化,进一步增强了影视作品的艺术性与观赏性。

(三)蒙太奇艺术

蒙太奇是法语 Montage 的音译,原为建筑学用语,意为构成、装配的意思,后被引入电影艺术中,意思转变为剪辑、组合、剪接,即影片构成形式和构成方法的总称。蒙太奇通过将一系列单独的镜头、画面和声音拼接在一起,创造出一种新的、具有象征意义和情感内涵的视觉和听觉效果。蒙太奇一般包括画面合成和画面剪辑两方面。画面合成是由许多画面或图样并列或叠化而成的一个统一图画作品;画面剪辑是通过艺术组合的方式或过程是将电影一系列在不同地点、从不同距离和角度,以不同方法拍摄的镜头排列组合起来,叙述情节,刻画人物。

蒙太奇技术为电影和视频剪辑提供了一种独特的创作手法,通过对镜头的拼接和调整,可以创造出具有丰富意义和视觉效果的叙事结构,同时也为观众带来了更加丰富的观影体验。

可以说,影视文学的创作符合蒙太奇思维的特点,这是导演或编剧在创作影视作品时需要遵循的基本原则之一。蒙太奇思维是一种非线性的叙事方式,在影视文学的创作中融入蒙太奇思维,具有强烈的视觉冲击力和创造性,可以呈现不同寻常的情节,拓宽视野,丰富人们的想象,创造一种全新的美学体验,提升影视作品的艺术价值。

三、影视文学的构成

(一)人物形象

影视文学属于叙事文学的范畴,和其他叙事文学一样,影视文学以"写人"为中心,既没有脱离人物的"纯粹"的事件,也没有与人物无关的环境描写,推动故事的核心冲突和对抗则更离不开人物。一般来说,人物形象是影视作品的核心,对人物形象塑造的评价往往会对影视文学的价值产生深刻的影响。在影视文学创作中,人物是造型形象的主体,人物的活动及各种人物关系构成了作品的情节,人物的命运形成了作品的叙事框架,作者对生活的理解、认识、评价也主要通过人物得以表现。因此,塑造富有审美个性和价值的人物形象,是影视剧本创作的首要任务。

影视剧是否吸引观众和剧中所塑造的人物形象具有直接关系,很多经典的影片都塑造了观众喜欢的脍炙人口的人物形象,例如,电影《红高粱》中"我爷爷"(余占鳌)和"我奶奶"(戴凤莲)的形象。"我爷爷"身兼土匪头子和抗日英雄两重身份,他的性格中极力渲染出一种粗野、狂暴而富有原始正义感和生命激情的民间色彩;"我奶奶"则具有温热、丰腴、泼辣、果断的女性的美。这两个人物形象个性鲜明,充满着生命的张力。

(二)故事结构

故事结构是影视作品的形式要素,是指故事各部分之间的内部组织构造和外在表现形态。精彩的影视故事应该既有文学性,又有银幕感或荧屏感,同时还具有丰富的社会价值,展现正面的价值观和大众教育元素。影视故事的结构通常由三个部分组成:

1.引入部分

引入部分通常是影视剧的开头,目的是向观众介绍主要角色、故事的背景信息,以及所有与影视剧情节相关的信息。这个部分的目标是吸引观众并使其投入影视剧的故事中。

2.发展部分

发展部分通常是影视剧的主体部分,它又可以分成三个阶段:冲突、转折和高潮。这个阶段主要引导观众关注影视剧中的冲突,并围绕着冲突展开更多的剧情。同时,这个阶段也会使主角面临挑战和困境,以便他们在影视故事中成长、发展和实现目标。

3.结尾部分

结尾部分通常是影视剧的结局,目的是告诉观众故事的最终结果以及主角是否实现了目标。结尾部分还可以包括一个结尾场景或一个结论性质的结束语,为影视剧和主角留下最后的印象。

以上是影视剧故事结构的基本框架,但每部影视剧都有自己特定的要素和目标,可以根据不同影视剧的需要而调整故事的结构,但无论如何,影视剧的故事结构都应该新颖而独特。

(三)情节冲突

情节冲突是影视剧表现社会生活的基本手段,是影视艺术的生命,它推动着剧情的发展,增强了故事的张力和观众的情感共鸣。影视剧中的情节冲突可以通过主要角色的行动、选择和反应得到解决。矛盾冲突是影视剧的一个重要元素,以此来创造紧张的情节,达到情感的高潮,引起观众的兴趣。影视剧的矛盾冲突通常包括以下五种:

(1)内心冲突:主要角色内心的思想和情感上的冲突,例如面临道德困惑或情感抉择时的内心挣扎。

（2）人际关系冲突：主要角色与其他角色之间的矛盾和冲突，例如友情、爱情或家庭关系的矛盾。

（3）自然环境冲突：主要角色与自然环境之间的冲突，例如遭遇自然灾害或在荒野生存时的挑战。

（4）社会环境冲突：主要角色与社会环境之间的冲突，例如面临经济、文化或社会体制的困境。

（5）行动冲突：主要角色在行动中面临的障碍和挑战，例如通过行动来打败敌人、解救他人、追捕罪犯等行为。

这些情节冲突可以单独出现，也可以同时存在于一个故事中。通过这些情节冲突，故事能够更加复杂，引起观众的兴趣和想象力，使他们更好地对角色和故事情节产生共鸣和情感联系。在影视剧中，情节冲突的目的是讲述一个有趣的故事，通过情节冲突，主要角色会面对各种挑战和问题，从而赢得成长和发展，同时观众也会伴随角色经历情感的高潮和低谷。

（四）人物语言

影视文学的语言要求符合人物身份，突出人物性格。在影视文学中，人物的语言往往需要满足以下要求：

（1）个性化。影视剧的人物通常是新颖而独特的，由于他们的性格特点各不相同，因此，语言表达也应该具有个性化的特色，以增强人物的可信度和立体感。

（2）简洁明了。影视剧人物的语言要尽量避免复杂难懂的文学修辞，应该简洁明了，能够直接生动地表达情感和思想。

（3）生动形象。影视剧作为一种视觉和听觉的艺术形式，它的语言应尽可能生动形象，能够通过视听感受传递情感、创造氛围。

在影视文学中，人物性格的刻画是至关重要的。影视剧的语言应该能够充分体现人物鲜明的个性特点，使人物能够在故事中栩栩如生地展现出来。同时，影视剧的语言还要在对话和描写上传达出人物的情感和心路历程，使人物形象更加立体化。

第三章　语言的表达方式

　　表达方式是随着语言表达的产生和发展而逐步形成的。我们常说的"表达方式"主要是指文章的写作方法,以及这种方法所表现出来的语言形式特点。常用的表达方式有五种:叙述、描写、说明、议论和抒情。不同的文体有着各自常用的表达方式。选择适当的表达方式,有助于更好地表达文章内容,一篇文章中往往以一种表达方法为主,同时又综合运用多种表达方式。

第一节　叙　　述

　　叙述是记叙性文章的主要表达方式,作者用它来展开情节,交代人物活动和事件经过。
　　叙述是作者对人物的经历和事件的发展变化过程以及场景、空间的转换所做的叙说和交代。它包括人物、事件、时间、地点、原因、结果六个基本要素。

一、叙述的人称

　　叙述要有主体,即由"谁"来叙述,表现出来就是人称。叙述的人称是叙述的观察点,也是作者认识事物和表现事物的角度和立足点。在叙述中,第三人称使用范围最广,其次是第一人称。第二人称是一种新的叙述方式,它在叙事功能上是多维的,最为灵活,但叙事的范围却最窄。

(一) 第一人称

　　第一人称叙述,是以"我"(或"我们")的视角来观察和感受,并以"我"的口吻来叙述其所见所闻和所思所感。一般来说,在日记、书信、游记、回忆录中经常使用第一人称。它是一种单向视角,其中的"我"可以是作者,也可以是文章中的人物。第一人称叙述容易形成真实、亲切的格调,带有鲜明的主体特征和主观抒情意味。它既适合内心独白式地呈现人物的内心世界,又适合讲故事式的叙述事件,从而在组织篇章结构时显得自由洒脱、无所拘束。例如:
　　我从十二岁起,便在镇口的咸亨酒店里当伙计,掌柜说,样子太傻,怕侍候不了长衫主顾,就在外面做点事罢。外面的短衣主顾,虽然容易说话,但唠唠叨叨缠夹不清的也很不少。他们往往要亲眼看着黄酒从坛子里舀出,看过壶子底里有水没有,又亲看将壶子放在热水里,然后放心:在这严重的监督下,羼水也很为难。所以过了几天,掌柜又说我干不了这事。幸亏荐头的情面大,辞退不得,便改为专管温酒的一种无聊职务了。

我从此便整天的站在柜台里,专管我的职务。虽然没有什么失职,但总觉有些单调,有些无聊。掌柜是一副凶脸孔,主顾也没有好声气,叫人活泼不得;只有孔乙己到店,才可以笑几声,所以至今记得。

……

我到现在终于没有见——大约孔乙己的确死了。　　　　　　(鲁迅《孔乙己》)

《孔乙己》是采用第一人称"我"的视角进行叙述的,叙述者"我"是咸亨酒店的小伙计,通过"我"的叙述,读者仍然可以感受到隐含的作者(鲁迅)对于孔乙己悲喜剧命运的同情与焦虑。

(二) 第二人称

第二人称叙述,是以"你"(或"你们")为对象的叙述。因此,它自然具有一种双向交流的对话性质。有人把它叫作"对向视角",这种视角能紧紧抓住读者,使其有一种参与感。第二人称的突出长处在于它的"透视性",便于作者挖掘人物的意识,也便于读者探究人物的内心世界。第二人称叙述的作品相对较少,因为它比第一人称的限定范围更加狭窄,这种叙述方式比较适用于散文。例如:

我的孩子们!我憧憬于你们的生活,每天不止一次!我想委曲地说出来,使你们自己晓得。可惜到你们懂得我的话的意思的时候,你们将不复是可以使我憧憬的人了。这是何等可悲哀的事啊!

瞻瞻!你尤其可佩服。你是身心全部公开的真人。你甚么事体都象拚命地用全副精力去对付。小小的失意,像花生米翻落地了,自己嚼了舌头,小猫不肯吃糕了,你都要哭得嘴唇翻白,昏去一两分钟。外婆普陀去烧香买回来给你的泥人,你何等鞠躬尽瘁地抱他,喂他;有一天你自己失手把他打破了,你的号哭的悲哀,比大人们的破产、brokenheart(极度伤心——编者)、丧考妣、全军覆没的悲哀都要真切。两把芭蕉扇做的脚踏车,麻雀牌堆成的火车、汽车,你何等认真地看待,挺直了嗓子叫"汪——""咕咕咕……",来代替汽笛。宝姊姊讲故事给你听,说到"月亮姊姊挂下一只篮来,宝姊姊坐在篮里吊了上去,瞻瞻在下面看"的时候,你何等激昂地同她争,说"瞻瞻要上去,宝姊姊在下面看!"甚至哭到漫姑面前去求审判。我每次剃了头,你真心地疑我变了和尚,好几时不要我抱。最是今年夏天,你坐在我膝上发现了我腋下的长毛,当作黄鼠狼的时候,你何等伤心,你立刻从我身上爬下去,起初眼瞪瞪地对我端相，继而大失所望地号哭，看看，哭哭，如同对被判定了死罪的亲友一样。你要我抱你到车站里去，多多益善地要买香蕉，满满地擒了两手回来，回到门口时你已经熟睡在我的肩上，手里的香蕉不知落在哪里去了。这是何等可佩服的真率、自然与热情！大人间的所谓"沉默"、"含蓄"、"深刻"的美德，比起你来，全是不自然的、病的、伪的！

（丰子恺《给我的孩子们》）

《给我的孩子们》是采用第二人称"你""你们"展开叙述的，这种叙述让读者真切地感受到一位慈祥的父亲和自己儿女的真诚交流，笔调亲切自然。

（三）第三人称

第三人称叙述，是一种传统的叙事类型。它是指叙述者以局外人的口吻，叙述"他"或"他们"的事情。第三人称是最自由灵活的叙述角度，它可以根据写作的需要，随意转换时间和空间。因而，它是多角度、多方位的。它可以对人物、场景作外部观察，也可以进入人物内心直接展示众多人物的心理。例如：

西坠的夕阳下，赵得夫在一群参谋和特务兵的簇拥下走上了枣树林前的那片高地，那架势就像一个羊倌领着他的一群羊。赵得夫矮矮墩墩，头大如斗，粗短的发茬新秧一般茁壮茂密，脸上坑坑洼洼的，却有一只威风凛凛的大鼻子，短胳膊短腿，一件紫腥草染成的外套松垮垮地披在左肩上，衣长过膝，人站在那里，两只簸箕般的大手不住地挠着粗壮的短脖颈，挠得皮屑四飞。左军心里发涩。左军感到一阵失望。左军想，这就是那个赫赫有名的红七师师长么？

赵得夫站在那里，就有一个特务兵递给他一架望远镜。左军认出那是架老牌子的英国货，叫"倍得夸儿"。左军看见赵得夫将"倍得夸儿"往眉下一杵，不到三秒钟就拿开了。左军倒不是觉得三秒钟能否于敌情有什么程度的准确判断，左军迷惑不解的是赵得夫拿望远镜的方式。左军敢于发誓，赵得夫刚才是倒拿着望远镜的，也就是说，他使用的是远视的那一头。

（邓一光《战将》）

这个片段是以第三人称左军的视角进行叙事的，为读者展示了左军眼中的赵得夫的形象。

二、叙述的方式

按照叙述的先后顺序，可将叙述的方式分为顺叙、倒叙、插叙、补叙、平叙五种。

（一）顺叙

顺叙就是按照事件发生、发展的时间先后顺序来进行叙述的方式。顺叙运用得当，可使文章眉目清楚、条理分明、有头有尾、结构完整。如陆定一的《老山界》一文是按时间顺序写的，全文以作者在翻越老山界时的所见、所闻、所感为线索，把事件的经过,时间的推移,地点的变换,交代得明明白白。文章开头说:"我们决定要爬一座三十里高的瑶山……"结尾说:"老山界是我们长征中所过的第一座难走的山……"中间叙述了翻越老山界的经过。由此可见,全文明显地分为翻山前、翻山中、翻山后三部分。中间部分是全文的主体,按时间顺序记叙了翻山经过。在具体运用时要注意以下几点:一是要突出重点,注意材料的剪裁取舍,分清主次、详略得当,而且一定要在语言上下功夫;二是要多种表达方法结合使用,不可一叙到底;三是要在叙事中写人,不能只见事不见人。

(二) 倒叙

倒叙是根据表达的需要,把事件的结局或某个最重要、最突出的片段提到文章的前边,然后再从事件的开头按事情的先后发展顺序进行叙述。采用倒叙的方法能增强文章的生动性,产生悬念,更能引人入胜,同时也可以避免叙述的呆板和结构的单调。如朱德的《回忆我的母亲》一文,文章开头写道:"得到母亲去世的消息,我很悲痛。我爱我母亲,特别是她勤劳一生,很多事情是值得我永远回忆的。"开篇点题,运用倒叙的方法,怀着对母亲深沉的爱,开始回忆母亲勤劳的一生。采用倒叙的情况一般有三种:一是为了表现文章中心思想的需要,把最能表现中心思想的部分提到前面,加以突出;二是为了使文章结构富于变化,避免平铺直叙;三是为了表达效果的需要,使文章曲折有致。倒叙时要交代清楚起点,倒叙与顺叙的转换处,要有明显的界线,还要有必要的文字过渡,做到自然衔接。特别要注意,不要无目的地颠来倒去,反反复复,使文章的眉目不清,令人模糊。

(三) 插叙

插叙是在叙述中心事件的过程中,由于某种需要暂时把叙述的线索中断一下,插进有关的另一件事情的叙述。插叙有两种情况:一种是插入的内容跟时间有关联,在叙述过程中插入从前发生的事情;另一种是对人物或情况做一些说明介绍。如鲁迅的《故乡》中有两处插叙。一处是当"我"的母亲谈到闰土时,作者用"这时候,我的脑海里忽然闪出一幅神异的图画来。"引出对少年闰土形象的插叙。另一处是"我"回忆杨二嫂年轻时的情形,"我"由于年龄关系,少年时候很少与杨二嫂接触,本来就印象淡薄,更何况站在眼前的杨二嫂已变得面目全非了,所以"我"见到她后,望着她那圆规式的姿势,听着她那尖利的怪声,就只能"愕然"了,后来经母亲的提醒、介绍,才打开了沉重的记忆之门:"哦,我记得了。"于是引出了对往事的回忆。使用插叙能加大文章容量,对表现人物和实现主题具有积极作用,而且可以形成时空的跳跃,增强文章的节奏感,调剂读者的神经。但插叙应从实际出发,不能单纯追求形式上的变化而乱用,弄巧成拙。

(四)补叙

补叙也叫追叙,是行文中用三两句话或一小段话对前边说的人或事做一些简单的补充与交代。如《水浒传》第十六回《智取生辰纲》一节,叙述在黄泥岗松林内七个贩枣的客商劫走了生辰纲。看到这里,读者自然生疑:同一桶酒,贩枣客商喝得,为什么杨志等人就喝不得? 这时,作者不慌不忙地交代了吴用、晁盖等七人的姓名,并介绍了使用障眼法、当面吃酒以瓢下药的经过。这样,通过补叙使得事件真相大白。补叙通常是中心事件的有机组成部分,也是文章的关键之处。没有补叙,故事情节上就可能出现漏洞,令人不解。

补叙和插叙虽然都是对主要情节的补充和交代,但它们也有不同之处。根本区别在于:插叙插入的是基本事件之外的有关情况,去掉它并不影响事件本身的完整性,补叙补入的则是基本事件发展之中的有机环节,去掉它会影响事件本身的完整性;插叙插入的情节完整,前后要有必要的过渡,补叙大都无情节,前后不必有过渡的语句;补叙可以在篇中,也可以在篇末,而插叙只能在篇中,不能在篇末。

(五)平叙

平叙就是平行叙述,即叙述同一时间内不同地点所发生的两件或两件以上的事。通常是先叙述一件,再叙述一件。平叙有两种方式:一种是"花开两朵,各表一枝",即先说甲的事,再说乙的事,两边都交代清楚;另一种是时而说甲,时而说乙,按照情节发展的需要轮番叙述,使读者对甲和乙的命运都处于关心的状态中。使用平叙的方式,特别要注意交代事件起讫的时间,时间一乱,全局皆乱。例如:

只说鲁提辖回到经略府前下处,到房里,晚饭也不吃,气愤愤地睡了。主人家又不敢问他。

再说金老得了这一十五两银子,回到店中,安顿好女儿,先去城外觅下一辆车儿,回来收拾行李,还了房宿钱,算清了柴米钱,只等来日天明。

(施耐庵《鲁提辖拳打镇关西》)

这里鲁提辖、金老各自回到住处的活动,是同时发生的。常言道:"一支笔难说两家事。"怎么办? 逐一表述,这里以"只说""再说"为标志。

第二节 描 写

描写就是作者对人物、事件和环境所做的具体描绘和刻画,是文学创作的基本手法之一。同时是用生动形象的语言把人物、事件、景物具体描绘出来的一种手法,给读者以身临其境的感觉。描写的作用是再现自然景色、事物情状,描绘人物的外形相貌及内心世界,使人物活动的环境具体化。在实际的写作中,我们经常发现描写和叙述有时难分难解,有时一段文字很难讲清哪些是描写,哪些是记叙,或是一边描写一边记叙。描写最基本的任务是再现一个画面,使读者在视觉、嗅觉、触觉、听觉等各方面都获得身临其境的真实感。

一、描写的类别

描写按对象分,可分为人物描写、环境描写、场面描写和细节描写。

(一) 人物描写

人物描写包括肖像描写、动作描写、语言描写、心理描写和神态描写。

1. 肖像描写

肖像描写也叫外貌描写,是通过对容貌、神情、姿态、服饰、音调的描写,来揭示人物性格的一种描写方法。肖像描写的目的是以"形"传"神",刻画人物的性格特征,反映人物的内心世界。例如:

①其时进来的是一个黑瘦的先生,八字须,戴着眼镜,挟着一迭大大小小的书。

(鲁迅《藤野先生》)

②又过两天,我偶然走过菩提家的厨房,看见一个八九岁的姑娘,坐在门槛上。脸儿不很白,而双颊自然红润,双眼皮,大眼睛,看见人总是笑。(冰心《六一姊》)

例①的外貌描写突出了藤野先生是一个严谨教学的人。例②的外貌描写体现出六一姊开朗、天真、随和的性格。可见,生动的外貌描写能够表达作者的爱憎,加深读者对人物的印象,侧面反映人物的品行。

外貌描写要为刻画性格、塑造形象服务。以形写神是外貌描写的关键,同时我们也要使笔下的人物和谐有序,遵循外貌描写的原则。具体表现为:准确把握人物的外貌特征,从人物外貌中精心选择其与众不同的特征,集中笔墨描写,使人物外貌更精确鲜明;外貌描写要反映人物的精神品质,写出人物的深度。描写人物外貌,要着重选择最能体现人物思想品质、精神风貌、个性特征、气质情感的外貌特征予以重点描写,使人物形象更生动,更感人,达到神似的境界。

2. 动作描写

动作描写是描写人物富有特征性的动作,以表现人物的性格、品质、身份、地位、处境、状态,它是刻画人物的重要方法之一。成功的动作描写,可以从中看出人物的身份、地位,并且能反映人物心理活动的进程,可以表现人物的性格特征,有时候还能推动情节的发展。例如:

①可是他穿过铁道,要爬上那边月台,就不容易了。他用两手攀着上面,两脚

再向上缩;他肥胖的身子向左微倾,显出努力的样子。　　　　（朱自清《背影》）

②水生小声说:"明天我就到大部队上去了。"女人的手指震动了一下,像是叫苇眉子划破了手,她把一个手指放在嘴里吮了一下。　　　　（孙犁《荷花淀》）

例①中的"攀""缩""倾"三个动词细腻而又简练地写出了父亲爬月台的整个动态过程,表现了父亲爬上月台的艰难;如此艰难地去买橘子,感人至深,体现了深深的父爱。例②中的"放""吮"两个动词揭示了人物瞬间心理复杂微妙的感情活动。突然听到丈夫要参军,她没有思想准备,心灵"震动",既高兴,又有些舍不得,此时多少复杂的情感涌上心头。因此,作者用"放"和"吮",给水生嫂做了生动的造型,传达出无限的情思,显示出人物的立体感,使这一形象显得真实、丰满。

动作描写要求生动、具体、细致。要完整地描绘每一个动作的前因和后果,表现动作发生、发展乃至结束的过程,使读者获得如临其境、如见其人的印象。要充分表现出人物的动态,使人物在一系列动作中显露出独特的个性和内在的思想,进而使形象显得更加丰满、完整、立体化。

3.语言描写

语言描写是塑造人物形象的重要手段。语言描写包括人物的独白和对话。独白是反映人物心理活动的重要手段。对话可以是两个人的对话,也可以是几个人的相互交谈。描写人物的语言,不但要求做到个性化,而且还要体现出人物说话的艺术性。成功的语言描写总是鲜明地展现人物的性格,生动地表现人物的思想感情,深刻地反映人物的内心世界。例如:

①见祖父不再说话,翠翠就说:"我走了,谁陪你?"

祖父说:"你走了,船陪我。"

翠翠把眉毛皱拢去苦笑着,"船陪你,嗨,嗨,船陪你——爷爷,你真是,只有你这只宝贝船!"

"爷爷,我决定不去,要去你让船去,我替船陪你!"

"好,翠翠,你不去我去,我还得戴了朵红花,装刘姥姥进城去见世面!"

　　　　（沈从文《边城》）

②"我的朋友们啊,"他说,"我——我——"

但是他哽住了,他说不下去了。

他转身朝着黑板,拿起一支粉笔,使出全身的力量,写了两个大字:

"法兰西万岁!"

然后他呆在那儿,头靠着墙壁,话也不说,只向我们做了一个手势:"放学了,你们走吧。"

　　　　（都德《最后一课》）

例①中翠翠和祖父的对话充分表明了翠翠对祖父的不舍,翠翠不愿意离开相依为命的祖父,体现了翠翠温暖善良的性格特征。例②中的语言描写,既有有声的语言,又有无声的语言,将人物极度悲愤的感情推向了高潮。留给读者的,不仅是深刻的反思,还有是莫大的鼓舞。

"言为心声",不同思想、不同经历、不同地位、不同性格的人,其语言也是不同的。鲁迅曾说过:"如果删掉了不必要之点,只摘出各人的有特色的谈话来,我想,就可以使别人从谈话里推见每个说话的人物。"能够让读者从"各人有特色的谈话"中来"推见每个说话人",这便是成功的语言描写。

4.心理描写

心理描写就是对人物内心的思想活动进行描写。描写人物的思想活动,能反映人物的性格,展示人物的内心世界。所以,心理描写也是刻画人物思想性格的重要手段之一。当然,心理描写还可以细腻、生动、真实地展示人物的心路历程,从而更好地揭示出人物的性格特点。例如:

①阿Q在形式上打败了,被人揪住黄辫子,在壁上碰了四五个响头,闲人这才心满意足的得胜的走了,阿Q站了一刻,心里想,"我总算被儿子打了,现在的世界真不象样……"于是心满意足的得胜的走了。　　　　　　　(鲁迅《阿Q正传》)

②推开房间,看看照出人影的地板,又站住犹豫:"脱不脱鞋?"一转念,忿忿想到:"出了五块钱呢!"再也不怕脏,大摇大摆走了进去,往弹簧太师椅上一坐:"管它,坐瘪了不关我事,出了五元钱呢。"　　　(高晓声《陈焕生上城》)

例①中的心理描写虽然简洁,但是却很好地揭示了人物的性格特征,将阿Q的精神胜利法活化了出来。例②中的心理描写非常恰当地将陈奂生患得患失、狭隘自私的小农经济的心理描写了出来。心理描写具有揭示人物的内心世界的作用,从而表现人物丰富而复杂的思想感情;心理描写可以直接传达作者的思想感情,让文章更充实;心理描写有助于展现人物的精神世界和性格特征,从而使人物形象更加立体化,更具有真实性。

要想让心理描写成为塑造人物形象的有效手段,首先,要求抓住人物的本质特征,使心理描写符合人物性格发展的逻辑,成为多方面展现人物性格并完成人物形象塑造的有机组成部分。不要兴之所至,信笔写去,游离了人物而空发议论、徒作感叹,使心理描写成为累赘。其次,心理描写要实事求是,恰如其分。不可主观臆造,也不可无限制扩大。过于冗长烦琐的心理描写,非但达不到真切感人的目的,反而会令人生厌。只有将心理描写和肖像描写、行动描写、语言描写等多种写作手段有机地结合起来,才能产生良好的效果。

5.神态描写

神态描写专指脸部表情,描写时要用表示表情、神态的词语,例如哭丧着脸、专注的神情等。例如:

①孔乙己喝过半碗酒,涨红的脸色渐渐复了原,旁人便又问道,"孔乙己,你当

真认识字么?"孔乙己看着问他的人,显出不屑置辩的神气。　　(鲁迅《孔乙己》)

②我简直吓坏了,呆呆地站在那里,就像挨了一个晴天霹雳。

(笛福《鲁滨孙漂流记》)

例①中的神态描写重在表现孔乙己的脸色和面部表情的变化,真实地展现了孔乙己微妙的心理。例②中的神态描写生动形象地写出"我"的惊恐,表达了我对此事的震惊。神态描写能够刻画文章中的人物性格,反映人物品格;能够展示人物的内心,活现人物,反映人物的命运,使文章更加生动;能够让人物造型栩栩如生,推动情节发展,揭示文章主题。

(二) 环境描写

环境描写是指对人物所处的具体的社会环境和自然环境的描写。

1. 社会环境描写

社会环境描写是指对特定的时代背景或人物生活环境的描写。它所描写的范围可大可小,大至整个社会、整个时代,小至一个家庭、一处住所。描写的内容可以是室内陈设、当地的风土人情和时代气氛等。例如:

①天灰蒙蒙的,又阴又冷。长安街两旁的人行道上挤满了男女老少。路那样长,人那样多,向东望不见头,向西望不见尾。　　(吴瑛《十里长街送总理》)

②看着那个替她做琐碎家务的勃雷大涅省的小女仆,她心里就引起悲哀的感慨和狂乱的梦想。她梦想那些幽静的厅堂,宽敞的客厅和华美的香气扑鼻的小客室;梦想那些精美的晚餐,亮晶晶的银器,挂在墙上的壁挂,盛在名贵的盘碟里的佳肴;梦想边吃着粉红的鲈鱼或松鸡的翅膀,一边带着迷人的微笑听客人密谈。

(莫泊桑《项链》)

例①中的环境描写,渲染了悲哀的气氛,衬托出人们悼念周总理的极其沉痛的心情。例②是通过人物的心理活动展现社会环境的,玛蒂尔德的身份、地位和境况,促使她日思夜想、梦寐以求,想要跻身上流社会,成为一个生活优裕、受人奉承、让人艳羡的贵妇人。

社会环境的描写的作用:其一,交代故事的时代背景,交代事情发生的地点;渲染故事的环境气氛,烘托人物的心情,创造故事的特定氛围,从而增强故事的真实性。其二,烘托人物的突出特点,表现人物的身份、地位、性格;暗示人物的前途命运,为人物活动提供场所,为塑造人物服务。其三,推动情节的发展变化,情节发展与环境描写往往是相互依存、相互制约的,环境描写以情节为依据,情节发展离不开环境描写。其四,深化小说的主题思想,分析小说的主题离不开对人物和情节的细致分析,也离不开对社会环境的认真考察。

2. 自然环境描写

自然环境是指自然界的景物,如季节变化、风霜雨雪、山川湖海、森林原野等。是对人物活动的时间、地点、季节、气候及景物等的描写,有助于表现人物身份、地位、活动,对描写人物心理活动、渲染氛围都具有重要作用。例如:

①伏尔加河静静地流淌,秋高气爽,天空澄澈,两岸的秋色很浓,一片收获前的景象。橘红色的轮船逆流而上,轮桨缓缓地拍打着蓝色的水面,隆隆作响。轮船后面拖着一只驳船。驳船是灰色,像只土鳖。景走船移,两岸的景致每时每刻都发生着变化,城市、乡村、山川、大地,还有水面上漂着的那些金色的树叶。

(高尔基《童年》)

②芦花才吐新穗。紫灰色的芦穗,发着银光,滑溜溜的,像一串丝线。有的地方结了蒲棒,通红的,像一枝一枝小蜡烛。青浮萍,紫浮萍。长脚蚊子,水蜘蛛。野菱角开着四瓣的小白花。惊起一只青桩(一种水鸟),擦着芦穗,扑鲁鲁鲁飞远了。

(汪曾祺《受戒》)

例①是关于伏尔加河秋天景物的描写,阿廖沙的父亲去世后,他和母亲在外祖母的陪伴下,坐船前往外祖母家,此时的景物描写衬托了他当时的心境。例②是小说结尾处的景物描写,充满了浓郁的水乡气息,体现了地域风情。

自然环境描写的作用:其一,给人物提供一定的活动空间,点明故事发生的场所,渲染特定的气氛,从而使作品具有鲜明的地域特色。其二,自然景物对人物内心情绪有一定的影响,能够衬托人物的心情。其三,为故事情节的展开提供背景,推动情节发展。其四,间接表现人物性格、思想情感,从而点明文章主题。

(三)场面描写

场面描写是指把人物在特定时间和地点的环境中活动的画面勾勒出来。它们往往是自然景色和社会环境描写的集中表现,是叙述、描写、对话的综合运用。场面有很多种,生活中随时都会发生不同的场面,常见的有生活场面、劳动场面、运动场面以及各种会议场面等,

对不同场面的描写是塑造人物、发展故事、表现主题不可缺少的手段。例如:

①城门洞里挤着各样的车,各样的人,谁也不敢快走,可谁都想快快过去。鞭声、喊声、骂声、喇叭声、铃声、笑声,都被门洞儿——像一架扩音机似的——嗡嗡地连成一片,仿佛人人都发着点声音,都嗡嗡的响。祥子的大脚东插一步,西跨一步,两手左右拨落,像条瘦长的大鱼随浪欢悦那样,挤进了城。一眼便看到新街口,道路是那么宽,那么直,他的眼发了光,和东边的屋顶上的反光一样亮,他点了点头。

(老舍《骆驼祥子》)

②天不亮,耕地的人们就扛着木犁、赶着牛上山了。太阳出来,已经耕完了几

坰地。火红的太阳把牛和人的影子长长地印在山坡上,扶犁的后面跟着撒粪的,撒粪的后头跟着点籽的,点籽的后头是打土坷垃的,一行人慢慢地、有节奏地向前移动,随着那悠长的吆牛声。吆牛声有时疲惫、凄婉;有时又欢快、诙谐,引动一片笑声。那情景几乎使我忘记自己是生活在哪个世纪,默默地想着人类遥远而漫长的历史。人类好像就是这么走过来的。　　　　　　　　(史铁生《我的遥远的清平湾》)

例①描写祥子穿过城门洞进城的场面,分别从视觉和听觉的角度描写城门洞里的车和人拥挤的场面(第一、二句),这是"面"的描写;接着描写了祥子个性化的动作和他的眼神,这是"点"的描写。这段场面描写既是对北京市民日常的描写,更是体现了祥子遭遇失败后重新开始的勇气和信心。以此烘托人物形象,暗示人物性格,推动情节的发展。例②描写了黄土高原上那个穷山村里人们的耕作场面,酸涩中又带着一丝美感。

在场面描写中,人物可以是一个,也可以是很多个,还可以是一件事物。但是要以人物描写为主、场面描写为辅。场面描写要为表现人物服务,为突出中心服务。场面描写少不了景物、人物的心理活动和语言。描写场面时,首先要对场面有总体概括,使读者对总体面貌有所了解。但场面描写同时也应有重点部分,对重点部分的描写要详细、具体,做到既有点又有面。其次,要描写出气氛。气氛是人在一定环境中看到的景象或感觉到的一种情绪或感情。无论是什么场面,都会有气氛,关键是要写出应有的气氛,展示一幕幕精彩的场面,使人有种身临其境的感觉。如庆祝场面有欢乐的气氛;比赛场面有紧张的气氛;送别场面有难舍难分的气氛等。再次,写场面要有顺序。场面是由人、事、景、物组合起来的综合画面,不可能几笔就同时都写出来。因此,描写场面时要安排好先后的顺序。一般来说,场面描写可以按照由面到点来安排顺序。比如,描写庆祝教师节的场面,可以先写欢庆活动的总体气氛,勾勒"面"的情况,然后分别写校长、老师、同学的表现。这样就能点面结合、条理清楚。

(四)细节描写

细节描写是指抓住生活中细微而又具体的典型情节,加以生动细致的描绘,它具体渗透在对人物、景物或场面描写之中。细节指人物、景物、事件等表现对象的富有特色的细小环节。它是小说、记叙文情节的基本构成单位。没有细节就没有艺术。同样,没有细节描写,就没有活生生的、有血有肉有个性的人物形象。成功的细节描写会让读者印象深刻,提高文章的可传读性。例如:

①我手里已捧满了被子,就一努嘴,叫通讯员来拿。没想到他竟扬起脸,装作没看见。我只好开口叫他,他这才绷了脸,垂着眼皮,上去接过被子,慌慌张张地转身就走。不想他一步还没有走出去,就听见"嘶"的一声,衣服挂住了门钩,在肩膀

处,挂下一片布来,口子撕得不小。

……

他已走远了,但还见他肩上撕挂下来的布片,在风里一飘一飘。我真后悔没给他缝上再走。现在,至少他要裸露一晚上的肩膀了。

……

我急拨开他们上前一看,我看见了一张十分年轻稚气的圆脸,原来棕红的脸色,现已变得灰黄。他安详地合着眼,军装的肩头上,露着那个大洞,一片布还挂在那里。

……

她低着头,正一针一针地在缝他衣肩上那个破洞。医生听了听通讯员的心脏,默默地站起身说:"不用打针了。"我过去一摸,果然手都冰冷了。

……

新媳妇却像什么也没看见,什么也没听到,依然拿着针,细细地、密密地缝着那个破

洞。我实在看不下去了,低声地说:"不要缝了。"她却对我异样地瞟了一眼,低下头,还是一针一针地缝。

（茹志鹃《百合花》）

②范进不看便罢,看了一遍,又念一遍,自己把两手拍了一下,笑了一声道:"噫! 好了! 我中了!"说着,往后一交跌倒,牙关咬紧,不省人事。老太太慌了,慌将几口开水灌了过来。他爬将起来,又拍着手大笑道:"噫! 好! 我中了!"笑着,不由分说,就往门外飞跑,把报录人和邻居都吓了一跳。走出大门不多路,一脚踹在塘里,挣起来,头发都跌散了,两手黄泥,淋淋漓漓离一身的水。众人拉他不住,拍着笑着,一直走到集上去了。众人大眼望小眼,一齐道:"原来新贵人欢喜疯了"。老太太哭道:"怎生这样苦命的事! 中了一个甚么举人,就得了这个拙病! 这一疯,几时才得好?"娘子胡氏道:"早上好好出去,怎的就得了这样的病! 却是如何是好?"众邻居劝道:"老太太不要心慌。我们而今且派两个人跟定了范老爷。这里众人家里拿些鸡蛋酒米,且管待了报子上的老爹们,再为商酌。"

（吴敬梓《儒林外史》）

例①中通讯员衣服上的破洞这个细节反复出现,一共出现了五次。这五处细节贯穿了全文,推动了情节的发展。一方面证明牺牲的那个人就是通讯员,照应上文,为下文做铺垫;另一方面写出新媳妇和"我"为此痛惜万分的心情,升华了人物的思想情感。例②中范进中举后的细节描写让读者在忍俊不禁的同时,深刻认识到封建科举制度支配下文人的迂腐、病态和畸形的心理,以及八股取士的科举制度的罪恶。一个重要的细节,往往是寥寥几笔,就能刻画出人物的精神世界和时代风貌,实现对形象的生动塑造。

由此可见,细节描写在文学创作中的作用是非常重要的。任何成功的作品,任何重大的主题,任何生动的情节,都必须依靠一定的细节描写体现出来。真实的细节描写是丰富情节、增强艺术感染力、使人物性格生动、突出的手段之一。富有典型意义的细节描写,不仅能增强文章的生动性和真实感,而且能使人物形象丰满,性格鲜明突出,情景真切感人。细节描写可以让肤浅走向深刻、让枯燥走向生动,写人则如见其人,写景则如临其境,细节描写的主要目的就在于此。

二、描写的方法

从描写的手法看,描写可分为白描、细描和侧面描写等。

(一)白描

白描是指用最简练的笔墨,不加烘托,刻画出鲜明生动的形象。文字简练朴素,不加渲染。白描手法不仅可以运用于小说的描写中,还可以运用于散文、诗词的创作中。使用这种手法刻画人物时,要求作者紧紧抓住人物所处的特定环境及人物的个性、经历、言行的突出特点,用简洁的语言进行描写,以表现人物的个性特征。例如:

①忽马草坡左侧转出一个少年将军,飞马挺枪,直取文丑。公孙瓒扒上坡去,看那少年:生得身长八尺,浓眉大眼,阔面重颐,威风凛凛,与文丑大战五六十合,胜负未分。 (罗贯中《三国演义》)

②那时一个伙计跨过船来,拿着摊开的歌折,就近塞向我的手里,说,"点几出吧!"……我真窘了!我也装出大方的样子,向歌妓们瞥了一眼,但究竟是不成的!我勉强将那歌折翻了一翻,却不曾看清几个字,便赶紧递还那伙计,一面不好意思地说,"不要,我们……不要。"他便塞给平伯。平伯掉转头去,摇手说,"不要!"那人还腻着不走。平伯又回过脸来,摇着头不要,"不要",于是那人重到我处。我窘着再拒绝了他。他这才有所不屑似的走了。 (朱自清《桨声灯影里的秦淮河》)

例①仅用"身长八尺"等寥寥十二个字,就将赵子龙这位"威风凛凛"英俊勇武的少年将军的神态突现了出来。例②通过对这位伙计硬来兜揽生意的少许动作、神情和语言的描写,将他的职业及性格特点突出表现出来,虽着墨不多,但颇为传神。

白描讲求的是朴素、准确,或简笔勾勒,或具体刻画,不求华丽,不求细腻,但要求抓住形象的主要特征,求"神",显"神",要求描绘准确生动,给人以鲜明的印象。其特点体现为以下三方面:其一,不写背景,只突出主题。中国许多优秀的古典小说和古典戏曲,都具备这个特点,即不注重写背景,而着力于描写人物。通过抓住人物特征的肖像描写或人物简短对话,将人物的性格突现出来。其二,不求细致,只求传神。由于白描勾勒没有其他修饰性描写的烦扰,故作者能将精力集中于描写人物的特征,往往用几句话,几个动作,就能画龙点睛地揭示人物的精神世界,达到以少胜多,以"形"传"神"、形神兼备的艺术效果。其三,不尚华丽,务求朴实。优秀的文学作品之所以感人,就在于作者抒发的是真实感情;感情越真挚,越能震撼读者的心灵。

(二) 细描

细描是对事物的主要特征做细致入微的刻画,也称为工笔。这种描写,文字绚丽,色彩斑斓,有如镂金错彩,绚丽华美。常运用对比、比喻、拟人、夸张等修辞手法。例如:

①好雨知时节,当春乃发生。

随风潜入夜,润物细无声。

野径云俱黑,江船火独明。

晓看红湿处,花重锦官城。

(杜甫《春夜喜雨》)

②只见一群媳妇丫鬟围拥着一个人从后房门进来。这个人打扮与众姑娘不同,彩绣辉煌,恍若神妃仙子:头上戴着金丝八宝攒珠髻,绾着朝阳五凤挂珠钗;项上带着金盘螭璎珞圈;裙边系着豆绿宫绦,双衡比目玫瑰佩;身上穿着缕金百蝶穿花大红洋缎窄褃袄,外罩五彩刻丝石青银鼠褂;下着翡翠撒花洋绉裙。一双丹凤三角眼,两弯柳叶吊梢眉,身量苗条,体格风骚,粉面含春威不露,丹唇未启笑先闻。

(曹雪芹《红楼梦》)

例①抓住典型的细节,精妙传神地渲染出春雨迷蒙、色彩迷离的氛围。例②注重对王熙凤服饰方面的细描,先选取头饰、裙饰和服装三个要点来细描,极力铺陈王熙凤集珠宝于一身的装扮,暗示她的贪婪与俗气,从侧面反映了她内心的空虚。然后细描她的容貌,着重写她的那一双"三角眼",两弯"吊梢眉",含威不露的"粉面",未启先笑的"丹唇",表现她美丽的外表里隐藏着刁钻和狡黠。于此具体细腻地刻画了王熙凤的外貌,而且通过外貌描写,透露出人物的性格特征和精神世界。运用工笔要注意抓住事物的特征,浓墨重彩,着意刻画,细致入微地再现事物特征。细腻、准确、详尽,通过层层铺染,描写对象的各个侧面,犹如用放大镜,使人看得清楚,留下深刻印象。

(三) 侧面描写

侧面描写是指在文学创作中,作者通过对周围人物或环境的描绘来表现所要描写的对象,以使其鲜明突出,即间接地对描写对象进行刻画描绘。通常情况下,文学作品人物形象的刻画多采用正面描写的手法,即直接通过对人物的肖像、语言、动作、神态、心理等方面的描写,来表现人物的性格、品行和技能。但有时恰当地借助一些侧面描写,常常可以起到正面描写无法替代或者很难达到的艺术效果。例如:

①行者见罗敷,下担捋髭须;少年见罗敷,脱帽著帩头。耕者忘其犁,锄者忘其锄;来归相怨怒,但坐观罗敷。　　　　　　　　　　(汉乐府民歌《陌上桑》)

②东船西舫悄无言,唯见江心秋月白。　　　　　　　　　(白居易《琵琶行》)

例①通过长者、少年、耕者、锄者的不同动作、神态、表情,烘托出了罗敷的美丽。真可谓是"不着一字,尽得风流",收到了正面描写达不到的艺术效果。例②在正面描写琵琶女的精彩弹奏后,用了"东船西舫悄无言,唯见江心秋月白"从外部环境上加以烘托,侧面表现琵琶女弹奏的魅力。

这种方法不直接将目光对准所描写的对象,而是借描写别的事物来反衬它。利用对其他人物和事件的叙述描写来渲染气氛,烘托出描写对象的特征。侧面描写不仅能填补正面描写难以言说的空白,还能淋漓尽致地呈现描写对象难为人知的妙点、美点。

第三节　议　　论

议论即议事论理,是运用逻辑推理的形式对客观事物进行分析评价,反映事物的内在联系,揭示事物的本质规律,对某些事物表明自己见解和主张的一种表达方式。它应该是客观、理性、全面的。议论是一种主要的行文方式,它要求论点明确、论据充分、论证周密。议论的本质是它的抽象概括性。

一、议论的要素

议论有三要素,即论点、论据和论证。

(一)论点

论点是指作者的观点、主张,也就是文章的主题。在议论中,不管是立论还是驳论,论点正确是最重要的要求,不能强词夺理。论点还应当鲜明,不能吞吞吐吐,模棱两可。其中统帅全部观点的论点叫中心论点,也叫基本论点。只有准确地把握中心论点,才能了解作者在文章中提出的见解和所要解决的问题。一般来说,中心论点所在的位置有这样几种情况:

①中心论点就是文章的标题,如《实践是检验真理的唯一标准》。

②中心论点在文章开头,如《改造我们的学习》《反对自由主义》《谈骨气》等,

这属于"开门见山"式论点,文章落笔点题,然后展开论述。

③中心论点在文章的中间部分,如《俭以美德》《想和做》等。或者在开头引述问题,然后针对问题提出论点或者先对论题作某些分析,进而提出论点展开论述。这叫"承前启后"式。

④中心论点在结论部分,如《什么是知识》《事事关心》等,这叫"画龙点睛"式。

⑤中心论点渗透在整个论证过程中,需要自己概括,如《在马克思墓前的讲话》(马克思的逝世是无产阶级不可估量的损失)《崇高的理想》,这可以叫做"弦外之音"式。

(二)论据

论据是指证明论点的事实和道理,它在议论中是确立论点的依据,所以叫论据。论据是支撑论点的骨架,论据不充足,就不能充分地推出结论,或者得出的结论不能令人信服。论据大体分为事实论据和理论论据。

事实论据是对客观事物的真实的描述和概括,具有直接现实性的特点,因此是证明论点的最有说服力的论据。所谓"事实胜于雄辩"就是这个道理。事实论据包括具体事例、概括事实、亲身经历等。在写议论文时提出自己的观点后,要想做到"有理有据,层层深入",那就要用事实说话。俗话说得好:"一个典型的事例胜过千万句空洞的说教。"可见,确切实在的事实论据,往往是最有力的证明材料。

理论论据是指从实践中产生又经过历史检验的思想材料。它包括经典著作的引文、权威性的言论、科学的定义、自然的法则和规律及一般的公理、常识、成语、谚语、寓言等。运用理论论据虽然可以方便有效地阐释问题、建立观点,但在新的条件下,以往的理论仍然需要得到实践的检验。

(三)论证

论证就是用论据证明论点的过程,它把论点和论据按照一定方式联系起来,阐明它们之间的因果关系,以合乎逻辑的方式说服读者。论证中,论点与论据之间的联系包含着种种逻辑关系推理,所以一定要从逻辑学角度对概念等因素进行充分的研究,推理要准确,分析问题要严密,从而使整个论证过程无懈可击。

同时,论证时要处理好论点和论据(观点和材料)之间的关系、论点和分论点(观点和观点)之间的关系、论据和论据(材料和材料)之间的关系,最后形成一个合乎逻辑思维规律的思路,展开论证。

二、论证方法

论证方法是指运用论据证明论点的方法,是论点和论据之间逻辑联系的纽带。

一篇议论文要把道理阐述得清楚透彻,使读者信服,除论点要正确、论据要充分、论证结构要严谨之外,还要有十分恰当、得力的论证方法。

议论文中常用的论证方法有很多,从不同角度分析,可分为以下几类:

按论证的性质分,有立论法和驳论法;按论据的特点分,有例证法、引证法、因果论证法;按逻辑推理的形式分,有归纳法、演绎法、类比法。按论证的表现手法分,有对比法、喻证法、反证法、归谬法等。下面重点介绍其中几种。

(一)例证法

例证法是以事实为论据,举例证明论点的论证方法。这是最常用的一种方法。正确的论点来自客观事实,用事实做论据是证明论点最有效的方法。用来做论据的事实材料,可以是具体事例,可以是概括的事实,也可以是统计数字之类,材料的关键在于真实可信,只有真实的事例才有使用价值,才有助于论证。同时要注意收集和选择最典型、最有说服力的事实,这样更易于被读者接受。鲁迅在《论"费厄泼赖"应该缓行》一文中,使用了一个非常典型的例子:王金发没有"打落水狗",对敌人讲"费厄泼赖"可怜了狡猾而凶狠的敌人,最后终于在封建势力复辟时,被封建势力的走狗咬死。鲁迅熟悉这段历史,用这个例子来论证应该"打落水狗"这个论点再恰当不过了。

(二)引证法

引证法是引用经典作家的言论、科学上的公理、尽人皆知的常理以及数据作为论据证明论点的方法。它所采用的逻辑方法是演绎推理,即用普遍性的论据来证明特殊性的论点。运用引证法,关键要保证所引的理论论据具有科学性和针对性。例如:在议论环境保护问题时,可以引用有关科学家的研究报告,说明环境污染的严重性和对健康的影响;在探讨教育问题时,可以引用名人名言或教育专家的研究成果,阐述教育的重要性和现代教育改革的必要性。实际上,为了提高文章说服力,还可以根据不同主题和研究对象选择合适的引用材料。

(三)对比法

对比法是把两种对立的事物或道理列举出来,进行比较、对照,来证明论点的论证方法。这种方法在学术论文、辩论和演讲中经常使用。对比法不仅可以帮助读者更好地理解事物,还可以凸显自己的观点,引起读者的共鸣。通过对比,可以比较事物的优缺点、特点、影响等方面,对其进行系统的分析和判断。例如:欧阳修的《伶官传序》将唐庄宗的攻取天下的"盛"与失去天下的"衰"进行了鲜明的对比,得出了"祸患常积于忽微,智勇多困于所溺"的深刻历史教训。贾谊的《过秦论》四处运用了对比,即秦国本身先强后弱、先盛后衰、先兴旺后灭亡的对比;秦国与六国的对比;秦国与陈涉的对比;陈涉与六国的对比。

(四) 类比法

类比论证法是一种通过已知事物(或事例)与跟它有某些相同特点的事物(或事例)进行比较类推,从而证明论点的论证方法。类比论证法是一种基于类比的推理方法,通过比较两个或多个相似之处,来推断它们在某些方面也可能相似。例如:《邹忌讽齐王纳谏》一文中,作者把邹忌受到不切实际的即受蒙蔽的这一问题类推到了齐王的身上,生动地证明了"王之蔽甚矣"这一论点;鲁迅先生的《拿来主义》一文中,以尼采不是太阳,也没有无尽的光和热,类比到中国不是太阳,也没有无尽的光和热,不可能一味地给予,除非中国像尼采那样疯掉。由此可见,客体事物在论证中起着印证主体事物所具有的某些性质,进而证明论点的作用。但需要注意的是,类比论证法存在一定的局限性。因为只依赖于相似点来做出结论,而未考虑各种情况下的不同之处。如果相似之间差异过大,则论证就会失效。在使用类比论证法时,需要对相似之处进行深入分析和全面考虑,才能得到可靠的结论。

(五) 因果法

因果论证法又称因果推理法,是指根据某个事件或事物的成因、结果或者相关关系,得出相应结论的推理方法。因果证法是通过揭示论点和论据之间的因果关系进行论证的方法。论据是"因",论点是"果",可以由"因"推及"果",也可以由"果"而推论"因",是从正面直接阐明论点的论证方法。例如:健康饮食可以带来身体健康。因为饮食中摄入的营养物质会直接影响人体机能和免疫系统,从而决定着身体的健康状况。大规模环境污染会导致气候变化。因为空气中大量的二氧化碳和其他有害气体,会影响地球的温度和气候,甚至导致全球变暖。语言沟通不畅会引起误解和矛盾。因为语言是人们沟通交流的主要手段,如果用词不当或者沟通方式有问题,就很容易产生分歧和不解。

运用因果论证法应遵循以下原则:其一,要注意明确因果关系。因果关系必须是清晰且可量化的。在任何因果推理中,需要确定被研究对象和因素之间的关系,并确认它们之间是否存在因果联系。其二,排除其他可能原因。当我们找到了可能导致某种结果的因素时,我们必须排除其他与该结果有关的可能因素对此结果的影响,以确保所做决策的正确性。这就是所谓的控制变量原则。其三,注意相关性和因果性的区别。相关性并不等于因果性,存在高度相关性并不意味着两个事件之间一定具有因果关系,因而需要更多的研究和考量。因果论证要严格遵循以上原则,确保结论基于有效的证据,同时也要小心避免过度解释或偏差,避免得出错误的结论。

（六）比喻法

比喻论证法是指通过使用比喻的方式来说明或者表达某种推理和思想的方法。它可以用来阐明一个概念、过程或行为，并将其与另一个已知事物进行对比，以增加读者或听众对该观点的理解力和说服力。鲁迅先生在《拿来主义》一文中，就巧妙地运用了比喻论证法。作者在第八段的开头，用"譬如罢"这一标志语，点明了要采用比喻说理的方法。接着，用"大宅子"比喻文化遗产和外国文化；用"徘徊不敢走进门"的"孱头"，比喻懦弱无能、害怕继承、拒绝借鉴的逃避主义者；用"勃然大怒，放一把火烧光，算是保存自己的清白"的"昏蛋"，比喻割断历史、盲目排斥的虚无主义者和貌似彻底革命的"左"派幼稚病患者；用"羡慕旧宅子""接受一切""欣欣然的蹩进卧室，大吸剩下的鸦片"的"废物"，比喻崇洋媚外、主张"全盘西化"的投降主义者。

使用比喻论证法需要遵循以下要求：第一，比喻的对象应当具有相似性，即比喻所涉及的两个对象或现象应该存在一定的相似性，否则比喻就无从谈起。第二，比喻中所选用的共同点必须确凿，即在进行比喻时，必须选择清楚共同点，而且这些共同点必须是真实可靠的，不能随意捏造。第三，比喻中所存在的差异性要排除或解释，即进行比喻时，必须识别出存在的差异，并予以解释和排除。否则，比喻就失去了说服力。第四，选用的比喻形象直接生动，易于理解，即比喻的目的是使读者更加深刻地理解某个概念或问题，因此，所选用的比喻形象必须生动、直接，能引起广大读者的共鸣。

许多议论文为了深刻透彻地说明道理、论述观点，常常不只采取一种论证方法，而是把几种论证方法结合起来，交错运用。例如毛泽东的《改造我们的学习》中就运用了例证、引证、正反对比等多种方法，使文章显得纵横捭阖、生动活泼，增强了论证效果。

（七）归谬法

归谬法也称引申论证法，它是由反面论点引出错误结论的方法来说明道理的论证方法，就是先假设对方的错误论断是"正确的"，然后从对方的论断中导出一个荒谬的结论来。归谬法主要用于驳论文章中，这种论证方法常和泼辣、犀利的语言相配合，产生辛辣、有力而富有幽默感的表达效果。例如：萧伯纳在他写的戏剧中揭露资本家的丑恶面目，故而遭到了一些人的嫉恨。一次，有个资本家想在大庭广众之中羞辱萧伯纳，他手舞足蹈地大声嚷道："人们都说，伟大的戏剧家都是白痴。"萧伯纳笑了笑，随即回敬说："先生，我看你就是最伟大的戏剧家。"

三、议论文的结构

一般说来,议论文最基本的结构是:提出问题(引论)—分析问题(本论)—解决问题(结论)。有人把这种结构形式归结为"总—分—总"的形式,这是议论文结构的一个基本形式,它反映了人们认识问题、阐述观点的一般的思维过程。议论文的结构具体可以分为以下两大类:

一是逐层深入的论证结构,叫"纵式";二是并列展开的论证结构,叫"横式"。其他各种各样的结构都是从这两种结构中派生的。以"横式"为主的,有"总论—分论—总论"式,先提出论点,而后从几个方面论述,最后总结归纳;还有"总论—分论"式,先提出论点,然后从几个方面论证。以"纵式"为主的,有"层层深入"式,即先提出论点,而后步步深入,逐层阐发。例如:顾颉刚的《怀疑与学问》在开头提出论点后,先从消极方面论述,然后进一步从积极方面论述,是层层深入论证论点的。"纵式"的变种是"起承转合"式,开头破题,引出论述的问题,接着承接开头,阐述所论述的问题;"转"是从各个角度证明论点;最后归结就是"合"。王安石的《读孟尝君传》就是这种结构。

分析议论文的结构,除要弄明白各段落层次间的内在联系,还要注意文章中起着承上启下作用的过渡段、过渡句以及过渡词语。

第四节　说　　明

说明就是用简明扼要的文字,把事物的形状、性质、特征、成因、关系、功用等解说清楚的表达方式。这种被解说的对象,有的是实体的事物,如山川、江河、植物、文具、建筑、器物等;有的是抽象的道理,如思想、意识、修养、观点、概念、原理、技术等。

一、说明的分类

从内容上看说明可以分为三类:第一类是说明实体事物,如《雄伟的人民大会堂》《中国石拱桥》《苏州园林》;第二类是说明事物发展阶段的程序,如《蝉》《景泰蓝的制作》;第三类是说明抽象事理,如《统筹方法》《大自然的语言》《现代自然科学中的基础学科》等。

二、说明的顺序

常见的说明顺序有时间顺序、空间顺序、逻辑顺序等。正确的顺序能够厘清文章思路,帮助读者理解文章内容,在说明文等叙述性较强的文体中,说明顺序更是必不可少的。

(一)时间顺序

时间顺序是指按照事理发展过程的先后来介绍某一事物的说明顺序。凡是事物的发展变化都离不开时间,如说明生产技术、产品制作、技术方法、历史发展、文字演变、人物成长、动植物生长等,都应以时间为序。例如:杨宪益的《菊花》按照先秦、汉魏、晋、唐、宋、元、明、清的时间顺序依次介绍菊花从野生的被人们作为药用的植物到人工栽培的观赏花卉的过程。

(二)空间顺序

空间顺序是指按照事物空间存在的方式,或从外到内,或从上到下,或从整体到局部来加以介绍,这种说明顺序有利于全面说明事物各方面的特征。一般说明某一静态实体(如建筑物等),常采用这种顺序。例如:黄传惕的《故宫博物院》按照先总后分的顺序,先概括说明故宫建筑物的总体特征,然后再具体介绍太和门—太和殿—中和殿—保和殿—乾清宫—御花园,而在介绍每一座建筑物的时候,则又按照先外后内、先上后下的顺序。这样安排合乎人们观察事物的习惯,是最合理的顺序。

(三)逻辑顺序

逻辑顺序是指按照事物、事理的内在逻辑关系,或由个别到一般,或由具体到抽象,或由主要到次要,或由现象到本质,或由原因到结果递进,或由概括到具体,或由特点到用途,或由整体到局部一一介绍说明。不管是实体的事物,如山川、江河、花草、树木、器物等,还是抽象的事理,如思想、观点、概念、原理、技术等,都适合以逻辑顺序来说明。例如:竺可桢的《向沙漠进军》根据大量事实和科学原理,对为什么要向沙漠进军,怎样向沙漠进军,进军的前景如何等重大问题,做了深入浅出的说明,把科学道理讲得有声有色。

三、说明的方法

说明事物的方法有很多,在说明同一事物时,作者也往往使用多种方法,说明文中常见的说明方法有以下几个。

(一)定义法

用简明的语言,将事物的本质特征做高度概括的表述,给该事物下定义,使该事物从本质意义上区别于其他事物。例如:《一次大型的泥石流》讲什么是泥石流？文章开头就下了定义:"在一些山区的沟谷中,由于地表径流对山坡和沟床不断地冲蚀掏挖,山体常常崩塌滑坡,塌滑下来的大量泥沙石块等固体物质被水流搅拌,变成黏稠的浆体,在重力和惯性力的作用下急速奔泻,这就是人们常说的泥石流。"介绍科学知识的说明文常用下定义的方法进行说明。

(二)举例法

举例法是指举出实际事例来说明事物,使所要说明的事物具体化。运用举例的方法说明事物或事理,一要注意例子的代表性,二要注意例子的适量性。举例说明法可以使文章表达的意思更明确,读者更容易理解,可具体地说明被说明对象的特点。例如:《中国石拱桥》并未介绍中国很多石拱桥,只列举了赵州桥和卢沟桥两个例子,用以说明我国石拱桥悠久的历史以及在设计和施工中的高超水平。

(三)比较法

比较法是将两种类别相同或不同的事物、现象加以比较来说明事物特征的说明方法。说明某些抽象的或者是人们比较陌生的事物,可以用具体的或者大家已经熟悉的事物和它比较,使读者通过比较得到具体而鲜明的印象,事物的特征也往往在比较中显现出来。这种比较的方法有两种情况:一种是把要说明的事物同作者所熟悉的事物加以比较;另一种是把被说明的两个事物加以比较说明,指出它们的异同。例如:《人类的出现》为了说明古人既不同于猿人,又不同于新人和现代人,就把其他三种人拿来比较,指出它们哪些地方相同,哪些地方不同。

(四)数字法

为了使所要说明的事物具体化,还可以采用列数字的方法,以便读者理解。需要注意的是,引用较多的数字,一定要准确无误,不准确的数字绝对不能用,即使是估计的数字也要有可靠的根据,并力求近似。用列数字的方法进行说明,既能准确客观地反映事实情况,又有较强的说服力。更体现了说明文的准确性,准确地说明了说明对象的特点。例如:《雄伟的人民大会堂》中说它的建筑面积达"十七万一千八百平方米,体积有一百五十九万六千九百立方米",有了这些数字,我们就有了准确的概念。

(五)引用法

说明某一事物,可引用已有的文献、书籍、事迹、言论加以说明,这就是引用法。例如:《人类的出现》就引用恩格斯的话,肯定了人类与高等动物的一般共同性,指出了人类与动物最本质的区别。

(六) 比喻法

比喻法就是运用比喻,把被说明的事物形象化,便于读者想象,加深理解。例如:《看云识天气》中就运用了许多比喻描绘天上云的"姿态万千,变化无穷,"给人留下了深刻的印象。

(七) 分类法

分类法是指根据事物的形状、成因、功用等分成若干分别说明的方法。例如:《看云识天气》从不同的角度,用不同的标准对这一对象做多项分析。如按形状分,按厚薄分,按云的光彩分,使读者对云与天气的关系有一个比较全面的认识。

(八) 比拟法

有些说明文为了把事物的特点说得更准确、生动、使人易懂,常常采用拟人的方法。例如:《向沙漠进军》把沙漠比拟为敌人,说沙漠向人们进攻的武器是风和沙;进攻的手段是游击战和阵地战;也有的以第一人称的方式写,让事物以自述的口吻来说明自身的特点。例如:《洲际导弹的自述》运用第一人称介绍洲际导弹的高度、重量、射程、威力等方面的特点。

第五节 抒 情

所谓抒情,就是作者在文章中抒发自己主观的爱、憎、悲、喜等诸种感情的表达方式。抒情带有强烈的个性化色彩,是建立在个人感受体验的基础上,因此渗透着主观感情色彩,这种主观感情,在文章中自觉或不自觉地流露出来,诉诸笔端,从而引起读者的共鸣,使文章具有艺术感染力。同时,抒情又是个性与社会性的辩证统一,也是情感释放与情感构造、审美创造的辩证统一。

一、抒情的方式

抒情方式可以分为直接抒情和间接抒情两种。

(一) 直接抒情

直接抒情也叫直抒胸臆,是指作者或人物直截了当地表露自己为现实生活所激发的思想感情。作者或作品中人物将心中的感情直接倾吐出来,而不寄寓于景、

物、事等;一般不讲究含蓄委婉,多为毫无遮掩的倾诉。例如:

①上邪! 我欲与君相知,长命无绝衰。山无陵,江水为竭,冬雷震震,夏雨雪,天地合，乃敢与君绝!

（汉乐府民歌《上邪》）

②啊,我年青的女郎!
　我不辜负你的殷勤,
　你也不要辜负了我的思量。
　我为我心爱的人儿
　燃到了这般模样!

　啊,我年青的女郎!
　你该知道了我的前身?
　你该不嫌我黑奴卤莽?
　要我这黑奴的胸中,
　才有火一样的心肠。

　啊,我年青的女郎!
　我想我的前身
　原本是有用的栋梁,
　我活埋在地底多年,
　到今朝总得重见天光。

　啊,我年青的女郎!
　我自从重见天光,
　我常常思念我的故乡,
　我为我心爱的人儿
　燃到了这般模样!

（郭沫若《炉中煤》）

直接抒情常以真诚、浓烈而扣人心弦。例①以一位女子的口吻,直接抒发了对爱情的渴求及执着的感情。例②是一首饱含着眷念祖国情绪的抒情诗。用诗人自己的话说:"五四以后的中国,在我心目中就像一位聪俊的有进取心的姑娘,她简直就和我的爱人一样。"这首诗就采取拟人的手法,用"炉中煤"的口吻向"心爱的人儿"祖国倾诉衷肠,直接抒发了对祖国的强烈热爱之情,表达了甘愿为祖国献身的愿望。

(二) 间接抒情

间接抒情是指不直接表达感情,而是通过外物间接地表达感情,这是一种比较委婉含蓄的表达方式,也是文学作品中常用的,这种表达方式的特点是深沉蕴藉、含蓄婉转、富有韵味、感染力强。间接抒情主要体现为以下四种方式。

1. 借事抒情

借事抒情是指通过叙事来抒发内心的感情。例如:

①商女不知亡国恨,隔江犹唱《后庭花》。 (杜牧《夜泊秦淮》)

②初学纺线,往往不知道劲往哪儿使,一会儿毛卷拧成绳了,一会儿棉纱打成结了,急得人满头大汗……可是那关纺车什么事呢?尽管人急得站起来,坐下去,一点儿也没有用,纺车总是安安稳稳地呆在那里,像露出头角的蜗牛,像着陆停驶的飞机,一声不响,仿佛只是在等待,等待。直等到纺线的人心平气和了,左右手动作协调,用力适当,快慢均匀了,左手拇指和食指之间的毛线或者棉纱就会像魔术家中帽子里的彩绸一样无穷无尽地抽出来。那仿佛不是用羊毛、棉花纺线,而是从毛卷里或者棉条里抽线。线是现成的,早就藏在毛卷里或者棉条里了。熟练的纺车趁着一线灯光或者朦胧的月色也能摇车、抽线、上线,一切都做得优游自如。线上在锭子上,线穗子一层一层加大,直到大得沉甸甸的,像成熟了的肥桃。

(吴伯箫《记一辆纺车》)

例①中诗人借商女不知亡国恨之事,抒发了对那些掌权的达官贵人不重国事、贪图享乐的嘲讽之情。例②中作者叙述了初学纺线的学习过程,抒发了初学纺线者由急躁、气恼到耐下性来、心平气和,最后掌握了纺线技巧的喜悦的情感。借事抒情往往借用一件或几件具有典型意义的事情经过或细节,来抒发作者内心的感受或要表达的思想感情。

2. 借景抒情

借景抒情是间接抒情最普遍的一种抒情方式。这种抒情方式主要是通过景物的描写去衬托人物的心情。例如:

①空山新雨后,天气晚来秋。明月松间照,清泉石上流。竹喧归浣女,莲动下渔舟。随意春芳歇,王孙自可留。 (王维《山居秋暝》)

②江南的地质丰腴而润泽,所以含得住热气,养得住植物;因而长江一带,芦花可以到冬至而不败,红叶也有时候会保持得三个月以上的生命。像钱塘江两岸的乌桕树,则红叶落后,还有雪白的桕子着在枝头,一点一丛,用照相机照将出来,可以乱梅花之真。草色顶多成了赭色,根边总带点绿意,非但野火烧不尽,就是寒风也吹不倒的。若遇到风和日暖的午后,你一个人肯上冬郊去走走,则青天碧落之下,你不但感不到岁时的肃杀,并且还可以饱觉着一种莫名其妙的含蓄在那里的生

气:"若是冬天来了,春天也总马上会来"的诗人的名句,只有在江南的山野里,最容易体会得出。　　　　　　　　　　　　　　　　　　(郁达夫《江南的冬景》)

例①描绘了秋雨初晴后傍晚时分山村的旖旎风光和山居村民的淳朴风尚,表现了诗人寄情山水田园并对隐居生活怡然自得的满足心情,这是以自然美来表现人格美和社会美。例②通过对江南的冬天晴暖温和明朗的天气、植被、雨景、雪景等景色生动的描绘,表达了作者对江南冬景的钟爱之情。采用借景抒情的方法,能使情和景互相感应、互相交融、互相依托,从而创造一种物我一体的艺术境界,完善地表达作者的思想感情,具有极强的感染力。

3. 借物抒情

借物抒情是一种以描写事物来表达自己思想感情的写作方法。运用借物抒情的方法,关键是找准物品的特点与自己的感情引起共鸣的关键点,使物品与感情相统一,使感情有所依托。例如:

①如果一切的生命都不屑于去石缝间寻求立足的天地,那么,世界上就会有一大片一大片的地方成为永远的死寂,飞鸟无处栖身,一切借花草树木赖以生存的生命就要绝迹,那里便会沦为永无开化之日的永远的黑暗。如果一切的生命都只贪恋于黑黝黝的沃土,它们又如何完备自己驾驭环境的能力,又如何使自己在一代一代的繁衍中变得愈加坚强呢? 世界就是如此奇妙。试想,那石缝间的野草,一旦将它们的草子撒落到肥沃的大地上,它们一定会比未经过风雨考验的娇嫩的种子具有更为旺盛的生机,长得更显繁茂;试想,那石缝间的蒲公英,一旦它们的种子,撑着团团的絮伞,随风飘向湿润的乡野,它们一定会比其他的花卉生长得苗壮,更能经暑耐寒;至于那顽强的松柏,它本来就是生命的崇高体现,是毅力和意志最完美的象征,它给一切的生命以鼓舞,以榜样。　　　　(林希《石缝间的生命》)

②海燕叫喊着,飞翔着,像黑色的闪电,箭一般地穿过乌云,翅膀掠起波浪的飞沫。

看吧,它飞舞着像个精灵——高傲的、黑色的暴风雨的精灵——它一边大笑,它一边号叫……它笑那些乌云,它因为欢乐而号叫!

这个敏感的精灵,从雷声的震怒里早就听出困乏,它深信乌云遮不住太阳——是的,遮不住的!

风在狂吼……雷在轰响……

一堆堆的乌云像青色的火焰,在无底的大海上燃烧。大海抓住金箭似的闪电,把它熄灭在自己的深渊里。闪电的影子,像一条条的火舌,在大海里蜿蜒浮动,一晃就消失了。

——暴风雨! 暴风雨就要来啦!

这是勇敢的海燕,在闪电中间,在怒吼的大海上高傲地飞翔。这是胜利的预言

家在叫喊:

——让暴风雨来得更猛烈些吧!……

(高尔基《海燕》)

例①通过对野草在石缝中尚能保持顽强生命的描述,抒发了作者对石缝间生命坚定信念的强烈震撼和由衷的钦佩之情。例②作者通过对海燕在暴风雨来临之际勇敢欢乐的形象的描写,抒发了一种坚强无畏的革命理想主义情感,豪情万丈,激荡人心。

4.寓情于理

寓情于理是指作者用抒情性的文字来表达自己对生活的认知和见解。简单来说,就是运用富于哲理性的议论文字来抒情。通过议论抒情可以引导读者对事件进行深入的思考和分析,同时也能够唤起读者的情感共鸣,使读者更深刻地理解和感受事件的含义。议论抒情是带有主观感情的议论,它并不像一般议论那样强调论证过程,而是在感情的支配下发表自己的一些看法,所以不能用一般的逻辑规律来要求。例如:

①黑夜,静寂得象死一般的黑夜!但是,黎明的到来,毕竟是无法抗拒的。索洛警告美国人当心枕木下的尸首,我也想警告某一些人,当心呻吟着的那些锭子上的冤魂!

(夏衍《包身工》)

②吾至爱汝,即此爱汝一念,使吾勇于就死也……助天下人爱其所爱,所以敢先汝而死,不顾汝也。汝体吾此心,于啼泣之余,亦以天下人为念,当亦乐牺牲吾身与汝身之福利,为天下人谋永福也。汝其勿悲!

(林觉民《与妻书》)

例①通过议论抒发了作者对殖民主义者的强烈憎恨之情,以及对被压榨的工人的深切同情,溢于言表。例②作者将爱妻之情与"勇于就死"之理熔为一炉,以含情之笔说理,以明理之言诉情,感人肺腑,催人泪下。因此,寓情于理可以使情具有深度、厚度,又可以使理闪烁出充满个性色彩的情思,动人心弦。

二、抒情的基本要求

"感人心者,莫先乎情"。抒情是以形式化的语言象征性地表现个人内心情感的文学活动,它和叙事相比,具有主观性、个性化和诗意化的特征。古人所谓的"披文入情""一切景语皆情语"都是对抒情的最好阐释。因此在表达情思、抒发情感时要符合以下要求。

(一)真实感人

抒情贵在真,情真才能感人。只有感动了自己才能感动别人,这份真情应该是发自肺腑的。"情"是一篇优秀作品的灵魂,是联络作者和读者的重要纽带,古今中外感人至深的传世佳作,无不凝结着作者发自肺腑的真情。抒情作品应当真实地反映作者的情感状态,不能虚构或夸大,抒情切忌矫揉造作、虚夸失实。

(二) 积极健康

文章中的抒情,会对读者产生一定程度的影响。情调有高低之分,应该抒发积极健康的有利于人们心灵升华的感情。积极健康的情感能够净化人的心灵,陶冶人的情操,有益于人的身心健康,有助于提高人的思想文化修养。

(三) 和谐自然

抒情要和谐自然,才能如春雨般滋润人心。所抒之情应该是从作者心底自然而然地流淌出来的,使人觉得心情舒畅、怡然自得。只有和谐自然的情感,才能产生撞击读者心灵的力量。抒情作品应当展示情感的和谐与自然,以此让读者感同身受,引起共鸣。

(四) 生动细腻

抒情要生动细腻,才能引起读者的共鸣。抒情的关键在于把感情融入具体的形象中,生活中一次微小的碰撞,心灵中一次纤细的颤动,常常会激起情感的浪花。生动细腻的情感往往能触及读者内心深处最柔软的部分,因此也最能打动人。真正的抒情艺术一定会使读者潜移默化地受到感染,它消除了艺术家与读者之间的心理距离。同时能够体现个性与社会性的辩证统一,达到情感释放与审美创造的辩证统一。

第四章　语言的锤炼

第一节　词语的锤炼

一、锤炼语义的要求

(一)达意准确

准确主要指精确地把握词义,否则就会出现"词语意义误用"。词语意义误用主要指对同义词之间不同义项上的细微差别的误用。常见于辨析不同的义项、权衡语意轻重、掌握使用范围大小、分清使用对象等方面出现失误。

1. 掌握确切含义

为了保证使用同义词的准确性,必须掌握它们的确切含义、识别它们不同含义和用法,并反复推敲,以做到用词准确、毫不含糊。如果对词语的含义不是很清楚,或者用词不当,就容易混淆词语的含义,影响表达的准确性。例如:

①各级领导一定要大胆选拔中青年内行干部,以改变领导成员的知识结构和年龄结构。

②赋于他们重大的社会责任,同时也应当赋予他们相应的创作自由吧。

在例①中,"起用"表示"重新任用已退职或免职的官员",与原文意思不符,应该改成"选拔"。在例②中,第二个"赋于"是误用,"予"是"给"的意思,"赋予"是"交给"的意思,而"于"是介词,在"赋"之后表示对对象的引进,这不符合表达的原意,应该改成"赋予"。

2. 衡量语意轻重

汉语中有许多同义词,其中一些同义词在词义分量上略有不同,这表现在轻重分量上,有些词语在语义分量和强度上重一些,而有些词语则较轻。例如:损坏/毁坏、轻视/鄙视/敌视、欺负/欺压、机密/绝密、优良/优秀/优异等,都是前者语义较轻,后者语义较重。在选词造句时,要善于把握这些微妙差别,必要时使用重词,否则就不够表达分量;反之,使用轻词会显得过于轻率。因此,必须仔细衡量语义分

量和重要性,如果忽视这一点,只是随意使用词语,就有可能出现用词不当、轻重不当的错误。如:

①他们在公园内打斗,弄坏了几张露天餐厅的桌子,对这种破坏公物的不良现象必须进行批判。

②市政府最近分别授予一批优秀的导游、旅游管理人员、模范导游、模范旅游工作者的称号,并颁发奖章,以表扬他们为旅游事业做出的贡献。

例①的"破坏""批判"两个词语过重,宜将其调整为"损坏""批评"。例②"表扬"的语义轻些,使用范围也较大,改用语义重些而使用范围也较小的"表彰"更合适些。

3. 比较范围大小

有些同义词,其词义范围大小不同,如有的使用范围大,有的使用范围小。例如,"灾难"和"灾害","灾难"既可用于社会、也可用于自然,而"灾害"仅指自然方面的灾害;"表扬"和"表彰",两者都有赞扬好人好事的意思,"表扬"的使用范围相对广泛,而"表彰"的意义更为强烈,但使用范围相对狭窄。类似地,还有"物资/器材""战争/战役""性质/本质""节约/节俭""生命/性命"和"事情/事件"等同义词,其中前者的词义范围比较大,后者的词义范围则比较小。因此,在使用这些词语时一定不能忽视这种细微差别。若不加以慎重选择,就有可能出现大词小用或小词大用的问题。

4. 辨析适用对象

有些同义词在适用对象上也存在差别。例如,"摧残"和"摧毁","摧残"多用于有生命的事物,"摧毁"则多用于无生命的事物;"改正"和"改进","改正"强调从错误到正确,"改进"则强调在原有基础上进一步提高;还有"阻挡偶碍""华丽牡丽""宏伟庞大""发觉/发现"等同义词,各自适用的对象有所不同。因此,这些同义词在语句中表现为不同的搭配关系,使用时一定要注意分辨,否则就容易出现错误。例如:

①目前,教师工资的不合理状况是逐步造成的。

②小舌颤音很难发,他练习了很长时间才基本学会,但还不够正确,请你帮他纠正一下。

例①中的"逐步",应改为"逐渐"。这两个词都含有"按照顺序逐一变化"的意思,但二者适用的范围稍有不同。"逐步"强调有计划、有目地变化和发展,适用于范围的扩大、程度的加深、水平的提高、速度的加快等情况;而"逐渐"则强调逐渐潜移默化、无意识的变化。由于教师工资不合理不可能是经过有计划、有目地造成的,所以这句话应该用"逐渐"。

例②中的"正确",应改为"准确"。这是因为"正确"更多指内容和方法符合规定标准,"准确"则更多指技巧掌握的程度符合要求。因此,在这句话中应使用"准确"。

(二) 色彩得体

得体,主要是指巧妙地辨别词语的感情色彩、语体风格等各种细微的色彩差别。

1. 辨别感情色彩

这是一组同义词,它们在感情色彩上有所不同,有些含有褒义,有些含有贬义,有些属于中性。举例来说,"名誉/荣誉"这一对词,"名誉"既有好也有坏,其感情色彩是中性的;而"荣誉"则是褒义的。再比如,"理想/梦想"这一对词,前者是中性的,而后者偏向褒义。还有例如"果断/武断"和"保护/维护"这样的同义词,前者是褒义的,而后者则是贬义的;"积存/积压""结合/团结""结果/成果"等同义词,前者的感情色彩是中性的,而后者则是褒义的。

在汉语中,这些褒义词、贬义词具有鲜明的感情色彩。在表达时,如果根据语境条件准确选用,不仅可以有力地表现出爱憎好恶的主观感情,而且还可以突出事物的特征,强调表达的重点。词语的感情色彩是相当精妙、微妙的,在选用时,不仅要注意褒贬意味,还需仔细分辨其褒贬程度的轻重,这样才能准确细腻地表达意思,否则就容易混淆词语的感情色彩。混淆感情色彩是指在语言运用过程中混淆或搞错同义词在感情色彩、语体色彩等方面的差异。如:

①世界强队厉兵秣马觊觎桂冠。

②现在我们已经进入了居庸关——八达岭风景区。遥想当年"周幽王烽火戏诸侯,褒姒一笑失天下"的动人故事,怎不令人大发思古之幽情?

在例①中,"觊觎"这个词语所带有的贬义色彩与实际情况不符,应该用"热切期盼"等表示主观愿望的词语来替换。在例②中,"动人"的修饰与现实情境并不相符,不妨删除其修饰,使句子更加简洁明了。

2. 适应语体风格

不同的语体有不同的风格和色彩。词语的选择和运用是构成语体风格的一个重要因素。一般来说,词语的语体风格应该符合社会上的通行规范,并适应特定的、统一的风格,否则会导致风格上的不协调,显得不伦不类。

一组同义词的语体风格,有些词的口语体色彩更为明显,有些则呈现出更为书面化的特点,还有一些则介于口语和书面语之间,呈现出一种中性色彩。因此,在使用这些词语时,应该仔细辨别其语体风格,选择相应的词语。口语词语多用于日常口语交流,通俗易懂,富有生动的生活色彩。而经过精心设计的书面语词语,则更为优美、庄严。因此,语体风格是区分同义词的一个重要方面。

例如,吓唬/恐吓、肺病/结核、干脆/索性、害怕/畏惧、下巴/下颚、惦记/思念等多组同义词,前者多为口语体色彩的词语,后者则多体现出书面语体色彩。而脑袋/脑瓜子/头颅、午饭/晌饭/午餐、家乡/老家/故乡、烟卷/香烟等组同义词,其语体风格逐渐由中性、口语到书面语。大部分词汇都适用于各种语体,但也有一小部分专用于特定语体。在运用时,如果不注意区分语体风格,就会出现风格不协调的情况,例如在口语语体中夹杂文言文词汇,或者在书面语体中掺入俚俗浅显的口语词汇,都会使表达风格变得不协调,出现不和谐的色彩。如:

①他是出了名的老顽固,脚丫子虽然迈进了现代社会,但头颅却还停留在旧时代,对周围的事这也看不惯那也看不惯。

②上海离新疆虽然路途遥远,但我哥哥还是坚决到那里去下乡,我因年幼,尚不省事,所以没有跟着去。

例①的"脚丫子"具有鲜明的口语色彩,而"头颅"则具有鲜明的书面语色彩,二者用在一处,十分不协调,根据其表达的风格,宜将"头颅"改为"脑瓜子"。例②的"迢递"是什么意思?十分冷僻,不好理解;"年幼""尚不省事"是具有一定文言色彩的书面语词汇,夹杂在具有一定口语色彩的一般性陈述中,显得很不协调,应该改为一般性的说法,改成"上海离新疆虽然路途遥远,但我哥哥还是坚决到那里去下乡,我因为年纪小,还不懂事,所以没有跟着去"。

二、锤炼词语的要求

(一) 简洁

简洁,主要是讲究遣词造句的言简意赅,否则就不简洁精练。要简洁,必须注意做到:意义上或字面上重复的词语不用或删去;表达上不需要的修饰、限制语不用或删去;一些不必要的助词不用或删去;意义上大同小异的一些词语宁可使用字数较少的词语。

锤炼词语不简洁的问题主要有字面重复、意义重复、辞藻堆砌等几种。

1. 字面重复

①在我们社里,每个人都有一个工作证。上面写明本人的姓名、年龄、籍贯、参加工作日期、职务身份等,另外还贴有照片,用以证明本人的身份。

②前几年,我们曾经到一个友好国家去学习考察他们空军训练的经验。在学习考察中,我们发现他们在训练中有很多好经验值得我们借鉴。

例①的两处"本人"的用法多余,可以删掉,其他的意思做一些缩减。说成"在我们社里,每个人都有一个工作证。上面贴有照片,写有姓名、年龄、籍贯、参加工作日期、职务身份等,另外还贴有照片,用以证明其身份"。例②的"我们""学习考察""训练""经验"等词语多处重复,应该删掉,其他的句子再做一些调整,说成"前几年,我们曾经到一个友好国家去学习考察他们空军训练的经验,发现他们有很多经验值得我们借鉴"。

2.意义重复

①在那长夜漫漫何时旦,风雨如晦黑沉沉的岁月里,有多少人壮怀激烈,视死如归,以自己的鲜血和生命捍卫了祖国的尊严。

②这篇文章描写的是一个古朴小镇上的人际之间的日常生活的情景。

例①的"长夜漫漫"与"何时旦"的意思有所重复,"风雨如晦"与"黑沉沉"意思也有所重复,两种说法只保留一种即可,说成"在那长夜漫漫、风雨如晦的岁月里……"例②的"人际"就是人与人之间的意思。"际":彼此之间,如人际、国际、校际等。"人际之间"等于说"人与人之间"。语义上重复啰唆,可以改成"……人际关系方面的日常生活情景"。此外,"凯旋而归""亲眼目睹"等用法也属于类似现象,应该改正。

3.辞藻堆砌

①试验工作要精心组织,精心指挥,严肃认真,周到细致,稳妥可靠,万无一失。

②他们终于来到了向往已久的、宽广、辽阔、雄伟、壮观的天安门广场。

例①的四字格式使用了"精心组织,精心指挥""严肃认真,周到细致""稳妥可靠,万无一失"等三大对,语义重复的问题比较严重,应该尽量删减。可以改为"试验工作要精心组织,认真指挥,力求万无一失",或者改成"试验工作要严肃认真,周到细致,务求万无一失"等。例②也是属于辞藻堆砌,有的语意重复,有的也不恰当,可以改为"他们终于来到了向往已久的天安门广场,它是那样的宽广、雄伟。"

(二)规范

锤炼词语,要讲究词语运用的规范,否则就容易不规范。不规范现象常见的是文言词、方言词、外来词、行业语等几方面运用的失误,还有生造词语方面的错误。

1.滥用文言词

①离校前夕,老师的临别赠言又在我耳边响起,是那么的诚挚、亲切,那么的勖勉。

②对这个问题,我做叔叔的不好发表意见,事情还要你自己钧裁。

③一则电文:惊悉家父仙逝,足下不胜哀伤,特致沉重哀悼。

例①中的"勖(xu)勉"一词虽然表示勉励的意思,但是其文言色彩过强,极为冷僻。此外,"诚挚、亲切"为形容词,而"勖勉"为动词,不能并列使用。因此,可以删除这个词。如需保留这个意思,可以改为"勉励",但需要划分为两句话。另外,也可以改为"离校前夕,老师给我留下了深刻的临别寄语,语气诚挚、亲切",或者改为"离校前夕,老师的临别赠言又在我耳边响起,他们深刻而有力地激励着我"。

例②中的"钧裁"是文言词语,表示"拿主意"的意思。这句话可以改为:"关于这个问题,我作为叔叔不便发表意见,还是需要你自己拿主意。"

例(3)中涉及文言词语"家父"和"足下"的误用。实际上,"家父"是自谦的说法,应该用于自己的父亲,而"足下"是敬称之词,适用于对方。因此,可以改为"惊闻令尊仙逝,深感悲痛,特此表示沉痛哀悼"。

2. 滥用方言词

①再者,电视剧的"精品意识"也不能单纯依靠名剧作家、名演员,再"火"的"大腕"也有歇菜的时候。

(《电视剧创作要有精品意识》《中国电视报》1993.6.5)

②他来到了车水马龙、人来人往的车路上,一不小心目镜被一个人撞掉了,他的眼前立刻模糊一团。

运用方言词,要注意其通行的范围,如果太狭小,就不符合规范化要求。例①中的"火""歇菜"是北京青年流行用语,1993年的《中国电视报》中还出现了"面瓜""瞎菜""切"等流行语,这些词如果出现在《北京晚报》上是很正常的,但出现在面向全国发行的《中国电视报》上就不太规范了。"火""大腕"等词字面上还比较好理解,现在也已经被吸收到普通话里来了,而别的词就只能使非北京地区的人莫名其妙了。例②中的"车路""目镜"南方方言色彩比较浓重,最好改成一般常用的"马路""眼镜"。

3. 滥用外来词

①向西望去,马路两旁楼房顶上异常庞大的 NEN 广告牌排成两阵,蜿蜒而去。

②本店正在让利出售迷你录音机,欲购从速,莫失良机。

例①直接搬用霓虹的英语原文 NEN,不仅突兀、生硬,而且也完全没有必要,最好使用汉语本来的规范词形"霓虹"。例②中的"迷你"是英语 MINI 的音译,意思是同类事物中的极小者,"迷你"一词前些年曾经风靡一时,到处可见,比如"迷你裙""迷你电脑""迷你收音机""迷你字典"等,甚至还出现了"迷你儿童香肠"的广告。引进外来词时,要看有没有必要,上述"迷你"的几个意思,汉语中都有十分贴切精当的对应词,没有必要引进。事实上的结果也正是这样,现在这个词语已经基本消失了,人们还是使用原来的词语表达成"超短裙""微型电脑""掌上电脑""袖珍词典"了。可见如果随意使用没有必要引进的外来词,其结果必然是迟早被淘汰。

4. 滥用行业语

①湖波剧烈地翻滚着,天空阴云密布,山雨欲来,天空变成了一块巨大的石墨。

②美发店里服务员与顾客的对话。服:"要主要尘?"顾:"什么意思? 是留得多叫大还是留得少叫大? 你不会玩阿凡提给阿訇剃胡子眉毛的把戏吧?"

例①中的"石墨"是化学用语,例②中的"大""小"应该是理发行业用语,与头发留长留短有关系,但是顾客一般不会也没有必要了解这一点,服务员使用这种说法就引起了顾客的反感,所以顾客用阿凡提的幽默故事讽刺服务员。这个故事是说阿凡提给阿訇理发,阿凡提问阿訇:"要不要眉毛?"阿訇说"要!"阿凡提把眉毛剃下来送给了阿訇,阿凡提又问"要不要胡子?"阿訇只好说:"不要!"阿凡提就把胡子剃下来扔到了地上。这里顾客因为不明白"大"与"小"的特定意思,所以用这个故事讽刺服务员。这些病例说明,运用行业语,要注意它的通行范围,专业性过强、缺乏普遍性的行业语词不宜在非专业场合使用。

5. 生造词语

随着社会的发展,大量的新词语不断产生,使现代汉语词汇系统日益充实丰富。但是如果不顾社会能否接受,不加讲究地滥用,就是生造,是不规范的。生造词有的是把两个单音节词硬凑成一个词,这种错误是任意拼凑,如擦划、轰响等;有的是把两个词任意简缩后再拼凑成一个词,这种错误是近义杂糅,如通胀(通货膨胀)、打问(打听、寻问)、凝洁(凝练、简洁)、通浅(通俗、浅显)、精绝(精彩绝伦)等;还有的是把一个多音节词任意简缩,这种错误就是任意苟简,如"春偶(青春偶像)""娱记(娱乐记者)"等。

(1)任意拼凑。

①发展基础工业是推动经济发展的必要条件,但是不能以滥肆污染环境为代价。

②这种动物血清和人血清相比,不仅能鉴定人类的血型,而且效价更高,凝集反应更快。

例①中的生造词"滥肆",最好改为"大肆"或"肆意"。例②中的"效价"是"效率"和"价值"的拼凑,宜使用"效率";"凝集"是"凝聚"和"聚集"的拼凑,宜使用"凝聚",可改成"这种动物血清和人血清相比,不仅能鉴定人类的血型,而且效率更高,凝聚反应更快"。

(2)杂糅。

①两腮的肉刺,凌厉高耸的颧骨,马鬃一样粗重的眉毛,灰褐色眼睛里所流露的垦,都说明了他的凶野和横蛮。

②这是一篇初涉文坛的年轻人的作品,作品中新颖的构思,凝洁的笔触,显示了青年人的才华。

例①中的"勇悍"是"勇敢"和"剽悍"的近义杂糅,根据这一句的意思,宜选择"剽悍",说成"……灰褐色眼睛里所流露的剽悍神情,都说明了他的凶野和横蛮"。

例②中的"凝洁"是"凝练"和"简洁"的杂糅,两个词可以并列使用,可改成"这是一篇初涉文坛的年轻人的作品,作品中新颖的构思、简洁凝练的笔触,都显示出了青年人的才华"。

（3）任意苟简。

①他们的分歧属于内矛,可以用讨论、协商的方法加以解决。

②"娱记"成了追星族,真可笑。

例①中的"内矛"是"内部矛盾"的非法缩减,应该还原成"内部矛盾"。例②中的"娱记"是"娱乐记者"的任意苟简,此外类似的用法还有"体记"（体育记者）等,容易使人误解为某种色情行业的分类。目前"娱记"的说法越来越多,当然如果这种说法有特定的语境,并被大多数人接受,那么它也可能成为规范词语。总之,生造词语,不考虑社会是否需要而任意拼凑,既破坏语言的纯洁健康,又妨碍交际的正常进行,应该杜绝使用。

三、锤炼词语的技巧

（一）体变

语体,首先分为口语语体和书面语体。书面语体又可以分为文艺语体、政论语体、科技语体、公文语体等。体变这一修辞格,就是利用这些语体因素进行修辞。

体变,就是把具有特定语体色彩的词语或格式变体使用,使其在另一语境中产生新义的修辞技巧。比如:

①在沈阳地区民俗中,灶王爷是主一家吉凶祸福之神,每户人家一年中所行善恶都由灶王爷记账,至腊月二十三做"年终决算",然后上天向玉皇大帝汇报。玉皇大帝根据灶王爷的汇报,使做善事多的人家在翌年多获吉利,使做恶事多的人家受到灾祸之惩。灶王爷在关内时尚未娶亲,到沈阳地区后,不知何人堡媒拉纤,硬是弄出一位灶王奶奶来——也许这样更多些人情味吧,但是否别有用心就不得而知了。一般说来,双人灶王受农家供奉,而做买卖的店铺多供单人灶王——可见买卖人就是精明些,早懂得"精兵简政"的道理。

（沈阳市人民政府地方志编撰办公室《沈阳掌故》）

②主料:适龄未婚男女各 1 名（初恋者为佳）,情敌 1~3 名,选"红娘"1 名备用。

调味料:言情小说 1 部,浪漫若干,"醋"3~5 勺,眼泪适量,定情信物各 1 件,真诚各 1 份,嫉妒少许,柔情万种,思念万般。

烹调方法:

①将男女分开,分别用言情小说中的缠绵清洁腌制,以 2~3 年为宜,至入味。

②将男女同时放入同一容器中,放浪漫少许,如有必要可加入红娘。

③将男女分开,分别加入思念万般拌匀发酵。

④将发酵好了的男女同时放进烹调爱情的锅中,加大量浪漫,柔情千种,真诚一份,用爱火慢慢焙煎。注意:切勿用猛火,用猛火难以烧透入味,并容易出现"夹生"现象。

⑤加入情敌1~3名(男女均可),再加"醋"3~5勺,放嫉妒少许,加大火力,翻炒数次,以增加其味,使其波折重重。

⑥除去情敌,除去嫉妒,再加入浪漫,用爱火反复熬煎,使其灵肉合一。起锅时,撒幸福的眼泪上光。盛盘后,附定情信物各一件,一起上桌即成。

注意事项:烹调时,切勿加入大量金钱、地位等调味,否则易使此菜变味。

(桂华《烹调爱情》《羊城晚报》2000.5.14)

例①中的"年终决算""精兵简政""汇报",例②中的利用菜谱的语体格式及其风格抒写现代流行的爱情的"真谛",这些书面语风格色彩因素,使表达亦庄亦谐,幽默色彩非常鲜明。例①中的"保媒拉纤"等口语色彩鲜明的表达,又使表达既活泼通俗又轻松幽默,起到了较好的表达效果。

可见,体变这种修辞技巧对语言的表达作用可以从多方面去认识。有时使表达亦庄亦谐;有时使表达委婉含蓄;有时使表达富于哲理性和思辨性。但不论哪种作用,都还有一种贯穿其中的通俗易懂、幽默诙谐效果。导游词中若能巧妙使用,会使导游人员与游客的沟通变得更加轻松自如,使导游讲解收到良好的效果。

(二)移时

移时是汉语修辞学中的一种技巧,指的是将古代汉语词语或成语进行时间变异,使其具有现代意义和现代语境的效果。这种技巧可以使文章更显得活泼、生动,并具有新意和新感觉。移时也可以将现代汉语词语转化为古代语境中的表达方式,使之具有古典韵味和文雅之感。比如:

①孙悟空是个天造地设的石猴(也就是说他是个没爹没娘的野猴),因为不懂"人道"(人间道理的简称),学艺时人前卖弄,还没毕业就被菩提老祖开除了学籍。后来他恃才傲物,夺紧箍棒,销生死簿,知名度飙升,惹得众人去玉帝处告他,后被天庭招安。可又因他专业不对口和职称问题未给予实际上的解决,跟天庭翻了脸。

(张正平《孙悟空的异化》)

②佛教故事记载:"善财童子"是"福城长者"的儿子,出生时地上涌出财宝,后取名善财。他勤学好问,通达佛理,被文殊菩萨相中,缘说慧根,令他走遍53个城池,拜53位善知识,即可成道。于是善财理行装,开始环球旅行,饥餐渴饮,历尽了苦难,唐玄奘走了17年取经,善财求贤拜师不以年计,大约半世纪吧。观音菩萨对

他进行了笔试口试,以为可列头名状元,于是收为弟子。

(陈艳萍《河北承德双塔山》)

例①中的"还没毕业就被菩提老祖开除了学籍""知名度飙升""专业不对口和职称问题"等说法,例②中的"环球旅行"和"笔试口试"等词语,都是用现代汉语口语词汇或口语风格的表达来陈述古代汉语的相应意思或说法,具有幽默风趣的修辞效果,使讲解的艺术性得到了极大的增强。其实,移时这种修辞方法,有时也有借古讽今的修辞效果,但是在导游词中使用移时这种修辞技巧,主要是为了达到幽默风趣的表达效果。

总之,移时是修辞手法中的一种,常用于文章、诗歌等文学作品中,具有很高的表现力和感染力。

(三) 双关

双关是利用词语的两种表现形式,包括同音词和多义词,使一个语言片段同时兼有表面意思和隐含意思,以隐含意思为表意重点。双关可以分为谐音和谐义两种。

1. 谐音双关

①新娘花轿抬到男方祠堂,新娘下轿时,一对男青年傧相把青色布袋铺在地上,新娘下轿踩着布袋徐徐前行。两个男傧相则跟随新娘,将青布袋一次次举过新娘的头顶,又交替铺到新娘的脚前,且边铺边呼:"一代接一代!""一代高一代!"直至新郎家大门口。

(吴寿宜编著《黟县小桃源》)

②在皖南的民居中,家族的观念随处可见,房屋的安排都围绕着家族宗法制度的尊卑、长幼、贵贱来设置,中堂悬挂着祖宗画像。今天,那些祖先们的面容已凝固在发黄的纸上,家族却以生活的方式一代代传递下来。在祖宗画像前的桌子正中,摆放一座长鸣钟,谐音"长命"。钟的两旁东置花瓶,西置雕花玻璃镜,取意"东瓶(平)西镜(静)",寓意平平静静的生活。这种摆放在皖南几乎家家雷同,这是皖南人渴望安宁和平心态最细节的表现。

(王方《皖南的老房子》)

上述两例巧妙地运用同音和近音词语,如"袋"谐"代"、"长鸣"谐"长命"、"瓶镜"谐"平静",表达了美好的愿望或深刻的含义,既委婉含蓄又充满韵味。此外,许多传统年画和俗语中也运用了谐音双关的表达手法,如"福(蝙蝠)从天降""连(莲)年有余(鱼)""祝(竹)报平(瓶)安",使语言不仅委婉含蓄,还富于幽默和风趣。

在旅游中,民俗旅游资源丰富多样,是体验文化魅力的好去处。当地的民俗文化和语言表达手法都能够传达给游客,如果在导游词中恰当地运用谐音双关的手法,不仅能够增加表达的生动性,而且能够把当地的文化知识传达给游客,使游客更深刻地了解和体验当地的民俗风情。

2.谐义双关

①临刑喝妈一碗酒,浑身是胆雄赳赳。鸠山设宴和我交朋友,千杯万盏会应酬。时令不好风雪来得骤,妈要把冷暖记心头。小铁梅出门卖货看气候,来往账目要记熟。困倦时留神门户防野狗,烦闷时候等喜鹊唱枝头。家中的事儿你奔走,要与奶奶分忧愁。

(现代京剧《红灯记》李玉和唱段选段)

②梁山伯:前面到了凤凰山。

祝英台:凤凰山上百花开。

梁:缺少芍药和牡丹。

祝:梁兄若是爱牡丹,与我一同把家还,我家有枝好牡丹,梁兄要摘也不难。

梁:你家牡丹虽然好,可惜路远迢迢怎来攀?

(越剧《梁山伯与祝英台》唱段选段)

例①的整个唱段几乎都是采用谐义双关的方法。生动的描写向李奶奶暗示了他会表现出大无畏的革命精神去与敌人奋斗到底,嘱咐并暗示铁梅要继承革命遗志,继续将革命进行到底。例②中祝英台用"牡丹"的双关意义来暗示自己的女性特质,可惜梁山伯过于幼稚,没有听出祝英台的真实心意。

此外,传统画的主题往往采用谐义双关的方法来达到表情达意的目的,比如"花开富贵""松鹤延年"等。还有一些常见的俗语,如"芝麻开花——节节高"等,都是运用了双关技巧,具备非常鲜明的修辞效果。

使用双关技巧需要注意两点。第一,巧妙地设置两层含义,尽可能地含蓄深沉,耐人寻味;第二,所使用的双关意义要与情境相契合,清晰明了。如果意义不明确,则会让人感到困惑,产生误解。

(四)顺口溜

顺口溜是一种修辞技巧,通过运用民间广泛流传或现成的押韵整齐的段子,简练地描述某种现象。顺口溜常常带有一定的幽默和娱乐性质,因此得到了广泛的传播和喜爱。顺口溜既可以表达诙谐幽默的情感,也可以用于教育宣传和社会举措的推广等。

要想运用好顺口溜这一修辞技巧,需要考虑到韵律的合理性,选择恰当的表述方式,使顺口溜更加贴合表达的主题。同时,还应注意押韵的技巧和句式的灵活运用,达到口感顺畅、引人入胜的效果。比如:

①蓝采和的故事流传于唐代。传说中,他是赤脚大仙化身而来的乞丐。然而,这位仙气十足的乞丐的真实姓名至今无人知晓。有人说他就是唐末五代著名的道

士陈陶。陈陶原是儒家名流,才华出众,只可惜生逢乱世,不得不隐居深山,以采集药材为生。他每次卖完药便会喝酒,喝醉后跳舞唱歌。其中一首歌词为:"篮采禾,篮采禾,尘事纷纷事更多。莫如卖药沽酒饮,归去深岩拍手歌。"此歌是他根据当地民歌所填。"篮采禾"来源于当地农民拾柴、采摘禾草时所使用的篮子。久而久之,人们就称陈陶为"篮采禾",后来再加上了兰的姓名,形成了蓝采和的传说。许多"装疯"的道士的故事也被附会在他身上。据说蓝采和机智敏捷,百难不倒,同时也很擅长唱歌跳舞。看来,这些描述还是有一定依据的。

(蓝采和成仙的故事)

②常言道,高楼平地起,而悬空寺一反常态,却是在绝壁上建起的危楼。正如民间流传的顺口溜所说:"悬空寺,寺悬空,神奇绝妙在天空,神仙指点蜘蛛网,金龙峡口现神宫。"这句顺口溜源自一个传说故事。相传在北魏年间,一位皇帝突发奇想,想要在恒山这里为神仙修建一座上不着天,下不着地的悬空寺。然而,没有基础的寺院从来没有被人们听说过或看见过,而找到一个能够修建如此一座寺院的人更是异常困难的事情。建筑官则为了推卸责任,在招能榜文中把悬空寺的"悬"改为"玄"字,一字之差,意义迥然不同……不久榜文便被恒山脚下一位著名的工匠揭下。一年之后,一座巍峨的"悬空寺"便被建成了。皇帝亲临恒山验收,但不明真相的工匠却糊里糊涂地犯下了欺君之罪。工匠的徒弟为了挽救师傅的危机,站了出来要求重建寺院,并以师徒二人的脑袋担保。在一个偶然的机会中,徒弟从蜘蛛织成的网中得到了创意……最终,悬空寺才成为了一座名副其实的悬空寺。

(刘慧芬《恒山悬空寺》)

顺口溜这种语言形式,通常以顺口溜的形式呈现。在民间,它们大多是以民谣的形式而表现出来的。例①、例②各用一句顺口溜简明扼要地道出了道教神仙蓝采和以及灶王爷的姓氏的来历。句中的顺口溜形象生动地表达了悬空寺的传说。这些顺口溜都具有较强的诠释性和概括性,能够在导游词中恰当运用,给游客留下具体而深刻的印象。

顺口溜是一种修辞技巧,具有简洁、凝练、朗朗上口、内涵丰富、表现力强等特点。因此,在导游词中经常被使用。

(五)拟声

拟声又称绘声或摹声,是一种修辞方式。它利用拟声词来模拟人或事物所发出的声音,达到描绘客观音响的目的。比如:

①到了农闲季节,一说某村有秦腔戏,男女老少不管路有多远,非去看个够不可……天刚一黑,四面八方的观众汇集而来,台前黑压压坐成一片,麦秸堆上是人,树枝上是人;墙上是人,破马车上也是人。台上锣鼓咚咚哐哐一敲,板胡吱吱咕咕

一拉,大幕徐徐而起,人物粉墨登场,观众就来了情绪。

(张伟平《陕西秦腔》)

②响沙湾,顾名思义这里的沙子会发出响声。响沙是较为陡峭的朝阳沙坡。如果在晴天,抓一把金黄、干燥的沙子。用力一捧,会发出"哇——哇——"的类似青蛙鸣叫的响声。但仔细看那沙子,与别处的沙没有什么两样。顺着沙坡一步一步攀上去,登上丘顶,再像孩子玩滑梯似地坐着溜下来,会听到"呜——呜——"的声音,好像汽车、飞机轰鸣的马达声,又似钢琴低音部的演奏。只有身临,才能真切地领略那音响的雄浑、奇特和优美。

(高旺《博览长城风采》)

在例①中,用"咚咚哐哐""吱吱咕咕"来模拟伴奏乐器的音响。在例②中,用"哇——哇——""呜——呜——"来描写沙子的声音。这些拟声技巧的运用使表达逼真而传神,具有极强的动感态势,能够有效地唤起游客的感同身受、神入其境的体验,从而极大地加强乃至强化导游词的直观性和表现力。

(六)异语

校对文稿:异语指的是非汉语普通话的意思,包括汉语方言词语和外族词语。它是一种借用非汉语普通话词语的原意或运用其双关语义来解释特定汉语词语的相同意义的修辞技巧。这种技巧如果恰当地使用在导游词中,可以补充说明、突出表达对象、增加语言的生动气息,反映出独特的地方色彩和某种异域情调的效果。比如:

①通天河,藏族同胞叫它为珠曲,意思是通天河的水是奶牛之水。多么美好的名字啊!正是这滔滔东去的奶牛之水,滋润着中华大地;正是这奔腾不息的奶牛之水,养育着千古风流。

(中央电视台《话说长江》摄制组编《话说长江》)

②允景洪,傣语意为"黎明之城"。传说在古老的年代,有个智勇双全的年轻人,战胜了妖魔,夺得了一颗宝石,然后把宝石挂在高高的椰子树上,宝石放射出的光芒驱走了黑暗,带来了黎明。于是人们就把这个地方叫"允景洪",把美好的愿望寄托于它,愿它永葆光明,给人民带来幸福。

(云南日报社新闻研究所编《云南,可爱的地方》)

③格拉丹东雪峰,海拔高达6 600米,藏语的意思上"高高尖尖的山峰"。看哪,格拉丹东,冰峰林立,冰川纵横,40多条冰川像玉龙飞舞,高耸着向外飞去,真是气吞山河,气象磅礴。它夏日消融,冰水横溢,成了哺育伟大长江的不尽之源。

(杨凤栖《长江源头行》)

④青海湖的水蓝得纯净,蓝得深湛,也蓝得温柔恬雅,那蓝锦缎似的湖面上,起

伏着一层微微的涟漪,像是尚未凝固的玻璃浆液,又像是白色种族小姑娘那水灵灵、蓝晶晶的眸子。正当我折服这蓝色的魅力,而又苦于找不到恰当比喻的时候,我突然记起少数民族对青海的称呼。在蒙古语里,它被叫作"库库诺尔",在藏语里,它被叫做"措温布",都是"青颜色的大海"之意。为什么叫做"青色的海"而不叫作"蓝色的海"呢? 莫不是出于"青出于蓝而胜于蓝"之意的俗语?

(冯君莉《青海湖,梦幻般的湖》)

上述四例地名均巧妙地揭示了其藏语、傣语、蒙古语的原意。这种表达方式不仅突出了主体,例如"通天河""允景洪""格拉丹东雪峰""青海湖",而且使表达更加生动、形象。这种表达方式给人留下了丰富的联想空间,极大地增加了表达情趣,并产生了较强的艺术感染力。

中国幅员辽阔、人口众多,一方面,汉语有八大方言;另一方面,众多民族济济一堂,多元文化丰富多彩,此外还有很多外来译音词。这些条件都为导游词开发这方面的素材提供了极大的便利条件。比如"香格里拉",英语为"世外桃源";"亚细亚",古希腊闪米特语为"太阳升起的地方";"新加坡",马来语为"狮城";"哈达",藏语为"口上的一匹马(意思是这种礼物相当于一匹马的价值,意为'珍贵')";"那达慕",蒙古语为"娱乐或游戏";"柴达木",蒙古语为"盐泽";"呼和浩特",蒙古语为"青色的城";"包头",蒙古语为"有鹿的地方";"哈尔滨",满语为"晒网场";"阿依古丽",维吾尔语为"月亮花"等。在导游词中,如果能够精心地布置、使用异语这一技巧,不仅会收到理想的表达效果,而且会为游客提供丰富的地方文化知识信息,缩短游客与特定被旅游客体之间的心理距离,加深游客对特定被旅游客体的理解。这样,人们可以更深入地了解当地的文化特征,产生强烈的感情共鸣,并将游客引向更高的欣赏层次。

(七)异称

异称是一种修辞技巧,从不同角度对同一对象给予不同的称谓或描述,这些称呼之间具有同义关系。异称以其多方位、多角度的描述方式,用经济的文字简单而全面地介绍或描述同一对象。这种技巧充满感情色彩、联想丰富,具有深刻的启示作用。比如:

①碧螺春,还有一个俗盉叫"吓煞人香"。相传人们在太湖碧螺峰的石壁中采到一种野茶,发出特别的香气,一时惊得采茶人大叫"香得吓煞人",从此这种野茶在当地即有此怪名。后来康熙皇帝南下,游览太湖,江苏巡抚用"吓煞人香"进献给康熙品尝,结果大受赞扬,康熙问其名称,嫌其欠雅,就根据它产自碧螺峰上而取名为碧螺春,从此碧螺春便远近闻名了。

(张墢山等《苏州风物志》)

②长廊,又称画旦,共绘有大小不同的苏式彩画1.4万余幅。彩画内容包括花

· 119 ·

卉翎毛、人物典故、山水风景等,其中人物画面多出自我国古代文学名著,如《红楼梦》《西游记》《三国演义》《水浒》《封神演义》等。画师们还在横梁上绘制了象征长寿的500多只仙鹤,姿态各异,栩栩如生。其中很多风景画多仿江南山水诸景,是画师们根据乾隆皇帝的意图绘制的。 （徐凤桐等《颐和园六十景》）

（3）张家界和腰子寨一带,有一种被称为活化石的稀少而又珍贵的树木——珙桐树……珙桐树是我国古代遗留下来的孑遗树之一,传到外国以后,被外国朋友取名为"中国鸽子花"它春末夏初开花,花呈白色,柱头上略带紫红,很像飞鸽的头和嘴,中间那两片又大又宽的大苞片,则很像飞鸽的翅膀。远远望去,朵朵白花恰似只只白鸽立在柱头展翅欲飞。难怪国际友人把它叫作"中国鸽子花"。

（周志德《风景明珠张家界》）

（4）杏花。春雨。江南。六个方块字,或许那片土地就在那里面。而无论赤县也好,神州也好,中国也好,变来变去,只要仓颉的灵感不灭,美丽的中文不老。那形象、那磁石一般的向心力当必然常在,因为一个汉字就是一个天地。

（余光中《听听那冷雨》）

以上四例使用了异称技巧,对"碧螺春""长廊""珙硐树""中国"这些事物给予了不同的名称,"吓煞人香""画廊""中国鸽子花""赤县""神州",进一步揭示了这些事物的特点。

在导游词中,异称技巧较多地用于地名、物产名称的阐释和说明。这些异称带有强烈的感情色彩,为游客进一步理解特定事物提供了多角度的联想空间,加深了游客对被游览客体的印象。在一般语言表达中,异称多用于对人的不同角度的称谓,可以简洁地勾勒人物形象,揭示人物各种特征或复杂的社会关系和地位。在导游词中,异称则多用于对地名、物产等名称的多角度的称说。这不仅增加了导游词的知识性和趣味性,而且帮助游客加深了对被游览客体的了解。

(八) 数概

数概是一种修辞技巧,它将分列的各个项目用能反映其特色的词语加以概括,再标上跟分列项目相等的数字,形成一种临时性的节缩形式。比如:

①居庸关……周围遍植苍松翠柏,重岩叠嶂,碧波翠浪,景色非常优美。因此,金章宗（完颜璟）钦定此为燕京八景之一——"居庸叠翠"。清乾隆（弘历）曾亲笔题有"居庸叠翠"四字。从金代经元、明、清700余年,燕京八景第一胜景就是居庸叠翠。传说中的"关沟七十二景",恐怕这也是首屈一指吧!

（高旺《博览长城风采》）

②断桥,是以它的雪景作为"西湖十景"之一而闻名的,但又不是一般的雪景,而是"断桥残雪"。为什么呢? 因为它横亘于白堤之上,四周水平如镜,高山远树,

楼阁亭台,纷纷倒映湖中。在积雪消融未尽时,远近景物与水中倒影互相辉映,斑斓成趣,姿态横生,才形成特有的美景。而在积雪未融时,到处一片洁白,反倒没有残雪时的优美境界了。

(纪流编著《杭州旅游指南》)

③据说滕子京接到范仲淹的《岳阳楼记》后,喜出望外,当即就请大书法家苏舜钦书写,并请著名雕刻家邵竦将它雕刻在木匮上,楼、纪、书法、雕刻,合称"四绝"。可惜我们现在看到的并不是"四绝匾",它早在宋神宗年间便已毁于大火之中。现在我们所见到的这幅雕屏是清代乾隆年间著名大书法家、刑部尚书张照书写的。

(李刚《岳阳楼》)

④朋友们,黄山的美不仅仅在于它的奇峰多,还在于它把中国各大名山的独特之处都集中到自己的身上。像泰山的雄伟,华山的险峻,衡山的烟云,庐山的瀑布,雁荡山的巧石,峨眉山的清凉……你都可以在黄山的身上看到、感受到。特别是满山的奇松、怪石、云海、温泉,被誉为黄山"四绝",谁见了都会止不住地赞叹……在"四绝"之外,黄山的瀑布、日出和晚霞,也是十分壮观和奇丽的。

(于天厚《黄山,中国的骄傲》)

这篇文稿中提到了四个例子,可以分为两组。例①和例②在介绍一系列景观时,使用数概手法总括所有景观,以在列举的项目和总括项目之间达到强调、举一反三和引入联想的效果。例如,在介绍"居庸叠翠"时提到"燕京八景",人们会联想到燕京的八大景观。即使暂时想不起来这些景观,游客也会感到重视,进一步渴望了解全部内容。而例③和例④是介绍各种景观或特定景观的特点,然后使用数概方法总结,进一步强调它们的特点,突出它们的显著特征。例如,将岳阳楼的"楼、记、书法、雕刻"归纳为"四绝",将黄山的"奇松、怪石、云海、温泉"概括为黄山"四绝"。这种数概手法的运用,使得岳阳楼、黄山和张家界的特点更加突出,为游客留下了深刻的印象。

数概这种修辞手法的概括性极强,在导游词中如果用得巧妙,能使讲解收到简洁明了、要点突出、活泼生动的修辞效果。

(九)溯名

溯名是指对一些名称的起源或来源进行解释和说明的修辞技巧。这种修辞技巧在导游词中运用得非常广泛,常用于对地名、景点名、特产名等风物名称的解释和说明。比如:

①园东南角的绛雪轩和西南角的养性斋遥遥相对,造型上有凸有凹,体量上有高有低,对称却不显呆板……绛雪轩前曾有海棠数棵,将海棠花喻为雪片而得名,清乾隆瞥在此赏雪作诗。"绛"义为深红色,当海棠花蓓蕾初开时,花瓣红如胭脂,待盛开时,色渐粉白如霁雪。只见柔风徐徐拂来,海棠花随着摇曳的细枝,飘飘洒

·121·

洒颇似轻盈纷扬的"雪"花,构成御花园内的一幅奇景。 (任景国、张剑等《故宫》)

②青芝岫,俗名"败家石",位于颐和园乐寿堂院中……青芝岫有一段不平凡的身世。传说爱石成癖的明朝太仆米万钟在山西大房山群蜂中漫游,偶然发现这块大石,只见它突兀凌空、昂首俯卧,当即决定把它运往他的花园——勺园。米氏不惜财力运石,终因力竭财尽,将此石弃之良乡道旁田间,想有朝一日再运往勺园。也传说米万钟在运石时,没有向有关–人士送礼,被告了御状,因此败家丢石,此石也因此得名"败家石"……乾隆把此石安放在乐寿堂后,根据它形似灵芝、色青而润的特点,又考虑到他母亲忌讳"败家石"这三个字,就给此石冠以"青芝岫"的美名,并刻于石的南侧。 (徐凤桐等《颐和园六十景》)

例①中,"绛雪轩"的名称是通过用"雪"来比喻海棠花瓣,再使用"绛"色来描绘而成的。例②中,"青芝岫"的俗名"败家石"源于一个传说故事。这些例子通过追溯特定名称的来源,使游客对特定景物的认识更深入,对特定景点名称的理解也更加深刻。

在导游词中,溯名这种修辞技巧被广泛应用,甚至可以说是应用频率最高的一种。这主要是因为导游词需要详细说明游览对象所附带各种内涵和相关知识,以满足游客的认知需求,帮助游客不仅了解表面事物,更是明白其中的缘由和道理。

在运用溯名技巧时,需要注意两点:一是对一些具有知识性的名称,解释必须准确,否则会造成不良影响;二是对来源于传说故事或一些别称的名称,解释要有合理性,避免强加一些编造的内容,否则会让游客感到不满意。

第二节　句子的锤炼

一、锤炼句子的要求

(一) 叙述角度要一致

在语用中,为了清晰地表达一个中心意思,必须运用几个句子延续、展开相同的思路,也就是说,这组句子必须保持叙述角度的一致,主语不能随意更改。如果不注意这一点,就会导致表意不明晰,犯下"叙述角度不一致"的错误。

1.话题不能随便转换

①在这里,我们向观众稍微介绍一下这些年轻人在亚运新闻大战中所表现出来的能量。他们的第一手是利用电话进行现场播报。第二手是采用字幕传递信息。第三手是利用插播的方法,扩大和加深亚运报道对观众的影响。第四手是利

用口播方法报道最新的比赛消息。

②漓江四季,景色各异。晨雾中的牧笛,暮色里的竹林,夜来的点点渔火……但最勾人心魄的景色当是"烟雨漓江"了。

这两个例子存在话题的跳跃,需要修改使其后续的叙述具有连贯性。修改建议如下:

①在这里,我们向观众介绍这些年轻人在亚运新闻大战中所展现出的能量。他们通过电话进行现场播报、采用字幕传递信息并通过插播方案扩大和加深亚运报道对观众的影响力,同时也通过口播方式报道最新的比赛消息。

②漓江四季,每个季节都独具风情。春日的花海、夏日的碧水、秋日的金黄和冬日的银装,每一个季节都有其特有的色彩。而最能令人陶醉的漓江风光当属"烟雨漓江"。无论在晨雾中听到的牧笛声、在暮色中欣赏的竹林或者夜幕下看到的点点渔火,都会让您流连忘返。

2. 主语不能随意更换

①考入了大学,任务是学习,但也是锻造自己的性格、培养自己实际工作能力的场所。

②北京鸭不仅外观丰满,而且肉质鲜嫩,皮下脂肪发达,经过烤制流出体外,成为焦脆的鸭皮,香酥可口,别有风味,这就是北京烤鸭。

例①的主语问题在于主语跳跃,从"任务"变成了"大学",下文中没有再次出现"大学",造成阅读者困惑。解决方法是使主语保持一致,或在使用新主语时给出合适的上下文来引出。

例②的主语问题在于主语跳跃多次,转换不连贯,使读者不知道具体讨论的是哪个主语。解决方法是使主语保持一致,或在转换主语时给出适当的连接词进行引导。同时要注意语境的连贯性和逻辑性。

上述病句或转换话题,或偷换主语,使表达前后脱节,如果思路不能连贯一致,语意就无法贯通。可见,为了表达一个相对完整的意思,几个句子必须围绕一个中心展开,切不可跑题。

这两个例子存在主语跳跃的问题,需要进行修改使主语一致,同时要注意话题的转移是否合适。修改建议如下:

①学生考入大学后,学习是主要任务,但也应该注重锻造自己的性格和培养实际工作能力。

②北京鸭的皮下脂肪很发达,烤制后鸭皮变得外焦里嫩,同时肉质又鲜嫩美味,成为香酥可口、别具风味的北京烤鸭。

(二)句子顺序有章法

句子的排列具有一定的顺序性,应按照事物的一般逻辑顺序来排列,如从小到大、从上到下、由表及里、由浅入深、由易到难等。若缺乏这种意识,就容易出现东一榔头西一棒子的情况,导致句序混乱,影响表意的连贯性和完整性。因此,在排列句子的时候要注意其逻辑顺序,确保意思表达清晰明了。如:

①现在,矶头临江处装有铁栏,凭栏眺望:对岸,沙洲翠绿若丹青宛然;下游,江天一色如碧海茫茫;上游长江大桥似彩虹飞架;脚下,江水浩荡如万马奔腾。

②他四十来岁,阴险狡诈,诡计多端,总是干些唯利是图的勾当。下巴尖尖的,有些上翘,头发过早地凋零了,剩下薄薄的几撮,贴在又小又窄的额头上。眼睛圆圆的,闪着阴冷的光。

例①的几个句子未按一般的观察顺序展开,应该调整成"脚下""对岸",然后再是"上游""下游"。例②对人的描写也很混乱,可以按照年龄、长相、性格等顺序进行调整;长相方面可按"下巴""眼睛"的顺序描写,至于描写"头发"的句子,在这个表达中并不显得十分重要,可以删去。

如果句子之间缺乏一定的逻辑顺序,则排列混乱。修改后如下:

①现在,矶头临江处装有铁栏。凭栏眺望,对岸沙洲翠绿如丹青宛然,下游江天一色如碧海茫茫。上游长江大桥似彩虹飞架。脚下江水浩荡如万马奔腾。

②他四十来岁,阴险狡诈,总是干些唯利是图的勾当,诡计多端。下巴尖尖的,有些上翘。头发过早地凋零了,剩下薄薄的几缕,贴在又小又窄的额头上。眼睛圆圆的,闪着阴冷的光。

(三)句式搭配求协调

句法搭配的协调,主要是指相关的若干个句子,在句子结构、音步节奏等方面互相和谐一致,往往采用相同的句子形式,或者大致相同的音节节奏。如果忽略了这一点,常会损害语言表达的声音美。

1.句式不一致

①桂林的山,多从平地拔起,巍然矗立,形态万千。有的像南天一柱,有的像北斗七星,有的像翠屏并列,有的像净瓶玉簪,像彩锦堆叠的也有。

②他们伴着风走,走在咖啡屋前的小巷上,走在夜市拥挤的灯光下,走在撑着伞的人群中,又在有海腥味的小食摊间停留。

例①在前后较一致的"有的像……"句式中,突兀地夹杂进了"像彩锦堆叠的也有",应将其改成"有的像彩锦堆叠",以使之与前后的句式协调一致。例②在"走在……"句式构成的上下文中,夹进不一致的"又在有海腥味的小食摊间停留",应改成"走在有海腥味的小食摊间"。

2. 长短不和谐

①奉国寺大殿虽然历经改朝换代的战火和近千年的风雨,却仍耸立,成为集辽代建筑、雕塑、彩画于一体的宝贵文化遗产。

②这不是诗,但是比诗更激动人心;这不是画,但比画更美丽。

例①的第二分句"却仍耸立",字数过少,前重后轻,节奏上与前一句极不协调,应当加以适当扩充。例②的第一、第二分句与第三、第四分句倒过来比较合适。一般情况下,常常把较短的结构放在前面,而把较长的结构放在后面,可以使句子的音步更加平稳,从而避免句子头重脚轻的毛病。可见,句子长短的顺序问题是认识问题,也是思路问题,运用时要注意调整。

3. 主动被动不和谐

①几年来,学校加强了教学管理,严格了教学秩序,一旦发现谁考试时作弊,根据情节轻重,或者被通报批评,或者被记过,直至不发给学位证书。

②可是,现在有人却采取一种盲目的态度,不加分析,不分是非,把一切外来的文化都视为珍品,其中的某些流派和创作方法被一些人看作海外奇珍,竟五体投地地顶礼膜拜。

这类错误既有主动句式与被动句式不和谐的问题,也有随意转换主语的问题,但是这里主要是分析因被动句式或主动句式使用不当而造成的表达不和谐的错误。如例①中的第四、第五分句应该使用主动句式,却使用了被动句式。例①共有六个分句,第一、第二、第三、第六分句是主语相同("学校")的主动句,第四、第五两个分句由于使用被动句,造成随意转换主语("作弊学生"),使叙述角度变得不一致,句式搭配也出现问题。根据原文意思,应该让"学校"作为主语贯穿全文,将两个"被"字删去。如例②也是应该使用主动句式时却使用了被动句式,"其中的某些流派和创作方法被一些人看作海外奇珍"应该调整为主动句式:"甚至有些人把其中的某些流派和创作方法看作海外奇珍",这样全句的叙述角度和语态就一致了。

(四)表达语气相贯通

每个句子都有特定的语气,在组合多个分句或句子表达一个中心意思时,也应该保持一个连贯统一的语气。如果关联词语缺失、关联词语冗余或句式不当等,都会影响语气的顺畅流畅。

①当他们接受这项任务时,心情是激动的,信心是十足的,决心完成任务。

②老电视工作者都还记得难忘的 1958 年,当时中央电视台作为中国第一个电视台初建的时候,技术设备不但极少而且落后……而到 1990 年,北京举行第十一

届亚运会的时候,中央电视台的技术水平和装备实力,令国外电视机构叹服。

例①的句式不当,导致语气不顺畅。"心情激动,信心十足"这样的一般叙述句更符合上下文的语境,而去掉"是……的"可以使语气回归自然。例②中,"令国外电视机构叹服"应是转折关系,但因缺乏相应的关联词而使语气不畅。在"令"前加上"却已"可以使语气更加顺畅自然。因此,一个完整的表达需要是一个有机的整体,其语气必须连贯一致,才能使表达语意真切,重点突出。

(五)句式风格要协调

在特定的语境中,各个句式往往会有协调一致的语言风格,可能是口语的、书面语的、普通话的、方言的、正式的或非正式的等。忽略这一点就会破坏表达的风格统一性。

①他是体育部主任记者,以编辑专题节目见长,偶尔客串作些评论。开始显露他特有的风格。他的评论突出之点,是没有太多的感情色彩,甚至给人感到过于冷漠。

②雾气吞没了一切,迷迷茫茫,混沌一片,似乎回到了溟涬鸿蒙、元气未分的洪荒时代。

例①中的表达风格不协调,其中"甚至给人感到过于冷漠"的表达属于方言语境,应该调整为"甚至导致人感到过于冷漠",以保持句式一致性。例②中的表达风格也出现了不协调的情况,其中"溟涬鸿蒙"这个文言表达和整体文本的通俗表达不协调,应该删除。此外,有时候表达风格不协调也可能是中西表达方式混杂导致的。在表达时,需仔细调整各种表达方式,以达到协调自然的效果。

(六)情景氛围多适应

①短短的几分钟,上穷碧落下黄泉,她经历了生与死的两极,经历了人生的全部过程,她觉得自己成熟了许多。

②清晨,我和小王来到景色如画的未名湖畔。啊,美丽的未名湖,微波不兴,明净如镜,它大约刚刚从梦中醒来,显得分外的安详和宁静。我们举目四望,发现湖畔四周早已三三两两地坐满了好学的年轻人,他们有的在念外语,有的在背诗词;有的声音高亢,像雄鸡在报晓;有的嗓音洪亮,如铜锣在轰鸣。

例①中引用的诗句"上穷碧落下黄泉"虽然表达了对空间范围的穷尽,但是与本句所表现的事物发展过程的两端不协调,应该删去。此外,诗句所表现的茫然气氛也与本句紧张气氛不协调,应该做出适当调整。对于例②,无论是从比喻是否恰当,还是从情调上来看,前后的情景均不协调。其中前面描绘了清晨宁静的湖景,而后面则描述了喧闹的场面,二者不相符合。因此,需要重新调整表达,使前后情

景相互统一,或者在表达时注重渲染宁静或喧闹的氛围。参考修改后的例句:

例①在短短的几分钟内,她似乎经历了生与死、人生过程的两极,但这过于夸张。更多的是她对于自己的成熟有了更深刻的感悟。因此,建议修改为:"在短短几分钟内,她体验了一些极端的情感和经历,但更重要的是,她对于自己的成熟有了更深刻的感受。"

例②清晨,我和小王来到了美丽的未名湖畔。湖面平静微波不兴,犹如明净的镜子,显得分外安详和宁静。我们环视四周,发现湖畔早已坐着三三两两的年轻人,有的在念外语,有的在背诵古诗;有些发出高声喧哗,像雄鸡在报晓,有些则洪亮如铜锣轰鸣。这样,前后的情景更加协调一致。

(七)前后兼顾多推敲

运用句子要讲究前后搭配、多方照应,相关的句子以及句子成分是否搭配主要可以从语法、语义、语言习惯等三方面加以考察。

1. 语法不搭配

①日子过得真快,我到北京上大学,一晃已经过去将近一年了。

②国产电视机质量不断提高,特别是一些名牌产品质量精益求精,日益赢得国内消费者的信誉。

在例①中,"已经"和"将近"这两个表示不同时间概念的词组不能搭配,它们之间句法结构不协调。建议修改为:"已经"或"将近"。

在例②中,"赢得"和"信誉"两个词的搭配不合适,可以从两个角度修改。第一种修改是:"日益赢得国内消费者的信任",第二种修改是:"信誉日益提高"。

2. 词义不搭配

①这是一种每个字、每个辅音和元音都吐得清清楚楚的诵读,使她觉得有点振奋,又有点陌生。

②他对幼儿园的印象太深了,飘逸在他心头的儿歌、儿童故事太多了。

在例①中,发辅音时声带不震动,无法清晰地发出口气声音。因此,建议修改为"吐了一口气",这样更符合实际情况。

在例②中,"儿歌、故事"并不能飘逸在心头,这种表述不太贴切。建议将"飘逸"改为"藏在",这样更能突出它们在内心的感受上。

总之,在校对文稿时,需要关注语词的实际用法和含义。第一个例子中,调整语序可使表述更为准确;第二个例子中,改变搭配可使表述更为自然。

3. 习惯不搭配

①大家都深深地吐了一口气,提着的心终于落了下来。

②他慢慢地伸手摸着眼睛,像是从发怔状中猛醒起来,语无伦次地说着什么。

在例①中,"深深"和"吐"这两个词搭配不当,因为"深深"通常用来描述某种感情或情感状态,而"吐"则表示一种动作。建议修改为"长长地吐了一口气",这样更符合语言习惯,也能更好地描述情境。

在例②中,"猛醒"与"起来"这两个词语的搭配不当,因为"猛醒"通常指从睡眠中突然醒来,而"起来"则表示一个动作的完成。建议修改为"猛地醒来",这样更符合语言习惯,也更贴切地描述了情境。

总之,在校对文稿时,需要注意词语搭配是否符合语言习惯,是否能够准确、清晰地传达信息。只有在多方面考虑的基础上,才能做出准确、规范的修改。

4.前后相矛盾

①手术室里虽然有十多个人,可是没有一点声音,只有明亮的汽灯在嗞嗞地响着。

②世界上最宽阔的是海洋,比海洋更宽阔的是天空,比天空更宽阔的是人的心灵。

在一个完整的表达中,前后句子应该相互协调,不应该互相矛盾。例如,例①中,上文说"没有一点声音",下文又描述"汽灯在嗞嗞地响着",这样前后矛盾,缺失了连贯性。建议修改为"……可是谁也不出声,只有明亮的汽灯在嗞嗞地响着。"这样上下文就能够协调一致。

同样地,一个完整的表达应该有条理、清晰、顺畅。在例②中,先用了"最宽阔",将语意推到了最高级,下文又连用了两句"更",使得句子产生了互相抵触的感觉。建议修改为"世界上特别宽阔的是海洋,比海洋更宽阔的是天空……",这样语意就更加连贯,表达也更加清晰。

综上所述,一个完整的表达需要注意前后句子之间的协调和连贯,不能有矛盾和直接抵触的情况发生。除此之外,还需要注意语气的顺畅和结构的协调,才能让表达更加流畅、清晰。

二、锤炼句子的技巧

(一)排比

排比,又称排语、排句或排叠,是一种修辞方式。它通过成串地排列使用结构相同或相似、意义相互关联、语气相对一致的语言单位,来表达特定内容。

排比的构成方式非常灵活,结构也多种多样。根据排比的结构,可以将排比分为两类:句子成分的排比和句子的排比。根据不同排比项之间的关系,排比可以分为并列式排比和连贯式排比两类。

1.排比的结构类型

排比的结构类型是指以排比结构为标准划分出来的类别,在写作中常用的是句子成分的排比和句子的排比。

(1)句子成分的排比。

构成排比的部分是句子中的主语、谓语、宾语、定语、状语、补语等各种句子成分。比如:

①向东有万人游泳池。此处,风光幽静,别具一格。东部长堤卧波,绿带缠绕,为左宗棠所筑八湖最早的通道。洲上亭亭如盖的雪松,形如宝塔的绿柏,青翠欲滴的淡竹,互相掩映,构成了"翠洲云树"的雅致景色。

(南京博物馆《南京风物志·玄武湖》)

②当您登名山跨大川,穿州过府,饱餐江山秀色时;当您走南北踏东西,天涯海角,处处留下足迹时;当您仰望释塔佛殿,感受那一种迎面扑来的异域风采时,请不要忘记,在您的旅途上,还有一种重要的人文景观值得您驻足停留——那就是道教的宫观。

(梁晓虹等《中国寺庙宫观导游》)

例①是主语的排比;例②是状语的排比。

(2)句子的排比。

句子的排比,有复句中分句与分句的排比;有句组中单句与单句的排比;有句组中复句与复句的排比;也有文章中段落与段落的排比。比如:

①因为这座山的形状很像古代大臣朝拜皇帝对手握的朝笏,所以名叫"朝笏山",俗称"朝板山"。漓江边的山有"奇、险、俊、秀"的特点,朝板山兼而有之,"秀"如春笋出土,"奇"如牙板弯曲,"险"如临江悬石,"俊"如雅士濒江。可以说,它是集漓江山石多种美的典型。　　(黄绍清等《桂林风光的明珠——漓江》)

②漓江旅游圈是大自然壮美的画廊上琳琅满目;是华夏悠久历史的光辉展示,内涵深邃;是中华儿女改革开放的灿烂丰碑,多姿多彩。她正张开双臂欢迎来自五湖四海的高朋贵宾。　　(黄绍清等《桂林风光的明珠——桂林》)

例①是简单复句中各分句之间的排比;例②是多重复句中各复句形式的分句之间的排比。

有时候,句子成分的排比和句子的排比还可以综合于一处运用。比如:

③南岳峰峦,各有特色,有的青翠欲滴,郁郁葱葱;有的繁花似锦,四季飘香;有的掷雪飞花,泉水叮咚;有的神奇缥缈,云遮雾障;有的怪石嶙峋,嵯岈互异。它们各以自身的挺俊秀、娇丽婀娜呈现在游人眼前,给人以境界清幽、胸怀开阔、风趣横生的美感。　　(王俞《天下南岳》)

④庐山瀑布有的势如奔雷走电的飞虹;有的状如珠玑喷洒的玉帘;有的形似褰

袅飘飞的织练。它们柔美轻飏得如月笼轻纱,秀女拨弦,白鹭争飞。

(黄润祥等《庐山旅游手册》)

例③的前半部是以"有的"为提挈语的句子排比,后一句是由"境界清幽、胸怀开阔、风趣横生"构成的定语的排比;例④的前半部也是以"有的"为提挈语的句子排比,后一句是由"月笼轻纱,秀女拨弦,白鹭争飞"构成的补语的排比。

2. 排比的关系类型

(1)并列式排比。

并列式排比,各个排比项之间的关系是并列关系。如上述的几个例子都是并列式排比,举例如下。

她的心境清新如水,精神状态奋发如矢,情感饱满如花。

这个句子采用了并列式排比的修辞手法,通过连续使用"如……"来连接三个并列的形容词短语,对主语"她"的心理状态进行了描写,展现其清新、奋发、饱满的特点。这种排比句的特点在于,通过用相同或相似的句式,把描述对象的几个细节进行平行、对比或强调,达到突出重点的目的,加强语言的感染力和表现力。

(2)连贯式排比。

连贯式排比在各个排比项之间有先后顺序,因此它们的位置不能随意调换。换句话说,每个排比项都按照一定的逻辑事理顺序互相承接。这种连贯式排比形式上是排比,但在内容上却也是层递。从修辞格兼类的角度来看,它既是排比,也是层递修辞。这种层递不过是采用整齐的排比句形式来表达。比如:

①因为此寺庙,山中含山,寺内有寺,院中套院,所以游人到此游览总是忽上忽下,忽南忽北,忽西忽东,产生"阶穷道尽疑无路,门启洞开又一层"之感!故有人称之曰:"曲径南山"。

(赵青槐《漫话五台山》)

②自己把自己说服了是一种理智的胜利;自己被自己感动了是一种心灵的升华;自己把自己征服了是一种人生的成熟。

(蒋企镛《人生小酌》)

例①中的"山中含山,寺内有寺,院中套院"在形式上是排比,在语义上是由大范围到小范围的递降式层递;而例②中的三句话,在形式上是排比,在语义上是内涵不断深入的递升式层递。

排比是一种运用广泛的修辞方式,具有极强的艺术感染力。排比的修辞效果与其特定的语言形式分不开。由于排比句式整齐匀称,语气通畅一致,气势热烈奔放,所以排比的主要作用是加强语势,增强表达的旋律美。下面从几个方面来看看排比手法在导游词中的主要作用。

运用排比状物叙事写人,可以使表达层次清晰、深刻细腻。运用排比表达情感,可以使情感表达更加深刻、热烈奔放,并带有淋漓酣畅之感,给人以一泻千里、高潮迭起的美感享受。运用排比阐述事理、进行议论,可以使表达条理清晰、周详严密。

使用排比需要注意方法，至少要注意以下两点：

一是根据需要调整排比，切忌为了追求形式的齐美而生硬地拼凑排比项。

二是排比各项的排列应符合逻辑事理。如果排列的各项是并列关系，那么排列的各项之间就不能互相包含；如果排列的各项是连贯关系，那么排比各项的排列顺序就要严格遵守逻辑顺序。

（二）对偶

对偶，又称对仗、俪词。是指把字数相等或相近、结构相同或相似、意义相互关联的句子或词组对称地排列在一起，以达到修辞效果的方式。

对偶是汉语修辞中常用的一种方式，特别是在古代和现代的韵文中更加广泛地运用，早已有人对其进行研究，并对其分类。在本书中，结合导游词语的实际运用，我们只介绍两种比较普遍采用且非常实用的分类方法。

1. 正对、反对和串对

从内容上划分，就是根据上下两句的意义上的联系特点，将对偶分为正对、反对、串对三种。

（1）正对。

上句和下句的意义相同或相近，只是表达角度有所不同。如：

①龙庆峡，既有江南的妩媚秀丽，又有塞北的粗犷雄浑；游人曾撰联赞美："小三峡，胜似三峡。山比三峡险；小漓江。赛过漓江，水较漓江清。"由于盛夏这里气候凉爽，避暑十分相宜。　　　　　　　　　（连禾《八达岭、龙庆峡、康西草原五日游》）

②登上"百丈梯"，峡谷更加险仄。如剑插天，的桅杆峰和童子崖，从洞底矗竿直上，临立咫尺，争雄竞秀。在这著名的庐山西南大断层中，奇峰簇攒，叠嶂屏立。峭壁千仞的峰峦几乎都呈九十度垂直，上接霄汉，下临绝涧。真是奇峰奇石奇境界，惊耳惊目惊心魂。纵有鬼斧神工，也难劈此景。　　　（黄润祥《庐山旅游手册》）

例①运用正对形式描绘了龙庆峡所具有的三峡之俊、漓江之秀的两个特点，盛赞了龙庆峡的壮丽风光，鲜明地展示了龙庆峡的诸多特征。例②的"奇""惊"两句，通过重复"奇"与"惊"构成的对偶句，匠心独运地描绘出了"百丈梯"险景的惊心动魄。这些对偶句式的运用，不仅使表达形式整齐，而且音律和谐，使表情达意周详而深刻。

（2）反对。

上句和下句的意思相反或相对。比如：

①红日从洞庭湖中水淋淋地升起，夕阳在洞庭湖里火辣辣地落下。假如有两个村庄围着一个湖，对于城里人来说，这个湖已经够大的了。然而与洞庭湖相比，

它实在不足挂齿,算不了什么。你知道吗? 围绕着洞庭湖的是我国两个大的省份,
南边叫湖南,北边叫湖北。 （中央电视台《话说长江》摄制组编《话说长江》）

②从碑石林立的庭园跨过精忠桥,穿过南宋建筑风格的墓阙,便到了岳墓。墓
道两侧,排列着明代石刻翁仲及马牛虎等"牺牲"。墓碑上刻着"宋岳鄂王墓"……
墓门上一副对联:"青山有幸埋忠骨;白铁无辜铸佞臣。"写得隽永而深刻,颇能启
发人们的思绪,令人反复吟诵、咀嚼。 （纪流编著《杭州旅游指南》）

例①上下两句意思相对,描述了洞庭湖的日月轮回,生息衍变。例②上下两句
从相反角度进行比较,表达了鲜明的爱与憎。这些例句相反相对,使表达生动鲜
明,事理饱含,哲理深寓。

（3）串对。

串对,又叫流水对、走马对。前两类对偶,不论正对、反对,上下两句都是并列
关系。而串对上下两句的关系具有连贯、递进、转折、因果、假设、条件等多种关系。
比如:

①黄河远上白云间,一片孤城万仞山。羌笛何须怨杨柳,春风不度玉门关。

（唐·王之涣《凉州词》）

②渭城朝雨浥轻尘,客舍青青柳色新。劝君更尽一杯酒,西出阳关无故人。

（唐·王维《送元二使安西》）

③人间四月芳菲尽,山寺桃花始盛开。长恨春归无觅处,不知转入此中来。

（唐·白居易《大林寺桃花》）

④飞来山上千寻塔,闻说鸡鸣见日升。不畏浮云遮望眼,只缘身在最高层。

（宋·王安石《登飞来峰》）

⑤水光潋滟晴方好,山色空蒙雨亦奇。欲把西湖比西子,淡妆浓抹总相宜。

（宋·苏轼《饮湖上初晴雨后》）

以上五例诗文,一般认为它们属于山水诗文,与旅游景点具有密切关系,并且
在导游词中也经常引用。例①的"羌笛"句与"春风"句是因果关系;例②的"劝君"
句与"西出"句是因果关系;例③的"人间"句与"山寺"句是连贯关系,"长恨"句与
"不知"句是转折关系;例④的"不畏"句与"只缘"句是因果关系;例⑤的"欲把"句
与"淡妆"句也是因果关系。这些诗词都与旅游景点有着密切的关系,常常在导游
词中被引用,游客对这些耳熟能详的诗句都十分感兴趣,如果引用恰当,会收到特
别理想的表达效果。

2.严对和宽对

从结构形式上划分,对偶可以分为严式对偶和宽式对偶两种。

（1）严对。

严对,也叫工对,它对上下句各方面的要求都比较严格,不仅要求上下两句字

数相等,结构一致,而且要求平仄相谐,词性一致,也不能重复用字。由于严对的要求很严格,所以严对多见于严格讲究韵律的诗词曲赋之中,如讲述串对的例③、④、⑤等例句。再如:

碧毯线头抽早稻,

……

青罗裙带展新蒲。

（唐·白居易《春题湖上》）

这一例中形容词"碧"对"青","早"对"新";名词"毯"对"罗","线头"对"裙带","稻"对"蒲";动词"抽"对"展"。从整句来看,两句又都使用了倒喻的修辞格,都将喻体"碧毯线头"和"青罗裙带"前置于本体"早稻"和"新蒲"之前。结构相同,词性相同,平仄相间,韵律和谐,不仅读来朗朗上口,而且相辅相成,生动而形象地描绘了西湖如画的春景。

（2）宽对。

宽对,其要求不像严对那样严格,只求字数相等或相近、结构相同或相似、意义互相关联就行了。在词性与平仄方面也没有严格的要求。宽对多用于现代散文（与"韵文"相对的概念）,如正对的例①、②和反对的例①、②、③等例子。再如:

正是这种惝恍迷离的意向与传说,造成一种朦胧的意境,"人化的自然",从而赋予各种自然景观以诗情、理趣,使九寨沟原本就迷人的景观更加富有魅力,筑成连接过去、现在、未来的一座虹桥,沟通梦境、现实、希望的一条彩路。

（王充间《青山白水》）

这一例句虽然是宽对,但也比较讲究章法,可见宽对也不是可以随意为之的。

对偶在导游词中具有十分明显的修辞效果。

对偶充分利用语言形式上的对称美来表情达意,形式整齐醒目,结构匀称美观,语意相互映衬,音律和谐悦耳,不仅便于记忆传诵,而且还能够比较鲜明地揭示事物的内在联系,反映事物之间的对立统一关系。因此,在导游词中恰当、妥帖地运用对偶,能够引起游客的审美共鸣,收到十分理想的表达效果。

对偶的运用也要讲究。

运用对偶,要根据表达需要而精心布置,不可为片面追求形式整齐而任意拼凑,也不可以毫不讲究结构匀称而随意为之。上述各例,不管是宽式对偶还是严式对偶的运用,都是因为有了表意上的特定需求,才有了行文上的水到渠成。这些对偶的运用,使表达主题得到了进一步的深化,增强了语言的感染力。如果任意拼凑或随意组合,则很难收到这种理想的效果。

排比与对偶要加以区别,它们的区别也是比较明显的。

从构成单位看,排比必须由三项或三项以上的单位构成;而对偶仅限于上下两句。从字数上看,构成排比的各项不严格拘于字数;而对偶的上下句则一定要求字数相等或相近。从表意上看,排比的各项只表达互相关联的意义;而对偶的上下句,既可以表达相同相近的意思,也可以表达相反相对的意思。从效果上看,排比重在成排成串地排列,突出语势;对偶则重在对称,强调和谐。

(三)顶真

顶真,又称顶针、联珠、蝉联。它是将前一句结尾部分的若干语言单位重现作为下一句的开头,使相邻的至少三个句子连环套合、上递下接、蝉联而下的修辞方式。

1.相接顶真

相接顶真,也叫严式顶真。顶真部分首尾紧紧相连,而且顶真部分也完全相同,其间没有其他词语的间隔。如:

①如果说白天的西湖妩媚多姿,那么夜间的西湖则更加秀丽动人。所以民间流传着"晴湖不如雨湖,雨湖不如雪湖,雪湖不如夜湖"的说法。阮公墩今年夏季正在举行"乾隆下江南"的旅游活动,各位如有余兴,晚上不妨再到阮公墩上走一趟,一边欣赏西湖夜景,一边参与"乾隆下江南,微服访民情"的自娱自乐的联谊活动,保您收获匪浅。
(钱钧《杭州西湖》)

②他们依次浏览这些大大小小的石窟,注目这一尊尊雕像,想象他们千百年来日夜双目垂闭,眼观鼻,鼻观心,心中百转千回。回旋着怎样的禅机啊! 驼山上的白云千百年来变化无穷,时而飞马,时而苍狗,独有绵绵秋雨诉说着香客的哀愁。
(傅先诗等《江山齐鲁多娇》)

例①的民间说法的三句以"雨湖、雪湖"互相顶接,简洁明快地道出了西湖夜景的美丽动人。例②以"鼻""心""回"构成顶真。这些顶真技巧的运用,使表达环环相套,步步紧扣,具有一种缠绵复沓的美感。

2.相间顶真

相间顶真,也叫宽式顶真。前后句的递接部分有时插入一些相关词语,使顶真部分产生一定的间隔。比如:

①石空寺石窟,高 25 米,进深 7.24 米,阔 12.5 米,俗称九间无梁殿。大殿内的正中有神工鬼斧、天衣无缝的三佛龛,每龛均有一佛二弟子雕像,每座雕像都雕刻得神态宛然,栩栩如生。
(虞期湘《宁夏风情》)

②站在晋冀两省交界的长城岭上,东望河北阜平一带,辽远而迷茫,西眺五台山境内,则群峰峥嵘,在这群峰中,有一道白杨密集、村庄错落的深川,山川中耸立着一座 9 米多高的六棱锥形塔。塔身巍峨,直指蓝天,浩气横溢,这就是晋察冀边区政府于 1938 年修建的革命烈士塔。
(赵青槐《漫话五台山》)

例①在上递下接的词语中间插入"大""每""每座"等修饰性词语。例②在蝉联斋下的句子中嵌入"在这"真"山"等限制、修饰性的词语。可以看到,插入的各种词语,多为修饰、限制性的相关词语,使上下句虽有间隔,但整体上仍然前递后接,语气连绵,节奏流畅,层层深入,步步紧扣,给人以较强的艺术感染。

顶真技巧,在导游词中具有非常积极的修辞效果。

顶真重在始发句、后续句之间结构上的头尾的紧密衔接,因此具有极强的修辞效果。在结构上紧密相联,丝丝入扣;语气上连贯流畅,绵绵不断;节奏上回环复沓,旋律优美;表意上能够深刻地反映事物之间的有机联系。因此,在导游词中,用顶真方式说理,富于逻辑性,可使表达条理清楚,说服力强。用顶真方式叙事状物,富有连贯性,或叙事,或描绘,表达蝉联不断,层次分明。用顶真方式抒发感情,富有旋律美,一唱三叹,复沓回环,极富美感。可见顶真这种修辞方式,具有较强的艺术感染力,在导游词中要精心调用。

运用顶真要注意以下两点:一是顶真前后句之间要有必然联系,使顶真部分的衔接顺畅而自然;不可硬凑,否则就会因词害意,收不到理想的表达效果。二是顶真技巧的运用要注意切合语体、语境的需要,顶真多用于叙事、描绘、议论、抒情,如果不顾表达需要,盲目使用或滥用,就会影响表达的顺利进行。

(四) 回文

回文,又称回环,是巧妙地使一个语言单位回绕往复后互为首尾的修辞技巧。根据回文的不同形式,分为严式回文和宽式回文两种。

1. 严式回文

严式回文,即传统的回文,以字或单音节词为单位回绕,刻意追求字序的回环,使同一个语句可以顺读也可以倒读。

①倏忽间,猛古丁一跳,日轮带着淋淋的海水,脱出海面,一个赤红的圆盘升起来了——顿时,深情弥漫山巅,人们欢呼、跳跃。此刻山灵光怪,万有物幻。板目四野,千山万壑披上金辉,霞光中眺望。山是海,海是山,山海相映,整个齐鲁大地流动着色彩和音韵。

(傅先诗等《山河齐鲁多娇》)

②客上天然居,居然天上客;

人过大佛寺,寺佛大过人。

(古回文对)

例①通过"山是海,海是山"的严式回文,描绘了泰山日出时的山海相连、浑然一体的壮丽景观。例②是古代的一个回文对,上联和下联都分别由一组回文构成,匠心独运,精辟而巧妙。

严式回文多见于古代文学作品之中。有些古人甚至把回文发展到了极致,创作了许多回文诗、回文词,这已经有玩弄文字游戏的嫌疑了,现在已不提倡。在导游词中,提倡在表达需要时恰当使用。另外,导游中必然会涉及一些语言文化内容,回文作为汉语言文化的一个内容,导游人员必须要熟悉,并能通过讲解让游客感受到其中所包含着的各种深刻内涵。

2.宽式回文

宽式回文,也叫回环,是以词为单位回绕,回文的两句词语基本相同,排列顺序却相反,其中还可以略有变化。比如:

①有人统计,这尊乐山大佛比山西云岗大佛高3倍,比阿富汗大佛也要高出18米。古人说,"峨眉天下秀,凌云天下奇"。这奇,大概和"山是一尊佛,佛是一座山"分不开的吧。 (中央电视台《话说长江》摄制组编,《话说长江》)

②各地文昌宫、文昌阁中这位帝君的神像不太一样,有时文官打扮,有时又武官装束。但有一点是相同的,那就是帝君身旁必有两个童子,必有一匹白色坐骑。两个童子一个叫天聋,一个叫地哑,负责看管和登记文人禄运的簿册。此事事关重大,天机不可泄露,而使天聋、地哑担此重任,知者不能说,说者不可知,正可谓人尽其才。 (梁晓虹等《中国寺庙宫观导游》)

例①的"山是一尊佛,佛是一座山"和例②的"知者不能说,说者不可知",稍微做了一些变动,但是仍然也是回文。这些回文技巧的运用,充分反映并揭示了事物之间的互相依存、互相影响的关系,给人留下了深刻的印象。

回文在导游词中具有十分重要的作用。回文便于揭示事物之间相互依存、相互制约或相互对立的辩证关系,而且节奏和谐,结构匀称,构思新颖奇巧,具有极强的感染力。上述各例回文技巧的运用,都充分反映了山水景物之间互相关联、互相映衬的关系,不仅具有鲜明的修辞效果,而且能给游客以极大的启发。

运用回文要讲究艺术。运用回文要感情丰富,格调健康,含义深刻,不能片面追求形式,流于文字游戏。

(五)层递

层递,又称递进、层进、渐层,是将三个或三个以上的语言单位,根据事物的逻辑关系,按照大小、多少、轻重、高低、深浅、远近等顺序依次排列的修辞方式。

层递根据其逻辑顺序上的排列方向不同,可以分为递升和递降两类。

1.递升

递升是指将三个或三个以上的语言单位,按照由小到大、由浅到深、由低到高、由轻到重、由近到远、由窄到宽、由短到长等逻辑顺序进行排列。比如:

①处在五老峰与三叠泉之间的青莲洞,乃是两个高潮景点中的一个缓冲地带,具有节奏感的空间序列分布为:以豁口为序幕,以涧流的水趣、石趣为推进,以与涧崖、树石古建筑交相辉映的"李白庐山读书堂"为高潮,以河谷下游的碧潭群为尾声。整个旅程起伏跌宕,富于变化。 (黄润祥《庐山旅游手册》)

②杜鹃花,又名"映山红""山石榴",是张家界国家森林公园的名贵花卉之一,不但品种多、花色美,而且一年四季都有花开。春天到来,"花朝"节后,这里的山前山后、园里园外,大片小片的杜鹃花便争奇斗艳、竞相开放,把群山打扮得披红戴绿、分外妖娆。春杜鹃大部分是淡红带紫的,只有少数是红色的。夏天,林海墨绿,山峰点翠,颜色艳红的"芒刺杜鹃"与"汉士杜鹃"又开放起来,现出"万绿丛中一点红"的艳丽场面。秋天,绿海深沉,黄叶点点,而色呈紫、黄的"迎阳杜鹃""黑斑杜鹃"与"承先杜鹃"又在群芳丛里独占鳌头,开得格外鲜艳。冬天降临,山风怒吼,大雪纷飞,冰封千里,草木枯萎,而"紫色杜鹃"却与梅花一样,傲霜斗雪,吐露芬芳,竟开出一簇簇、一丛丛的花来,把张家界国家森林公园这个"人间仙境"装点得光彩夺目。

(周志德《风景明珠张家界》)

例①是按照"序幕、发展、高潮、结尾"这一故事情节的展开顺序加以递升的。例②是按照"春、夏、秋、冬"的季节发展顺序递进的。

2. 递降

递降是指将三个或三个以上的语言单位,按照递升的相反顺序进行排列,即由大到小,由浅到深,由高到低,由重到轻,由远到近,由宽到窄、由长到短等。比如:

①晚霞跟山、川、花、木以及所有的自然美一样,从来不搞公式化、概念化。它的形状,它的色调,没有一天相同,没有一分钟相同,没有一秒相同。"逝者如斯夫!"我有时借用孔夫子观看河中流水所发出的感慨来比较自己所面对着的天上的晚霞。

(杨柄《高楼眺晚左安门》)

②游人乘车从"镜泊山庄"出发,行程约一个半小时,便可抵达小北湖林区。沿路两侧森林逐渐由阔叶林变为针阔混交林。不久,展现眼前的是高耸入云、苍劲挺拔的针叶松林。

(唐凤宽编《镜泊胜景》)

例①是按照时间单位"一天、一分钟、一秒钟"由大到小地递降。例②是按照"阔叶、针阔交混、针叶"的植被种类递降的。

从以上例子中可以看到,层递在导游词中的修辞作用非常明显。

层递不论是递升还是递降,都以事物之间的逻辑联系为依据,在表意上层层深入,从而使表达一环紧扣一环,一步紧接一步,条理清楚,层次分明,使人们的认识逐层深化,使特定的感情逐步升华,给人的印象也更加深刻。在导游词中,恰当地运用层递,不仅可以使表达层次清楚,重点突出,而且还可以极大地增强讲解的感染力与凝聚力。如递升的例①,按照序幕……尾声的顺序揭开庐山一条旅游路线上的系列景点,既表达了导游人员层层深入的观察与感受,也给游客留下了极其深刻的印象。

运用层递时要注意以下两点:一是层递的各项必须是三项以上,可以是三个以上的不同事物,也可以是一个事物三个以上的方面。二是层递各项在意义上一定要有明显的逻辑事理方面的联系,而且层递项的排列也应该按照逻辑事理关系依次展开。上述各例,都是按照特定的逻辑关系有条不紊地展开层层递进的。

层递与排比既有区别又有联系。

层递与排比的联系是,二者的构成一般都必须具有三项或三项以上,而且这几项之间在意义上一定要有紧密的逻辑联系,这是层递与排比的相同点。

层递与排比的区别也是很明显的,主要体现在两个方面:第一,二者表意重点不同。排比各项重在"排",重在一个层次上的扩展,它们之间多具有平行性,不论是并列式排比还是连贯式排比都不例外。层递各项侧重"递",重在不同层次上展开,层层紧扣。第二,二者结构形式不同。排比各项的结构形式必须相同或相近,通过形式齐美来增加表达的强烈语势,有时甚至用重现相同提挈语的方式来加强联系。而层递各项形式上不一定拘泥于整齐,但重视内容上的环环相扣。

然而,如果三项或三项以上的语言单位,既在形式上整齐协调、语气上连贯一致,又在意义上层层递进、环环相扣,那么这个表达就是排比兼层递了。比如:

人世沧桑,流年似水。多少个分分秒秒,多少个日日夜夜,多少个春春秋秋多少次耕耘,多少次播种,多少次收获,一代一代矿工告别了自己的岗位,一代一代矿工走上了自己的岗位。 (严阵《太阳魂》)

本例两处下加横线的部分都是排比兼层递,使表达既有条不紊又热烈奔放,具有极为理想的表达效果。

层递与顶真既有联系又有区别。

层递与顶真的联系是,二者的构成一般都要求具有三项或三项以上,而且这若干项之间也都要有一定的联系,这是层递与顶真的相同点。

层递与顶真也有很明显的区别,最重要的区别就是二者的着眼点不同。层递重在意义上的层层相递;顶真的各项虽然意义上也有联系,但是它更注重于形式上的首尾递接,蝉联而下。

但是,如果三项或三项以上的语言单位,既在意义上层层相扣,又在形式上首尾递接,那么这种表达就是层递兼顶真。比如:

道家由自然来看人,人法地,地法天,天法道,道法自然,自然是最高的生命力和创造力。儒家讲四时行焉,百物生焉,天何言哉! 自然力的伟大,人根本无法跨越,个体的生命与自然的生命,要交融和谐而非对立征服。 (王葭《风景在哪里》)

本例由"人、地、天、道、自然"构成的顶真格式,在意义上层层递进,是层递兼顶真。几个句子既首尾紧密相联、丝丝入扣,又层层深入,一步紧接一步,使其说理条理清楚、层次分明。

(六) 比喻

比喻就是打比方。它是以两类不同事物的内在相似点为依据,用相对来说比较具体形象或通俗浅显的事物或道理,来说明较为复杂抽象的另一事物或道理的修辞方法。比如:

有人说,三峡像一幅展不尽的山水画卷;也有人说,三峡是一条丰富多彩的艺术长廊。我们看,三峡倒更像一部辉煌的交响乐,它由"瞿塘雄、巫峡秀、西陵险"这三个具有各自不同旋律和节奏的乐章所组成。

(中央电视台《话说长江》摄制组编《话说长江》)

在这个例子中,有四个生动形象的比喻,前三个分别用"山水画卷—文化艺术长廊""交响乐"三个比喻来比喻一个本体——三峡,充分揭示了三峡的内在之美。最后在把三峡比作交响乐之后,又连续把瞿塘、巫峡、西陵三个峡口比作三个乐章,生动地喻写了三峡的特征。

一般来讲,结构上比较完整的比喻通常由本体、喻词、喻体三部分构成。本体就是被比喻的事物,修辞学上常常称作"甲";喻词就是标明比喻关系的词语;喻体就是用来比喻的事物,修辞学上常常称作"乙"。但是在具体语用中,由于表达上的需要,比喻的三部分的隐现情况也很灵活,有时本体、喻词、喻体都出现;有时省略本体;有时省略喻词;有时本体、喻体倒置;有时甚至用主体去修饰或映衬喻体。

根据本体、喻体、喻词三部分的异同和隐现情况,比喻分为明喻、暗喻、借喻三种基本类型,由这三种基本类型派生出的其他比喻类型还有缩喻、倒喻、较喻、博喻、约喻、属喻、联喻、择喻等20多种,本书主要讲三种。

1. 明喻

明喻的特点有两个:一是本体、喻词、喻体三部分缺一不可;二是比喻词用显性喻词,如像、如、似、犹、犹如、如同、好像、好比、比方、仿佛等。比如:

①远看牛首山,只见朝阳透过薄雾,似纱如绢,铺向山巅,使那峰峰镀金,壑壑抹黛,再配之以如带似练的河水,恰似一幅浓重的水墨画,竟是那样的秀丽多姿。

(虞期湘《宁夏风情》)

②每当潮汛,登燕子矶览胜,江流汹涌,惊涛拍岸,声震如雷,动人心魄。月夜登临,远眺南京长江大桥的千百盏玉兰灯,齐放霞光,犹如天上银河坠落人间,令人更觉心旷神怡。

(南京博物馆《南京风物志》)

例①把浸染过朝霞的雾比作"纱绢",把河水比作"带练",把整个风景比作"水墨画",使青铜峡的秀山丽水形象地展现在人们面前。例②将"千百盏玉兰灯"比作"坠落人间的银河",赋予静态的灯盏以动势,给人以栩栩如生之感。上述各例都具有明喻的两个特点。我们将明喻的一般格式概括为:本体+显性喻词+喻体。

2. 暗喻

暗喻,又叫隐喻。一般情况下,暗喻也有两个特点:一是本体、喻体、喻词三者必备;二是比喻词用暗示性较强的词语,如是、成、为、成为、做、变成、等于、当作等。有比喻词的暗喻常构成一种判断句,它比明喻的语气要肯定一些,结构也紧凑一些。

有时暗喻的喻词还可以不出现,这也正符合暗喻"暗"的特点。因此,暗喻又可以分为两类:一类是使用暗喻词;另一类是不使用暗喻词。

先看使用暗喻词的暗喻:

①庐山——鄱阳湖,一个峨冠锦带,一个柔波粼粼,千百年来,形影不离,成了一对天长地久、情深意切的恋人,在绿原沃野的鄱阳湖盆地上。

（黄润祥《庐山旅游手册》）

②盆景约始于唐代……它顺乎自然之理,又巧夺自然之功,其艺术特点是以诗情画意见胜,与中国画的章法结构和笔墨意境有着密切联系。因此人们说盆景是诗,却寓意于丘壑林泉之中;是画,却又生机盎然,应时而变,从而被誉为"无声的诗""立体的画""有生命的艺雕"。

（张壑山等《苏州风物志》）

例①用"成了"把庐山与鄱阳湖比作"恋人",突出了二者相依相偎、形影相连的地理特征。例②以"是""被誉为"等暗喻词将"无声的诗""立体的画""有生命的艺雕"等喻体与"盆景"相比,贴切地描绘了盆景造型无声胜有声、幽静中包含动势的特点。

通过几个例子的分析,有喻词的暗喻的结构形式可以概括为:本体+暗喻词+喻体。

下面再看不使用暗喻词的暗喻。不用暗喻词的暗喻有注释型、呼语型、同位型三类。比如:

①月下的鼓浪屿——睡美人!这环岛路,不就是这位美人修长的玉臂吗?玉臂舒海,掬起一颗颗珍珠,一朵朵浪花,一串串笑声,让游人带回永恒的、温馨的回忆……

（彭一万《厦门旅游指南》）

②有言道:"桂林多胜景,漓江一线牵。"桂林、兴坪、阳朔、灵渠、猫儿山、青狮潭等风景名胜,巧夺天工地串联在漓江的干支流上,为桂林山水增添了无限的辉彩。漓江,绰约多姿的桂林凤冠的明珠。 （黄绍清等《桂林风光的明珠漓江》）

③慕田峪长城这条银线,东连古北口,西接黄花城,在燕山崇山峻岭的层层遮掩之中,横挂在西北,给黛青色的山峰戴上一条白色项链。

（高旺《博览长城风采》）

例①在本体"月下鼓浪屿"与喻体"睡美人"之间用破折号连接,在这里,破折号几乎起了喻词的作用,在本体与喻体之间进行注释。就是说,喻体几乎就是在补充说明或注释本体。例②将本体"漓江"当成呼语,其后的逗号也起了喻词的作用。这种呼语型的暗喻,往往在感情充沛、情绪激昂时使用,抒情性较强,有极大的艺术感染力。例③把本体"慕田峪长城"与喻体"银线"直接组合在一起,构成复指(同位)成分,使本体与喻体合为一体。

以上种种形式的暗喻,语言精练,结构紧凑,给人以鲜明突出的印象。

3. 借喻

借喻,可以说是一种省略性比喻。在借喻中,本体和喻词都不出现,直接用喻体代替本体。比如:

①由小天池东下五华里,再折向北入翠竹、泉石丛,于幽林曲径中攀缘里许,眼前豁然开朗,扑面飞流的正是王家坡双瀑。其势若双龙倚天蜿蜒入壑,忽而烟霏雪翻,忽而吐珠抛玉。崩云裂石之声,如雷霆疾走,响彻山巅。

(黄润祥《庐山旅游手册》)

②镜泊湖,由西南至东北走向,蜿蜒曲折呈"S"形。它犹如一条银色的缎带,系着七八个光彩照人的明珠,飘绕在万绿丛中。　　(唐凤宽《镜泊胜景》)

③由于冰川这个艺术家的鬼斧神工,将山崖琢成了地质上称作"冰阶"的三级台阶,使从五老峰、大月山等处奔泻汇聚而来的溪水,经过它这个偌大的山川台阶,形成了上级飘雪拖练、中级碎玉脆冰、下级飞龙走潭的三叠瀑布。

(黄润祥《庐山旅游手册》)

④冬日居山观赏别有情趣。在山岙峡谷里曝日,无一丝凛冽寒风,却别样温暖。每逢银花纷飞、玉龙起舞时,民居古刹变成了琼楼玉宇,仿佛跨进了广寒宫,置身于琉璃仙境。　　(白奇《九华胜境》)

例①用"烟、雪、珠、玉"直接代替瀑布水势;例②用"明珠"代替湖泊;例③用"雪、练、玉、冰"代替瀑布之水;例④用"银花、玉龙"代替飞雪。在这些用例中,本体虽未出现,但由于喻体比较鳞明地凸显了本体的特征,再加之上下文的支撑,直接出现的喻体仍然使本体形象跃然纸上。借喻具有直截了当、简洁明快的特点,是一种十分常用的比喻形式。

通过分析可知,运用借喻时要注意两点:第一,喻体要抓住本体最突出鲜明的特点。第二,本体虽不出现,但在上文或下文中对本体一定要加以交代,这样才能使借喻收到理想效果。

综上所述,比喻是使用频率最高、应用范围最广、表现力极强的一种修辞技巧,具有十分积极的修辞效果。对它的修辞效果我们可以从刻画人物性格、描绘事物、说明事理等方面来认识。

运用比喻刻画人物或事物的形象,可以收到贴切自然、活灵活现的表达效果,从而给人以如闻其声、如见其人、如临其境之感。

运用比喻描绘事物、描绘景物,不仅能够突出描绘对象的特征,而且能够使表达栩栩如生、气象万千。特别是在一篇好的导游词中,形象贴切的比喻往往俯拾即是,比如上述导游词使用了各种各样的精巧的比喻对被游览客体进行了生动而贴切的描绘,收到了十分积极的修辞效果。一般来讲,比喻的作用在于化抽象为具体,化平淡为生动。而在导游词这一特定语境中,比喻的突出作用却在于化具体为立体、化生动为涌动,因为景观就在游客面前,景观本身已经是很具体生动的了,而贴切的比喻却能由此及彼、由彼及此,为游客的思维插上了驰骋想象的翅膀,从而进一步强化了导游词的美感作用。在导游词中,运用得最多的就是使用比喻技巧描绘景物、抒发情感。

运用比喻说明事理,不仅能够使抽象的事物具体化,使复杂深奥的道理变得浅显易懂,而且能够使说理生动活泼、富有情趣。

比喻的运用有一定的要求,一是尽量做到通俗易懂;二是贴切自然;三是新颖明确;四是生动鲜明。

一是通俗易懂。比喻的目的是化未知为已知,变抽象为具体,化深奥为浅显,变平淡为生动,使人们更好地理解和接受。为了达到这一基本目的,设喻时应该尽可能用熟悉的事物来比喻生疏的事物,做到浅显易懂。在导游词中,比喻时首先要考虑到接收对象——游客,要考虑游客特定的文化背景,这样才能使比喻产生良好的效果。

二是贴切自然。比喻是多种多样的,但不论是什么类型,也不论是哪一种方式,都应该贴切自然。所谓贴切就是"像",本体与喻体不像,也就谈不上比喻了,这是比喻的要义。要"像"就要抓住本体的本质特征、最突出的特点加以设喻。如在《晋书》中记载了这样一件事:"谢氏字道韫,安西将军奕之女也。尝内集,俄而雪骤下。安曰:'何所拟也?'安兄子朗曰:'撒盐空中差可拟。'道韫曰:'未若柳絮因风起。'安大悦。"一个把飞雪比作"空中撒盐",一个把飞雪比作"风中飘絮",后者之所以比前者更"像"、更贴切,就是因为"风中飘絮"不仅抓住了飞雪的"形",更抓住了飞雪的"神",贴切自然形神和谐巧妙。贴切,除了"像",还要注意使本体与喻体之间的基调、风格水乳交融,和谐一致。

三是新颖明确。新颖就是指运用比喻时要注意创新,切忌陈陈相因。英国作家王尔德说过:"第一个用花比美人的是天才,第二个再用的是庸才,第三个就是蠢材了。"这告诉人们,有些比喻用成了俗套,就缺乏光彩了,只有那些生动贴切、想象新奇、立意精巧的比喻,才是最有表现力的。另外,值得一提的是,追求新颖还要反对标新立异、故意猎奇,使人莫名其妙、不明所以。

四是生动鲜明。首先是要形象鲜明,其次是要感情鲜明。以感情鲜明为例,就是要求在比喻中恰如其分地融进表达者鲜明的态度、特定的感情倾向。这不仅需要准确地把握住本体的突出特点,而且对喻体的选择也要精当、巧妙。如果混淆感情色彩,表达就会失误。如"日本鬼子砍瓜切菜般地屠杀着妇女和小孩,鬼哭狼嚎的声音传出数里之外。"用"砍瓜切菜"来形容日本鬼子杀人,显得过于超然局外、不动感情;而"鬼哭狼嚎"又显然是贬义褒用、错位失当了。可见,忽略比喻的感情色彩,往往会因词害意影响表情达意。但上述几十个比喻用例都激情饱满,热情讴歌了游览景观。

(七)夸张

夸张,是巧妙、刻意地言过其实,也就是在生活真实的基础上对事物的某些特征、某些方面进行艺术上的扩大或缩小的修辞方法。

夸张可以从不同角度进行分类。

1. 夸大夸张和夸小夸张

从表达内容角度划分,夸张可以分为夸大、缩小、超前三类。导游词中常见的夸张有夸大夸张、夸小夸张两类,超前夸张这一类则不太常见。

(1)夸大夸张。

夸大夸张是指表达上将客观事物的性质、作用、程度、数量、形态等方面的情况加以扩大。比如:

①秦腔唱腔慷慨激昂、苍凉悲壮,要求用真嗓音演唱,一般不用假声,保持了原始、豪放、粗犷的特点,"唱戏吼起来"为陕西十大怪之一。外地人开玩笑说:"唱秦腔要具备三个条件,缺一不可。一是舞台要结实,以免震垮了;二是演员身体要好、以免累病了;三是观众胆子要大,以免吓坏了。"这种说法尽管过分,但吼上两句戏,对于老陕来说,无论唱的人或是听的人都是很乐意的⋯⋯所以有人说秦腔、西凤白酒、长线辣子、大叶卷烟、牛羊肉泡馍已成为陕西人生命中的五大要素。

(张伟平《陕西秦腔》)

②中国有一句老话,叫作"福如东海,寿比南山"。据说"东海"指的是我们游览过的大东海,"南山"即指我们将要到达的南山。也许有的朋友不以为然,四川大足、陕西西安、广东潮州、福建莆田等地都有南山,中国叫南山的地方好多,为何三亚的南山与寿相连。我们的理由是:三亚是中国最南的城市,三亚的南山自然是名副其实的南山。另外,据全国第三、第四次人口普查结果表明:海南人均寿命居全国之冠;三亚热带海滨是海南最长寿的地方,而三亚南山一带的人均寿命为三亚之首,现存百岁老人达数百人之多。有一则笑话形象地形容了南山人的寿命之长。说是一个作家到南山深入生活,见到一位阿婆扎着小辫。作家看了颇新鲜,上前打问:"阿婆,您这么大年纪还扎小辫,是否南山有这个风俗?"阿婆回答:"我年纪大吗? 我还不到七十呢。小辫是我妈给梳的梳的,她喜欢。"作家问:"你妈呢?""我

妈上山给我爷爷送饭去了。""你爷爷在山上干吗?""放羊哩。"

(陈耀《海南三亚热带海滨》)

例①用"一是舞台要结实,以免震垮了;二是演员身体要好,以免累病了;三是观众胆子要大,以免吓坏了"等说法夸大了秦腔"唱戏吼起来"的豪放、粗犷的艺术审美特征。例②用一个作家与一个阿婆对话的笑话强调了海南人均寿命居全国之冠、三亚热带海滨是海南最长寿的地方的说法。

(2)夸小夸张。

夸小夸张是指在表达时,将客观事物的性质、作用、程度、形态等特征缩小。比如:

①出川正洞,迎面悬崖如壁,挡住去路,再往前走,却见石壁中有裂隙,内有山径,可容一人侧身通过。在石壁中行走,仰望蓝天一线,左右削壁夹峙,真有"一夫当关万夫莫开"之势。

(叶光庭等《西湖漫话》)

②如今琅琊治印有着惊人的发展……有的气势磅礴,如高山峻岭;有的婉转流畅,如涓涓流水;有的苍劲挺拔,如松柏耸立;有的秀丽俊雅,似仕女步春。章法惟变适度,疏密得体,大有"宽可行马,密不容针"之妙。(傅先诗等《山河齐鲁多娇》)

例①的"蓝天一线"突出了山径异常窄小的特点;例②以"密不容针"来夸写章法的紧凑严谨,上文的"宽可行马"是夸大。

2.直接夸张和间接夸张

从表现形式角度划分,夸张可以分为直接夸张、间接夸张两类。

(1)直接夸张。

直接夸张就是不借助其他别的修辞方式,直接对所表达的事物进行夸张。上述夸张各例中,夸大夸张的例①、例②及夸小夸张的例①等用例都是直接夸张。再如:

浙江之潮,天下伟观也。自既望以至十八日为最盛。方其远出海门,仅如银线;既而渐近,则玉城雪岭,际天而来,大声如雷霆,震撼激射,吞天沃日,势极雄豪。

(宋·周密《观潮》)

本例用"吞天沃日"来直接夸写钱塘江潮的壮观。

2.间接夸张

间接夸张,也叫融合夸张。这种夸张常常融其夸饰与比喻、比拟等修辞方式之中,通过这些修辞手法间接表现夸张的意义。比如上述夸大夸张和夸小夸张中的例②都是借助比喻手法进行的夸张。再如:

夕阳西下,霞光似锦。似乎觉得石缝里、草棵间都弥漫着历史的烟波。只有在这里,才能熟知沧桑巨变,才能阅历天地玄黄,宇宙洪荒,含宏四大,日月三光。

(傅先诗等《山河齐鲁多娇》)

②一路上草木如洗。我第一次知道绿,原来有这么多层次。深深浅浅,苍郁青碧,又全都盈盈欲滴,真是绿得使心肺都要伸展枝叶,碧翠尽染,纵横流淌了……

（柯岩《在澄蓝碧绿之间》）

③鄂尔多斯蒙古族酷爱歌唱,他们的歌声以其纯净、质朴的优美旋律而形成独特的风格。有人说,鄂尔多斯蒙古族的民歌多如牛毛,三天三夜也唱不完一个牛耳朵。这确是一点儿也不夸张。那数不胜数浩如烟海的民歌,浓烈似酒,炽热如火,在茫茫的草原上旅行,那悠扬的民歌会使你顿然心旷神怡起来。所以鄂尔多斯素有"歌海"的美称。

（高旺《博览长城风采》）

例①借助缩喻形式对泰山的悠久丰厚的历史文化遗产进行哥张。例②借助拟物手法对"绿"进行抒写。例③借助比喻形式对鄂尔多斯蒙古族的民歌数量进行夸大。这些间接夸张都给人留下了十分深刻的印象。

从以上的分析中可以看到,夸张的修辞效果是十分明显的。

首先,夸张可以强烈地表明表达者的感情态度。肯定、否定、褒扬、贬抑等态度都在夸张的运用中鲜明地表现出来,并使表达者的感情得以艺术的渲染,从而引起接受者的强烈共鸣。其次,巧妙地运用夸张,有利于突出事物的本质特征。最后,夸张还可以极大地丰富人们的联想,使表达更加生动、贴切,增强语言的艺术感染力。

运用夸张要注意以下几点。

首先,夸张必须以客观事实为依据。夸张是在生活真实的基础上达到高度的艺术真实,所以它必须以客观事实为依据。如果失去生活真实的分寸,漫无边际地言过其实,就不成其为夸张了。鲁迅先生说过:"漫画虽然有夸张,却还是要诚实。'燕山雪花大如席'是夸张,但燕山究竟有雪花,就含着一点诚实在里面,使我们立刻知道燕山原来有这么冷。如果说'广州雪花大如席'那可就变成笑话了。"鲁迅先生所说的诚实,就是生活真实、客观依据,这是夸张的基础。

其次,夸张要鲜明、显豁。夸张的效果要鲜明突出,给人以深刻的印象。要避免使夸张表达介于夸饰与写实之间,令人难以分辨。

再次,夸张要切合语境。运用夸张时要注意语体,还要注意表达风格。不是任何一种语体或表达风格都能随意使用夸张手法的。夸张多用于文学作品。在对自然景观进行导游的导游词中也常常使用夸张手法。而夸张却不太切合新闻报道、科技论文、报告总结、法律文献等语体。

最后,夸张要讲究艺术性,切忌庸俗化。夸张总是饱蘸强烈的感情,具有明显的艺术表达效果,同浮夸平庸之辞有着根本的区别。比如在古装喜剧《王老虎抢亲》中,喜剧人物祝枝山针对别人说他眼力不好的说法反驳道:"我的眼力比你好一百倍。就是两只蚊子高高飞过,我也能看清哪只是雌的,哪只是雄的。"就单纯的表演效果来看，这一夸张也能引人发笑，但仔细想来，却又有些俗气，使人感到有些别扭。后来，艺术家们把这句台词修改成："我的眼力比你好一百倍，就是两只蝴蝶高高飞过，我也能看清哪只是梁山伯，哪只是祝英台。"这样一改，格调更加高雅，想象力更加丰富，艺术感染力也更强。

（八）对比

对比，是将两种相互对立的事物或几种不同的事物，或同一事物的不同方面放在一起进行比较、对照的修辞方式。

根据构成方式，对比又可以分为两体（两物）对比和一体（一物）两面对比两类。

1. 两体对比

两体对比就是把两个相反相对的事物放在一起进行比较。比如：

①中国园林艺术是世界园林艺术中的奇葩。其风格大致可分为南北两派。北派以皇家园林为代表。布局盟大庄严，中轴对称，富有宫殿气派，细部装饰采用琉璃瓦，雕龙画凤，金碧辉煌；南派则多以私家花园面目出现，布局小巧玲珑，楼台亭阁，曲径回廊，细部装饰采用青砖小瓦，色泽朴素而又淡雅。淀山湖大观园仿古建筑群，主要采用南派园林风格，也掺杂少量北派建筑，使南北风格互相借鉴，互相渗透。
（《上海导游词》）

②道教在教义上与佛教（包括其他一切宗教）最大的区别在于"贵生"。佛教认为今生今世罪孽深重，应当苦修深忏，以图来世成佛，求报于西方极乐世界。而道教认为追求现世之乐乃是天经地义的事情，修出今世的平地飞升才是神仙境界。因而道教对修炼者的要求虽多，但基本的仍是循道养德。
（梁晓虹等《中国寺庙宫观导游》）

例①将南、北园林的不同风格放在一起加以对比，使二者的特点都进一步得到突出；例②将佛教教义与道教教义的不同内涵进行对比，相反相成，使二者的本质特征都得到了强调。

2. 一体两面对比

一体两面对比就是将一个事物的两个方面放在一起进行比较。比如：

①旅客似乎是十分轻松的人，实际上却相当辛苦。旅漩不同上班，却必须受时间的约束；爱做什么就做什么，却必须受钱包的限制；爱去哪里就去哪里，却必须把几件行李像蜗牛客一样带在身上。
（余光中《西欧的夏天》）

②我想，长江的流程也像人的一生，在起始阶段总是充满着奇瑰和险峻，到了即将了结一生的晚年，怎么也得走向平缓和实在。
（余秋雨《狼山脚下》）

例①将旅客的轻松与辛苦进行对比；例②将长江起始阶段的奇瑰险峻与江尾

的平缓实在进行对比;这些一体两面的对比,简洁含蓄,极富哲理性,给人留下了深刻的印象。

对比具有明显的修辞效果。不论是两体对比还是一体两面对比,都能使对比各方相辅相成、相得益彰,使对比各方的特征都得到进一步的强调。对比可以使表达深刻蕴藉,给人留下深刻印象。

运用对比必须注意,对比的各项之间是并列关系,不分主次,因此构成对比的项目必须在本质属性上具有相对相反的对立性,这样才能构成对比,才能有效地揭示事物之间的对立统一关系。

(九)换算

换算,是把抽象数字换算成具体可感的事物的修辞技巧。比如:

①细算起来,从春秋战国到明朝经过 2000 多年的时间,先后有 20 多个诸侯国和封建王朝修筑过长城。这些长城长短不一,纵横交错,分布在我国的 17 个省、自治区、直辖市。如果把历朝历代修筑的长城加起来,总长度可达 10 万余里。真可谓"上下两千年,纵横十万里"。有人做过粗略的计算,假趣盗各个朝代修筑长城所用的砖石、土方堆起来,修成一道高 5 米厚 1 米的大墙,那么这道大墙可绕地球 10 周有余。　　　　　　　　　　　　　　　(马威澜等《八达岭长城》)

②封建社会,皇帝结婚称作大婚。大婚不仅是皇帝成人的标志,而且也是皇帝能否亲政的先决条件。皇帝大婚礼节繁缛,仪式隆重,耗费相当惊人……光绪大婚总共所费折银 550 万两,实在是糜烂不堪。若按当年粮价,每人每年 2 石口粮计算,折银 2 两 9 钱 2 分。也就是说,皇帝大婚一次所求耗费用,可购买近 400 万石粮食,足够 190 万人吃一年。　　　　　　　(陈永发等《故宫——历史文化瑰宝》)

例①将各个朝代修筑长城所用砖石、土方堆起来的数字概念,换算成高 5 米厚 1 米、可绕地球 10 余周的大墙,使游客对修筑长城的总土石方量有了十分清楚而准确的认识。例②将光绪大婚所用费用折算成可供当时 190 万人吃一年的粮食这些换算,都是把抽象、枯燥的数字转换成了具体而形象的事物,引发了游客无限的想象,使导游讲解收到了十分明显的效果。

巧妙运用换算,可以收到极其理想的修辞效果,它能将枯燥无味的数字具体化、形象化,叙述清晰明了,状物准确鲜明,能够有效地唤起游客的想象力或联想力。

换算的基本特征是把抽象的数字转换成具体形象的事物。换算的方法是多种多样的,或比较,或累计,或等同,或折合,或推想。可见在表达中,特别是导游讲解中,大至宏观世界,小至微观万物,只要在空间、时间、长度、速度、体积、质量、价值等方面能够表达成数字,就都可以进行换算,就都可以换算成相关的形象事物。

第五章　导游语言表达

第一节　叙说法

叙说法,主要是指运用叙述性语言,在对游览客体的讲解说明中,适当穿插一些相关的神话传说、民间故事、历史掌故以及风土人情等内容,以使导游讲解更加具有魅力的方法。

如果说对导游语言的语音、词语、句式进行锤炼的技巧的运用可以直接取得使讲解栩栩如生、鲜明形象的效果,那么叙说法对叙述性语言的运用主要是可以得到使讲解流畅自如、亲切动人、缘情感人、引人入胜的效果。

叙述性语言具有流畅性、亲切感、缘情性等一系列特点。流畅性是指叙述性语言具有娓娓道来、源源不断的特征。在导游讲解中,一般所穿插的神话故事或风俗习惯,往往具有相对的完整性,一讲往往就是一个有头有尾的段子,其故事又大都情节曲折、跌宕起伏,十分引人入胜,所以流畅性可以说是叙述性语言的伴生特点。亲切感,是指导游词中所穿插的与被游览客体有着相当密切的关系的故事或传说,可以十分有效地拉近游客与被游览客体的心理距离,既可以使被游览客体增加人情味,又可以使游客十分容易找到亲近被游览客体的心理契机,从而产生对旅游客体的感情。这种感情甚至可以强烈到使游客对被游览客体产生出流连忘返、依依不舍的眷恋之情的程度。缘情性,是指名胜古迹、山光水色、景物园林中往往积淀着丰富的文化内涵,其中包含着的神话传说、民间故事、历史掌故、风俗人情等内容具有极大的情结魅力,这种情结魅力有时会牵动甚至会控制游客的情感思绪,使游客或喜、或悲、或怒、或哀、或乐,可以有效地感染游客。

可见,叙述性语言与描写性语言一样,用得好,同样具有极大的艺术魅力。但是运用叙述性语言一定要注意恰到好处,不可喧宾夺主。相对于对被游览客体的讲解来说,所穿插的叙述性语言只是绿叶,是为了进一步突出讲解主体——被游览客体,所以切忌盲目穿插,随意插叙。

旅游景观分为自然景观和人文景观两种。在这两种旅游景观中,往往蕴含着大量的神奇美丽、抑恶扬善的神话传说、民间掌故、历史故事、风俗人情等内容。这些神话传说、传奇故事以及种种风俗人情,往往通过一物一景的叙述,或歌颂神力的伟大无比,或劝人为善、净化身心,或使人戒除恶念、知足常乐,或歌颂劳动人民的勤劳与勇敢,或歌颂劳动人民的聪明才智,或歌颂人民征服自然的毅力与智慧,或歌颂忠贞不渝的爱情,或歌颂正义对邪恶的战胜,或歌颂各民族的和睦团结;或鞭笞统治阶级的骄奢淫逸,或抨击奸佞小人的狡诈阴险,或暴露各种丑陋与阴暗……这些故事,往往语言生动、情感丰沛、内容丰富、趣味性强,对游客具有较强的吸引力,能够极大地陶冶人们的道德情操。所以,导游词的较强吸引力,能够极大地陶冶人们的道德情操,所以,往往收到极好的效果。在导游讲解中一定要巧妙选择,精心设计,入情入理地加以运用。

导游词中对叙述性语言的运用,主要包括神话传说、民间故、历史掌故、风土人情等四方面内容。

一、神话传说

神话传说,常见于寺庙宫观、皇家建筑等人文景观,也见于名山大川等自然名胜。

(一) 人文景观中的神话故事

寺庙宫观中的神话传说主要有追本溯源式和劝诫式两种,在导游词中这类内容往往俯拾即是。在介绍道教的老祖师老子的来历时加进了神奇无比、神秘虚幻的神话传说。宗教文化是旅游的一个非常重要的内容,宗教作为人类文化精神生活的重要组成部分,也是社会的历史产物,它附着了太多的文化内容。所以,宗教教义的哲理性、宗教建筑的艺术性、宗教氛围的神秘性、宗教故事的神奇性等方面蕴含的文物价值和文化价值往往具有较大的吸引力,能够引起游客的神往;此外一些著名的宗教旅游景点往往又处在名山胜地等著名景区,这就更容易引起人们的游览兴趣。宗教文化作为一种重要的人文景观,具有较强的神秘性,也具有较强的知识性,但是对游客来说,旅游并不是以学习知识为主要目的,所以除了在游客能够接受的前提下进行一些必不可少的宗教知识的介绍外,如果能够不失时机地巧妙地加进一些必要的宗教神话传说,那么就会使导游讲解更能引起游客的兴趣,也具有更大的吸引力。

具有宗教内容的神话传说,常常见于对与宗教文化有关的讲解之中,这些内容既能丰富游客宗教方面的知识,引起游客的游览兴趣,又能满足游客的猎奇心理,因此在导游词中经常介绍。

(二) 自然景观中的神话传说

名山大川等自然景观中的神话传说,主要有追本溯源式、功绩追述式、依物像形式等三类。如:

从山西省最北端的城市大同出发,经过65公里将近一个半小时的汽车旅行,我们现在已经来到了北岳恒山的脚下。中国古代将高大的山峰称为岳,中华五岳分别为东岳泰山、南岳衡山、西岳华山、中岳嵩山、北岳恒山。关于五岳,历史上还有这样一个神奇的传说:据说盘古大神死的时候,将身躯化为五座大山,盘古的头化为了东岳泰山,腹化为中岳嵩山,左臂化为南岳衡山,右臂化为北岳恒山,脚则化为西岳华山,故而人称:东岳泰山如坐,南岳衡山如飞,西岳华山如立,中岳嵩山如卧,北岳恒山如行。

(刘慧芬《恒山悬空寺》)

这个例子是有关名山名川的神话故事。关于盘古将身躯化为五岳的神话传说,主要是属于追本溯源式一类。这类神话,多见于名山大川以及各种景色的形成或来源的追溯上。内容神奇、想象瑰丽,既表现出了人们丰富的想象力,又凝聚着人们对自然山水赞颂有加的美好情感,还反映了人们对大自然的亲和态度。名山大川,山光水色,神奇异常,或雄健壮美,或柔顺秀美,或惊险奇美,能给人以巨大的美感享受以及极大的心理震撼。人们往往寄情山水,将一些美好的理想与信念移情于山水,大量的山水神话故事正是体现了人们的这种思维走向,也成为一种丰富游客审美感受的源泉。

可见,在山水风光的导游词中,往往会附有大量的神话传说,可以引起游客极大兴趣。但是要注意其内容不可过多过滥,否则就会有盲目攀附的嫌疑,不仅不能收到良好的表达效果,反而会引起游客的反感,甚至会影响导游的讲解效果。

二、民间故事

民间传说,主要是指那些在真人或真事的基础上加以演义的故事,这些故事似真非真,似假非假,真假交混,亦真亦假。导游词中对这类民间故事的引用,往往是将重点放在它们所具有的极大的人情魅力以及人文精神之上。导游词中对民间传说的引用主要有附会式和寻踪式两类。

(一) 附会式

出贞顺门向东望去,一座小巧玲珑的楼阁耸立在城墙之端,这就是故宫角楼。故宫内共有四座角楼,它造型独特,外观秀丽,反映了我国古代劳动人民精湛的工艺和设计水平。关于它的建成,还有一段动人的传说。传说正当工匠们因角楼的设计怎么也不尽皇帝之意而一筹莫展时,一位老者挑着的蝈蝈笼启发了工匠,于是人们就照着蝈蝈笼建造了角楼,果然不同凡响。而更令人叫绝的是该角楼是9梁、18柱、72脊,这三个数字相加正好是百以内最大的奇数99。后来人们说这位老者就是中国土木建筑的鼻祖鲁班显圣。　　　　　　　　　(李翠霞、秦明吾等《北京揽胜》)

这一附会式的民间传说故事,是关于建造故宫角楼的,表现了人们对自身创造力的赞美与歌颂。虽然这种对人类自身创造能力和智慧的肯定,是通过一种牵强附会式的表现方式来实现的,但是人们并不愿意将其视为无稽之谈。因为这种附会所依附的特定景观以及其中所传达出的文化信息更为重要,更能引起人们的兴趣,也更能给人们带来奇妙的审美享受。在游览中,游客往往会以极大的热情接受这类美好的内容,这类传说往往也会给游客留下极其深刻的印象。

(二) 寻踪式

现在我们将要看到的酥油花,是塔尔寺最精彩的艺术品,不仅远近闻名,还曾拍成过纪录片。它与壁画、堆绣统称为塔尔寺的"藏族艺术三绝"。酥油花,顾名思义就是用酥油捏成的,其中包括佛像、人物、花卉、亭台楼阁、动物等。酥油花的来历传说纷纭,我给大家介绍其中的一个传说。黄教大师宗喀巴在西藏学佛成功后,想在佛前献花表示自己的敬意,但当时西藏正逢严冬,没有鲜花,宗喀巴便用酥油捏成一朵花供在佛前,从此弟子们纷纷效仿,渐成风气。很多黄教寺院都有在宗教节日时制作酥油花的习惯,但以塔尔寺的规模最大,也最出名。每年的农历正月十五,恰逢塔尔寺的四大法会之一,寺庙都要展出一批制作精美、选题新颖的酥油花作品,届时参观、朝拜者络绎不绝,称为"灯节"。　　　　(王秉习等《青海塔尔寺》)

这一例子是寻踪类的民间故事,将绚丽多彩的酥油花的起源与黄教大师宗喀巴联系在一起,使美丽的酥油花带上了更多的人情味。

这类寻踪式的民间传说与游览景观之间互相辉映、相辅相成。民间传说因为有了这些人文的景观作依托,似乎就有了某种可感知性,也有了一定的可信性。而特定景观也因为有了这些动人的民间传说,不仅使其本身积淀了一层人文精神,具有了栩栩如生的灵魂,而且往往也名声大震,带给游客的审美感受也更加有震撼力。

民间传说与神话故事的区别在于,神话故事虚幻缥缈,完全不能与常规等同,人们也非常清楚它的神秘性以及所具有的不可证实性。而民间传说则大多与真人或真事相关联,多多少少会有一点点真实性在里面,虽然其真实性仍有待于考证,但是经过人们巧妙地牵强附会,或巧妙地有机编排,其中饱含了人们的许多美好愿望与情感,它的真实与否已经不重要了。在导游词中这类民间传说十分多见,讲解时要恰当把握分寸,要考虑到游客的特定文化心理背景而加以巧妙引申。讲解时要特别注意把握这一类民间传说中所积淀着的民族文化心理流向,注意把握其中所传达出的特定时期的人们的价值观念以及情感取向,做到真正使游客触景生情、浮想联翩,在感慨万千之中既身游又神游,从中得到极大的审美享受。

三、历史掌故

历史掌故,主要是指附着在游览景观之上的某一历史过程、历史事件、名人足迹等历史史实。这些史实使游览景观具有名人名事效应,在导游词中巧妙穿插,往往能成为游客某一特定游览活动的亮点。附着在游览景观上的历史掌故,有古代的也有现代的。

(一)历史过程记叙

但是,岳阳楼真正名扬天下,还是在北宋滕子京重修、范仲淹作《岳阳楼记》以后。庆历四年,遭人诬告的滕子京被贬为岳州知府,他上任后便筹办三件大事:一是在岳阳楼湖下修筑堰虹堤,以防御洞庭湖的波涛;二是兴办郡学,造就人才;三是重修岳阳楼。滕子京是一位文武兼备的人,他认为"楼观非有文字称记者不为久",这样一座楼阁必须要有一篇铭记记述,才能使它流芳千古。于是他想到了与自己同中进士的好友范仲淹,便写了一封《求记书》,介绍岳阳楼修葺后的结构和气势,倾吐了请求作记的迫切心情,并请人画了一幅《洞庭秋晚图》,抄录了历代名士吟咏岳阳楼的诗词歌赋,派人日夜兼程,送往范仲淹当时被贬的住所河南邓州。范仲淹是北宋著名的政治家、文学家、军事家,他和滕子京一样,因为主张革新政治,受到排斥和攻击,被贬到邓州。他接到滕子京的信件后,反复阅读,精心构思,终于写出了千古名篇《岳阳楼记》。这篇文章全文虽然仅有 368 个字,但是内容博大,哲理精深,气势磅礴,语言铿锵,其中"先天下之忧而忧,后天下之乐而乐"成为传世名句……据说滕子京接到范仲淹的《岳阳楼记》后,喜出望外,当即就请大书法家苏舜钦书写,并请著名雕刻家邵竦将它雕刻在木屏上,于是楼、记、书法、雕刻合称"四绝"。可惜我们现在看到的并不是"四绝屏",它早在宋神宗年间便已经毁于大火之中,我们所见到的这幅雕屏是清代乾隆年间著名大书法家刑部尚书张照写的。

(李刚《岳阳楼》)

这一例子是属于历史过程记叙的一类。记叙了滕子京重修岳阳楼、范仲淹撰写《岳阳楼记》、苏舜钦书法以及邵竦雕刻等"四绝"产生的过程,名楼、名记、名书法、名雕刻,也使游客对著名的岳阳楼的印象更加深刻。

(二)历史事件陈述

我们现在看到的这组建筑别致、环境幽雅的四合院叫玉澜堂,原来是乾隆皇帝的办事殿,后来是光绪皇帝的寝宫,也是囚禁光绪的地方。玉澜堂在中国近代史上与戊戌变法有着密切的联系。光绪名叫爱新觉罗·载湉，是慈禧太后的外甥。同治皇帝死了之后，慈禧为了能继续掌握政权，于是就让当时只有 4 岁的光绪继承皇位，由她再度"垂帘听政"，直到光绪长到 19 岁，慈禧才表面上同意"撤帘归政"，但是她仍操纵实权不放。后来，慈禧和光绪在政治上发生了冲突，光绪在维新派康有为、梁启超、谭嗣同等人的推动下，想通过维新运动来改革吏治等，以挽救清王朝的腐败统治，于 1898 年推行了维新变法，史称"戊戌变法"，但变法只搞了 103 天就被握有实权的慈禧镇压下去。慈禧杀害了谭嗣同等"六君子"，而光绪则被严密地囚禁起来，被关了整整 10 年。光绪软禁在这里时，慈禧命人在院内砌起了许多砖墙，几乎把玉澜堂封闭起来，门口还有太监站岗，光绪像囚徒一样生活在这里，完全失去自由。

（徐风桐等《颐和园》）

　　这一例子是属于历史事件陈述的一类。陈述了玉澜堂与"戊戌变法"的联系，现在游客们看着东西配殿的砖墙，看着极具历史沧桑感的玉澜堂，心中所受到的冲击以及在心中激起的悲壮情感一定更加激越，对玉澜堂在历史上的地位的认识也一定更加清晰。

（三）历史渊源追述

　　这个殿叫作金刚殿，在殿的四周，布幔围住的部分是藏传佛教中形态各异的护法金刚，正中的雕像是镀金的，为黄教创始人宗喀巴。宗喀巴戴的黄色桃形帽，是黄教的标志，但仔细观察一下就会发现，在帽檐部位有一圈红色，是偶然现象吗？不是。历史记载宗喀巴在创立黄教之前曾师从红教，他悟性极高，因不满于当时各教派的腐化颓败，经过多年钻研，终于创立了一个教律严格又为大众所接受的新派别，传说红教徒习惯戴黄色里子、红色表面的帽子，宗喀巴在改革成功之后将帽子翻了过来，但露出一圈红色的帽边，以表示对老师栽培的不忘之情。

（王秉习等《青海塔尔寺》）

　　这一例子是属于历史溯源的一类。讲述了黄教大师宗喀巴创立黄教后，将红教的黄色里子、红色表面的帽子翻过来，露出一圈红色的帽边，以表示对红教老师栽培的不忘之情。这种将名人的事迹加以巧妙穿插的技巧，对有效讲解具有极大的作用，宗喀巴所具有的人格魅力，会对游客产生极大的吸引力，从而使游客对黄教以及塔尔寺的认识都会更加深入。

（四）名人足迹记述

　　桥中央有个湖心亭茶楼。它原是豫园内的凫佚亭，周围池水碧清，花木扶疏，鲤鱼戏水，野鸭飞翔，一片"风景赛西湖"的景色……，大家一定知道近十年来第一位访问湖心亭的外国元首是谁吧？是英国女王伊丽莎白二世。那是 1986 年 10 月

15 日下午,当时任上海市市长的江泽民同志陪同女王登上湖心亭二楼。女王一边品味特级狮峰龙井茶,一边聆听江南丝竹。上海评弹团著名演员石文磊表演了一首专为女王而创作的弹词开篇《湖心亭阵阵飘香》,曾获得音乐博士学位的女王听后,情不自禁地鼓起掌来,并脱下手套与演员亲切握手。据一位中国陪同"透露",这是女王到中国后第一次脱下手套与别人握手,这表明了她对中国文化的尊重与赞赏。

(周明德《上海豫园》)

这一例子是属于历史名人足迹记叙的一类。讲述了江泽民同志陪同英国女王伊丽莎白二世光临上海豫园的史实。因为记叙的是现代名人,所以使游客对游览景观的感受更加亲切、具体。

导游词中,这类历史掌故的有效穿插,会对游客产生极大的吸引力及亲和力。在导游词中,一方面要注意对游览景观中这类素材的开掘、整理以及巧妙运用;另一方面也要注意对这类素材的使用不宜过多过滥。名人效应虽然对被游览客体具有积极的张扬作用,但是这类素材用得过多过滥,也会产生相反的效果,会有滥贴标签、盲目攀附的嫌疑,这样反而会使游客心生厌烦,甚至产生规避的心理。所以,导游词中对这类素材的引用一定要把握合适的"度",要以"以情感人、因物生情"为原则,将这些积极的、有效的内容用到讲解的刀刃上,使它们在导游词中起到画龙点睛的作用,并成为讲解中的文化亮点。

四、风土人情

风土人情是一个民族或一个地区人们的历史文化以及社会生活习惯的缩影,是一个综合性文化概念。风土人情一方面反映了某一地域的特定的历史、政治、经济等文化特征,反映了在特定民间信仰中所蕴含着的民俗文化心理;另一方面也反映了某一特定区域人们的生活习惯、婚丧礼仪、岁时节庆的文化习俗等。这些穿插在导游词中的风土人情世故,不是抽象的,而是具体可感知的,成为游客可以直接接触和观赏的对象,甚至会给游客提供直接参与的机会。在导游词中将这些内容巧妙穿插,会有效地缩短游客与游览客体之间的心理距离,从而使游客对被游览客体产生亲切感,加深对被游览客体的文化内涵的理解,使游客对它们的认识上升到一个新的高度。比如:

黟县古民居的大门,一般都是朝着东、西、北三个方向,偶尔有些房屋受地基局限,不得不朝南开设大门时,也要设法偏一偏,宁可开成一扇斜门,让人感到颇有些不伦不类。解释这种现象有多角度的选择。

从封建制度来解释:在封建社会中,许多事物都有尊卑之分,连区分方向的东西南北也不例外。古代把南称为至尊,宫殿、庙宇都朝正南,帝王座位也是坐北朝南,叫作"南面称尊"。正因为南向如此尊荣,所以民间造房,谁也不敢取子午线的正南向,都得偏东或偏西一点,免得犯"讳"而获罪。

从风水理论解释:流传黟县的风水理论中关于住宅选址的要求为"巽山乾向"。根据周易文王的后八卦推算,巽为东南,乾为西北,就是说好曲住房应该是坐东南,朝西北。更为关键的是,据黟县历代风水先生观测,黟县"龙脉"起于西北,西北在地支上属庚、酉、申,庚、酉、申在五行中属"金";南向地支属午、寅、戌,午、寅、戌在五行中属"火",火能克金,门朝正南,属"相克脉",三代当绝后。人们造房本是百年大计;希望传子传孙,谁敢冒那三代绝后的风险!

而另一种风水理论则认为,古代黟县人在建房过程中有许多禁忌,这些禁忌与当地文化、经济有密切联系。黟县人经商致富,商为黟县人的"第一等生业",而从汉朝起,中国就流行"商"家门不宜南向、"征"家门不宜北向的说法。因为"商"属金,南方属火,火克金,所以门朝南开不吉利。"征"为兵家,"兵"属火,北方属水,水可克火,封建社会中北向象征失败,打了败仗称作"败北",所以兵家建房,门不朝北开。

(余治淮著《桃花源里人家》)

这一例子介绍并挖掘黟县古民居大门不朝南开的各种历史、地理以及风水、风俗等原因,使游客对这一特殊的民俗现象有了深刻的了解。

实际上,附着于各种游览景观中的风土人情丰富多彩,不胜枚举,不仅在汉民族中普遍存在,在少数民族中也俯拾即是,可以说是一个取之不竭、用之不尽的导游讲解资源宝库。各个地域的风土人情,实际上潜藏着地域文化、心理定式、价值观念、生活习俗等方面的种种差异,通过对这些差异的介绍,不仅能丰富游客们的文化知识和生活阅历,而且能使游客在旅游中经历生动、愉悦的文化体验,从而获得巨大的审美享受。

第二节　置　疑　法

导游词中的置疑法,是指巧妙、精心地调遣技巧疑问句来设置疑问的方法。虽然疑问句在导游词中的使用十分普遍,但是并不意味着可以将任何一种疑问方式随便用于任何一种场合,也不是任何一种疑问方式都表示疑问,所以要想使某种疑问方式具有鲜明生动的效应,使导游讲解收到理想的表达效果,就必须根据导游词特定的情景以及特定语境的表达需要,精心地选择各种疑问方式。所谓技巧疑问句,就是指那些能够在特定导游词中营造气氛,使讲解内容、讲解要点得到突出强调、加深沟通,使表达讲解生动别致、情趣盎然的疑问句。技巧疑问句主要有设问、反问、正问、奇问、疑离等五种。

一、设问

设问,一般的要点是自问自答,但是也不尽然。位于导游词开头或中间的设问句,一般需要回答;位于末尾的设问句,可以回答,也可以不回答,将答案留给游客思考。

设问的分类可以从两个角度进行。从设问的位置划分,可以分为位于开头、位于中间、位于末尾三类;从设问对象划分,可以分为自问、顺着游客的思路问、直接对游客发问三类。下面,将两个角度结合起来对设问进行讨论。

(一) 位于开头的设问

先看自问式设问。比如:

说起黄山"四绝",排在第一位的当然是奇松。黄山松奇在什么地方呢? 首先是奇在它有无比顽强的生命力,你见了不能不称奇。一般说,凡是有土的地方就能长出草木和庄稼,而黄山松则是从坚硬的花岗岩石里长出来的。黄山到处都生长着松树,它们长在峰顶,长在悬崖峭壁,长在深壑幽谷,郁郁葱葱,生机勃勃。千百年来,它们就是这样从岩石迸裂出来,根儿深深扎进岩石缝,不怕贫瘠干旱,不怕风雷雨雪,潇潇洒洒,铁骨铮铮。你能说不奇吗? 其次是,黄山松还奇在它那特有的天然造型。从总体来说,黄山松的针叶短粗稠密,叶色浓绿,枝干曲生,树冠扁平,显出一种朴实、稳健、雄浑的气势,而每一处松树,每一株松树,在长相、姿容、气韵上又各个不同,都有一种奇特的美。人们根据它们不同的形态和神韵,分别给它们起了贴切自然而又典雅有趣的名字,如迎客松、黑虎松、卧龙松、龙爪松、探海松、团结松等。

(于天厚《黄山,中国的骄傲》)

这种自问式设问在导游词中具有十分重要的作用。本例开门见山地提出黄山松奇异之处在哪里的问题,然后进行了两点说明,一是奇在生命力顽强,二是奇在天然造型美。这时导游人员顺着既定的讲解思路巧妙地自行发问,既能承上启下地使表达思路自然转移,又能提醒游客将注意力放在将要讲解的内容上。所提出的问题重点突出、切中要意,随后的解释说明层次井然,条理清楚,使游客能非常容易地把握讲解要点,在不经意间就获得了有关特定景观的具体知识。

再看顺着游客思路的设问。比如:

说到这里,各位一定会问:改庙的理由是什么呢? 其实原因是多方面的。雍和宫是乾隆父亲的故居,也是乾隆本人的出生地,属于潜龙邸,他人不能擅入。然而长久闲置,必然会趋于萧条荒废。而改成庙宇之后,佛门弟子既能精心照料其父皇的旧居,同时又可以为他的父皇超度亡灵,然而更重要的还是政治方面的理由。清朝时期,有些民族地区处在边塞要地,要想维护大清疆土的完整与安宁,必须通过

各种渠道加强同这些少数民族的联系。 (叶联成《雍和宫》)

这一例子是居于开头的且顺着游客思路发出的设问。这类设问是在讲解过程中设身处地地从游客的角度出发,顺着游客的思路进行发问。本例中导游人员带领游客参观雍和宫时一定要讲到雍和宫的历史变迁,游客也自然会对雍和宫由潜龙邸变迁为黄教上院的诸多原因感兴趣,所以导游人员不失时机地顺着游客的思路发问,然后又进行了一系列入情入理的解说,给游客留下了深刻的印象,也使游客对雍和宫历史的认识更加深入。

最后看直接对游客发出的设问。比如:

大家请到后面来。大家看,释迦牟尼像的后面还有一座千手千眼观音像。有没有哪一位团友知道千手千眼观音的来历呢?据佛经上讲,观音在听千光王静如来说法时,就立下了大誓,要"利益安乐一切众生",于是身上就长出了千手千眼。千手表示遍护众生,千眼表示遍观世间,那都是大慈大悲、法力无边的表现。其实在中国还流传着这样一个故事:传说妙庄王有三个女儿,在她们到了出嫁的年龄时,妙庄王为他们挑选女婿,结果大女儿和二女儿都高兴地同意了,只有小女儿妙善不愿意,她执意要出家为尼。妙庄王一气之下将她赶出了皇宫。妙善出家后,苦苦修行,成了菩萨。有一次妙庄王得了重病,生命垂危之际妙善化作老和尚去看他,对他说:"只有亲生女儿的手眼才能治好你的病。"但大女儿和二女儿都不愿意献出自己的手眼,于是妙善就献出了自己的手眼,治好了妙庄王的病。妙庄王很感动,他诚心诚意地请求上天让三女儿再长出手眼来,结果妙善一下子就长出了千手千眼,也就是千手千眼观音了。 (王晓晖《广州光孝寺》)

这一例子是位于开头且直接对游客发出的设问。这类设问是在讲解过程中将思路陡转,把问题直接留给游客,然后再导游人员做解释。游客一般不知道千手千眼观音的来历,这类设问将问题直接抛给游客,引导游客直接参与到讲解过程之中来,能够极大地调动游客参与的积极性,使游客在获得相关知识的同时,又能够充分享受直接参与的愉快感觉。

可见,不论是自问,还是顺着游客思路发问,还是直接向游客发问,只要是位于开头,那么这类设问的主要作用就是摆出要点,统摄相关的下文,同时引起游客的注意,并引导游客按导游人员设计的思路进行有效思考。

(二)位于中间的设问

先看自问式设问。比如:

我们终于登上了神坛最高层也就是第三层台面。您可能已经注意到,每登上一层,都同样要踏过9级台阶。我们再看看这台面所铺的石板:中心1块是圆形的,叫"天心石",其外共环砌着9圈巨大的扇形石板。从中心向外第1圈是9块,第 2 圈是 18 块,以后每圈按 9 的倍数增加,直到最外的第 9 圈,恰好是 81 块。再让我们抬起头来看一看台面周围的护圈石栏板,自然地被四面台阶分割为 4 个部分,每部分均为 9 块,再进一步看看这石台面中层和下层石栏板也同样被分割为 4 部分。中层的每部分为 18 块,下层的每部分为 27 块,都是 9 的倍数。太妙了,圈丘台上下到处蕴藏着"9"这个神秘的数字。这又是为什么呢?原来,根据古代阴阳五行之说,天属阳,地属阴。奇数属阳,偶数属阴。所以理所当然"9"这个阳数中的最大的数就是"天数"了。这个"9"表达了天的至高、至大,同时古人也认为天有九重,皇天上帝就住在九重天上。 (徐志长《天坛》)

这一例子是居于中间的自问式设问。这类设问在讲解过程中,针对具体讲解内容直接提出问题,然后自问自答。本例中结合天坛圜丘坛上到处都蕴含着"9"这个数字的讲解内容,直接发问,然后用阴阳五行说加以解释。这类位于中间的自问式设问,既能整理思路、连接思路,又能紧扣主题,使讲解重点突出、结构紧凑,在表达中起着重要的作用。

再看顺着游客思路的设问。比如:

喀巴像的背后有一座大型佛龛。佛龛里所供的是久负盛名的大型雕塑五百罗汉山。这座山用紫檀木雕成,山上的五百罗汉分别用金、银、铁、锡所铸成。走到这里游人总爱问,眼前的这五百罗汉与前面的十八罗汉到底有什么关系?严格地说,这五百罗汉与我们前面看到的十八罗汉含义上有所不同。十八罗汉属于真正达到初级修身正果的人,而且各有各的名号。五百罗汉是泛指公元前 1 到 6 世纪,追随释迦佛祖学习的弟子和学生。由于释迦佛祖在世时,讲经传道只凭口述,圆寂后,五百弟子担心教义失传,所以倡议在古印度王舍城的郊区七叶窟来一次大型的聚会,以口头方式汇集佛祖生前所讲的佛学内容。以后人们又将上述内容整理和完善,这就形成了早期的佛经。后世的弟子们认为佛经的产生功劳归于五百弟子,特造罗汉山或罗汉堂以示纪念。 (叶联成《雍和宫》)

这一例子是居于中间的顺着游客思路提出的设问。这类设问是在讲解过程中,根据游客一般情况下可能产生的问题而提出的,然后回答。本例根据一般情况下游客都会对五百罗汉与十八罗汉的关系置疑的情况提出问题,然后讲明两者的不同身份。

这类居于中间的顺着游客思路的设问,与居于开头的同类设问一样,具有十分重要的作用。首先,充分照顾到了游客的心理活动,巧妙地将游客的思路融进讲解说明的过程之中,使游客与导游讲解过程有机地融为一体,不仅能够加深游客的认识,而且能够缩短游客与导游人员以及与被游览客体之间的心理距离,从而对游客产生极大的吸引力。其次,这种设问具有极强的暗示性,能够有效集中游客的注意力,也能够有效地收拢游客的思路,不仅能够将讲解内容尽可能地传达给游客,也能够在讲解中与游客在思维程序上达到最大限度的沟通。

最后看直接对游客发出的设问。比如：

光孝寺不但历史长、文物多,而且不少文化名人和佛教高僧都曾在这里停驻过,使光孝寺成为岭南文化与中原文化交流之所,以及岭南佛教的传播地。这些人物,除了我刚才提到过的虞翻外,早在东晋时期,就有西域的名僧昙摩耶舍来到广州传教,并在这里建了大雄宝殿。梁朝时,印度僧人智药禅师也来到这里,他还带来了菩提树苗并种在了寺里……大名鼎鼎的菩提达摩也带着释迦佛祖的衣钵来到光孝寺传播佛教。

在众多的名人中,最为著名的就是佛教禅宗南宗创始人六祖慧能大师了。一提起他,大家都可能想起了他那首著名的偈语吧?"菩提本无树,明镜亦非台。本来无一物,何处染尘埃。"但又有哪位团友知道慧能是在哪里削发剃度的呢? 对了,就是在我们现在要去的光孝寺的菩提树下。等一会儿我们就能在六祖堂里参拜这位禅师了。
（王晓晖《广州光孝寺》）

这一例子是居于中间的直接对游客发出的设问。这类设问在讲解过程中直接将问题转给游客,不仅能够强调所要讲解的内容,提醒游客进行积极主动的思考,引导游客直接参与到讲解中来,而且能够衔接上下文,使讲解结构更加紧凑。本例的两个设问,将游客有效地拉进了讲解过程,同时也强调了慧能大师与光孝寺的重要关系。位于中间的设问,不论是自问、顺着游客思路问还是直接向游客发问,除了其各自的具体而特殊的作用之外,它们的共同作用一是承上启下、联系衔接,二是使讲解结构紧凑,层次分明。

(三) 位于末尾的设问

先看有问无答的设问。比如:

大堂东西两壁还悬挂有一幅清代学者顾复初的名联,上联是"异代不同时,问如此江山龙蟠虎卧几诗客"……下联是"先生亦流寓,有长留天地月白风清一草堂"……可是作者可能没想到,正是因为撰写了这副对联,他的名字得以与草堂共存。这副对联写得非常含蓄婉致,耐人寻味。1958 年毛泽东同志游览草堂时在这里仔细观赏,久久沉思。郭沫若称赞它是"句丽词清,格高调永"。您品出它的独特韵味来了吗!
（丁浩《成都杜甫草堂》）

这一例子是有问无答,都将问题留给游客,启发游客去思索、体会。用设问强调游客是否品出了杜甫草堂对联的独特韵味。

这类位于末尾的有问无答的设问,往往意味深长、含蓄隽永、引人深思。这种设问虽然没有回答,而是把问题留给游客思考,但是往往比有答案更恰到好处,也更加具有总结意味。而且这种以问题进行总括的表达形式,更加耐人寻味,留给游客的思考余地更大,思考范围也更加开阔。在导游词中,这类设问运用得非常广泛。

再看有问有答,但答案往往在将要进行讲解的下文出现的设问。

……灵渠的排洪道——泄水天平也是采用大小天平坝的构筑原理,只是规模要小些。远处突出江心的那座长堤叫作铧嘴,它有什么作用呢? 我们坐船过去看看。

……

(李祖靖等《广西兴安灵渠》)

这一例子是位于末尾,且答案将在下文中出现的设问。这类设问虽然位于末尾,虽然在相对完整的一个段落里面没有回答,但是因为其具体的答案内容一定会在下文出现,所以它仍是设问。

这类设问的主要作用是启后,提醒游客注意下文将要讲解的中心问题是什么,并会将游客的思路进行及时的收拢,以使游客有效地接受讲解内容。

除了上述各种设问以外,有时根据讲解的需要,也可以在讲解过程中连续设问。比如:

太和殿也叫金銮殿,为什么这么叫呢? 因殿内金砖墁地而得名。金砖墁地平整如镜,光滑细腻,像是洒了一层水,发着幽暗的光。那么金砖真的含金吗? 其实金砖并不含金,这是一种用特殊方法烧制的砖,工艺考究、复杂,专为皇宫而制,敲起来有金石之声,所以称作"金砖"。烧这种砖,每一块相当于一石大米的价钱,可见金砖虽不含金,但也确实贵重。

(任景国等《故宫》)

这一例子连续设问两次,这些连续设问,紧扣讲解内容,按照讲解步骤,不断地引导游客的思路随着讲解的程序展开,即使导游讲解有条不紊,条理清晰层次井然,又使游客注意力相对集中,思考范围相对稳定,所以也会收到十分理想的表达效果。

设问不仅可以提醒游客将注意力相对集中,启发并引导游客进行重点的思考,而且还具有更加重要的作用:①可以使平铺直叙的叙述变得跌宕起伏,造成波澜或悬念。②使讲解速度、语流节奏放慢,给游客以一定的思考时间。③使表达语气变得更加亲切、舒缓,使交际气氛更加自然、融洽。可见,设问在导游词中,特别是在叙述性的讲解中的作用是十分重要的。上述大量语用实例证明,在导游讲解过程中,巧妙地运用设问手法,可以收到理想的效果。

最后要注意不论是位于开头还是位于中间或结尾的设问,都要把握设问技巧,切忌因不当设问而冒犯游客,其中最重要的是要注意选择疑问句的形式以及提问的方式。请看下面的例子。

大家再抬头看,两侧月洞门上各有两个字,是用隶书写成的,有谁能认得出来这是什么字? 对了,左边是"格物",右边是"知致",取自我国古代"四书五经"。我来考考大家:"四书五经"是哪四书,哪五经? 大家一起说:"四书"是《大学》《中庸》《论语》《孟子》,"五经"是《诗》《书》《礼》《易》《春秋》。

上述设问属于不当设问。例如"有谁能认出……"和"我来考考大家……"等表述,显得不太礼貌,似乎有居高临下的嫌疑,将自己放在了一个十分主动的位置之上,而把游客放在了一个比较被动的位置上,一方面会在一定程度上造成游客的抵触心理,另一方面也有卖弄的嫌疑。

这类不当设问,存在的问题主要有:①位置错置。即将导游人员自己放在一个较高的、更主动的位置上,居高临下地对待游客,这样容易造成讲解交际的障碍,也容易造成游客的抵触心理。一般情况下,导游人员在导游讲解之前,都应该认真准备导游讲解的内容,应该首先把握被游览对象的诸多知识。所以,经过认真准备的导游人员应该巧妙地引导游客,以便和游客进行一种有效交际,而不应该自以为游客什么都不懂,甚至在游客面前卖弄。可见,在导游词中,这样的设问应该杜绝使用。②疑问句形式的选择不够恰当。上述不当设问句使用的都是直接疑问形式,显得有些咄咄逼人,最好是使用间接疑问形式,比如推测问"大家一定都知道……吧"等。③人称代词的选择还可以进一步斟酌,一般不使用"你""你们""谁"等代词,这些代词特指性太强,而且明显地将导游人员自己排除在外,这样会产生一些距离感,造成游客与导游人员之间的一定的心理距离。最好多使用"大家"等没有明显人称标志的代词,所指模糊一些,范围大一些,反而会更有弹性,更游刃有余。

二、反问

反问,最重要的特点是以否定形式或肯定形式进行无疑而问,着重表达各种确凿无疑肯定或否定的主观看法。导游词中,反问主要是用于导游人员对各种景观或相关事物的主观评论之中。

根据反问的位置,可以分为居于开头、居于中间和居于末尾三类;根据反问的语义价值,可将反问分为肯定和否定两类;根据反问的功能,可将反问分为评价和回答两类。

在导游词中,反问常出现的位置主要在中间和末尾,位于开头的比较少见。下面以反问的位置为线索,将各种类型的反问综合于一处讨论。

(一)居于开头的反问

朋友们,你们不远千里甚至万里来到这里,不就是要亲眼看一看黄山的美吗?不就是要感受一次人生的快乐吗? 是的,黄山是绝美绝美的,可以说是天下第一奇山,能够登临它,亲眼看一看它,确实是人生的一大乐事。

(于天厚《黄山,中国的骄傲》)

这一例子,居于段首分别以一层反问("……吗""难道……吗")和一层否定(不、没有)构成双重否定,肯定游客就是要如此这样。虽然它们的语意最终都是肯定的,但因其以疑问形式出现在段首,所以所具有的提领主题、提醒游客注意,从而有效集中游客的注意力的表达效果十分明显。

(二)居于中间的反问

旧时各府县均建有文昌阁,一心想在仕途上图个进取的读书人,没有哪个敢对文昌帝君有半点不恭,因为文昌是天上专管功名科禄的神,政府朝廷专管官吏禄籍和科举应试的机构都被叫作文昌府,莘莘学子岂能不视文昌大帝为命根子?在文昌帝君的家乡——四川梓潼七曲山文昌宫正殿前有一副对联写得很有道理:七曲山九曲水古柏森森是圣地;十年木百年人众生芸芸仰文昌。在有些宫观中,文昌帝的地位超过孔子。　　　　　　　　(梁晓虹等《中国寺庙宫观导游》)

这个反问例子先承接前面的话题,以肯定或否定的反问形式来表达导游人员的态度和看法。本例句肯定莘莘学子一定视文昌大帝为命根子。

这种居于中间的反问,同时具有两个作用,先是对之前的话题作一相对集中的收束,然后使表达继续延伸,或使表达再转入另一个话题。

(三)居于末尾的反问

断桥为什么这样出名?它究竟有什么惊人之处呢?是不是因为它的建筑特别奇古,或者因为它是金雕玉砌的呢?都不是。虽说"断桥残雪"是西湖十景之一,但断桥却并非因此而出名的。断桥这座桥十分平常,与西湖别的桥相比,非但并不显得特别突出,实际上甚至还不及苏堤六桥漂亮。原来断桥的盛名是随着《白蛇传》这个几百年来广为流传的戏剧而传开的。老一辈人谁不知道《断桥》这出精彩的戏呢?谁不曾为许仙的负心感到气恼,对法海的冷酷残忍感到痛恨?谁又不曾为那痴情的白蛇,那可爱又可怜的白蛇的悲惨遭遇一洒同情之泪呢?桥以戏传,于是断桥之名也就跟着《白蛇传》而传遍海内了。　　　　　(叶光庭等《西湖漫话》)

这一反问用例以反问句煞尾,对一个相对完整的话题进行总结式陈述或评价。连续使用三个反问句,用老一辈人对戏剧《白蛇传》的熟悉以及对白蛇的同情的事实进行肯定。位于末尾的反问,除了反问所具有的加强语气、强化表达者的主观态度等作用以外,还具有总结性陈辞的作用,这种总结,感情色彩浓厚,态度鲜明,观点明确,语气也较重,比一般的陈述式肯定或否定更有力量。

反问还可以连续使用。比如:

在沙坡头,自古至今,人类以自己的智力制水、治风、治沙,与大自然进行了反复而持久的较量,这难道不是一个赞殊的战场么!这战场是旷远辽阔的,所展开的力的角逐也是浩大、艰难而残酷的。绵亘万里的古长城，在这黄河边上的命运几乎与沉沦沙底的朔阳小城相似，大体上全给剥蚀风化得碎裂凋零了，有的地方竟给沙丘拦腰咬断，永远地埋没了。今天，挺起身的中华儿女重新开战，用包兰线将西北诸重镇与首都北京紧密相连，这难道不是钢铁铸就的力的纽带，愈挫愈奋的民族意志的象征么！古长城湮没了、沦陷了，但在它的废墟上，新的"长城"又崛起了，你看那卫护铁道的绿色林带，紧逼沙海，不正是新长城的缩影么？

（虞期湘《宁夏风情》）

这一例子在一个相对完整的段落里，连续使用了三次肯定式反问，突出强调，不容置疑，激越昂扬地歌颂了宁夏人民与沙海奋战的英雄壮举。

上述种种反问形式表明，反问在导游词中具有十分重要的作用。不论是陈述还是抒情，反问都能很充分地发挥至关重要的作用。所以，导游人员一定要在导游讲解中，也就是在导游词中，多用心思巧妙调遣并运用反问句，以使导游解说收到最佳效果。

三、正问

正问，实际上就是推测问，多以语气词"吧"收尾，同时常夹杂着"可能""大概""也许""恐怕"等一类表示推测、揣度语气的词语。正问的特点是：正问的答案就在问句的正面，不论是肯定还是否定都是如此。人们从正问的正面可以得到明确的答案，所以没有必要回答；有时正问之后也有回答，但是回答的重点并不在于回答，而在于进一步肯定事实。

使用正问的前提有两个，即要么是假设与被游览对象相关的事实就是如此，要么是假设游客的情况就是如此。

正问根据其对象不同，分为针对被游览客体的正问和针对游客的正问两类。

(一) 针对被游览客体的正问

①自晋代以来，这里就有了纪念诸葛亮的建筑。从这些卧龙的遗址，可以看到后人对他的尊敬。人们敬仰诸葛亮，除了因为他智慧过人、用兵如神之外，大概更重要的还在于他那"鞠躬尽瘁，死而后已"的精神吧！

（中央电视台《话说长江》摄制组编《话说长江》）

②青城山是道教的发祥地之一，被道教称为十大洞天中的第五洞天……青城山的最高处为老霄顶。在此可观云海，可望日出，而天风来雾，袭于袖底，诸峦泻翠，绕于膝前，使人飘然欲仙。顶上建有一亭，名呼应亭。立于亭中，面山而呼，可听到群山回应，余响不绝。这余响的不绝，也许是青城山中太多的道教文化的荡溢使然吧？

（流方编《旅游与宗教》）

上面两个例子都是针对被游览客体进行正问,多有肯定、评论的意味。例①明确地提出诸葛亮"鞠躬尽瘁,死而后已"的精神更加深入人心,更加受到人们的敬仰。其委婉的商讨语气似乎使人难以推拒,不得不加以赞同。例②用正问表明了青城山中洋溢着太多的道教文化的观点,虽然从语气上看似乎可以商讨,但是对其观点的陈述却是既含蓄又确定。

(二) 针对游客的正问

①所以多少年来,岳麓书院在经费一直紧张的情况下,辟出这样一片宁静的院落供奉理学大师和"经世致用"的圣贤,实在是要告诉每一位参观者,经世致用,回报社会,是实现人生价值的最好途径。可喜可贺的是,"经世致用"已被市政府定为我们长沙精神的组成部分……想必大家参观到这里,已经体会到了岳麓书院这一千年学府的真正魅力所在了吧!

(郭鹏《岳麓书院导游》)

②这个面阔七间、进深三重的大殿叫"澹泊敬诚"殿……这个殿是避暑山庄的主殿,是清代皇帝在山庄居住时处理朝政和举行盛大庆典的地方……你们可能会问:澹泊敬诚殿是举行盛大庆典的地方,那么当年是怎样一番盛况呢?那就要从松鹤斋南面的钟楼说起。当宣布庆祝大典或觐见开始,司钟人立即登上钟楼敲钟,钟响九下之后,山庄内各庙宇的钟声齐鸣,紧接着外八庙的钟声也相继应和。各种钟皆鸣八十一声。……我想你们的脑海里已经浮现出这一壮观的场面了吧?

(王坚《避暑山庄》)

上述两个例子都是针对游客的正问,除了具有收拢游客注意力,使讲解重点具有更加突出的作用之外,还具有更加明显的心理暗示作用。这种暗示具有引导游客针对被游览景观进行有效思维的作用,也具有规范游客思路、保证讲解有效进行的作用。例①认定游客已经体会到了千年学府——岳麓书院的真正魅力。例②假定游客的脑海里已经浮现出了"澹泊敬诚"殿盛大庆典的盛况。这些针对游客思路的正问,虽然是导游人员主观假定游客有这种想法或看法,但是这些表述委婉含蓄,情思宛然,暗示明确而柔和,能极大地唤起游客的共鸣,使游客与被游览客体之间的距离缩短,游客对特定被游览客体的认识更加深入,游客对被特定游览客体的感受得到进一步升华。

可见,正问具有十分明显的表达效果。不论是针对被游览客体的正问,还是针对游客的正问,若能巧妙使用,都可以最大限度地使表达中的陈述或抒情变得委婉含蓄,给人以情意绵绵不绝、言有尽而意无穷的美好感觉;也能最大限度地唤起游客的强烈共鸣,使导游讲解收到最佳效果;更能最大限度地缩短游客与被游览客体之间的心理距离,使导游人员与游客达到更有效的沟通。

四、奇问

奇问,是无须回答也无法回答的,并且可以使导游词情趣盎然、富有诗意的奇特的提问技巧。

奇问根据位置可以分为首位和尾位的奇闻两种;根据对象不同,可以分为对人文景观的奇问和对自然景观的奇问两种。

(一)位于首位的奇问

(1)走到岛南,这里又有一座"画山",总长200米左右。瞧,是谁在这里泼下油彩,点染丹青! 灰白、淡黄、蛋青、浅紫、赭红、深绿、墨黑……浓浓相间,斑驳有致,像撒在海滩的花瓣;一山之间,或阴或阳,色彩迥异,姿态万千。

(彭一万《厦门旅游指南》)

(2)经过壑雷亭,便是冷泉亭了。"冷泉"的命名或许是与"温泉"相对而言的,1 000多年来,冷泉亭一直是诗人们最爱流连聚会的地方,特别是白居易、苏东坡两位诗人。据说苏东坡在杭州做知州时常常携诗友僚属,到冷泉亭饮宴赋诗和处理公务。冷泉经飞来峰向东流逝,而亭面对飞来峰。请看亭内的一副楹联:"泉自几时冷起,峰从何处飞来";它的答联也很巧妙:"泉自冷时冷起,峰自飞处飞来"。各位除了亭内悬挂的答联外,也可以试口作答。　　　　(耿乙勾《杭州灵隐寺》)

上述两例,例①面对"画山"的奇特景观,使用拟人化手法对制造如此奇景的大自然进行奇问,匠心独运,情趣盎然,具有较强的震撼力量。例②是奇问兼奇答,针对冷泉亭、飞来峰的意思进行奇绝的置疑,然后又以奇特的回答表达了更加奇妙的看法,恰当地表现了人们巧妙的运思,给人留下的印象十分深刻。

(二)位于尾位的奇问

(1)离开舜陵,徜徉九嶷渠畔,望着这长青藤似的奔腾绿色,想到当年虞舜曾把帝位禅让给治水的能臣夏禹。若舜帝有灵,看到在湘江两岸,看到在我们这一代炎黄子孙里,涌现出这么多的治水能人,他又会作何感想呢?

(王俞等《千里湘江行》)

(2)下了车,登上梁山,环顾四野,只见果树成行,稻田成方,蜂绕菜花,蝶戏园林。俯瞰大地,方圆百里内好似沙盘上的标准模型。时而可见深湖中的捕鱼舟楫,时而可见农田里耘稻的人影。我仰望天宇,问浩渺的云烟,啊,梁山,你昔日的汪洋有多少纵横的巷汉? 哪里是英雄聚义的营盘?　　(傅先诗等《山河齐鲁多娇》)

上述两例,例①针对虞舜的想法进行奇问,表达了对当代湘江两岸的众多的治水能人的赞叹。例②对昔日梁山的情景进行奇问,使其对梁山的咏叹与赞美溢于笔端,具有极强的艺术感染力。

奇问所置疑的问题虽然奇绝,但无一不运思奇巧,情趣盎然,具有较强的抒情性。所以,奇问形式能够积极地营造导游讲解中极富情趣、极富诗意的意境,给人以生动别致、意味隽永的美感享受。

五、疑离

疑离,是把浑然不可分的若干个表达项巧妙地用"选择问"或"疑离性并列陈述"的形式进行无疑而问,疑离出来的选择问项或选择陈述项,无须选择也无法选择。其目的在于细腻地表现人们的复杂的感受,从而深化导游词的意境。

疑离根据其语气的不同,分为选择性疑问和疑离性并列陈述两类。

(一)选择性疑离

①白天的重庆喧闹,夜晚的重庆热烈。这闪烁的亮光,到底是江上的渔火,还是天上的星星? 一盏一点,盏盏点点……这是自由诗,这是交响乐,这就是山城、雾城——重庆的夜……　　　　　　　　　(中央电视台《话说长江》摄制组编《话说长江》)

②南阳公主祠也是福庆寺的重要建筑……据历史记载,南阳公主是隋炀帝的长女,美风仪,蕴志节。年十四岁与勋贵宇文述之子宇文士及结缡。因为懂礼度,不以皇家公主自傲而很受舆论称道。但是南阳公主正是由于生于皇家而遭罹不幸……遭此突然变故,转眼家破人亡,公主痛不欲生,为脱恨海,遂削发为尼。现在,人们在苍岩山上见到的公主,神态娴俊,形容洒脱,一面享受着人间的香火,一面远望着山外的人间。是观望着人间的春色,还是犹感愤于人间的纷扰与残忍? 不然,那眼神,那容色,何以那样的迷茫而难测呢?　　　　　　　　(流方编《旅游与宗教》)

上述两个例子都采用选择性疑问的疑离方式对所讲解的游览内容进行赞美与假想,深化了讲解的意境。例①通过将闪烁的亮光疑离为江上的渔火和天上的星星,赞美重庆壮美的夜景。例②有感于南阳公主的命运,面对削发为尼的公主的塑像,通过疑离方式想象着公主心中百转千回的复杂思绪,不能不令游客浮想联翩,也不能不令游客为之动情。

(二)疑离性并列陈述

①亭内有一巨大汉白玉石碑。碑的正面是清朝康熙皇帝写的四个大字:"曲院风荷"……于是,又题了一首诗,刻在碑的右侧……诗中描写了嫩芷新蒲在春风中荡漾,乾隆和他的母亲或乘辇或步行,从这儿到那儿看着栽植的各种艳丽的花树。清澈的潮水浇灌着各种艳红的花儿,大面积的桃花绮丽无比,就连爱抠字眼、固执

不知变通的乾隆,也被杏花雨时节的美景所陶醉,分不清哪是桃花,哪是红霞。

(纪流编《杭州旅游指南》)

②游人进入公平湖,顿觉心胸开阔,大有气吞云梦之感。湖区景物随着季节变换,四时各异。若是春日,但见流泉山水树道倾泻而下,水花飞溅,如飞珠溅玉一般。初长的嫩厥,像张开翅膀自由飞翔的蝴蝶,满山满谷地飞舞。若是夏日,湖上烟波万顷,迷雾蒙蒙,分不清哪是云,哪是山,哪是水,哪是天,哪是湖,哪是岸,真是湖中看雾千般景,雾中看湖景更奇。　　　　　　　　(余国琨等《桂林山水》)

这两个例子使用并列陈述方式将所表达的事物进行疑离。例①将杏花雨时节的美景疑离为桃花和红霞两项,既赞美了桃花,又咏唱了红霞。例②将烟波万顷的云雾迷蒙时的公平湖景色疑离为无法分清的云、山、水、天、湖、岸等六项,以极其抒情的笔触描绘了公平湖烟波浩渺、云烟升腾、雾海弥漫的美景。

从以上的疑离例子可以看出,疑离具有相当有效的修辞效果。所疑离的各项,实际上就是人们所进行的丰富的联想的内容。其种种联想,能够渲染出一种曼妙的气氛、动人的景象,在强烈的抒情笔调中深化导游词的意境,给人以极大的艺术美感享受。

综上所述,导游词中置疑法的主要作用如下:

(1)使导游讲解重点突出,结构紧凑,条理清晰,层次井然。

(2)提醒游客注意,把游客的注意力引导到特定话题上来。

(3)激发游客的兴趣和好奇心,提请游客进行积极主动的有效思考,引起游客欲进一步知其然的愿望。

(4)放慢讲解速度,给游客一定的思考时间,从而使游客更加有效地接受并真正理解讲解内容。

(5)调动游客真正参与享受游览过程,甚至参与讲解的积极性,使导游讲解收到最佳效果。

(6)缩短导游人员与游客以及游客与被游览客体之间的心理距离,使导游人员与游客达到最大限度的沟通,使游客对被游览客体的认识得到深化与升华。

(7)深化导游词的意境,渲染一种异乎寻常表达的气氛,使游客充分地得到美的享受。

第三节　缩　距　法

缩距法,是指通过调遣语言和非语言的各种因素来缩短导游人员与游客以及游客与被游览客体之间心理距离的方法。缩距法包括两个主要内容:一是缩短导游人员与游客之间的主观心理距离；二是缩短游客与被游览客体之间的心理距离。

一、缩短导游人员与游客之间的心理距离

缩短导游人员与游客之间的心理距离，一般来讲需要双方共同努力，但是最主要的是要依靠导游人员这一方面的努力。因为在整个旅游过程中，导游人员所进行的工作是旅游接待的最关键的环节，导游服务是旅游各项服务中最根本的服务，导游工作也是联系各项旅游服务的纽带和桥梁，导游服务质量更是衡量旅游服务质量高低最敏感的标志。可见，导游人员提供优质到位的导游服务，是缩短导游人员与游览者之间心理距离的基础。其中除了注意发挥导游人员自身的积极因素，做到真正将游客放在第一位等方面之外，还要充分调动语言和非语言的各种有效因素等。可以说，在游览过程中发挥导游人员自身的积极因素是缩短导游人员与游客之间心理距离的前提；导游人员在导游过程中，特别是在导游讲解过程中，将游客放在第一位，时刻为游客着想并善于从游客的角度进行思考是缩短其心理距离的要旨；在导游讲解过程中充分调动语言和非语言的各种积极因素是缩短双方心理距离的有效方法；在导游过程中，导游人员通过采取各种方法，与游客进行有效沟通，获得游客的真诚理解与合作，使导游接待服务得以高质量、高效益地进行，是缩短导游交际双方心理距离的根本目的。这里主要谈谈如何调动语言因素以及各种非语言辅助手段的问题。

（一）积极调动各种语言因素

调动语言因素来缩短导游人员与游客之间的心理距离，实际上包含着两方面的内容。一是积极调遣导游交际语言，包括招呼、自我介绍、致辞、交谈、答问、劝说、道歉、拒绝等方面的语言艺术；二是调遣导游讲解语言艺术。这里主要讨论在导游讲解语言中怎样调动语言因素来缩短导游人员与游客之间的主观心理距离，其关键就是通过遣词用句来营造出一种亲切、融洽的气氛，让游客感到他们自己与导游人员是一个整体，或者导游人员把他自己包括在游客之中，或者把游客放在自己的位置上，使导游人员自己与游客浑然一体，密不可分。

1. 称谓代词的运用

首先要注意人称代词的使用。在导游讲解中经常要直接称呼游客，如先生们、女士们、游客们、朋友们等，这些称呼礼貌周到而又必不可少，也会给游客以亲切自然的感觉。此外，在讲解过程中，还需要经常将游客纳入进去，甚至将游客的思路融入讲解之中，这就要讲究人称代词的运用。在导游讲解这种语境中，导游人员虽然与游客面对面，但是却不宜使用第二人称或特指人称疑问代词称呼游客。用第二人称或特指人称疑问代词称呼游客，不论是"您""你们"还是"谁"，都明显地将

导游人员自己排除在外,往往显得比较生硬、冷淡,甚至会给人以拒人之外的感觉。比如:"你们都熟悉黄山吧?"问题虽然很简单,但是用"你们"来指称游客,就似乎显得有些不亲切,多多少少有些隔膜感、距离感。比较起来,用没有明显的特定人称标志的"大家""各位"则比较合适,这些代词的人称标志比较模糊,所指范围要大得多,也多少把导游人员自己涵盖进去了一点,因此更容易被游客接受。有时,导游人员也可以用第一人称复数把自己完全归入到游客之中,表达成"我们""咱们""我们大家"等。下面请看用例。

各位游客:

大家好! 欢迎大家游览江南三大名楼之一的岳阳楼。

现在耸立在各位面前的就是岳阳楼,楼顶所悬"岳阳楼"三字横匾,是1961年毛主席提议请郭沫若先生题写的……

大家不禁要问,既然是天下名楼,为什么只建三层呢? 据说当时修建者是取天时、地利、人和之意。岳阳楼的前身为三国东吴大将鲁肃的阅兵楼。在1700多年前的东汉建安二十年,东吴孙权为了与刘备争夺荆州,派鲁肃率万名将士驻守战略要地巴丘,也就是今天的岳阳。鲁肃在洞庭湖操练水军并在城西依山傍水的地方修筑坚固的城池,建造了指挥检阅水军的阅军楼,这就是岳阳楼的前身,唐朝时阅军楼扩建,改名为岳阳楼。我们现在看到的岳阳楼是1984年大修过的,它基本保持了原有的宋代建筑原貌。好,现在请大家随我进岳阳楼内参观。

各位游客,这里首先映入我们眼帘的便是大家神驰已久的《岳阳楼记》雕屏,由12块紫檀木组成。前面我们说到,岳阳楼这一名称是在唐朝时才启用的,那时候,李白、杜甫、刘禹锡、李商隐等才华横溢的风流名士,或是落拓不羁的迁客骚人相继接踵而来,他们登楼远眺,泛舟洞庭,奋笔书怀……这些语工意新的名章丽句,使岳阳楼逐渐闻名起来。

(李刚《岳阳楼》)

在这一例子中,直接搭接游客的称谓代词主要有三小类。第一类是比较模糊的"大家""各位"等,特别是"大家"使用得最为频繁。这类具有称谓意义的代词,自然而又柔和,模糊而又明确,具有一定的亲和力。第二类是将导游人员自己直接融入游客之中的"我们""咱们",南方的导游人员喜欢使用"我们",北方的导游人员喜欢"我们""咱们"共用,这类称谓代词,直截了当,显得亲切而又亲密,具有极强的亲和力。第三类是把游客融入导游人员自己这一方面来的"我们"("前面我们说到,岳阳楼这一名称是在唐朝时才启用的"),这类称谓代词,往往是指第一人称单数"我",即导游人员自己,但灵活地表达成复数"我们"之后,既显得含蓄亲切,又巧妙地搭接上了游客,使其解说更具有说服力。总之,这些称谓代词在导游词中具有一种奇妙的力量,一经使用,就会营造出一种十分亲切融洽的气氛,使导游人员与游客的心理距离明显缩短。

2. 疑问句的运用

疑问句可以引起读者的阅读兴趣,也可以起过渡作用。前面我们在讨论导游词中的置疑技巧时,已经十分详细地分析了各种疑问句的使用功能与表达效果。这里再强调两点:第一,注意选择向游客发问的疑问句的句式以及疑问语气词。第二,注意多使用顺着游客思路设问的质疑技巧。

疑问句形式与疑问语气词的选择很重要。在讲解过程中导游人员会经常提出许多问题,如果是自问式设问或顺着游客的思路设问,因为是自问自答,所以这类疑问句一般没有什么限制。但是在对游客提出一些相关的问题时,就要注意疑问句形式的选择了,一般不宜使用直接置疑的直接疑问形式,而应该多使用间接疑问形式,比如推测疑问句。与此相应,一般也不使用"吗"等疑问语气比较强烈的语气词,而是较多地使用"吧"等表示推测的疑问语气词。比如:"各位游客,你们知道颐和园长廊多长吗? 长廊的彩画又是什么类型的彩画呢?"这样的疑问,显得有些咄咄逼人,完全没有什么周旋的余地,特别是如果游客真的回答不知道的话,那就会使导游人员陷入尴尬境地,甚至会使讲解难以继续,因为这样的问题不仅不会收拢住游客的注意力,而且还会引起游客的反感。如果改成下面的疑问形式,效果就不一样了:"各位游客,大家一定听说过颐和园的长廊多长吧? 也一定了解长廊的彩画是什么类型的彩画吧?"这样的疑问形式,与游客真的知道与否没有直接关系,主观上推测游客已经了解,给游客以极大的信任与尊重,也使表达更加游刃有余。再请看一例:

女士们、先生们:大家好! 首先我对各位的到来致以最诚挚的欢迎! 各位在来到长沙之前,想必已经对湖南有所了解了吧? （赵湘军《爱晚亭》）

这一例子中的推测问句委婉柔和而又明确无疑,充分照顾到了游客的心理,这样的导游讲解必然会受到游客的欢迎。

有时,对与游客有关的相关问题的推测,不一定都要采取推测疑问的形式,也可以采取直接肯定的推测形式。比如:

大家都注意到了,城墙每隔一段就有一个向外突出的部分,这叫做墩台。墩台是干什么的呢? 它是保卫城墙的。我们知道,古代攻守城池的主要武器是弓箭和弩机,上面既可以射下去,下面也可以射上来,因此守城的士兵轻易不敢探出身去,这样城墙脚下反而成了防御的死角。有了墩台,就可以弥补这个不足,从三面组成一个强大的立体射击网,城防力量大大加强。 （梁荫滋《山西平遥古城》）

上述"大家都注意到了""我们知道"等肯定式推测,与推测问句一样,同样具有缩短与游客之间心理距离的积极作用,在导游词中也要讲究使用。

讲究巧妙地使用顺着游客思路设问的质疑技巧也很重要,这种技巧在本章第二节中已经进行了详细的讨论。这里补充一点,就是这种顺着游客思路的设问,也可以十分有效地缩短与游客之间的心理距离,因为它充分考虑到了游客的心理活动以及心理感受,使游客与导游讲解过程有机地融为一体,使导游人员能够与游客实现最大限度的沟通。

3. 善于运用浅显易懂的口语

使用浅显平易的口语风格的表达,也具有缩短与游客之间心理距离的积极作用。试想,如果导游讲解的书面语风格过于鲜明,文言成分较多,表达艰深晦涩,那么就会使游客在理解上产生困难。游客连理解导游词都有困难,又怎么能谈及与导游人员的心理距离的缩短。而浅显平白的口语风格的讲解,往往轻松、活泼、平易近人,容易被游客接受并理解。下面请看一段口语风格比较鲜明生动的导游词:

比较起来,道教的药王要比佛教的药王凰逛得多。道教崇尚药王,既有历史原因又是实际需要。我们前面说过,道教是从方术发展而来的,早期的方士文化程度都比较高,也都有一技之长,称为方术,否则便称不上方士。方术的种类很多,阴阳、推步、望气、术算等都包括在内,可以说是五花八门。但最受欢迎的还是养生、保健、治病、疗疾这一类与医学相关的方术,也只有掌握这一类方术的方士们,才有资格来谈长生不老、益寿延年。后来这类方士中比较务实的就成了专职医生,比较虚谈的便都进入了道教……人们对医术高明的医生又都称作"活神仙"。

另外,佛教说人在今生今世活着是受苦,必须诚心向善,死后才能去西方极乐世界享受,因此佛教对人的生活不太重视,要人戒吃、戒喝、戒享受,在今生今世把苦受完,干干净净地等到死后去赎罪。而道教虽在其他方面比不上佛教,但在这一方面却偏偏有吸引力。道教也叫人诚心向善,但是说正当的享受还是可以的,他们要人修炼保身,说长生不老就是神仙,比较起来显得对生活质量要重视得多。因此道教说济世度人,往往就以治疗疾病、解除痛苦为手段,以教人益寿延年为乐事。在这种情况下,道教中懂医术的自然比较吃香,崇拜药王也就很自然了。

(梁晓虹等《中国寺庙宫观导游》)

这一例子是在介绍道教药王孙思邈时,分析道教药王崇拜的渊源与原因的一段导游词。一般说来,与宗教有关的内容往往比较深奥玄妙,有时甚至会令人难以透彻地理解,但是这段导游词因为采用平实浅白的口语进行讲解,使表达既浅显易懂、亲切感人,又饶有风趣。这段导游词中,通篇使用短句、散句,灵活多变,不拘一格;另外,其中的"风光""活神仙""吃香"等现代词语和口语词语的运用,也具有亲切自然、轻松活泼的效果。所以整段表达简洁明快,通顺流畅,收到了十分理想的效果。

4. 表达角度的把握

表达角度的把握,主要是要注意不要将角色位置错置。所谓角色位置错置,就是指导游人员居高临下地对待游客,将游客放在一个比较被动的、似乎什么都不懂

的位置上。比如:

中间的这一小间是大雄宝殿,供有毗卢遮那佛、阿弥陀佛和释迦牟尼佛。这三尊像都采用了工艺复杂的夹伫塑像法制成,在悬空寺造像中堪称精品,具有珍贵的文物价值。下面,我要考考大家,我国寺庙造像方法共有哪些?总的说方法很多,一般来说有铸造法、雕刻法、泥塑法、绘画堆砌法和夹伫法。

在这个例子中,"我要考考大家"的表达比较存在问题,导游人员将自己放在了一个比较主动的位置上,而将游客放在一个比较被动的位置上,这样容易造成导游交际的障碍,也容易引起游客的抵触心理。一般情况下,导游人员在导游讲解之前都是要经过认真准备的,为游客提供到位的讲解服务是导游人员的主要职责,导游人员在履行其导游职责的过程中,要求做解释的场合多种多样,如绘画展览、考古发现、叙述历史资料、闲谈地方政治、讨论社会价值标准、展示有关学校和大学的资料、回答有关少数民族事务问题、对购物或参加其他游乐项目提建议、谈论有关地方文化成就和机构等,所以在游客眼中,导游人员似乎应该是一个旅游专家,必然会对与游览景观相关的许多问题了如指掌,而且也应该如此。经过认真准备的导游人员应该巧妙地引导游客,为游客提供更加精彩的讲解,以与游客进行更加有效也更加融洽的交流,而不应该自以为是,更不能在游客面前卖弄。

(二)积极调动各种非语言辅助手段

在导游过程以及导游讲解过程中,导游人员除了可以积极调遣语言的各种因素外,还可以积极调动各种非语言性的辅助手段,非语言辅助手段有类语言、体态语、装饰语等多种形式。

1. 类语言

类语言,也叫副语言,是指有声音但无固定意义的各种手段,比如发音、音质、音调的高低和强弱、音量的大小、语速的快慢、停顿、沉默、叹息、咳嗽等。这些类语言现象是人际沟通的重要工具,有时成为感情密码,能够传递出暗示、制止、号召、鼓动、赞扬、怀疑、讽刺、惊讶、申诉、坚决、自信、祝愿、庄重、悲痛、冷淡、喜悦、热情、自豪、警告等各种情感。导游人员在导游讲解过程中调动类语言,主要就是创造声音的表情。在面对面地为游客进行讲解时,为有声语言创造出声音的表情是一种语言艺术技巧,主要包括协调平仄、和谐节奏、控制音色、把握音量、丰富语气等内容。

和谐节奏,就是通过精心安排或调整使语速、停顿、语调、轻重音甚至音步、平仄等多种因素和谐匀称,抑扬有致,整齐平稳。比如语速,在一段讲解过程中,要根据讲解内容以及讲解的具体要求、需要来控制。在正常情况下,一般用中速表达;在庄重场合或需要表现冷静的风格时,一般用慢速表达;在需要讲解情绪大起大落或需要表现昂扬激荡的情感时,可以用快速表达。如果能使表达语速与讲解内容、讲解情绪有机地联系在一起,就必然会打动游客,使游客的情感活动随着讲解的速度同步进行。比如停顿,在一段讲解过程中,在哪儿停,什么时候停,怎么停,都是很有讲究的,如果不注意,就会影响表达效果。如"岳麓山虽不高,但却是一个巨大的'植物博物馆'。整个山区全被林木覆盖,自然资源极其丰富。全区植物种类有174科、977种,以典型的亚热带长绿阔叶林和亚热带暖性针叶林为主,部分地区还保存着大片的原始次生林。古树名木,随处可见,晋罗汉松、唐代银杏、宋元香樟、明清枫栗,都是虬枝苍劲,高耸入云。"在这段导游词中,"晋罗汉松"与前后语段的音步节奏不一致。从形式上看,它与前面的"古树名木,随处可见"以及后面的"唐代银杏、宋元香樟、明清枫栗"构成四音节语段,但它并不能像其他的语段一样以两个音节为一组进行停顿,讲解中如果不小心表达成"晋罗/汉松",就会造成游客理解中的误区,甚至会使游客莫名其妙。像这样的导游词,在讲解之前就应该进行修改,改成"晋朝松树",以与后面语段的音步谐调一致;如果不修改,在表达时就要刻意地注意停顿,虽然与后面语段的音步不一致,也要明显地表达成"晋/罗汉松",这样才不会造成交际中游客理解上的障碍。再如语调,语调往往被称为情感的晴雨表,在导游讲解中,如果能够根据讲解的具体需要对语调进行创造性的处理,就会使讲解声情并茂。在一段导游讲解中,语调的安排要有变化,要有高潮、低潮的升降起伏。高潮时,语调要高亢激扬;低潮时,语调要低沉平稳,使语调抑扬高低、错落有致,使讲解增加比较强烈的感情色彩。控制音色,主要是指导游讲解时的音色要柔和,这一点是由导游讲解中与游客面对面的语境决定的。因为游客就在导游人员面前,音色太尖利,会使游客神经紧张,影响讲解气氛;若音色中鼻音太多,又会给游客无精打采的感受,甚会使游客厌烦;而柔和的音色,则会使游客感到亲切自然、轻松融洽,容易创造和谐的交际气氛。把握音量,就是根据讲解内容和讲解对象、场合的不同需要以及要求来控制声音的大小。大声疾呼、慷慨陈词、轻声细语都有特定的需要,如果在讲解过程中能够恰当选择调整,就会收到理想的解说效果。丰富语气,是指通过调遣能够表示语气的语气助词、语气副词、感叹词以及语调、轻重音甚至停顿等因素来使讲解语气丰富多变。讲解时,语气要根据表达的情态千变万化,从而传达出或赞叹、或惊奇、或欢快、或叹服、或谴责、或惋惜、或哀伤的种种语气。讲解中,若能够根据需要巧妙地表达出各种恰当的语气,就会感染游客,调动游客的情绪,使游客与导游人员之间形成一种和谐的感情共振。

2. 体态语

体态语,是指口头表达中借助表情、体态动作等手段准确地表情达意的一系列方式,主要有表情语、体式语两类。

表情语,是指由人的面部表情,即由脸色变化、肌肉收展以及眼、眉、鼻、嘴的各种运动所传递出的信息。据有关资料记载,美国心理学家艾伯特-梅拉比安在一系列研究的基础上得出了一个公式:"信息的总效果=7%言词+38%语调+55%面部表情",可见面部表情在交际中有着多么重要的作用。下面主要讨论一下比较重要的面部整体表情、目光以及微笑。

导游人员的面部整体表情,在导游讲解中对游客有极大的影响。因为导游人员在讲解过程中大多与游客面对面,导游的面部表情要随着具体讲解内容的需要或随着游客的反应而变化,与表达同步,要有真情实感。比如讲到"悬空寺是恒山的骄傲,也是我们每个中国人的骄傲。它建于北魏后期,没超过公元6世纪,牛顿力学尚需孕育上千年才能问世,而恒山人却半插飞梁,巧借岩石,在峭壁上创造了这一惊世之作,其智慧的火花是何等绚丽,胸中的气魄又是何等伟大!"(刘慧芬《恒山悬空寺》)随着这段导游词的讲解,导游人员的脸上就应该流露出喜悦、自豪、兴奋的神色,并且面部的这种表情也应该随讲解内容同时产生并结束,这样才会打动游客,也才会激起游客的激情。讲解中,如果脸上的表情木然,没有真情实感,甚至矫揉造作,或过于夸张,都会引起游客的反感,也必然会影响讲解的效果。

目光可以说是交际中最重要的表情语了。眼睛是心灵的窗口,各种各样的表情中,最能复杂、微妙、细腻、深邃地表达感情的莫过于各种眼神目光了。人们通过这扇窗户,可以表现自己的情感,又可以捕捉、追踪、洞察对方的内心世界。眼神纯正有神,是正直坦荡的反映;眼神柔和亲切,显得平易可亲;眼神坚毅果敢,显得自强自信,具有威慑力;眼神正直敏锐,会给人以可信赖之感。反之,眼神浮动游移,就显得心神不宁或轻薄浅陋;眼神呆滞无光,就显得愚笨无能;眼神狡黠多变,则显得虚伪奸诈等。导游人员在讲解过程中对目光的运用或环顾,或专注,或虚视,要根据讲解的需要而加以灵活掌握。首先要讲究目光的分配,然后还要注意与游客目光的连接,最后要注意照顾游客的特殊习惯。导游人员在讲解过程中与游客进行目光交往,是一种极其有效的心理沟通,分配目光时要尽可能统摄全体游客,目光的移动、收束要以不断地与不同的游客进行目光交流为前提,要以不断地从游客的目光中捕捉有效的信息、调节交际气氛为目的。导游人员通过与游客进行有效的目光交流,可以及时地了解游客的各种微妙反应,从而及时地调整讲解内容或讲解角度,乃至讲解速度等因素,使讲解收到最佳效果。此外,与游客进行目光连接时,要得体适度,要有重点,尽可能传达出一些特意关照的信息,使相关游客感到被关注的愉悦。但要注意时间不宜过长,不要老盯住一个游客,否则会使相关游客感到不自在,甚至会引起游客的反感。最后,与游客进行目光交往还要照顾到不同游客的特殊习惯,比如1985年第9期《旅游时代》上曾刊载了这样一个故事:"欧美国家的人们,对于干杯是很讲究的。在一次宴会上,我同客人们一一干杯后,便回到了自己的座位上。这时,一位中年妇人走到我的身旁,轻声对我说:'先生,你还得重新同我干杯。'看到我脸上流露出不解的神色,她连忙向我解释道:'刚才同我干杯时,您的眼睛望着别处。按照我们的习惯,同别人干杯时应该注视着对方的眼睛,以表示自己是出于真挚的友谊,否则就是失礼。'听到这里,我连忙俏皮地说道:'对不起!我刚才没好意思看您,因为您的眼睛实在太美丽了!"这段陈述中的"我"虽然随机应变,巧妙地化解了尴尬的处境,但也说明要得体地运用眼神,不但要遵守一般的交际规则,还要照顾到不同民族、不同国家的人们的特殊习惯。

微笑也是一种十分重要的表情语。笑有很多种,有大笑、暗笑、惨笑、嗤笑、耻笑、干笑、憨笑、媚笑、讪笑、谄笑、奸笑、苦笑、狂笑、冷笑、狞笑、窃笑、傻笑、嬉笑等,但是只有微笑最有魅力,最有吸引力,既微妙又永恒。微笑的内涵十分丰富,它所给予人们的信息往往是令人愉快的,是令人能够理解并能够接受的。在交际中,微笑几乎是调和剂,是一个攻不克、战不胜的堡垒。导游人员的微笑更加重要,一个笑容可掬的导游人员总会给人留下亲切、友好、礼貌、周到、可以信赖的良好印象,微笑永远会给导游交际过程带来融洽平和的气氛,有助于与游客建立起一种亲切自然、轻松愉快的关系,从而有效缩短双方之间的心理距离。

体式语,是指由手势、身体各躯干的动作以及各种身姿传达出的信息。手势,主要是指手的位置和手部的各种动作。特定手位如袖手、扼腕、挠头、支颐、搓脸、双手交叉、双手背后、双手置于膝上等,成语中也有一些强调手位及其动作的词语,如额手称庆、扼腕叹息、袖手旁观等。手部动作如握手、鼓掌、挥手以及手指(伸大拇指、竖小拇指等)的各种动作等。在导游讲解时,导游人员的恰当得体的手势,简直就可以成为讲解的重要组成部分,能够强调并帮助游客捕捉相关信息,可以加深游客对讲解内容的理解。魏星在《实用导游语言艺术》一书中,将导游的讲解手势分为三种:情感手势、指示手势和象形手势。情感手势,是指表现讲解感情的一系列形象化、具体化的手势;指示手势,是用来指示具体对象的手势;象形手势,是用来模拟物体形状的手势。在导游讲解中,在什么情况下使用什么手势,要由讲解的内容来决定,其手势要讲究明确、精练、自然、活泼以及个性化。一般情况下要注意五点:一要简洁明了;二要协调合拍;三要富于变化;四要把握分寸;五要避免忌讳。身体各躯干的动作包括头部、颈部、肩部、胸部、背部、腹部、腰部、下肢等各部位的动作。身姿,是指整体的身体形象,如站相、坐姿、走式、作态等。这些躯干动作以及身姿形象伴随着有声的语言表达,可以传达出各种微妙的意义,也往往反映了一个人的仪态、风度、气质、修养等方面的信息。中国传统文化有关仪态规范的说法很多,例如"坐有坐相,站有站相""静若处子,动若脱兔""站如松,坐如钟,行如风"等,导游人员必须注意使自己的体式身姿端庄得体,稳重大方,以给游客留下有风度、懂礼仪、可以信赖的良好印象。

总之,在导游过程中巧妙地调遣体态语,不仅能够使导游解说更加通俗、直观、传神,而且可以弥补言语表达的不足,增加导游人员自身的吸引力以及与游客的沟通力度,从而有效地缩短双方的心理距离。

3. 装饰语

装饰语,包括服装、化妆、饰物以及与交际者有关的各种实物所传递出的信息。就是说,交际者的衣服、妆容、装饰物等都能够"说话",而且它们传递信息的速度往往比语言还要快,交际者留给人们的第一印象往往就是他的装束。美国著名传播学家韦伯说:"衣服也能说话,不管我们穿的是工作服、便服、礼服、军服,可以说都是穿着某种制服,可以无形中透露我们的性格和意向。"可见,服饰能显示出人的职业、爱好、社会地位、信仰观念、文化修养、生活习惯等各种信息。此外,与交际有关的各种实物,如鲜花、礼品等也是一种交际语言,对人际的沟通也起着十分重要的作用。装饰语能够传递出这么多的信息,因此导游人员更要讲究使用装饰语。导游人员的着装要得体大方,必须符合国际上公认的T(时间)、P(地点)、O(目的)原则,并佩带导游标志;女导游人员的化妆要淡雅清爽,切忌浓妆艳抹,浅薄轻浮;导游人员的饰物要简洁明快,切忌珠光宝气,琐碎繁杂。

二、缩短游客与被游览客体之间的心理距离

缩短游客与被游览客体之间的心理距离,就是通过各种方法的运用,把游客与被游览客体巧妙地联系到一起,使游客对特定被游览客体产生亲近感。缩短游客与被游览客体心理距离的方法有很多,主要有设身处地、引导参与、巧设悬念三种。

(一)设身处地

设身处地,就是直接把游客放到游览景观之中,把游客与被游览客体直接联系起来,使二者水乳交融、浑然一体。比如:

女士们,先生们,我们面前这座古色古香的门,就是避暑山庄的正门,叫丽正门,是清代皇帝进出的门……门的两边有两尊石狮,以显示皇帝的威严。门前有御道广场,青石铺路,广场东西各立一块石碑,上面用满、蒙、藏、汉四种文字刻着"官员人等至此下马",所以又叫它下马碑。广场南边有一道红色照壁,使这座皇家园林与外界隔开。关于红照壁,传说里面藏有从鸡冠山飞来的金鸡,在夜深人静之时,轻叩照壁,金鸡就会发出咕咕的叫声。如果哪位想考证一下的话,就请夜里到这里来听一听。好了,今天就请大家当一回皇帝,进去享受一下当年皇帝的生活。

(王坚《避暑山庄》)

这一例子将游客直接纳入游览景物之中,把游客说成"皇帝"。还有一个例子是桂林月亮山的导游词。月亮山坐落在离大榕树一公里的桂荔公路的西侧,石灰岩山体,顶部石壁如屏,当中一洞透穿,既圆又亮,形如明月,故名月亮山,又名月亮

峰。有登山道,用大理石铺成。月亮洞的北侧有一座圆形山顶,与月洞叠视,可以改变其透视空间。为了使游客能更好地观赏月亮山,已专门修筑有赏月路,旅游车在赏月路上缓缓行驶,使那月洞与其北侧的山顶叠视,随着视角的不同,月洞由圆变缺,再由缺变圆,真是不能不令人赞叹不已。当转完月亮山时,导游人员风趣地说:都说地上的一年才是天上的一天,可是我们大家几分钟就过了一个月,说起来真是比天上的神仙还神仙呢! 导游人员的这段话语,获得了游客们的真诚喝彩,也使游客的情绪立刻活跃起来。

导游词中这种设身处地地将游客纳入游览景观的技巧,能够把握游客的微妙心理,用明快动人的穿插语言把游客与被游览客体巧妙地联系到一起,使主客融为一体。这种技巧寓娱乐于解说之中,真真假假,假假真真,诙谐幽默,妙趣横生,可以营造出十分轻松愉快的气氛,激发游客的兴趣,对游客有着较大的吸引力。

(二)引导参与

引导参与,包含有两方面的内容:一是引导游客参与操作,直接融入被游览客体之中;二是引导游客直接参与到讲解之中。

引导游客参与操作,就是根据讲解内容,不失时机地让游客进行操作,亲身体验讲解的内容。比如:

出山门之前,让我们来看看这些像筒一样的器具。这叫嘛呢经筒,在藏传佛教寺庙里是最常见的。筒用木头或金属做成,中间是空的,里面装满了经书。筒的侧面雕有文字,均是梵文发音的"唵嘛呢叭咪吽",即观世音菩萨的六字真言。对这六个字有很多解释,从字面上来讲并没有什么太深的含义,但藏传佛教徒普遍认为常念这六个字,平时则可以消灾免褥,死后即可以升入天堂,免下地狱。信徒和僧众用手按顺时针方向转动经筒,口中默念着六字真言,这样既念了经书,佛祖又会保佑自己。藏族地区的牧民信徒很多从小没有受教育的机会,很难诵读经文,但为了表示对佛的虔诚,诵经念佛又是必要的,所以他们采取了这种一举两得的办法。各位朋不妨也试着转一转经筒,念一下吉祥的六字真官。但请注意,一定要按顺时针方向转,千万不要转错了方向。　　　　　　　　　　(王秉习等《青海塔尔寺》)

这一例子,引导游客亲自转经筒,念六字真言,使游客对这种比较陌生的藏传佛教的念经活动立刻有了亲近的情感,极大地加深了游客对藏传佛教信徒的诵经内容与诵经形式的了解。

引导游客参与讲解,就是结合讲解内容提出问题,在引导游客参与的同时也将游客的回答纳进讲解之中,使游客的说法成为讲解的有机组成部分。比如:

进入午门就开始了宫内的游览,您看,前面的河叫金水河,上面五座大理石桥叫内金水桥……前面这座门叫太和门,门前这一对铜狮您能猜出雌雄吗? 您猜得不错,东面的是雄狮,前脚踩一只绣球,象征权利也象征统一寰宇;西面是雌狮,前脚抚弄一小乳狮,象征子嗣昌盛。　　　　(李登科等《故宫博物院中轴线导游词》)

这一例子是通过提出问题并引导游客回答的方式使游客参与到讲解中来。这种引导,能够引起游客极大的兴趣,使交际气氛变得活跃起来,这时候因为游客的情绪高涨,气氛活跃,所以答案的正确与否已并不重要了,游客关注的只是参与本身,同时所讲解的内容也会在不知不觉之中给游客留下深刻印象。

总之,引导游客参与,不论是参与操作,还是参与解说,都真正将旅游主体——游客放在了第一位,也真正发挥了游客的主观能动性,使游客感受到被真诚接待、被理解、被信任的乐趣,这样游客对导游人员的敬意也必然会油然而生,就会积极主动地与导游人员配合,使游览活动取得圆满成功。另外,对导游人员的请求其参与的引导,游客一般都会积极响应,并会以高涨的热情参加,这样的活动往往能够在导游讲解中掀起高潮,甚至会使游客对这一景观的印象保留永久。此外,调动游客参与的积极性,也能够调节交际气氛,调整讲解节奏,引起游客对游览景观的盎然兴致,使导游讲解得以高质量、高效益地进行。

(三)巧设悬念

巧设悬念,就是在导游讲解过程中,结合具体讲解内容,将一些较有意义或饶有趣味的问题提出来,但不做解答,先留给游客观察、思考,在导游讲解即将结束时再将答案揭晓。比如:

进门我们看到的这块半人高的石头,非常珍贵,传说宗喀巴的母亲生前背水途中常靠着它休息,现在成了信徒朝拜的圣物。石头上面贴着的钱币是怎么回事呢?原来是信徒对佛的一种虔诚的表示,实际上是对寺庙的布施,都是信徒和游客的一份心意。据说只有心中有佛的人才能够将布施贴在石头上,否则佛就不收。有心的人可以试一下自己的诚意,我可以告诉大家这里面有个小小的窍门,以后再告诉你们,好吗?现在大家可以试试。

……

女士们,先生们,今天我们参观塔尔寺就到这里结束了,在和大家告别之前,首先让我来解答那个贴钱币的秘密,那是因为在石头表面涂满了酥油,有人猜对了吗?　　　　(王秉习《青海塔尔寺》)

这一例子将贴钱币的奥秘留作悬念,这种悬念的设置,在引起游客欲穷究竟的兴趣的同时,也能够引起游客对游览景观的极大的关切之情,使他们能主动地融入游览景观之中,有效地加深对游览景观的印象以及对讲解内容的理解。

总之,缩短游客与被游览客体之间心理距离的种种技巧,主要是强化一种此情、此景、此人的意境,使游客真正地亲身体验、亲自感受,使旅游过程充满情趣、充满魅力,使游客在与被游览客体的交会融合中,体验旅游带给他们真正的审美享受。

(四)升华概括

升华概括,就是对特定景观中所蕴含的特定理念、道理或情感进行发挥、引申,使游览景观的个性特征得到突出,使游客的认识上升到一个新的高度,主要有点化主题、剖析内涵等。

1.点化主题

点化主题,就是在对被游览客体的讲解过程中,针对特定的讲解内容,巧妙地进行切合讲解主题的发掘引申、升华概括,使表达主题得到强调突出的技巧。

根据点化的对象不同,可将点化分为理念点化和道理点化两类。下面我们看看理念点化的例子:

对于爱晚亭,我们可以用一个字来形容它——古。爱晚亭既有古形,又具古意,兼擅古趣。先说古形吧。这是一座典型的中国古典园林式亭子,它按重檐四披攒尖顶建造。重檐印两套顶,这使得亭子气势高亢,雄浑天成;四披即采用四条斜边,这使得亭子端庄稳重,方正敞亮;攒尖顶更使得亭子具有了一种向心的凝聚力。这些都是中国传统文化,尤其是理学文化中重"理"、重"立身"、重"大一统"思想的反映。爱晚亭浓缩了中国古代传统文化中如此众多的精华部分,也就难怪人们会络绎不绝地频频造访了……再来谈谈它的古意。中国古建筑都很注重风水,也就是讲究阴阳五行,这在爱晚亭上也有体现。爱晚亭背靠岳麓山主峰碧虚峰,左右各有一条山脊蜿蜒而下,前则遥逼滔滔湘水。这种地势正符合我国古代传统的"左青龙,右白虎,后玄武,前朱雀"的布局。而且这儿三面环山,林木茂盛,属木;小溪盘绕,"半亩方塘",属水;亭子坐西面东,尽得朝晖,属火;亭子高踞山丘之上,奇石横陈,属土。"金木水火土"五行中只缺"金"了,于是盖上亭子,涂以丹漆,便五行齐备,大吉大利了。最后要介绍的是爱晚亭的古趣…… （赵湘军《爱晚亭》）

这一例子首先是对爱晚亭重檐四披攒尖顶建造形式所蕴含的理学文化思想加以升华,然后又对爱晚亭所处的地理位置占尽古代风水学说优势的特点加以发挥,使游客对爱晚亭的各种特征有了深刻的认识与体会,也对爱晚亭不能不刮目相看。

这种对特定景观中所包含着的特定内容的开掘、升华,一方面突出了特定游览对象的个性特征,对于游客全面把握其特点、深刻理解其内涵起着至关重要的作用;另一方面,借助可感知的具体景观,各种深刻的理念,也能够得到形象而生动的演绎,使其变得容易理解和接受。

道理点化,主要是导游人员根据游览景观的特点,对其中所包含的人文道理进行恰当的主观发挥。比如:

朋友们,黄山"无峰不石,无石不松,无松不奇",人们在看到和感受到黄山松那种顽强的生命力和非凡的气度时往往把它同咱们的中华民族联系在一起:几千年来咱们中华民族不屈不挠、自强不息、团结向上的斗争精神,不正像这黄山松吗?拥有黄山松的安徽省,已经把黄山松定为省树,并总结出黄山松的精神:即顶风傲雪的自强精神;众木成材的团结精神;有益社会的奉献精神;广迎四海的开放精神;岩石夹缝中自立发展的进取精神和坚忍不拔的拼搏精神……

(丁天厚《黄山,中国的骄傲》)

这一例子从黄山松的精神引申到中华民族不屈不挠、自强不息、团结向上的斗争精神,这种引申贴切自然、生动传神,使游客对黄山松的理解,对中华民族自强不息的精神的认识更加深刻。

可见,升华道理,睹物生情,抒发对社会、对人生的良多感慨,往往情真意切、生动感人,可以引发游客进行深层次的思考,具有积极的正面引导以及教育意义。但是,这种道理发挥在导游讲解中要水到渠成、恰到好处,不能牵强附会,也不宜过多,否则就有说教的嫌疑,甚至会引起游客的反感。

2.剖析内涵

剖析内涵的点化方法,主要是指对景观本身所蕴藏的深刻内涵或典故进行深入分析与剖析,巧妙地揭示其中的深刻含义,从而引起游客的深入思索,并给游客以深刻的启迪。请看用例:

扬仁风一组建筑,地处乐寿堂西侧,北临万寿山南麓,西靠养云轩和长廊,因此组建筑是仿中国的纸折扇形状而建的,所以又称"扇面殿"。扬仁风的殿名,是从历史上谢安赠袁宏一把折扇的典故演化而来的。

在我国的西晋时期,有一个叫谢安的官员,当时身为扬州刺史,他认识一个叫袁宏的人,对他的机智和对问题的答辩能力非常赞赏。有一天,袁宏要到一个新的地方去做官,好多人都去送他,谢安也去了,而且还当着众人送给袁宏一把纸折扇,当人们还没有反应过来谢安为什么要送袁宏一把扇时,袁宏却已经心领神会了,随口说了一句:"辄当奉扬仁风,慰彼黎庶。"意思是说,你送我这把扇子,是让我用它扬仁义之风,以慰黎民百姓。后来,不少人都借用过这个典故。

现在颐和园的扬仁风一组建筑,是在原清漪园乐安和遗址上修建的,为了突出这个典故的主题,不仅正殿建成扇面形,殿前还用数根条石垒砌成象征着扇子正在张开的形状。院落内其他地方的布局也紧扣这一主题,利用围墙、绿地、道路、水池等,把扬风的"风"字形象巧妙地表现出来。只要参观者细心观察就可看出,扇面殿的房子和向前延伸的大墙,是表示风字的"几",里边整齐的绿地和道路,则是表示风字的"中",而那个不规则的小水池,正是风字的"丿"和"一",把它们合在一起,恰好是一个繁体的"风"字。这种利用建筑布局完整而形象地体现出建筑寓意的

实例,在其他地方是极少能见到的。　　　　　　　　（徐凤桐等《颐和园六十景》）

　　这一例子是对与颐和园的"扬仁风"一组建筑中所蕴含的典故以及其造型的寓意进行解析,使游客不仅了解了其中的奥妙,而且也一定会受到深刻的启示。

　　上述对景观自身所蕴含的深刻含义进行的剖析,充分揭示了特定景观的一系列特点。这些特点本身都具有一定的知识性,不仅使游客在潜移默化之中得到中国传统文化的熏陶,而且使游客对特定景观的了解上升到一个新的层次,使游客的认识更加深刻,印象也更加鲜明。

第六章　古代山水名胜诗词名篇选讲

第一节　古代山水诗词概说

一、古代山水诗词发展简史

(一)产生

山水诗是中国诗坛的骄傲,其数量多,品位高,历史悠久。建安十二年(207)曹操所做的《观沧海》被认为是中国文学史上第一首较为成熟的山水诗。

自汉武帝提出"罢黜百家、独尊儒术"之后,党同伐异大为盛行。党锢之祸使士人顾虑自身的安危,汉末的军阀混战也使按照儒家三纲五常教义构建的汉帝国岌岌可危,士人们因此怀疑儒家文化的现实价值,转而向道家文化找寻安身立命之道,遁世、远祸、清谈的结果形成了风靡魏晋思想界的玄学。魏晋玄学以老、庄、易为思想源泉,以无为适性为理论指南,以自然与名教的关系为研究中心,其人格理想的本质特征是:以超脱世道为表征,以满足内心为旨归,以审美愉悦为实质。这种审美型理想人格的出现和确立,成为"魏晋风度"的核心。乱世而求全生,这种紧迫的人生需要是魏晋玄学风靡天下的心理基础。玄学的风靡,在文学上表现为玄言诗大行其道,而山水诗就脱胎于玄言诗,谢灵运包含名理的山水诗就是典型的例子。

随着审美价值的改变,玄学传播,全生、适性意识、陶乐意识也为社会普遍接受,山水自然被看作无为的理想人格的象征,文人们为老庄的"逍遥游"理想落实了现实的场所——自然,人与大自然空前亲和,自然山水成了文人的精神家园,于是山水诗大行于世。

(二)发展

山水诗的发展大致经过以下四个阶段。

1. 成熟阶段

成熟阶段主要是指魏晋南北朝时期,以谢灵运、谢朓为代表。自曹操气度不凡的《观沧海》之后,山水诗逐渐流行。东晋玄言诗流行百年后,南梁刘勰指出"凭情以会通,负气以适变",成为山水诗派开山之祖。南北朝时期著名的诗人谢灵运的山水诗可分为不带玄理的山水诗,如《登上戍石鼓山》;寄玄理于山水的诗,如《石壁精舍还湖中作》。谢灵运发扬太康诗人缘情与东晋诗人尚理的双重传统,全方位、多层次、有侧重地展现内心的山水审美愉悦。他咏唱"美在山水""乐在山水""忘忧在山水""人生归宿在山水""体性悟道在山水"。他的山水诗拓宽了山水诗的审美境界,提高了山水诗的艺术品位。

南齐诗人谢朓是继谢灵运之后的又一位山水诗人。他的诗模山范水、抒情写意,创作出不同于谢灵运的清丽山水。李白赞叹谢朓"蓬莱文章建安骨,中间小谢又清发"(《陪侍御叔华登楼歌》)"解遭澄江净如练,令人长忆谢玄晖"(《金陵城西楼月下吟》)。谢朓对山水诗的最大变革,是把谢灵运拉到尘世外的山水诗再拉回到尘世中,将山水与都邑风物、仕宦生活相连,创造出一种都邑山水诗。山水诗发展到谢朓已经完全成熟,他写景言情的技巧炉火纯青,他的山水观念也与谢灵运有显著不同,山水在他的诗里已经完全成为他情感生活的一部分,是情感的载体,是诗的灵魂,山水退居其次,山水随人转,情走物随。

2. 鼎盛阶段

隋唐是中国古代文明最灿烂的时代,也是山水诗最辉煌的时期。唐代从"贞观之治"到"开元盛世"有100多年的时间社会安定、经济繁荣,百姓安居乐业,为山水诗的大发展奠定了社会基础,提供了物质保障。初唐(618—712)的多数山水诗还未完全摆脱南朝梁陈诗风的影响,多写宫廷游宴,但也有陈子昂、张若虚以及"初唐四杰"诗风清新、质朴又含雄浑之气的山水诗。

盛唐(713—761)被誉为中国古典诗歌的黄金时代。孟浩然是盛唐山水诗派的代表之一。孟浩然的诗描述了寄情隐逸的生活,其诗云:"渐通玄妙理,深得坐忘心。"(《游精思题观主山房》)"愿言投此山,身世两相弃。"(《寻香山湛上人》)"烦恼业顿舍,山林情转殷"(《还山贻湛法师》)。他是李白、王维的遁世楷模,通过描绘缥缈的情景,获得精神上的愉悦,达到忘我的境界。他的诗和谐、自然、朴素,具有独特的情韵美、意境美,如"山暝听猿愁,沧江夜急流。风鸣两岸叶,月照一孤舟。建德非吾土,维扬忆旧游。还将两行泪,遥寄海西头。"(《宿桐庐江寄广陵旧游》)

盛唐山水诗派的另一杰出代表人物是王维。王维21岁进士,仕宦40年,对官宦人生的感悟是:"世上皆如梦"(《游李山人所居同题屋壁》)"心常悲欲绝"(《林园即事寄舍弟忱》)"穷边徇微禄"(《宿郑州》),因而他的山水境界有悲慨之情。王维诗中表现最多的是隐逸情思与山居生活,悠然自得,"山林吾丧我"是他的特色。他对山水文学最大的贡献是创造了禅寂美的居士山水境界,如"空山不见人,但闻人语响。返景入深林,复照青苔上"。(《鹿柴》)

享誉诗坛的李白是历代著名诗人中遨游天下最久、周历九州最广、耽情山水最深的诗人。他在《庐山谣寄卢侍御虚舟》自白:"五岳寻仙不辞远,一生好入名山游。"五岳寻仙使他深受湖光山色的熏陶,心灵日益山水自然化,留下了名垂千古的山水诗文。他的山水诗特点是:人格化、仙灵化、神奇化,丰富的想象,大胆的夸张,清新自然的语言,放浪纵恣的风格,使他成为我国文学史上继屈原之后又一伟大的浪漫主义诗人。

杜甫虽不似王维,但他的山水诗在数量和艺术上,在山水诗中仍占有一席之地。"为人性僻耽佳句,语不惊人死不休",杜甫执著追求艺术上的创新,开拓了山水诗的题材,将更多的社会生活、儒家精神写进山水诗。在艺术上,他丰富了写景抒情手法,寓情于景,设景为情。以流徙成都为界,杜甫的山水诗前期多用古体,后期试用近体,七言律诗在杜甫手中大放异彩,他的五言律诗更是令人观止,锤字炼句的功业也是空前绝后,刘熙载赞之:"杜诗高、大、深俱不可及。"(《艺概》)

中唐(762—824)也是山水诗的繁荣时期。刘长卿的《逢雪宿芙蓉山主人》、韦应物的《滁州西涧》等作品在清淡空明方面接近王维、孟浩然,而在表现寂寞冷落、描绘清雅的境界方面又有着大历诗人的共同特点。白居易、元稹等人的诗歌以通俗的语言绘山绘水,虚实相生,有着亲切的美感。韩愈、孟郊等人的作品以散文入诗,描写山水的险怪、幽涩;艺术上发新芽。而同一时期的刘禹锡、柳宗元其诗作也各有特色,柳诗不仅恬静淡远,还有像《渔翁》《江雪》这样既写山水之景,也写孤独高傲之情的诗作。

晚唐(825—907)山水诗的创作渐趋微弱,伤世悯时之作代替了高亢激昂的"盛唐之音"。杜牧、李商隐、温庭筠、许浑、皮日休、韦庄等人以各自的风格延续着山水诗的创作。

3. 开拓创新阶段

开拓创新阶段主要发生在宋代,就题材和内容看,宋代山水诗较唐朝有了很大发展。以前没有的,或是只写出烟瘴啼猿的,都得到了关注和修正,像黄山、海南、广东、都市风光、市民生活都出现在宋诗中,同时在艺术技巧上也有所创新。如王安石罢相后所做的《泊船瓜州》等,用七言绝句的形式写山水景物,清丽精工,巧妙修辞,别致新颖。苏轼的山水诗生动形象、自由潇洒,如《饮湖上初晴后雨》《惠崇春江晚景》等。南宋的杨万里也以山水诗著名,他观察自然景物细致,想象丰富,长于抓景物的特征,用拟人的方式将其展现出来。

山水词在这一时期也得到发展,是宋代词苑的奇葩。宋代积弱积贫,国势远逊汉唐,300年间内忧外患连绵不断,这种动荡的局势使得宋人渴望济世安民、建功立业,所以宋代山水词多流露出忧别、忧乡、忧宦、忧志、忧老、忧国的忧患意识,这使得宋代山水词多愁苦悲壮之叹,少盛唐山水诗恢弘昂扬之气。苏轼40余年的宦游,"身行万里半天下",每到一处"餐山色,饮湖光",神与物游,写下了大量的山水诗词。苏轼对山水文学审美创作、艺术构思提出了"天地与人一理""参天地之化",美在山水、乐在山水的山水自然审美观。陆游的山水诗则表现出强烈的自然亲和心理。陆游的创作是少"工藻绘",中"窥远大",晚"造平淡",其山水诗创新是师法山水自然,"天与诗人送诗本,一双黄蝶弄秋光。"(《龟堂东窗戏弄笔墨……》)他的山水诗绘景惟妙惟肖、巧夺天工。为了追求新奇,陆游还尝试援引散文博喻手法入诗,令人耳目一新。

4. 发展阶段

发展阶段主要是指明清时期。封建社会发展到明清,已失去了往日的生气,走向衰亡,山水诗歌也没有了盛唐的高亢、宋代的精巧,但依然有作家钟情山水、寄情山水,如高启、顾炎武、王士禛、陈维崧、朱彝尊、袁枚、赵翼、蒋士铨等。他们的作品多为寄寓兴亡之作,艺术上主张独抒"性灵",把游览山水当作个人的审美活动,"率真自然"地表达自己的真情实感,表现了许多山水情趣,也使山水诗词呈现出"中兴"的景象。

二、古代山水诗词的艺术价值

(一)古代山水诗词的审美特征

古代山水诗词虽说都以山水为基本题材,但它们却表现出不同的思想内容和审美趣味。例如描写祖国的大好河山的诗词,能够激发读者的爱国热情。面对惊涛拍岸的长江、黄河,雄伟壮丽的泰山、长城,优美秀丽的西湖、江南水乡,无人不动情,民族自豪感油然而生。诗歌通过鲜明生动的形象,培养了我们的爱国情感,也培养了我们亲近自然、热爱生活、积极对待人生的态度。诗词描绘的自然风光,让人在欣赏中不仅可以愉悦身心、修心养性,还可以提高审美能力,陶冶高尚的情操。

多数的山水诗词在写景时,都寄托着作者的理想和抱负,具有一定的教育意义和认识作用。如李白的作品就间接地抨击了现实的丑恶;柳宗元的作品表现了自己怀才不遇、孤独苦闷、不满现实的情绪;杜甫的作品在描写山水时融进了忧国伤时的感情;杜牧、韦庄的作品则吊古伤今。也有诗人在作品里表达自己的雄心壮志,如曹操的《观沧海》、杜甫的《望月》,苏轼、辛弃疾的词也充满了爱国、报效祖国、建功立业之情。

（二）古代山水诗词的旅游文化价值

自孔子提出悦山乐水的仁智说、庄子弘扬"逍遥游"的生活方式以来，我国的文人雅士一直尝试着将自然山水作为观赏、寄情、明道的对象。尤其是魏晋以后，随着人性的解放，自然崇拜的意识淡化，山水走进了人们的日常生活，成为人们观赏、吟咏、寄情、言志与神游的对象，大量的山水诗词不仅是我国的文化瑰宝，也是滋养国人山水意识、审美意识，塑造民族文化心理结构的源泉，同时它还丰富了自然山水、旅游景观的深厚文化内涵及审美趣味，是推动我国旅游文化的重要动力。

随着社会的进步，旅游已成为现代人类生活不可缺少的重要组成部分。在旅游中，人们不论是到江河湖海、高山浅丘，还是到江南园林、塞外大漠；不管是听涛观潮、观花赏月，还是拜谒古庙先人，都会看到、读到、听到甚至联想到描写相关景物的诗词，这些脍炙人口的诗句是我国传统山水诗词中的精华。优秀的诗词不仅能助游兴、提高游兴，还能丰富景观的审美价值，提高观赏者的审美理解水平。若是踏秋山中赏月，自然会联想到王维的《山居秋暝》"明月松间照，清泉石上流"。若是早春二月春游就会感受到"天街小雨润如酥，草色遥看近却无"，这些诗句会大添雅兴。这是因为在诗歌中，诗人将自己的观察和体验，借用对比、夸张、联想等艺术手段，把景物的典型形象美再现出来，把景物的诗情画意美记写下来，让人体会到景外之景、情外之情。当我们登上庐山，在云雾缭绕中吟诵"不识庐山真面目，只缘身在此山中"时；当经历了暴风雨后，我们常感叹"依旧青山绿树多"（朱熹《水口行舟》）时，景物的哲理内涵美便彰显出来。在山水诗词中还有许多怀古作品，这类作品或吊古伤今，或借古喻今，借古讽今，都饱含着历史的沧桑感，最能打动读者、激发意气，如苏轼的《念奴娇·赤壁怀古》、杜甫的《蜀相》、戴叔伦的《题三闾大夫庙》等。这类作品通过怀古思旧，论事以人，贴切用典，常常让人感念万分，使中国人文化心理结构中积淀的浓厚历史意识得到关照，提升了旅游的文化价值。

第二节　古代山水名胜诗词名篇选讲

观沧海[1]

魏·曹操

东临碣石[2]，以观沧海。

水何澹澹[3]，山岛竦峙[4]。

树木丛生，百草丰茂。

秋风萧瑟[5]，洪波涌起。

日月之行，若出其中[6]。

星汉粲烂[7]，若出其里。

幸甚至哉，歌以咏志。

【作者】　曹操(155—220)，字孟德，沛国谯(今安徽亳县)人，建安时代杰出的政治家、军事家、文学家，汉献帝时受封大将军及丞相。长诗歌，现存 20 余首乐府歌辞，其诗风豪迈刚劲。开建安风骨之先河。

【注释】　[1]汉献帝建安十二年(207)秋冬之交，曹操北征残留乌桓的袁绍旧部，大胜回师途中作组诗《步出夏门行》，又名《陇西行》。是按乐府旧题写作的新辞。这首诗共有"艳"(前奏曲)一章，正曲四章。正曲四章在收入选本时，被后人分别加上了小标题《观沧海》《冬十月》《土不同》《龟虽寿》。[2]碣石：山名，在右北平郡骊成县(今河北省昌黎县北)。一说是指大碣石山，在今河北乐亭县西南，早已沉入海中。[3]澹(dàn)澹：水波荡漾。[4]竦：同"耸"。峙：同"立"。[5]萧瑟：风声。[6]汉：银河。[7]粲烂：同灿烂。

【赏析】　诗歌绘出了大海的苍茫，歌颂了大海吞吐日月星河的气魄。写景动静有致，虚实相衬，展现出了苍海的光芒四射、气象万千。诗歌不仅写出了眼前景，而且绘出了意中景。以丰富的想象描绘出"日月之行，若出其中。星汉粲烂，若出其里"。意中景的描绘丰富了现实景的表达内容。诗中句句写景，句句抒情，荡漾着政治家的英雄气概和宽广胸怀。

石壁精舍还湖中作[1]

南朝·谢灵运

昏旦变气候[2]，山水含清晖。[3]

清晖能娱人，游子憺忘归。

山谷日尚早，入舟阳已微。[4]

林壑敛暝色，[5]云霞收夕霏。[6]

芰荷迭映蔚，[7]蒲稗相因依。[8]

披拂趋南径，[9]愉悦偃东扉。[10]

虑澹物自轻，意惬理无违。[11]

寄言摄生客，[12]试用此道推。

【作者】　谢灵运(385—433)，祖籍陈郡阳夏(今河南太康县)人，出身东晋大氏族，是名将谢玄的孙子，袭封康乐公，因称谢康乐。酷爱山水，因仕途不顺遂寻幽探奇，恣意漫游。善写山水名胜，辞藻华丽，刻画细腻，是我国最早专写山水诗的作家。有《谢康乐集》。

【注释】 [1]本诗是谢灵运从石壁精舍回巫湖所作。石壁精舍是他在北山营立的一处书斋。精舍:本是儒者教授生徒之地,后称佛舍为精舍。湖:指巫湖,在南北二山之间,是两山往返的唯一水道。[2]昏:晚。旦:早晨。[3]清晖:清丽的光辉。"清晖"二句:取自《楚辞,九歌。东君》:"羌声色兮娱人,观者憺兮。"娱:乐。憺(dàn):安。[4]阳已微:阳光已经暗淡。[5]壑(qǎng):深沟。敛:聚集。暝色:暮色。[6]霏:云气。[7]芰(jì):古指菱。[8]稗(bài):像稻子一样的杂草。[9]披拂:拨开。[10]偃:休息。[11]意惬(qiè):心满意足。[12]摄生:养生。

【赏析】 诗歌体现了谢灵运诗歌的特点,讲究骈偶,炼句刻意,写景尽态极妍,追求新奇的文字。诗以"还"为行文线索,将情、景、理自然融合。一、二句对偶精工,措辞凝练。接着用顶针手法带出颔联,两个"清晖"承接自然。"出谷"二句承上启下,说明游历是一整天,并回应开篇的"昏旦"。这六句是记述游石壁的观感,是虚写、略写。"林壑"以下六句是详写山光湖色、荷叶稗草在晚霞中的怡然美景。取景远近参差,动感强。句法上两两对偶,极见匠心。"披拂"二句写回家,一"趋"一"偃"又回到现实社会,诗歌空间的转换,使作品的内涵深广,意境开阔。最后四句写游历后悟出的玄理,这四句的议论未脱离前面的抒情,这种感受与"清晖能娱人"的山水紧密相关。魏晋以来的士大夫常借山水来谈玄理,而谢灵运的这首诗却毫无玄言诗的"淡乎寡味"之风,将真挚的情感、精美的景致、精深的哲理融为和谐的一体。

新安江至清浅深见底贻京邑同好[1]

南朝·沈约

眷信访舟客,兹川信可珍。

洞澈随清浅,皎镜无冬春。

千仞写乔树,[2]万丈见游鳞。[3]

沧浪有时浊,[4]清济涸无津。[5]

岂若乘斯去,俯映石磷磷。

纷吾隔嚣滓,宁假濯衣巾?[6]

愿以漏溪水,[7]沾君缨上尘。[8]

【作者】 沈约(441—513),字子文,吴兴武康(今浙江武康县)人。经历仕宋、齐、梁三代,是齐梁时代的文坛领袖,死后谥隐侯。他和谢朓等人开创了"永明体",促进了自由的古体诗向格律严整的近体诗发展。他创立的"四声八病"说,对诗歌的声律、对仗有很大的影响。有《沈隐侯集》。

【注释】 [1]隆昌元年(494)沈约任史部郎,出任东阳太守,途中乘舟逆流,触景生情,作下此诗。新安江:源出安徽婺县,流经浙江,是诗人由建康至东阳的必由之路。[2]仞(潮):古时八尺或七尺叫一仞。诗中形容山高。[3]见(jiàn):露出。[4]沧浪有时浊:源出《孟子·离娄》:"沧浪之水清兮,可以濯吾缨;沧浪之水浊兮,可以濯吾足。"孔子从中演绎出人生哲理:水清,濯缨;水浊,濯足。意为,时世太平,则进而兼善天下;时运不济,则退而独善其身。[5]清济涸(hé)无津:出自《战国策·燕策》:"齐有清济浊河。"涸:河水干枯,露出河床。[6]宁:难道。假:借用,利用。濯(zhuó):洗。[7]潺湲(chán yuán):形容河水慢慢流的样子。潺:水流动的声音。[8]沾:浸湿。

【赏析】 诗歌的一、二句破题,乘舟发现江上的优美景致,心情顿时爽快,感叹"信可珍"。接着三、四、五、六句铺陈描写水光山色,用绿树和游鱼说明水的活力、清澈,没有冬春差别,也呼应标题"至清浅深见底"。七、八句由自然的洗礼转入精神抚慰,运用典故抒发情怀。"沧浪"句顺用,"清济"句反用,接着在下句立刻又转入写景,使诗意荡漾,张弛有度,水中的石自有清俊坚韧的品格,折射出诗人的心意。最后以寄语京中友人的两句诗收束全诗,既照应了标题,又解放了被精神枷锁困惑的诗人。诗文从容不迫地写景抒情,遣词用典,开合有度,转换贴切自然。诗的前四句一个韵,后六句一个韵,韵脚整齐,对仗工整。

游东田[1]

南朝·谢朓

戚戚苦无悰,[2]携手共行乐。[3]

寻云陟累榭,[4]随山望菌阁。[5]

远树暖阡阡,[6]生烟纷漠漠。[7]

鱼戏新荷动, 鸟散余花落。

不对芳春酒,[8]还望青山郭。[9]

【作者】 谢朓(464—499),字玄晖,陈郡阳夏(今河南太康附近)人,因和谢灵运同族,又被称"小谢"。他曾做过宣城太守,世称"谢宣城"。与沈约共同开创讲究声律对偶的"永明体"新诗派,开唐宋律诗绝句之先河,写了大量语句工丽、风格清俊的山水诗。有《谢宣城集》。

【注释】 [1]东田故地在今南京市钟山下。[2]戚戚:忧愁的样子。悰(cóng):欢乐。[3]行乐:指同游东田。[4]寻云:寻找云的影踪,指"登高"。陟(zhì):升,登。累:重叠。榭(xiè):建筑在台上的房屋。[5]菌阁:高耸的楼阁。[6]暖(nuǎn):日光昏暗,看不清的样子。阡阡(qiān):芊芊,林木茂盛的样子。[7]漠漠:云烟密布的样子。[8]不对:不面对着,诗中指没饮酒。[9]青山郭:靠近青山的外城。郭:外城。

【赏析】 诗歌以诗人的行踪为线索,写出了高低远近的不同景致,既有朦胧迷茫的远景、静景,又有精细生动的近景、动景,展现了多姿多彩、意趣丰富的景物。"陟""望"等动作,更使人有身临其境之感。结尾以观景胜过饮酒的对比,表达了诗人对自然风光的热爱。诗的语言清丽流畅,双音词"戚戚""阡阡""漠漠"增强了形象性和韵律美。除一、二句外,其他都是工整的对句,体现了"永明体"的特点。

之宣城出新林浦向板桥[1]

南朝·谢朓

江路西南永,[2]归流[3]东北骛。

天际识归舟,　云中辨江树。

旅思倦摇摇,[4]孤游昔已屡。[5]

既欢怀禄情,[6]复协沧州趣。[7]

嚣尘自兹隔,[8]赏心于此遇。[9]

虽无玄豹姿,[10]终隐南山雾。

【注释】　[1]这首诗作于谢朓出任宣城太守时,他从金陵出发,逆大江西行,出新林浦是第一站。宣城:今安徽宣城县。新林浦:在南京西南。板桥:在新林浦南。[2]永:长。[3]归流:江水东流入海是其归宿,故称"归流"。骛(wù):奔驰。[4]摇摇:心神恍惚。[5]屡:多次经过。[6]怀禄:希望为官获俸。这句的意思是"既遂了做官的心愿"。[7]沧州:水滨,隐者居所。这里指外任清闲,权当隐居。这句的意思是"又合了隐居的情趣"。[8]嚣尘:喧嚣的俗世。[9]赏心:乐事。[10]"虽无"两句援引《列女传》,意思是说自己虽无玄豹那样的资质(喻美德),但此次去宣城,也算栖幽远害。

【赏析】　诗歌以清新简约的文笔淡淡勾勒出寄托思乡之情的江流、归舟、云树,让景物含有无限的情绪,为后来诗的景中情、情中景融为一体做了有益的探索。诗情景分咏,又相互映衬。前面几句写江上泛舟时所见景色,暗含离乡去国的忧伤,后几句直抒栖幽远害之无忧,是自我排解之辞。诗中表现了中国知识分子固有的矛盾心态,既感恩于皇上,安于荣仕,又渴望仕隐,远离尘世。诗的意境完整,表意含蓄,语言清淡,情趣旷逸,属山水诗的上乘。

入若耶溪[1]

南朝·王籍

舸艎何泛泛,[2]空水共悠悠。[3]

阴霞生远岫,[4]阳景逐回流。[5]

蝉噪林逾静,[6]鸟鸣山更幽。

此地动归念,长年悲倦游。

【作者】　王籍,生卒年不详,字文海,南朝琅邪(今山东临沂附近)人。曾任梁湘东王咨议参军、中散大夫。他很仰慕谢灵运,诗风也相似。

【注释】 [1]这首诗表现作者泛舟若耶溪倦游思归的情怀。若耶溪:在今浙江绍兴县南,若耶溪山下。相传为西施浣纱处,故又称浣纱溪。[2]艅艎(yú huáng):舟名,泛指舟船。泛泛:无阻挡地漂流。[3]空水:天空和溪水。悠悠:渺远平静的样子。[4]岫:峰峦。[5]阳景:太阳的影子。逐:跟随。回流:回转曲折的流水。[6]逾:更。

【赏析】 这首诗的特点是以动写静。叠词"泛泛"以小舟在溪水中畅行来衬托幽静,"悠悠"壮"空水"辽远之态,这一联写景一近一远,很有情致。高天、溪水、阴霞、阳景,透出一种自然的静谧。"蝉噪林逾静,鸟鸣山更幽",诗人不直言山林幽静,而是反意着笔。满耳鼓噪不休的蝉声,枝头叽咋争唱的鸟鸣,更衬托出林静山幽,这在艺术上叫作相反相成。王籍的动静转化艺术上的辩证法被时人赞为"文外独绝"。

野望[1]

辕唐·王绩

东皋薄暮望,[2]徙倚欲何依。[3]

树树皆秋色,[4]山山唯落晖。[5]

牧人驱犊返,[6]猎马带禽归。[7]

相顾无相识,[8]长歌怀采薇。[9]

【作者】 王绩(585—644),字无功,号东皋子,绛州龙门(今山西稷山)人。隋末任秘书正字、六合县丞,因嗜酒被劾,还乡隐居。有《东皋子集》。

【注释】 [1]作者借写薄暮观山野之秋色,抒发无所依托的苦闷心情。[2]东皋:王绩隐居时的游玩之地,在今山西河津县。薄:逼近。[3]徙(xǐ)倚:徘徊,彷徨。依:依托,归宿。[4]秋色:指凋零枯黄。[5]落晖:落日的余晖。[6]犊(dú):小牛,诗中泛指牛羊。[7]猎马带禽归:猎人的马带着猎获的禽兽归来。[8]顾:看。[9]怀采薇:殷朝灭亡后,伯夷、叔齐隐居首阳山,采薇而食,最后饿死。诗中是指怀念古代伯夷、叔齐那样的隐士。

【赏析】 诗歌反映了诗人孤独忧郁的心情。诗人在薄暮中野望,满眼秋的衰败,牧人猎马都识途回家了,只剩下静寂的山野和"相顾无相识"的诗人,挥不去的孤寂落寞只能用"怀采薇"聊以自慰。诗歌借景抒情,质朴自然,毫无当时宫体诗的浮华和淫艳的习气。中间四句对偶工整妥帖,自然而又不呆板。

宿桐庐江寄广陵旧游[1]

唐·孟浩然

山暝听猿愁,[2]沧江急夜流,[3]

风鸣两岸叶,月照一孤舟。

建德非吾土,[4]维扬忆旧游。[5]

还将两行泪,遥寄海西头。[6]

【作者】 孟浩然(689—740),襄阳(今湖北襄阳)人。早年隐居鹿门山,壮年时漫游吴越,40 岁游长安,应进士不第,归故乡。是盛唐第一位山水诗人,其诗多记写隐逸生活,诗风清淡自然。有《孟浩然集》。

【注释】 [1]诗写景怀旧,诉说了诗人凄凉悲苦之情。桐庐江:桐江。钱塘江流经桐庐县的一段叫桐庐江,流经富阳县的一段叫富春江。广陵:江苏扬州。旧游:往日同游玩的朋友。[2]暝(míng):夜晚。[3]沧江:指桐庐江。沧:青沧的水色。[4]建德:今浙江的建德县,在桐庐江上游。土:故土,故乡。[5]维扬:江苏扬州。[6]海西头:指扬州,因其在大海西头。

【赏析】 诗人由眼前之景生发怀旧之思。前四句写夜景,渲染出凄凉孤苦的气氛。山色晦,猿鸣哀,愁;江水夜奔,月照孤舟,亦愁。目及耳闻都是愁,激起诗人怀旧之情,遥想故乡旧情,不禁泪双行。情景交融真挚感人。诗中数词"一""两"的对举,增强了表达效果。

山居秋暝[1]

唐·王维

空山新雨后,天气晚来秋。

明月松间照,清泉石上流。

竹喧归浣女,[2]莲动下渔舟。

随意春芳歇,[3]王孙自可留。[4]

【作者】 王维(701—761),字摩诘,祖籍太原祁州(今山西祁县)人。从其父迁家于蒲(今山西永济县)。开元九年进士。天宝末年任给事中,晚年官尚书右臣。精通音律,擅长书画,苏轼称他:"诗中有画,画中有诗。"他的山水诗成就极高。有《王右臣集》。

【注释】 [1]"山居"是指作者在终南山下是辋川别墅。诗借写秋天黄昏山景,抒发归隐田园之惬意。暝(míng):黄昏。[2]浣(huàn):洗。[3]随意:任意,任凭。歇:消歇,凋谢。[4]王孙:指像作者一样的隐士。

【赏析】 诗歌写新雨后的秋夜。在素描式的画面里透现出清新的生命气息,"空山"把"幽"渲染到极点,"新雨"又使宜人的气息扑面而来。松间月影,石上清泉,点化出生命的流动。浣女和渔舟唱晚,将人与自然融为一体,人声入画,人从画中来,画中透出生机和意趣。诗中的视觉形象和听觉形象,循环错落,在诗的结构上形成了曲折回环美;"明月松间照,清泉石上流",其音节是二二一的格式,"竹喧归浣女,莲动下渔舟"的音节是二一二的格式。这样音节的错综形成了韵律上的回环美。王维的这首诗既绘制了山水美景,又记写了远离尘世,轻松自然的村野生活,将诗、画、乐熔于一炉,使归隐生活令人向往。

黄鹤楼送孟浩然之广陵[1]

唐·李白

故人西辞黄鹤楼,[2]烟花三月下扬州。[3]

孤帆远影碧空尽,　惟见长江天际流。[4]

【作者】　李白(701—762),字太白,祖籍陇西成纪(今甘肃天水县),出生于唐代安西重镇碎叶城(今吉尔吉斯斯坦共和国托克马克附近)。5岁随父亲迁居绵州昌隆(今四川江油县)青莲乡。25岁时出蜀远游,遍游名山大川。唐玄宗时曾供奉翰林,安史之乱受牵连,被流放。他的诗抒写政治抱负,描摹祖国的大好河山,是我国古代诗歌史上的浪漫主义大师。

【注释】　[1]诗歌描写了作者目送朋友远去的景观,以及回荡于心中的绵绵情思。之:到,去。广陵:今扬州。[2]故人:老朋友,诗中指孟浩然。西辞:指离开黄鹤楼,因它在扬州之西。[3]烟花:形容阳春三月杨柳如烟,繁花似锦。[4]天际:天边。

【赏析】　两位诗人的离别,充满了诗情画意,绵绵惆怅。"烟花三月"的热闹平添了作者的惆怅,"孤帆远影"寄托着诗人的思念。诗情景交融,表现了李白的一贯"大写意"风格。隽永的诗句,工整的对仗,使诗篇广为流传。

渡荆门送别[1]

唐·李白

渡远荆门外,[2]来从楚国游。[3]

山随平野尽,[4]江入大荒流。[5]

月下飞天镜,[6]云生结海楼。[7]

仍怜故乡水,[8]万里送行舟。[9]

【注释】　[1]开元二十四年李白由三峡出蜀,沿江东下时所作。荆门:山名,在今湖北宜都县西北长江南岸,与北岸虎牙山相对峙。送别:指江水送作者离开故乡。[2]渡远:远航。[3]从:到,往。楚国:今湖北及周围一带,春秋战国时为楚国土地。[4]山随平野尽:山岭随着平野的出现而消失。[5]大荒:平川,广阔无际的原野。[6]天镜:月光映入水中,好似天空飞下的宝镜。[7]云生结海楼:江上云彩奇丽多变,幻化出海市蜃楼。[8]怜:爱。故乡水,指长江。[9]万里送行舟:江水万里迢迢送出蜀舟。

【赏析】　这首诗的开头两句点明诗人的来地和去地,回应标题。接下来的四句写出荆门所见。阔、丽、旷、奇,出东门让人神往。虽说楚地风光宜人,但诗人"仍怜故乡水",对故乡怀有深情。"万里送行舟"是点题结尾,将笔锋收到送别的主题上。诗写景开阔奇丽,气势豪迈,想象丰富,比喻形象、神妙。诗人的行迹是全诗的行文线索,文脉清晰。语言飘逸奔放,流畅自然,作为律诗却没被格律约束之态,最能代表李白律诗特色,亦是诗人豪放不羁的气质和个性的体现。

金陵城西楼月下吟[1]

唐·李白

金陵夜寂凉风发,独上西楼望吴越。[2]

白云映水摇空城,[3]白露垂珠滴秋月。[4]

月下沉吟久不归,[5]古来相接眼中稀。[6]

解道"澄江净如练",[7]令人长忆谢玄晖。[8]

【注释】 [1]诗通过描写金陵秋夜江上景色,追思古人。金陵:今江苏南京。长江在金陵城西,故登西楼可眺江景。吟:指吟出的诗篇。[2]吴越:吴、越是古国名,今江浙一带。诗中泛指眺望所及的地域。[3]水:指长江。空城:指夜深人静,城显空寂。[4]滴秋月:仿佛滴落在秋夜的夜光中。[5]沉吟:低声吟咏。[6]相接:指精神上能沟通。稀:少。[7]解道:能说出,会形容。"澄江静如练"是谢朓《晚登三山还望京邑》中的句子。[8]谢玄晖:谢朓的字。

【赏析】 诗人月下独处,周围的静谧使其抚今追古,渴望纵情山水,爱国之情、报国之意流动在字里行间。"夜寂""独上"绘出静谧,"摇""滴"细腻地刻画出生命的流动,在描写细微之时,笔锋一转,悲切地感叹"古来相接眼中稀",在空旷的时间隧道里寻找志同道合的朋友,最后无奈地以"长忆谢玄晖"收笔。

黄鹤楼[1]

唐·崔颢

昔人已乘黄鹤去,[2]此地空余黄鹤楼。

黄鹤一去不复返,白云千载空悠悠。[3]

晴川历历汉阳树,[4]芳草萋萋鹦鹉洲。[5]

日暮乡关何处是,[6]烟波江上使人愁。[7]

【作者】 崔颢(704—754),卞州(今河南开封)人。开元年间进士,做过司勋员外郎。其诗早年倾向华美,晚年因出入边塞变得慷慨悲凉。《全唐诗》录存其诗一卷。

【注释】 [1]黄鹤楼旧址在今湖北长江大桥武昌桥头。古人题咏黄鹤楼的诗极多,严羽道:"唐人七律诗,当以此为第一。"传说李白游黄鹤楼时曾说:"眼前有景道不得,崔颢题诗在上头",元做而去。[2]昔人:传说三国蜀费袆曾在这里乘黄鹤登仙而去。[3] 悠悠:白云飘荡的样子。[4] 历历:分明,清楚-汉阳:在武昌西,与黄鹤楼隔江而望。[5] 萋萋:茂密的样子。鹦鹉洲:在武昌北长江中。[6] 乡关:故乡。[7] 烟波:指江上的水气和波浪。

【赏析】　这首诗一、三句怀古,连用两个"去",强调了留恋、冷清;二、四句思今,用了两个"空"字,突出了孤寂空荡。诗人把景物描写与诗人心境融为一体,古今交织,情景相生,有很强的艺术感染力。中间四句"黄鹤""白云""晴川""芳草",对仗工整,色彩鲜明,形象清晰。用"悠悠""历历""萋萋"双音叠字增加诗的韵律,调整诗文的节奏,使诗句更具美感。

蜀相[1]

唐·杜甫

丞相祠堂何处寻,[2]锦官城外柏森森。[3]

映阶碧草自春色,[4]隔夜黄鹂空好音。[5]

三顾频烦天下计,[6]两朝开济老臣心。[7]

出师未杰身先死,[8]长使英雄泪满襟。[9]

【作者】杜甫(712—770),字子美。祖籍襄阳,后迁居巩县(今河南巩县)。青年曾漫游吴越齐鲁。安史之乱后,被唐肃宗授为左拾遗。乾元二年弃官入蜀,定居成都浣花溪畔。他的诗反映广阔的社会现实,被称为"诗圣"。其诗博大精深、细腻入微,有沉郁顿挫的艺术风格,与李白同为盛唐诗国中并峙的高峰。有《杜少陵集》。

【注释】　[1] 诗是杜甫寓居成都时所作。当时安史之乱还未平定,杜甫为国担忧,希望能有诸葛亮这样的政治家来主持朝政,建功立业。蜀相:指三国时蜀国丞相诸葛亮。[2] 丞相祠堂:诸葛亮的武侯祠,在今四川成都南郊。[3] 锦官城:锦城,成都的别称。森森:树木多而茂盛。[4] 自春色:自身呈现一片春天景色,与下句的"空好音"共同烘托祠堂内的寂静。[5] 黄鹂(lí):即夜莺。空好音:徒然鸣叫婉转声音。[6] 三顾:三次拜访。频烦:多次请教。天下计:夺取、统一天下的谋略。[7] 两朝:指刘备刘禅父子两代。开:帮助刘备开创基业。济(jì):辅佐刘禅度过危难。[8] 出师未杰身先死:指诸葛亮率师攻魏,未获胜利便病死五丈原。[9] 长:经常,永远。英雄:后来的志士。

【赏析】　诗篇的前四句写武侯祠的自然景观,森森柏,碧绿草,好音黄鹂这些美好的充满生机的画面,衬托出荒凉寂静、肃穆的武侯祠,让人睹物思贤。以问句起,点明位置和环境,颔联承接起句,章法井然,又不露斧凿之痕。后四句概括介绍了诸葛亮的政治活动和业绩,勾画出诸葛亮"鞠躬尽瘁,死而后已"的精神品质,把对诸葛亮的怀念表现得十分深沉,颈联转入抒情,抒发绵绵怀念之情,有强烈的感染力。

旅夜书怀[1]

唐·杜甫

细草微风岸,[2]桅樯独夜舟。[3]

星垂平野阔,[4]月涌大江流。[5]

名岂文章著,[6]官应老病休。

飘飘何所似? 天地一沙鸥。[7]

【注释】 [1]诗是杜甫离开成都,顺江而下,出三峡所作。[2]岸:长江岸边。[3]桅樯(qiáng):船的桅杆。[4]星垂平野阔:辽阔的平原茫茫无际,只见贴近地面的屋星。[5]月涌大江流:在夜晚,波涛汹涌是透过水中的月色反映的。[6]名岂文章著:意为杜甫的文学成就很高,但他更想在政治上报效国家。[7]沙鸥:鸥鸟。诗人借此感叹自己飘零的人生。

【赏析】 诗篇气象雄浑,展现了作者豁达的胸怀。"星垂平野阔,月涌大江流",用的是对仗中的"字面相对,结构相称","星"对"月","随"对"涌","平野"对"大江",意境恢弘,是千古传诵的写景名句。诗人把自己的身世、政治理想放进大千世界比照,豁然开朗,通拓之气油然而生。

登岳阳楼[1]

唐·杜甫

昔闻洞庭水,[2]今上岳阳楼。

吴楚东南坼,[3]乾坤日夜浮。[4]

亲朋无一字,[5]老病有孤舟。[6]

戎马关山北,[7]凭轩涕泗流。

【注释】 [1]这首诗写于大历三年(768)冬。抒写了登上岳阳楼的复杂感受。本诗与孟浩然的"气蒸云梦泽,波撼岳阳城"同为咏洞庭湖的绝唱。岳阳楼:原岳阳(今湖南岳阳市)城西门城楼,下临洞庭,湖。[2]洞庭:洞庭湖,在湖南省北部,长江南岸。[3]吴:古国名,在今江苏一带。楚:古国名,在今湖南、江西、湖北一带。坼(chè):裂开。这句说洞庭湖把吴楚分开在东南两方。[4]乾坤日夜浮:天地好像日夜漂浮在水面上。[5]亲朋无一字:没有一个亲戚朋友。[6]老病有孤舟:年老多病在孤舟上漂泊。[7]戎马关山北:北方战争不止,当时吐蕃入侵,郭子仪率兵驻守奉天。戎马:指战争。[8]凭轩:靠着窗栏。凭:依,靠。轩:窗栏。涕泗:泪水、鼻涕。

【赏析】 诗篇第一、二句点题,用"昔闻""今上"互衬,写出诗人的喜悦之情。第三、四句写登楼所见,描绘出洞庭湖浩浩荡荡、横无涯际的壮观景象。五、六句转入对自己凄苦无助的感叹。最后两句抒发了忧国忧民之情,升华了全诗的思想境界。诗中回荡着作者的浓烈情感,大起大落。十分自然,抒情写景融为一体,始终洋溢着悲壮情调。杜甫沉郁顿挫的艺术风格在这首诗中充分得到展现。

江村[1]

唐·杜甫

清江一曲抱村流,[2]长夏江村事事幽。[3]

自去自来堂上燕,[4]相亲相近水中鸥。[5]

老妻画纸为棋局,[6]稚子敲针作钓钩。[7]

但有故人供禄米,[8]微躯此外更何求。[9]

【注释】　[1]杜甫在离乱中,从中原逃到四川,在成都的西南郊结草庐而居,度过了三年平静的生活。这是一首田园诗。江村:江边的村子。这里的"江"指浣花溪,杜甫的草堂在成都西郊浣花溪边。[2]抱:环绕。[3]长夏:指夏天白天很长。幽:幽静,清幽。[4]自来自去堂上燕:燕子在堂上飞来飞去,无人过问它们。[5]相亲相近水中鸥:水中的鸥鸟亲昵地依偎在一起。[6]棋局:棋盘。[7]稚(zhì)子:小孩子。[8]惟:唯一,只有。[9]微躯:微贱的身体。这是自谦的说法。

【赏析】　诗中描写了幽静的生活,有着清闲自在的情调,也流露出对这种生活的珍惜。诗的开头点明时间、地点、状况——"事事幽"。以下四句紧扣"事事幽"展开,燕子、鸥鸟自由自在无人扰的生活表明人们的慵倦,突出了静。老妻、稚子的下棋、钓鱼雅兴,也表明他们都清闲无事,最后两句的抒情是自我安慰,表明诗人暗淡的情怀和无可奈何的心情。作品善于抓住事物的鲜明特点,构成生动形象,营造特定的氛围。杜诗多为沉郁顿挫之作,但也有恬淡幽雅之篇,此诗为一例。

题三闾大夫庙[1]

唐·戴叔伦

沅湘流不尽,[2]屈子怨何深。[3]

日暮秋风起,[4]萧萧枫树林。[5]

【作者】　戴叔伦(732—789),字幼公,润州金坛(今江苏金坛县)人。贞元十六年进士,曾在湖南、江西等地为官。晚年出家为道士。他的山水诗隐逸生活和闲适情调,委婉有致,常有言外之趣。原有集,已散失,明人辑《戴叔伦集》。

【注释】　[1]这首诗是诗人拜谒三闾庙时所作,抒发了对屈原的仰慕之情。三闾大夫:楚国官名,掌管昭、屈、景三姓王族子弟的教育,屈原曾任此职。三闾庙:即屈原庙,在沅州(今湖南沅陵县)。[2]沅湘:沅江和湘江,都在湖南境内注入洞庭湖。屈原被放逐后,到过这一带。[3]屈子:屈原。这两句说,沅湘的水水流不尽,屈原的怨愤也像这水一样深沉,没有尽止。[4]日暮:傍晚时分。[5]萧萧:秋风吹落叶的声音。

【赏析】 这首诗开篇两句表达了对屈原不幸遭遇的深切同情,用倒装句"怨何深"说明屈原的冤屈,比喻贴切、精当。后两句以萧瑟的秋风烘托出悲凉的气氛,借景抒情,表达哀思无限的心情。用秋风、落叶抒发胸臆,借秋风为屈原鸣不平,也表露出对楚王忠奸不分的愤恨。

早春呈水部张十八员外[1]

唐·韩愈

天街小雨润如酥,[2]草色遥看近却无。

最是一年春好处,绝胜烟柳满皇都。[3]

【作者】 韩愈(768—824),字退之,河内河阳(今河南孟县)人。贞元八年进士。穆宗时召为国子监祭酒,官至吏部侍郎。他主张尊儒排佛,维护国家统一,反对藩镇割据。倡导古文运动,抵制骈俪文风。有《昌黎先生集》。

【注释】 [1]写于长庆三年(823),本题共两首,这是第一首。水部十八员外:即张籍,因排行十八,故称张十八,曾任水部员外郎。[2]天街:京城的街道。酥:酥油,用牛羊奶凝成的薄皮制成。[3]绝胜:远远超过,极佳。皇都:京城,指长安。

【赏析】 这首诗第一句写小雨,"润"点出初春细雨的特点,"酥"表明春雨的可贵。第二句写草色,用"遥"看"近"看的对比手法,准确地描述了草刚发芽的情景,清新可爱的小草勾起人的怜爱之情。最后两句诗人直接赞美长安的早春。诗文用词讲究、贴切,描写细致入微,全诗散发着春天的气息,充满了春的生机。

巫山神女庙[1]

唐·刘禹锡

巫山十二郁苍苍,[2]片石亭亭号女郎。[3]

晓雾乍开疑卷幔,[4]山花欲谢似残妆。[5]

星河好夜闻清佩,[6]云雨归时带异香。[7]

何事神仙九天上,[8]人间来就楚襄王。[9]

【作者】 刘禹锡(772—842),字梦得,彭城(今江苏徐州)人。贞元进士,授监察御史。参加王叔文政治改革活动,失败后贬朗州司马。做过地方刺史。有《刘梦得文集》。

【注释】 [1]作者就巫山景色和神女传说,创作了富有浪漫主义色彩的诗作。巫山:在今四川巫山县东,相传山行像"巫"故得名。长江穿流其中,成为巫峡。山上有神女峰,峰下有神女庙。[2]巫山十二:指巫山的十二座山峰。[3]亭亭:耸立的样子。女郎:指神女峰。[4]晓雾乍(zhà)开:晨雾散开。幔:帐帘。[5]谢:

凋落。[6]星河:银河。好夜:良夜。佩:古人衣带上的玉佩,行走时碰撞声音清脆故称"清佩"。[7]云雨:宋玉《高唐赋》说楚襄王梦与女神相会,临别时,女神说她"旦为行云,暮为行雨"。诗中"云雨"指女神的行踪。[8]何事:为什么。九天:古代传说天有九层,九天是最高层。[9]就:靠近。楚襄王:战国时楚国国君。

【赏析】 这首诗从巫山翠绿十二峰入笔引出神女,接着用两句写清晨,以比喻描绘可见的形;再用两句写夜晚,用想象描写不可见的声音和气息,展现了神女峰在不同时间的不同姿态。诗人将神女峰和神女紧密结合,"亭亭""残妆""清佩""异香"都符合女性的身份。用"卷幔"喻晨雾初散,用"残妆"喻快谢的山花,十分贴切、形象。而"清佩""异香"是根据神话传说而产生的想象,富有浪漫主义的瑰丽,意境优美,语言轻灵,生动形象。

浪淘沙九首(其二)[1]

唐·刘禹锡

洛水桥边春日斜,[2] 碧流清浅见琼沙。[3]

无端陌上狂风疾,[4] 惊起鸳鸯出浪花。[5]

【注释】 [1]诗描写了洛河的春日景象,是组诗中的一首。[2]洛水:今河南洛河,穿过洛阳市。[3]琼(qióng):美玉。[4]无端:无缘无故。陌(mò):田间小路。[5]鸳鸯:一种羽毛美丽的水鸟,雌雄常在一起,文学上常用来比喻夫妻。

【赏析】 诗中一个"斜"字,表现了悠闲的情调,让人感到平和温暖的春意。写河水,用"碧"写出了生机,"琼"展示了晶莹,使人体会到清新美好。第三句描写"无端"狂风,改变诗的节奏,表现春的活力。最后一句又回到河水,波澜中见美好。诗的画面优美,和谐自然,诗人巧妙的构思使得诗歌跌宕起伏、趣味横生。

湖亭望水[1]

唐·白居易

久雨南湖涨,[2] 新晴北客过。[3]

日沉红有影,[4] 风定绿无波。[5]

岸间闾阎少,[6] 滩平船舫多。[7]

可怜心赏处,[8] 其奈独何游。[9]

【作者】 白居易(772—846),字乐天,晚年号香山居士。下邽(今陕西渭南)人。贞元中进士,元和十年得罪权贵,贬为司马。穆宗长庆年间官至刑部尚书。他是新乐府运动的提倡者之一,主张"文章合为时而著,歌诗合为事而作"。有《白氏长庆集》。

【注释】 [1]诗描写了南湖的傍晚景色,表达了独游的遗憾之情。[2]南湖:在今江西,指泊阳湖南部。[3]北客:北方来的人,指诗人自己。[4]日沉:日落。

[5] 风定:风停。[6] 岸没(mò):湖岸被水淹没。间阎(yán):里巷的门,借指人家。[7] 舫:船。[8] 可怜:可惜。[9] 其奈独何游:怎奈一人独游,让人遗憾。

【赏析】 诗的第一句交代水涨雨后到南湖,接着具体描写南湖的景色。日光、湖水,一红一绿,一有一无,色彩分明,回应"新晴"。间阎、船舫,一多一少,呼应"久雨南湖涨"。这样的写景有特色,"日沉红有影,风定绿无波"是写景佳句。诗的前六句对仗工整,用于写景,后两句改用散句,顺势抒情,这种句式的变化,收到了较好的艺术效果。

咸阳城西楼晚眺[1]

唐·许浑

一上高城万里愁,[2] 蒹葭杨柳似汀洲。[3]

溪云初起日沉阁,[4] 山雨欲来风满楼。

鸟下绿芜秦苑夕,[5] 蝉鸣黄叶汉宫秋。[6]

行人莫问当年事,[7] 故国东来渭水流。[8]

【作者】 许浑(约791—858),字用晦,一作"仲晦",润州丹阳(今江苏丹阳县)人。大和六年进士。和杜牧、李商隐同时,长律诗,其诗工稳、清丽。有《卯丁集》。

【注释】 [1] 诗写出了诗人黄昏登楼的心境。"山雨欲来风满楼",笔力挺拔峻健,使难写之景如在眼前,这句诗也是传世之句。本诗题也作《咸阳城东楼》。咸阳:秦时古城,在渭水北岸,故址在今陕西咸阳市东。[2] 高城:指咸阳城楼。[3] 蒹葭(jiān jiā):芦苇,源自《诗经·蒹葭》"蒹葭苍苍,白露为霜"。杨柳:源自《诗经·采薇》"昔我往兮,杨柳依依"。汀洲:水中小岛。[4] 溪:指城南的蟠溪。阁:指城西的慈福寺阁。日沉阁:意思是夕阳沉入慈福寺阁后面。[5] 芜(wú):原野。秦苑(yuàn):指秦代在咸阳所修建的宫室花园。[6] 汉宫:汉代也曾以咸阳为都。[7] 当年:一作"前朝"。[8] 故国:指秦汉。这句是说前朝的历史已随渭水东流而去。

【赏析】 这首诗的诗眼是"愁"。一、二句总领全诗,点题"登楼",一个"愁"字为诗定下了基调,化用古诗渲染"愁"。颔联依然用"愁"眼望四周,"山雨欲来风满楼",自然的变化加重了内心的愁苦。颈联写出触景生愁情,感叹历史无情,秦汉也成了荒院落叶,由古及今未解"愁"。尾联直抒愁绪,无可奈何接受现实。许浑的七言律诗往往在颔联拗第三、第五两字,使平整中见跌宕,成为拗律格式中的一种,被称为许丁卯句法,本诗就是一例。第三句第五字该平而用了仄,"日"字拗。第四句第三字该平而用了仄,"欲"字拗。第五字该仄而平,"风"字既救了本句的"欲"字,又救了出句的"日"字。

咸阳值雨[1]

唐·温庭筠

咸阳桥上雨如悬,[2] 万点空濛隔钓船[3]

还似洞庭春色水, 晓云将入岳阳天[4]

【作者】 温庭筠(812—870?),原名歧,字飞卿,太原祁(今山西太原)人。一生不得志,精通音律,词的成就较高。他的词大都被收入《花间集》,是花间词派的鼻祖。有《温庭筠诗集》。

【注释】 [1]诗描写咸阳桥头如同水墨画的雨景,营造不可触摸的意境。值:遇到。[2]咸阳桥:即中渭桥,位于今陕西西安及咸阳之间的渭水上,是唐代由长安通往西北地区的要道。[3]万点空濛隔钓船:万点雨水形成一片空阔迷蒙的景色,钓鱼船若隐若现。[4]晓云:早晨的云。将人:带人。岳阳:在今湖南岳阳,濒临洞庭湖。

【赏析】 这首诗写出了桥上雨景的特点,"悬""隔",若隐若现的画面增强了诗的朦胧感。实写眼前之景,虚写千里之外的洞庭美景,"还似"将思绪从渭水咸阳联想到洞庭湖。而且一晴一雨,一桥上一水面,画面立体感强,结构完整,意境优美,耐人寻味,有浓厚的诗意。

过陈琳墓[1]

唐·温庭筠

曾于青史见遗文, 今日飘蓬过此坟。[2]

词客有灵应识我,[3] 霸才无主始怜君。[4]

石麟埋没藏春草,[5] 铜雀荒凉对暮云。[6]

莫怪临风倍惆怅,[7] 欲将书剑学从军。[8]

【注释】 [1]诗是作者失意浪游江淮时所作,既抒发凭吊古人之情,又写出自怜之伤感,寓悲愤于狂狷,放荡中见郁勃之情。陈琳:字孔彰,汉末广陵人,工诗、赋,是"建安七子"之一。曾居袁绍幕中,后归曹操。其墓在今江苏邳县。[2]飘蓬:指漂泊无定的行踪。一作"飘零"。此坟:一作"古坟"。[3]词客:指陈琳,也隐指自己。这句的意思是:陈琳是词客,自己也以文学见长,所以"应识我"。[4]霸才:辅佐统治者成霸业的人才。诗中是自指,也隐指陈琳。意思是正因自己有霸才而无主,所以才深刻体会到陈琳沦落不遇的悲哀,于是叹"始怜君"。[5]石麟:坟墓前的石麒麟。春草:一作"秋草"。[6]铜雀:台名,在邺城(今河北临漳县),曹操建。台上有楼,楼顶立有一丈五尺高的大铜雀,故名。[7]惆怅(chóu chàng):伤感,失意。[8]学:指向陈琳学。

【赏析】 诗人借怀古抒写胸臆,诗风硬朗,狂生性气洒落诗中。运用典故贴切、自然。诗文对仗极工,"词客"对"霸主","石麟"对"铜雀","春草"对"暮云",一无斧凿之感。怀古伤今自然完美结合,有极强的感染力,让人产生"欲将书剑学从军"的冲动。

游虎丘寺[1]

宋·王禹偁

藓墙围着碧屏颜,[2] 曾是当年海涌山。[3]

尽抱好峰藏院里, 不教幽境落人间。[4]

剑池草色经冬在,[5] 石座苔花自古斑。[6]

珍重晋朝吾祖宅,[7] 一回来此便忘怀。

【作者】 王禹偁(954—1001),字元之,钜野(今山东巨野县)人。出身农民家庭,太平兴国八年进士。做过左司谏,翰林学士。因忠直敢言,三次遭贬谪。他师法白居易、杜甫,诗风质朴淡雅,意境自然,对革除五代浮艳文风起到了积极的作用。有《小畜集》《小畜外集》。

【注释】 [1]虎丘在苏州阊门外,传说吴王夫差将其父阖闾葬于此,三日之后有白虎踞其上,故得名虎丘。山上有虎丘寺和虎丘塔。东晋王殉王珉兄弟舍宅为虎丘寺,五代末建塔。虎丘历来被称为"吴中第一名胜",现存的建筑除五代古塔和元代断梁殿外,其余均为清代以后所修建。[2]藓(xiǎn):隐花植物。藓墙:长满苔藓的墙。碧屏(chán)颜:长满苔藓的围墙,围着险峻的虎丘山。屏颜:通"巉岩",山势险峻的样子。[3]当年:指吴王阖闾葬此之前。海涌山:虎丘的别名。传说苏州一带原是大海,海中有一小丘,经过沧海桑田的变化,变成了陆地,小丘涌成高峰就是虎丘。[4]尽抱好峰藏院里,不教幽静落人间:指虎丘特有的景色,遥看远望不觉得有奇妙之处,走近才觉得处处奇妙。[5]剑池:虎丘的胜景之一,在石座之北,有石壁数丈高。据传阖闾下葬时,以"扁诸""鱼肠"等名剑殉葬,故得名"剑池"。草色经冬在:指历经冬季的草依然是绿色的。[6]石座:千人座,也叫千人石。传说为晋末高僧生公(竺道生)讲经处,在虎丘山下剑池前,因有千人列坐而听得名。一说是阖闾把千余修墓的工匠杀害于此,故名。苔:与藓同类的隐花植物。自古斑:传说石匠们的血染石成斑,经久不退。[7]晋朝吾祖:唐陆广微《吴地记》:虎丘"本晋司马王瑜与弟王珉之别墅,咸和二年(327)舍山为东西二寺。"作者以晋王氏为祖,故称祖宅。

【赏析】 虎丘有悠久的历史和众多的传说,诗将历史、传说结合起来描绘虎丘的风景,使两者相得益彰。从悠久的历史着笔,不仅写出它古老的风貌和清幽的景致,而且展现出其风貌虽古却景色常新,让人"一回来此便忘还"。以景观思古起,以抒怀古情结,情景交融,情景相生。

雨中登岳阳楼望君山[1]（其二）

宋·黄庭坚

满川风雨独凭栏，[2]绾结湘娥十二鬟。[3]

可惜不当湖水面，[4]银山堆里看青山。[5]

【作者】 黄庭坚(1045—1105)，字鲁直，号山谷道人，又号涪翁，洪州分宁(今江西修水县)人，治平四年进士。他的政治主张与苏轼相似。他是苏门四学士之一，江西诗派的开山鼻祖。他的诗风瘦硬峭拔，而兼具质朴雄沉。有《山谷内集》《外集》《别集》。

【注释】 [1]诗人贬谪四川6年之久，刚得以放还，在雨中凭栏远眺，心中的喜悦浮于诗面。岳阳楼：在今湖南岳阳市旧县城西门上，面临洞庭湖。君山：在洞庭湖中，也叫洞庭山。[2]川：河流，诗中指洞庭湖。[3]绾(wǎn)：缠绕打结。湘娥：湘水的女神。传说舜的两个妃子溺死在湘江，死后为神，号湘夫人，居住在君山。鬟(huán)：妇女梳的环形的发髻。[4]当：在。[5]银山：指银山似的波浪。

【赏析】 诗的前两句是实写，写远景。风雨中登上岳阳楼，将诗人的喜悦放情于山光湖色。后两句虚写湖山之美，写近景。青山白浪，色彩对比鲜明，表明诗人对自然山水非常热爱。用"十二鬟"比喻君山，用"银山"比喻波浪，生动形象。诗具有烟水迷离之美，含蓄隽永，溢出无限的诗味和美感，勾勒人的无限遐想。

泛湖至东泾[1]

宋·陆游

春水六七里，夕阳三四家。[2]

儿童牧鹅鸭，妇女治桑麻。[3]

地僻农巾古，[4]年丰笑语哗。

老夫维小艇，[5]半醉摘藤花。[6]

【作者】 陆游(1125—1210)，字务观，号放翁。越州山阴(今浙江绍兴)人，是南宋杰出的爱国诗人。他的诗题材极为广泛，直抒胸臆，不求文字上的雕饰，是一种清新自然而又雄浑奔放的风格。有《剑南诗稿》《渭南文集》。

【注释】 [1]泛：泛舟，乘船。湖：陆游家乡山阴附近的镜湖。它是古代江南大型农田水利工程，东汉时修筑，因逐渐淤浅，到南宋时已大部分成为耕地。泾(阳)真．沟渠。[2]夕阳三四家：在夕阳下有三四家人家。[3]治：料理。[4]地僻衣巾古：地方偏远，人们所穿的衣服，佩带的纶巾古朴，不时尚。[5]维：系，拴。

【赏析】 诗中描绘了美好的田园牧歌生活。春水蓝，儿童自由，妇女勤劳，年丰人欢。虽地偏衣古，但这样的生活是诗人的理想，禁不住停船，饮酒赏景，乘兴采花。诗人对水光农舍、劳作生活随意点染，生活的意义自然流露，使人心向往之。

语言平淡,自然流畅,朴实而不失诗意,诗文对仗工整,且无刻意雕琢,展示了诗人的艺术才华。

秋山[1]

宋·杨万里

乌臼平生老染工,[2]错将铁皂作猩红。[3]

小枫一夜偷天酒,[4]却倩孤松掩醉容。[5]

[作者] 杨万里(1127—1206),字廷秀,号诚斋,吉永(今江西吉水县)人。宋高宗绍兴二十四年进士。他的诗初学江西诗派,后独立门户,自成一家,号"城斋体"。他的诗想象丰富,善于抓景物的特色,意境新颖,诙谐有趣,语言通俗,长七绝。有《诚斋集》。

【注释】 [1]诗名为"秋山",却只写树,由树见秋之景。[2]乌臼(抛):乌臼树。一种落叶乔木,叶子略成菱形,秋天变红,叶子可做黑色染料。③铁皂:铁呈黑色,皂也为黑色。猩红:大红色。④小枫:即枫树,经霜打后,叶子变红。天酒:仙酒。⑤倩(qiàn):借,请。

【赏析】 诗中把秋山的重点放在枫树和乌臼树上,前两句用奇特的想象,把乌臼树比作老染工,并抓住它秋天结黑子的特点,戏说它错把黑色当红色。后两句用拟人化的手法,把经霜的枫叶说成贪酒的偷儿,成了红色后的枫叶还想掩醉容。而孤松难掩红,更是衬托红得热烈。诗人智慧巧思,把具秋天特色的三种形象乌臼、小枫、孤松串联在一个诙谐小插曲里,一错一偷一掩,生动活泼地展示秋的生机,画面色彩艳丽感人。拟人化的描写,增强了自然的亲和力,激发人对自然的热爱。

宿兰溪水驿前[1]

宋·杨万里

合眼波吹枕,[2]开篷月入船。[3]

奇哉一江水,[4]写此二更天。[5]

剩欲酗清赏,[6]翻愁败醉眠。[7]

今宵怀昨夕,[8]雨卧万峰前。[9]

【注释】 [1]诗写宿兰溪时的感悟。兰溪:在今江西溪县。水驿:水边的驿站。驿站是古代传递政府文书的人中途休息的地方。[2]吹:诗中有"响"的意思。指波涛在枕边回荡。[3]开篷月入船:打开船篷,月光便撒入船内。[4]奇:让人惊奇,感叹。[5]写(xiè):通"泻",流泻的意思。指江水在二更天里流淌。[6]剩欲:很想。酗:痛快地饮酒。清赏:欣赏清幽景色。[7]翻:反而,但是。败:破坏,错过。[8]怀:怀想。昨夕:昨天晚上。[9]雨卧万峰前:雨天睡在群峰之前。

【赏析】 诗的前四句写景,描绘波涛和月光在夜晚的生机,一声一色,表现出夜晚的澄净和宁静,引起诗人的怀想。后四句是抒情,面对清幽的景色,诗人有饮酒的欲望,却又怕饮酒而错过美好的夜色,这种矛盾心情恰恰是夜色幽美的折射。今夜月色满江,昨夜风雨满山,无论月色、风雨,都是自然给予人的美好礼物,"奇哉"让人不忍合眼离去,一种梦幻情景传递给读者。语言简洁明净,有醇厚的诗意。

水口行舟[1]

宋·朱熹

昨夜扁舟雨一蓑,[2]满江风浪夜如何?

今朝试卷孤篷看,[3]依旧青山绿树多。

【作者】 朱熹(1130—1200),字元晦,晚号晦翁,徽州婺源(今江西婺源县)人。晚年侨居建阳(今福建建阳县),人称紫阳先生。南宋绍兴十八年进士,官至宝文阁待制。是南宋著名的理学家,学识渊博,精通经、史、乐律,诗文也有成就。有《四书章句集句》《周易本义》《诗集传》《朱子语类》。

【注释】 [1]诗的字面是写雨夜行舟,其实深含哲理。寓理于诗是时尚,也是朱熹的风格特色。水口:港口名,在今福建闽江左岸。[2]雨一蓑(suō):意指雨中披起蓑衣。[3]试卷:且卷。篷:船帆。

【赏析】 诗的落脚点是"今朝",以"昨夜"起笔,写出了遭遇逆境时的复杂心情,敢问"如何"的气势,并自然过渡到"今朝",发出青山依旧的感慨。在经历了风吹雨打后,依然能急切地"卷孤篷",表现出诗人的情怀和意趣。诗出自哲学家之手,哲理意义暗藏其中,但又不直接明理,而是寄寓在形象的描绘之中,让人再三玩味之后,思得其所。诗中有理,景中有情,情景相生,情理并茂。诗句的韵脚整齐,容易上口。

卢沟[1]

元·陈孚

长桥湾湾饮海鲸,[2]河水不溅冰峥嵘。[3]

远鸡数声灯火杳,[4]残蟾犹映长庚横。[5]

道上征车铎声急,[6]霜花如铁马鬣湿。[7]

忽惊沙际金影摇,[8]白鸥飞下黄芦立。[9]

【作者】 陈孚(1240—1303),台州临海(今浙江省)人。元世祖在位时,曾上《大一统赋》,由布衣为翰林院编修官,礼部郎中。有《观光集》《交州集》《玉堂集》。

【注释】 [1]卢沟:卢沟河。上游称桑干河,下游称永定河。金建成一座石桥,即卢沟桥。"卢沟晓月"是著名的燕京八景之一。清乾隆十六年(1751)将乾隆书写的"卢沟晓月"刻在碑上后,更是闻名遐迩。[2] 湾湾:通"弯弯"。饮海鲸:卢沟桥拱呈弧形,比喻鲸鱼在海中饮水。[3] 濺:这里指流动。峥嵘:比喻超出寻常,诗中意指奇形怪状。[4] 杳:幽暗。[5] 残蟾:残月。蟾(chán),即蟾蜍。传说月中有蟾蜍,因而又用为月的代称。长庚:金星。[6] 征车:出行的车。铎:大铃。清晨驿站铎铃声响,催人上路。[7] 马鬣(liè):马颈上的长毛。[8] 金影:指黄芦的影子。[9] 黄芦:枯黄的芦草。

【赏析】　诗人描写了残月映照下的卢沟桥,用鸡鸣、残月勾画出冷色调的卢沟晓月,烘托出急奔的驿马,让它将画面激活,使静中的卢沟桥充满生气,当惊起的鸥鸟飞起,又使人感到寂寞无奈。诗人着力渲染卢沟桥的苍凉和苦寒,表达出诗人孤寂的心境。

趵突泉[1]

元·赵孟頫

泺水发源天下无,[2] 平地涌出白玉壶。[3]

谷虚久恐元气泄,[4] 岁旱不愁东海枯。[5]

云雾润蒸华不注,[6] 波澜声震大明湖。[7]

时来泉上濯尘土,[8] 冰雪满怀清兴孤。[9]

【作者】　赵孟頫(1254—1322),字子昂,号松雪道人、水精宫道人。湖州吴兴(浙江吴兴县)人,是元代著名的诗人、书画家。宋末以父荫补官,入元后官至翰林学士承旨。诗文温婉,多写闲情逸致。有《松雪斋集》。

【注释】　[1] 趵突泉在今山东济南市,其泉水喷涌,突出于水面,为济南市一大名胜景点。[2] 泺(luò)水:古水名,发源于趵突泉,向北流至泺口入古济水(即今黄河)。南宋初,刘豫堰泺水东流为小清河上源,后人因此通称泺水为小清河。这句诗的意思是:趵突泉为泺水发源地,泉水之大天下所无。[3] 白玉壶:形容趵突泉涌起时的涛峰好像白玉壶一样。[4] 谷虚久恐元气泄:泉水喷涌时间长了,唯恐山谷空虚,元气泄尽。元气:古代哲学概念,指世界的物质本源,或指阴阳二气混沌未分的实体。[5] 岁旱:干旱之年。枯:干涸。[6] 润蒸:湿润蒸腾。华不注:古山名,又名华山,在今山东济南市东北。[7] 大明湖:在今山东济南市,由城内泉水汇集而成,沿岸垂柳拂堤,湖中荷花盛开,有历下亭、北极庙、沧浪亭等名胜古迹,是旅游胜地。[8] 时来泉上濯(zhuó)尘土:时常到泉边来洗涤尘世的俗心念想。濯:洗。尘土:指世俗杂念。[9] 冰雪满怀清兴孤:胸怀如冰雪洁净,志意清高孤远。

【赏析】　诗的开头用"天下无"盛赞趵突泉天下奇观,用"白玉壶"比喻泉水的涛峰亦十分奇特。中间四句写趵突泉水势的浩大,先从诗人的心理活动入手,后从具体形象下笔,通过它的"云雾润蒸""波涛声震",进一步渲染趵突泉的气势磅礴。

"润蒸"极为传神、生动。"声震大明湖"则通过丰富的想像和高度的夸张,让人感到惊心动魄。这两句诗是从盂浩然的"气蒸云梦泽,波撼岳阳楼"脱胎而来,但因十分妥帖自然,颇为人称道。诗还表明作者对大自然的关心,惟恐趵突泉吸吮完大地的元气,当然也从侧面反映出趵突泉的泉水之大。最后,诗人以洗涤世俗杂念结尾,突出趵突泉的明净清幽。虽然这句没有具体的形象描绘,但也有强烈的艺术感染力,表现出了诗中的画意。

登金山[1]

元·冯子振

双塔嵯峨耸碧空,[2]烂银堆里紫金峰。[3]

江流吴楚三千里,[4]山压蓬莱第一宫。[5]

云外楼台迷鸟雀,[6]水边钟鼓振蛟龙。[7]

问僧何处风涛险?郭璞坟前浪打冈。[8]

【作者】 冯子振(1253—1348),字海粟,号怪怪道人,攸州(今湖南攸县)人。元代散曲家、学者、诗人。曾任承事郎、集贤待制。诗有《梅花百咏》。

【注释】 [1]金山:在江苏镇江市西北,有金出寺、楞加台、慈寿塔、法海塔等名胜。[2]双塔:指慈寿塔和法海塔。嵯峨:高峻的样子。[3]烂银:灿灿得像银子一样,形容长江光亮洁白。紫金峰:指金山。[4]吴楚:古国名。[5]压:诗中是坐落的意思。蓬莱:传说海上有仙山蓬莱、方丈、瀛洲。蓬莱第一宫:是指金山寺就像蓬莱山上的宫殿。[6]迷鸟雀:使鸟雀迷。[7]振:使振奋。蛟龙:古代传说中能发洪水的龙。[8]郭璞:东晋文学家,字景纯,河东闻喜(今山西闻喜县)人,博学高才,精于天文、卜筮,曾注《尔雅》《山海经》《楚辞》,有《郭弘农集》。传说他的墓在金山下长江中的小岛上。篷:帆船。

【赏析】 这首诗的特点是抓住金山寺和长江反复地交错描写。第一句写金山寺,落笔在"双塔"。第二句写长江,着眼在其"烂银"的光彩。第三句再写长江,突出其"江流"的悠长。第四句再次写金山寺,突出它似"蓬莱第一宫"。最后四句也是交叉反复描写金山寺、长江。反复描写并无字句上的重复,描写角度也互不相同,无累赘之感。"烂银堆""蓬莱第一宫"的比喻。"迷鸟雀""振蛟龙"的夸张,表现出此诗的豪放气概。结尾的问答,打破了诗的行文形式,产生跌宕变化。僧人的回答也拓展了诗所记叙的空间,巧妙地延伸了诗的内外空间。

登金陵雨花台望大江[1]

明·高启

大江来从万山中,山势尽与江流东。[2]

钟山如龙独西上,[3]欲破巨浪乘长风。

江山相雄不相让，[4]形胜争夸天下壮。[5]

皇空此瘗黄金，[6]佳气葱葱至今王。[7]

我怀郁塞何由开，[8]酒酣走上城南台。[9]

坐觉苍茫万古意，[10]远自荒烟落日之中来。[11]

石头城下涛声怒，[12]武骑千群谁敢渡！[13]

黄旗入洛竟何祥？[14]铁锁横江未为固。[15]

前三国，后六朝，[16]草生宫阙何萧萧！[17]

英雄乘时务割据，[18]几度战血流寒潮。[19]

我生幸逢圣人起甫国，[20]祸乱初平事休息。[21]

从今四海永为家，[22]不用长江限南北。[23]

【作者】 高启（1336—1374），字季迪，号槎轩，又号青丘子，长洲（今江苏苏州市）人。明初昭修《元史》，为翰林院国史编修，授户部右侍郎，不授，借故被腰斩于南京。诗文出色，是"吴中四杰"之一。长歌行体，多写自然景观，不事雕琢，诗风豪放秀逸。有《高太史大全集》。

【注释】 ［1］这首七言歌行体描写金陵古城的山川形胜，感叹历代兴亡和战乱带来的苦难，表达了天下统一后的喜悦之情。雨花台：在南京市中华门外，最高处可远眺钟山，俯瞰长江和南京市区，是高约100米，长约30米的山岗。东吴时，岗上盛产五彩玛瑙石，又叫石子岗、琉璃岗、聚宝山。传说南朝梁武帝时，有云光法师在此讲经，感动了天神，遂落花如雨，故名雨花台。大江：长江。［2］尽：都。［3］钟山：紫金山，在南京市东北，山势由东向西。［4］江山：长江和钟山。相雄：相互争雄。［5］争夸：争胜，争美。［6］秦皇：秦始皇。空：徒然，白白的。瘗（yì）：掩埋。［7］佳气：山川灵秀之气。葱葱：形容佳气旺盛的样子。王（wàng）：同"旺"。［8］郁塞：郁闷。何由：用什么办法。［9］酒酣：痛快地饮酒。城南台：指雨花台，因在城南而得名。［10］苍茫：杳无边际。万古意：思念远古之情。［11］远自荒烟落日之中来：意思是因看到荒烟落日而产生了怀古之情。［12］石头城：故址在今南京草场门西边，三国时孙权所筑。［13］武骑（jì）：骑兵。［14］黄旗入洛竟何祥：三国时，孙皓要去洛阳称帝，结果被晋灭，究竟有什么吉祥？黄旗：这里指孙皓。孙皓听信佞臣，自以为应天命，要去洛阳称帝，途中大雪，士卒寒冻不堪，只得返回，几年后为晋所灭，孙皓降晋，全家迁入洛阳。［15］铁锁横江：西晋伐吴，吴人横铁锁于长江险要处，以阻挡西晋战船东下，但被晋兵烧断铁锁，灭了吴国，所以"铁锁横江"不是良策。［16］三国：指魏、蜀、吴。六朝：指在建康（今南京）建都的东吴、东晋及南朝的宋、齐、梁、陈六个朝代。［17］宫阙（què）：帝王的宫殿。萧萧：风吹落叶声。形容景色荒凉。［18］英雄：指争霸称雄的人。时来：时机到来。务：专力，致力。［19］几度：多少次。寒潮：指长江寒冷的潮水。［20］圣人：指明太祖朱元璋。起南国:在南方起兵。[21]事:从事。休息:休养生息,指明初实行安定民心,减轻赋税,恢复生产的政策。[22]四海:指全中国。[23]限:隔,分界。

【赏析】 这首诗以"我怀郁塞何由开,酒酣走上城南台"为全诗的行文串线,将写景、怀古、抒情融为一体。前八句写金陵古城的山川形胜,中间八句寄情于景抒发怀古之情,最后八句怀古叹今,表现对天下统一、四海为家的喜悦心情。诗人用想像、比喻、拟人把客观景物写活,绘出了它们的神态,长江"来",钟山"上","江山相雄不相让",注意了动态的描写,使诗歌有活力。诗风雄浑豪壮,也反衬出荒烟落日、衰草寒潮的悲壮。全诗基本用七言,偶尔插入九言句,反而增加了雄浑气势。

上太行[1]
明·于谦

西风落日草斑斑,[2]云薄秋容鸟独还。[3]

两鬓霜华千里客,[4]马蹄又上太行山。

【作者】 于谦(1398—1457),字延益,钱塘(今浙江杭州市)人。永乐十九年进士,官至兵部尚书等职。1449年瓦剌内侵,英宗兵败被俘,他毅然负起卫国重任,集结重兵,固守京师,击退瓦剌,使国家转危为安。他的诗风质朴自然,不事雕凿。有《于肃愍公集》

【注释】 [1]诗为作者镇守山西、巡视太行山时所作。太行山:华北大山之一,南起今山西、河南两省交界,向东绵延于山西、河北两省之间,复折入河北省西北部。其主峰在山西晋城县南天井关附近。[2]斑斑:诗中是形容草色错杂的样子。[3]薄(bó):逼近。秋容:指山。[4]鬓:指耳朵旁的头发。霜华:霜花,诗中形容鬓发已白。

【赏析】 诗人戎马倥偬的生活,造就了他硬朗豪迈的诗风。第一、二句写夕阳中的太行山,展现出太行山的苍茫寥廓的景象。草已带斑点,呈现出衰色。黄昏中倦鸟独归,显示生气渐停。第三、四句则写出老迈作者的不老豪情。虽鬓毛衰,且又是"千里客",但"又"上太行山,为黄昏中的太行山增加了生气和活力。诗文简洁凝练,表现出山的气质——稳重、坚毅。

杪秋登太华山绝顶[1]
明·李攀龙

缥缈真探白帝宫,[2]三峰此日为谁雄。[3]

苍龙半挂秦川雨,[4]石马长嘶汉苑风。[5]

地敞中原秋色尽,[6]天开万里夕阳空。[7]

平生突兀看人意,[8]容尔深知造化功。[9]

【作者】 李攀龙(1514—1570),字于鳞,号沧溟,明代历城(今山东济南市)

人,嘉靖二十三年进士,累官至河南按察使。他提倡文学复古运动,与王世贞同为"后七子"首领。其诗文多摹拟古人。有《沧溟集》。

【注释】 [1]明世宗嘉靖三十五年(1556)秋,作者自顺德知府调任陕西按察提学副使。此诗作于陕西上任。杪(miǎo):末端。太华山:即西岳华山,是五岳之一,在今华阴县南。"远望之若花状",因古"华"通"花",所以名华山。又因其西南有少华山,故称太华。绝顶:最高峰。[2]缥缈(piāo miǎo):高远隐约的样子。探:寻访。白帝宫:白帝是古代传说中主管西方的天帝,华山为祭祀白帝修建了白帝宫。[3]三峰:指华山西峰莲花峰,东峰朝阳峰,中峰玉女峰,合称三峰。[4]苍龙:东方七个星宿(xiù)的总称。诗中是指低垂的乌云。秦川:今陕西中部渭河平原一带。[5]石马:立于墓前的石刻马。嘶:马鸣。汉苑:汉代的林苑。[6]地敞:地域广阔。中原:指渭河平原一带。[7]天开:天空放晴。[8]突兀(wù):高耸。这里指眼界高。[9]容:须,有待于。尔:你,指作者自己。造化:天,大自然。

【赏析】 诗人登太华山,用开阔雄放的意境作为诗的主体,使华山之高得到突出,也将山中景色纳入画中。对自然造化的认知是缘于华山的雄姿,登上华山之颠,才觉知直接苍穹,秦川、汉苑、中原秋色尽收眼底。以龙生雨、马嘶风暗示历史的风雨阴晴、开阖变幻。诗人笔力雄劲,意境开阔,整个诗文颇有气势。

嵩山[1]

清·顾炎武

位宅中央正,[2]　　高凝上界邻。[3]

石开重出启,[4]　　岳降再生申。[5]

老柏摇新翠,[6]　　幽花苗晚春。[7]

岂知巢许窟,[8]　　多有济时人。[9]

【作者】 顾炎武(1613—1682),字宁人,号亭林。原名绛,入清后改名。昆山(今江苏昆山县)人。曾参加昆山的抗清斗争,晚年治经侧重考证,开清代朴学风气。善诗词。有《日知录》《亭林诗文集》。

【注释】 [1]嵩山:在今河南登封县北,古称中乐,为五岳之一。主峰在少室山,下有少林寺等名胜。诗人通过描绘山势、山景,引述神话传说,写出了中岳嵩山古老神奇的风貌,表达了作者匡时济世的志向。[2]宅:居。中央正:嵩山是中岳,居于天下正中。[3]上界:天界。邻:邻近,毗邻。这句的意思是:嵩山高耸入云,让人觉得它如同与天连在一起。[4]石开曾出启:传说禹治水时,为打通轘辕(chuò yuán)山,曾变为一头熊,他的妻子塗山氏因此羞愧而去,到嵩高山(嵩山)下化为石人,石裂而生启,即夏后启,后来继承禹的王位,做了夏代君主。[5]岳降再生申:中岳显出神灵,又使申伯降生人间来辅佐周天子。这是根据《诗经·大雅·

嵩高》中的传说而写。[6]摇:招展。新翠:新出生的绿叶。[7]幽花:生长在幽静山谷中的花草。茁(zhuó):花草生长。[8]岂知:哪里知道。巢许:巢父,许由。传说是尧时的隐士。[9]济时人:有救世才能的人。最后两句是说在深山中有济世之才隐居着,只是没有人慧眼起用他们而已。

【赏析】　诗歌描写了嵩山的高大和暗藏的无数"新翠""晚香",意在突出有报国之士报国无门。诗中大量化用典故也是围绕精忠报国这个中心,作者匡时济世的志向昭示无遗。以诗言志,是中国古代仁人志士的传统,所以嵩山以及花草树木无不被赋予了报效祖国的心志,中岳嵩山也就有了象征意义。

居庸关[1]

清·顾炎武

居庸突兀倚青天,[2]一涧泉流鸟道悬。[3]
终古戍兵烦下口,[4]本朝陵寝托雄边。[5]
车穿褊峡鸣禽里,[6]烽点重冈落雁前。[7]
燕代经过多感慨,[8]不关游子思风烟。[9]

【注释】　[1]居庸关:在今北京昌平区西北,是万里长城的一个重要关口。两侧高山屹立,翠岩重重,三国时称西关,唐称居庸关,取迁居庸徒之意,也叫荆门关、军度关,是兵家必争之地。旧为"燕京八景"之一。顾炎武在清兵南下时,曾参加抗清起义。起义失败后,十谒明陵,遍游华北,致力边防和西北地理的研究,不忘复兴。[2]突兀:高耸的样子。[3]泉流:居庸关附近有弹琴峡,峡中有山泉流淌。鸟道:形容山路狭窄险峻,只有鸟能飞渡。悬:挂在空中。[4]终古:自古以来。烦:指战事频繁。下曰:南口,在居庸关南面,是军事重镇。[5]本朝:指明朝。陵寝:明代十三座皇帝的陵墓。托:依托。雄边:雄伟的边关,即居庸关。[6]褊(biǎn)峡:指狭窄的山间小路。褊:狭隘。[7]烽:烽火台。重冈:一重又一重的山冈。落雁:因山势险峻大雁不得不停下来。[8]燕代:指古燕州、代州。在今河北北部、山西东北部一带。[9]不关:关不住。游子:指作者本人。风烟:战争。诗中指作者参加的反清斗争。

【赏析】　这首诗表达了诗人反清的雄心壮志。首联写居庸关的雄伟,用"依青天""鸟道悬"说明它的险峻。颔联从"终古""本朝"两方面突出居庸关的重要地理位置。颈联登上居庸关放眼观景,突出了山路的险峻。尾联写怀古生情,抒发了反清壮志。诗的韵脚整齐,对仗工稳,英气飒爽。

泰山道中晓雾[1]

清·朱彝尊

苦雾滴成雨,[2]平林翳作峰。[3]

不知岩际寺,[4]恰送马头钟。[5]

汶水已争渡,[6]泰山犹未逢。[7]

忽惊初日跃,[8]远近碧芙蓉。[9]

【作者】 朱彝尊(1629—1709),字锡鬯(chàng),号竹坨,又号金风亭长,晚号小长芦钓师。秀水(今浙江嘉兴市)人。康熙十八年(1679)举博学鸿词,授翰林院检讨。曾参加修纂《明史》。通经史,能诗词古文。是浙西词派的创始人,诗与王士禛齐名,时称"南朱北王"。其诗风典雅工丽。有《曝书亭集》。

【注释】 [1]标题意为登泰山途中遇到了早晨的大雾。泰山在山东泰安县,山峰突兀雄伟,为五岳之首。[2]苦雾:浓雾。[3]翳(yì):遮盖,遮掩。[4]岩际:山间。[5]马头钟:从马头前方传来寺庙的钟声。[6]汶水:源出山东莱芜县北,流经泰安市东。争渡:抓紧时间渡过。[7]泰山犹未逢:还没有看见泰山。[8]初日:初生的太阳。[9]芙蓉:莲花。

【赏析】 诗的第一句呼应标题,也是诗人匠心独运,用"苦雾"
营造朦胧气氛,由视觉转入听觉,"不知岩际寺,恰送马头钟",给人留下想象的空间。不辨景物,雾气渲染,已是铺张扬厉,来到汶水边还未识泰山真面目,艺术的蓄势形成艺术境界的铺张,最后两句突然一转,云开雾散,旭日跃然而出,远近碧绿秀丽的山峰尽收眼底,前后的景致形成鲜明的对比。这突转造成跌宕,并与前六句对照鲜明,收到很好的艺术效果。

日观峰[1]

清·顾嗣立

群山向背东南缺,[2]　　一声鸡鸣海波裂。[3]

黄云下坠黑云浮,[4]　　金轮三丈鲜如血。[5]

当时李白平明来,[6]　　风扫六合无纤埃。[7]

精神飞扬出天地,[8]　　口吟奇句招蓬莱。[9]

我今黯黮失昏晓,[10]　　双石凌虚自悄悄。[11]

安得快剑开烟云,[12]　　直指扶桑穷杳渺。[13]

【作者】 顾嗣立(1669—1722),字侠君,又字闾丘。长洲(今江苏吴县)人。康熙五十一年进士,官翰林院庶吉士,改中书,因病辞归。其诗宗法韩愈、苏轼,风格豪放,有《秀野集》《闾丘集》。

【注释】 [1]日观峰:在泰山顶峰之东,是观日出的最佳地点。[2]向背:相向和向背,形容群山对峙。东南缺:意思是东南有空缺,可以观日出。[3]一声鸡鸣海波裂:一声鸡叫海水如同裂开,朝阳从波涛中跃出。[4]浮:向上扶升。[5]金轮:指旭日。三丈:《初学记》说,太阳出生时,长三丈多。诗中形容旭日的巨大。[6]平明:天刚亮。李白当年到过日观峰看日出,写过六首《游泰山》诗。[7]六合:上下四方之内,即天地间。纤(xiān)埃:细微的尘埃。[8]精神飞扬:形容旭日朝气蓬勃、光芒四射的样子。[9]招:诗中指向蓬莱招手。蓬莱:海中仙山。[10]黯黮(dàn):昏暗不明。失昏晓:分辨不清黄昏还是清晨。[11]凌虚:凌空。悄悄:寂静。[12]安得:怎能得到。[13]穷:寻求到尽头。杳渺:遥远渺茫的地方。

【赏析】　诗的前四句描写日出东海的壮丽,虽是想象的,但依然写出了喷薄的气势。接着写李白当年以特有的气质观日出"口吟奇句招蓬莱",描绘出浪漫做派,极尽夸张之能事。而诗人自己却没有赶上好天气,云山雾罩。只能靠想象弥补遗憾。最后四句记写眼前所见和盼望见日出的心情,"得快剑""穷杳渺"奇特而有气魄,诗人的急切心情可见一斑。诗古今、虚实结合,大肆用想像和夸张的艺术手法,把泰山的壮丽和诗人期盼观日出的心情淋漓尽致地表现出来,有很强的感染力。

赤壁[1]

清·赵翼

依然形胜扼荆襄,[2]　赤壁山前故垒长。[3]

乌鹊南飞无魏地,[4]　大江东去有周郎。[5]

千秋人物三分国,[6]　一片山河百战场。[7]

今日经过已陈迹,[8]　月明渔父唱《沧浪》。[9]

【作者】　赵翼(1727—1814),字云菘,又字耘松,号瓯北,阳湖(今江苏武进县)人。乾隆进士。做过翰林院编修、贵西兵备道。后辞官归家,专心著述。与袁枚、蒋士铨合称"乾隆三大家"。长五古,有《瓯北诗集》《瓯北诗话》。

【注释】　[1]赤壁:山名,在今湖北蒲圻县西北,长江南岸。三国时,孙权、刘备合兵败曹操水军于此,是著名的古战场。[2]荆襄:荆州、襄阳,即今湖北江陵县和襄樊市。[3]故垒:指三国时打仗筑的营垒。[4]乌鹊南飞:引自曹操《短歌行》"月明星稀,乌鹊南飞。绕树三匝,何枝可依"。这句诗是用曹操诗句为暗喻,意指曹操率兵南下,兵败赤壁,在江南无立足之地。[5]周郎:东吴都督周瑜。这句的意思是大江东流不尽,周郎英名永存。[6]千秋人物:载入史册、名传千秋的历史人物。[7]百战场:交兵百战的地方。[8]陈迹:已成为历史的旧迹。[9]月明渔父唱《沧浪》:诗中并不是真有人唱《沧浪歌》,而是借此感叹群雄争霸的历史往事。

【赏析】　在凭吊古战场时,诗人感慨万千,借曹操、苏轼的诗句抒发千百年来人们对英雄的崇拜、对历史的难以忘怀。用典贴切自然,增强了共鸣。第一句的"依然"把古战场的风貌勾勒出来,再自然转入对历史人物怀念,最后一句"月明渔父唱《沧浪》"表明历史的延续,也流露出几许无奈。

忆江南[1]

唐·白居易

江南好,风景旧曾谙。[2]日出江花红似火,春来江水绿如蓝。[3] 能不忆江南?江南忆,最忆是杭州,山寺月中寻桂子,[4] 郡亭枕上看潮头。[5]何日更重游?

【注释】 [1]忆江南:词牌名,据载原名《谢秋娘》,是唐代李德裕妾谢秋娘所作,后改名《望江南》,又因白居易此词而改名《忆江南》。此词是白居易回洛阳后,对苏杭生活怀念之作。[2]谙(ān):熟悉。[3]蓝:蓼蓝,一种草名,叶子可以提取靛青色染料。[4]山寺:指天竺寺、灵隐寺。[5]郡亭:指当时杭州刺史府里的虚白亭。因杭州在唐代曾划归余杭郡,故称郡亭。

【赏析】 词的上阕落笔在春花、春水,用"红似火""绿如蓝"做比喻,描绘出江南明媚鲜艳、充满生气的春天。以"能不忆江南"的反问作结,明确地表示出对江南的无限眷恋。用"顶针"手法巧妙地进入下联,把行文的线索又引入杭州,将最具江南特色的"桂子""潮头"点出来,抒发对杭州的热爱,自然深情地感叹"何日更重游"。再次发问,也使得作品的感情推向高潮,唤起读者的强烈共鸣,此情、此景让人想念江南。

青玉案[1]

宋·贺铸

凌波不过横塘路,[2]但目送,芳尘去。[3]锦瑟华年谁与度?[4]月桥花院,[5] 琐窗朱户,[6]只有春知处。飞云冉冉蘅皋暮,[7] 彩笔新题断肠句。[8] 若问闲愁都几许?[9] 一川烟草,[10] 满城风絮,[11] 梅子黄时雨。[12]

【作者】 贺铸(1052—1125),字方回,自号庆湖遗老。原籍山阴(今浙江绍兴县),生长卫州(今河南汲县)。是宋太祖贺皇后五世族孙。早年任武职,后转为文官,晚年退居苏州。他性格刚毅渴望建功立业,不肯屈事权贵。他的词语言绮丽,富于抒情色彩,有悲壮豪放之作。有《东山词》。

【注释】 [1]这首词作于贺铸寓居苏州时期。末句的工巧,使他有了"贺梅子"之称。[2]凌波:曹植《洛神赋》"凌波微步,罗袜生尘。"后人遂以凌波形容女性步履轻盈。横塘:地名,在苏州城外十余里,贺铸在那里筑有小屋。[3]芳尘:原指美人经过时的尘土,词中喻美人。[4]锦瑟年华:美好的年华。[5]月台:露天的平台。[6]琐窗:雕花的窗。琐是连环形的花纹。[7]冉冉:缓缓移动的样子。蘅皋(héng gǎo):长着香草的水边高地。蘅:杜蘅,香草名。[8]彩笔:比喻富有才华的文笔。[9]都几许:共有多少。[10]一川:遍地。川:平地。[11]风絮:随风飘扬的柳絮。[12]梅子黄时雨:旧历四五月间多雨,正值梅子成熟时,俗称梅雨。

【赏析】　词以美人不来引起思慕为发端,上阕感叹"只有春知处",把幽恨清愁寂寞一表无遗。下阕书写蓝天、香草依旧,而才尽的无奈,以此寄托自己苦闷失意的心情。最为精彩的是最后三句,连用"烟草""风絮""梅子"三种实物比喻抽象的"闲愁",令人称奇。采用这种博喻,把不可捉摸的"闲愁"转化成可见可感的生动形象,而这些喻体是眼前之景,既不袭前人,又清新自然,同时也是兴中有比。以完整的画面绘制出愁苦氛围,用作比的喻体都是复合景色,景色的凄迷、愁苦巧妙地组合,给人留下难以忘怀的印象,也是传世佳句。

西江月[1]

夜行黄沙道中[2]

宋·辛弃疾

明月别枝惊鹊,[3]　清风半夜鸣蝉。[4]　稻花香里说丰年,听取蛙声一片。七八个星天外,[5]　两三点雨山前。旧时茆店社林边,[6]路转溪桥忽见。[7]

【作者】　辛弃疾(1140—1207),字幼安,号稼轩,历城(今山东济南市)人。21岁参加抗金斗争,提出过抗金北伐方略,均未被采纳,长期落职闲居在上饶。其词豪放雄浑,富有爱国激情。有《稼轩长短句》。

【注释】　[1]西江月:词牌名,原为唐教坊曲名,又名《步虚词》等。双调50字,上下阕各两平韵,结句各叶一仄韵。[2]黄沙道中:黄沙岭,在江西上饶的西面。[3]明月别枝惊鹊:月亮的光亮惊醒了栖在斜枝上的喜鹊。别枝:斜枝,另一枝。[4]清风半夜鸣蝉:半夜里吹来凉爽的清风,蝉也随风而歌唱。[5]天外:天的远处。[6]茆:同茅。社:土地庙。社林:土地庙周围的树林。[7]桥:一作"头"。见(xiàn):通"现"。

【赏析】　这首词写的是农村夏夜幽美的景色及感受。上阕写明月、清风、稻花香、喜鹊、鸣蝉、鼓噪的青蛙,一片祥和,这些景与物呼应了"夜行"题意,用拟人、倒装等手法,使画面充满生机,勃勃生机预示着丰收,洋溢着喜悦的气氛。下阕转而写雨中意,躲雨时寻避雨地也成了一种乐趣,表现出作者轻松愉快的心情。对"过云雨"作品用"七八个星"和"两三点雨"对举,形容东边星出西边雨,用词准确而灵动。辛弃疾的作品多为沉重激越,而这首词却笔调轻灵,摹写绘声绘色,诙谐有趣,有浓厚的生活气息,飘荡出喜气洋洋的气氛。

浣溪沙[1]

红桥怀古(其一)[2]

清·王士禛

北郭清溪一带流,[3]　红桥风物眼中秋,[4]　绿杨城郭是扬州。西望雷塘何处是?[5] 　香魂零落使人愁,[6] 　淡烟芳草旧迷楼。[7]

【作者】　王士禛(1634—1711),字子真,一字贻上,号阮亭,又号渔洋山人,山东新城(今山东桓台县)人。清顺治进士,官至刑部尚书,谥文简。论诗创"神韵"说,是清诗坛领袖之一。其诗描绘山水,吟咏风月,抒发个人情怀,中年后诗风转为苍劲。有《带经堂全集》。

【注释】　[1]浣溪沙:词牌名。唐教坊曲名,后用作词牌。一作《浣溪纱》,又名《小庭花》。双调42字,平韵。王士禛在扬州为官时,与友人泛舟红桥,兴致所至,提笔成词。[2]红桥:在江苏扬州城西北,因桥上栏杆为红色而得名。又因其横跨瘦西湖,势如长虹,又被称为大虹桥(今名虹桥)。建于明思宗崇祯年间,清乾隆时由木桥改为拱形石桥。清代文人多在此吟诗作赋。同题词两首,此为其一。[3]郭:外城墙。一带:形容水似带状。[4]风物:风光景物。[5]雷塘:地名,在扬州城北七里处。隋炀帝常携宫人来游,后为隋炀帝陵地。[6]香魂:一般用于指美人之魂。零落:离散。[7]迷楼:隋炀帝行宫。故址在扬州城北观音山上,因曲径幽深,门户众多而得名。这句是指隋炀帝的迷楼已沉寂,只剩下淡烟芳草。

【赏析】　作者借景抒情,景中有情,怀古伤今,因为打上作者的情怀——"眼中秋",所以词中有淡淡的愁绪,尽管扬州城是"绿杨城郭"。词中用典自然,不露痕迹,应了作者"不着一字,尽得风流"的主张。

点绛唇[1]
夜宿临洺驿[2]
清·陈维崧

晴髻离离,[3] 　太行山势如蝌蚪。[4] 　稗花盈亩,[5] 　一寸霜皮厚。[6] 　赵魏燕韩,[7] 历历堪回首。[8] 　悲风吼,临洺驿口,黄叶中原走。

[作者]　陈维崧(1625—1682),字其年,号迦陵,宜兴(今江苏宜兴)人。康熙十八年(1679)举博学鸿词,授翰林院检讨,后参加修《明史》。骈文和词,以词名为显。其词学苏轼、辛弃疾,风格豪放。是"阳羡派"代表词人。有《湖海楼诗文全集》,词集题《湖海楼词》,又名《迦陵词》。

【注释】　[1]点绛唇:词牌名。因南朝梁江淹诗有"明珠点绛唇"句而得名。双调,41字,仄韵。[2]临洺(míng):地名,在今河北省永年县西。[3]髻(jì):妇女的发式。词中比喻山峰。离离:分明可见。[4]如蝌蚪:山势蜿蜒,远远望去犹如蝌蚪。[5]稗:一种稻田中的杂草,花小而白。[6]一寸霜皮厚:形容白色的稗花堆积,如同结上厚厚的白霜。[7]赵魏燕韩:战国时的四个国家,皆地处太行山东西两侧。[8]历历:清晰可见。堪:意为"不堪"。

【赏析】　词寓情于景,通过描绘北方萧瑟清冷的景象,寄寓了他对身世遭遇的感慨。以稗花、悲风、黄叶以及蝌蚪透迤般的太行山势,有远有近地描绘出中原旷野的苍茫,流露出作者苍凉的心境。游历了自古多慷慨悲歌之士的"赵魏燕韩"四国,更加伤感自己怀才不遇、报国无门。词中的情绪由明快到悲怆的转变自然,"黄叶中原走"细致贴切,景中有情,情中有景,耐人寻味。整个作品意境雄阔,气势豪迈,设喻奇特,措辞不凡。

第七章 历代游记

第一节 历代游记概说

一、历代游记的发展

游记属于散文的一种,是记述游览经历的文章。它以生动的描写,记述旅途中的所见见闻,展现某地的山川景物、名胜古迹、风土人情、社会生活、政治生活等,并表达作者的思想感情。

(一) 汉魏六朝

我国的游记文学始创于汉魏六朝时期。

在魏晋以前的散文中,并不是没有对自然景物的描写,如《山海经》中带有一定神话色彩的对大自然的描述。汉代辞赋中出现了横山范水的段落。枚乘的《七发》中观涛一段:"其波涌而云乱,扰扰焉如三军腾装;其旁作而奔起也,飘飘焉如轻车之勒兵",可以与宋代周密的《观潮》对读,可以看出其铺张扬厉的手法对后世游记的影响。东汉马第伯的《封禅仪记》记录作者随汉光武帝登泰山行祭天大礼的仪式,其中有对山势险峻、山行艰难的生动反映。但魏晋以前,景物描写只是抒情诗文和某些铺叙苑林的辞赋作品的附庸,并没有真正独立、完整的游记散文。

魏晋南北朝时期,时世动乱,政权更迭剧烈,文人多移情于山水,游记开始产生,不过这时大量出现的是记写山川胜景的书信。鲍照的《登大雷岸与妹书》描写作者途经大雷岸和庐山等地时所见自然景色和内心感受,文章色彩瑰丽,笔力矫健雄奇,情意醇浓。吴均的《与宋元思书》、陶宏景的《答谢中书书》,文辞清丽、风格淡雅,影响了后代的山水小品。魏晋士大夫为全身远祸,除纵情山林外,还喜谈玄说理,这种风尚也波及山水游记。东晋孙绰的《游天台山赋》、王羲之的《兰亭集序》以景为题材,寄寓玄理,开宋代游记议论化倾向的先声。作为地理学著作,郦道元的《水经注》也有精彩的山川描述,其博采兼载的内容体例,为陆游的《入蜀记》、徐宏祖的《徐霞客游记》提供了借鉴。南北朝时期,佛教大盛,北魏杨衒之作《洛阳伽蓝记》,历叙洛阳佛寺兴废经过,兼及风俗景物、人物故事,描写细致生动。总的来说,这一时期的作品还带有初创阶段的痕迹,真正能算作严格意义的游记很少,但已为后世的游记发展奠定了基础。

(二) 唐代

游记的真正独立出现并趋于成熟是在唐代。王维的《山中与裴秀才迪书》写辋川蓝田景色,意境清新,闲适宁静,与他的诗歌一样富于画意。元结的《右溪记》《寒亭记》《茅阁记》虽是即景文章,但同时也蕴含了体恤民生、议论朝政的深远情思,有较强的现实性。仕途不遇的悲慨,是唐代许多游记散文思想上的共同点。白居易仕途遭遇的悲慨,是唐代许多游记散文思想上共同点。白居易被贬后作《三游洞序》,借三游洞长期不为人所知的状况,抒发怀才不遇的感叹。《冷泉亭记》和《庐山草堂记》虽然表现的是远离尘嚣、乐天安命的思想,但也是抑郁不平的自我排遣。唐代游记的代表作家是柳宗元,柳宗元因积极参加王叔文集团的激进改革而遭贬永州。在永州期间,他探幽览胜,以敏锐的观察力,刻画永州地区的山水,创作了我国古代游记中的珍品——《永州八记》。这八篇包含一定连续性的记游之作,以简洁清隽的语言,刻画了他被贬永州司马十年间所到之处的奇山胜水,并透露出独特的身世遭遇和心境。柳宗元写景状物,善于精雕细刻,绘声绘色,动静互见,虚实相间,生动传神。总的来说,唐代游记的思想内容、艺术手法都表现出创新和丰富之处。

(三) 宋代

与唐代相比,宋代游记散文成就更加突出,名家荟萃。游记本以描写自然风光、表现自然美为内容,并以富于诗情画意而见长。因此,游记也会受到其他艺术形式的影响,特别是受到诗歌的时代内容和时代风气的影响。唐代诗歌重"兴象",以富于艺术想象和饱满的感情见长,唐代游记的浓厚的抒情性即与此相关。而到了宋代,在诗歌创作中往往有议论化的倾向,以富于"理趣"见长,这一变化也影响了游记的面貌。在宋代游记中,开始出现了借景说理、借景议论的倾向。

范仲淹的《岳阳楼记》是情景融合的典范,写景状物,表达的是"先天下之忧而忧,后天下之乐而乐"的"仁人之心"。欧阳修的《醉翁亭记》将与民同乐、乐民所乐才是最大乐事这一思想寄寓于写景游记中。王安石的《游褒禅山记》从入山探洞写起,借题发挥,包含了治学乃至从事任何事业都应不畏险远、全力以赴的深刻道理,启人深思。苏轼的前、后《赤壁赋》在游记中重点则落在了对人生的感慨和理解。《石钟山记》通过作者探访石钟山奥秘的经过,表达了对获得真知途径的认识。这些游记虽然以议论得当、说理透彻取胜,但都能将记叙、写景、抒情与议论巧妙结合,从而做到理从景出、理从情出、理趣生动、情景俱佳。南宋以后还发展了日记体游记,陆游的《入蜀记》、范成大的《吴船录》、王质的《游东林山水记》,将一路风光按行程、游踪逐日记下,既具有文学性,又包含着史料价值。

(四) 明清时期

明清时期是游记文的繁荣期,作品丰富,流派众多。各派的游记风格往往与其文学主张相关,是明清游记文学的特点。明代复古派王世贞的《张公洞记》,语言省净,句法古朴,不事雕琢。唐宋派归有光的《宝界山居记》直抒胸臆。主张"独抒性灵"的公安派袁宏道的《虎丘记》《满井游记》个性突出。竟陵派钟惺的《浣花溪记》幽深孤峭。张岱的《西湖七月半》《湖心亭看雪》笔触精致,意境明净,是晚明山水小品的代表作。徐宏祖历时三十余年,遍游名山大川,后人将其篇幅宏大的旅游日记整理成《徐霞客游记》,是继《水经注》之后地理著作的高峰。清代神韵派王士禛《登燕子矶记》写出了金陵燕子矶的气势和性格。朱彝尊的《游晋祠记》旁征博引,显示了其学者之长。性灵派袁枚的《游桂林诸山记》中表现出追求自由的倾向。桐城派姚鼐的《登泰山记》雅正严谨。阳湖派恽敬的《游庐山记》布局讲究,状物生动,富于情趣。清末龚自珍的游记则反映出鸦片战争前后的现实,政论性很强。《己亥六月重过扬州记》即表现出变革现实的强烈愿望。他的很多游记,反映了社会变革的要求,也体现出对游记思想内容的创新,开辟了近代游记的新阶段。林纾的《记九溪十八涧》《游栖霞紫云洞记》是近代游记中的名篇。

(五) 现当代时期

中国现当代游记继承并发扬了古代游记的优秀传统,同时有了更新的发展,使游记的内容更为丰富,游记的形态和艺术表现方式更加多样,游记与社会生活之间的关系也更切近了。纵观现当代游记的发展过程,可分为以下两个时期。

1. 产生发展时期(1919~1949 年)

这一时期的游记完成了从文言文到白话文的转换,经历了"五四"的文化启蒙、20 世纪 30 年代的白色恐怖以及 40 年代的抗战烽火等艰难的发展历程,一大批享誉中外的游记文学大家脱颖而出;游记的创作也由文言文转型期走向了现代白话文创作的成熟期,出现了一批具有较高审美意蕴的游记美文,游记的内容有了新开拓。以社会生活风貌为主要描写对象的游记与山水游记平分秋色,域外游记创作非常活跃。游记的创作形式有了进一步的发展:出现了具有总体设计思想的系列性游记;对自然山水的描写呈现多层次多角度;借鉴了一些西方现代化表现手法,增强了艺术表现效果。现代游记的创作高峰期是 20 世纪 30 年代,钟敬文的《西湖漫拾》《湖上散记》,郁达夫的《屐痕处处》《达夫游记》,陈友琴的《川游漫记》,陈万里的《西行日记》,巴金的《旅途随笔》,俞平伯的《燕知草》,沈从文的《湘行散记》等都是上乘佳作。

2. 繁荣时期(1950 年至今)

这一时期的游记随着中华人民共和国的成立呈现出欣欣向荣的新局面。20世纪五六十年代的游记大多以讴歌祖国壮丽山河、表现人民当家作主、建设家园的豪情壮志为主题。杨朔、秦牧、叶圣陶、碧野、菡子等是此时期的代表性作家。进入改革开放后,游记创作再次出现了新的创作高潮,游记的创作以个性化和文化反思为重点,余秋雨的《文化苦旅》是典型的代表。由于旅游趋向大众化,游记的创作也呈现了精英与大众并举的状貌。游记创作的数量、出产的速度都远远超过从前,游记题材也进一步拓展,域外游记更为广泛深入,专题游记丰富多彩。

二、古代游记的审誊特征和旅游文化价值

(一)古代游记的审美特征

我们的祖国地域辽阔,历史悠久,大好河山千姿百态,背景各异,因此游记的审美内容也必然是丰富多彩、魅力无穷的。但总的来看,古代游记在审美特征方面依然具有某些共同之处,这些方面也就是古代游记的文化内涵和审美价值所在。

1. 浓郁的人文色彩

古代游记为我们展了一幅幅山水画卷,使我们尽享卧游之乐。阅读姚鼐的《登泰山记》、郦道元的《三峡》、范成大的《峨眉山行记》、王世贞《张公洞记》,跟随古人的游踪,五岳(泰山、衡山、华山、恒山、嵩山)、四渎(长江、黄河、淮河、济水)、佛教四大名山(五台山、峨眉山、九华山、普陀山)、道教福地洞天……尽收眼底。而千古文章,凡游记山水之作,又不只是状写景物而已。游记所描述名山胜水中的文物古迹,是历史、地理、社会、宗教、哲学、艺术、政治的百科总汇;古人览物抒怀,其中往往蕴含着独到、深刻的思想内涵,可以开阔我们的心胸,提升我们的精神境界。阅读古代游记,是接受文化传统教育的极佳途径。

2. 情景交融的意境

游记以模山范水为特征,但如果舍情言景,孤立地去堆砌一些景物,那么这些景物就只不过是一些没有生命的"死景物",文章也就会索然寡味。另外,在游记中,情若离开景,情也就无所附丽。情感的表现必须通过可以知觉的对象呈现出来,化无形为有形,孤立或直露的情是缺少韵味的。从美学意义上讲,景与情、物与我、客观与主观浑然相融的意境,是古代游记的重要审美特征。以张岱的《湖心亭看雪》为例,作者描写"大雪三日""人鸟俱绝"西湖中景致是:"雾凇沆砀,天与云与山与水,上下一白。湖上影子,惟长堤一痕、湖心亭一点,与余舟一芥、舟中人两三

粒而已。"没有一字直接言情,但作者精心选用几个"一"字及几个表示微量的量词,营造了一份纯美的意境,孤独者与孤独者的感通,孤独者与天地自然的感通见于言外。

3. 脉络清晰的结构

从大的方面来说,游记作家对山水素材进行布局、剪接、组合的形式主要有两种。一是以游踪为线索,移步换形,如袁宏道的《由水溪至水心崖记》,按照游览顺序描写桃源山水:"又十余里,至倒水岩""又半里,至渔仙寺""又数里至穿石""又十余里,至新湘溪",各见形胜,井井有条。二是将景物进行分类后加以描绘,如元好问的《济南行记》,作者把在济南所游融贯于心,以济南大明湖为中心,将泉城风光按照亭(历下、环波、北渚、岚漪等)、山(匡山、栗山、华不注山、千佛山等)、泉(爆流泉、金线泉、珍珠泉等)的类别,分组进行描绘。优秀的古代游记,无论采用哪一种布局形式,总能将丰富的内容安排得层次清晰,收到"写景如在目前"的效果,使读者产生身临其境的感觉。

4. 如诗如画的语言

文学是以语言为表现工具的艺术,优秀的作家必然表现出他们出众的驾驭语言的能力。旅游是一项审美活动,游记的语言也应以体现美为宗旨。游记语言的基本特点是形象生动、色彩丰富、节奏鲜明,表现出形象美、绘画美、音乐美。如吴均的《与宋元思书》描绘富春江两岸景色:写水色,用白描,"水皆漂碧,千丈见底";写水流,用夸张和比喻,"急湍甚箭,猛浪若奔";写山势,用拟人,"负势竞上,互相轩邈",表现出山水的生气。篇中工整的对偶,加上叠音词的运用:"泉水激石,泠泠作响;好鸟相鸣,嘤嘤成韵",产生和谐的声韵美。

(二) 古代游记的旅游文化价值

1. 宣传开发价值

风景名胜与游记美文彼此辉映、相互增色,是我国许多旅游胜地的文化特色,也是发展旅游业的一大优势。有时,一篇古代游记就是开发新景观的有利条件。湖北黄冈县西北江滨的赤鼻矶,本与三国古战场赤壁毫无关系,但自从苏轼在此写了前、后《赤壁赋》和《念奴娇·赤壁怀古》后,名声大震,甚至超过了蒲圻赤壁,被称做"东坡赤壁"或"文赤壁",成为旅游胜地。广东英德县(古称英州)的通天岩风景区的开发就是从宋代文学家洪迈的《通天岩记》中受到启发的。宋人赵汝驭的《罗浮山行记》记述了两次游山的经历,介绍了使本来荒凉萧条、湮没无闻的罗浮山大放异彩的过程,带给后人很大的启示。我国有十分丰富的旅游资源,但其中有许多自然景观、人文景观至今没有得到充分开发,却在我国古代游记中,得到了不同程度的反映,为我们提供了开发的价值和信息。因此,为了更好地开发和利用我们的旅游资源,发展旅游事业,应该充分重视整理和研究我国古代的游记。

2.审美经验价值

在古代游记中,包含着宝贵的旅游审美经验。如关于审美心境,柳宗元谈道:"心凝形释,与万化冥合"(《始得西山宴游记》)。苏舜钦说:"形骸既适,则神不烦;观听无邪,则道以明。"(《沧浪亭记》),高濂指出:"若能高朗其怀,旷达其意,超尘脱俗,别具只眼,揽景会心,便得其趣。"(《四时幽赏录》)这些都说明,好的审美心境是真正领略山水之美的前提。关于审美视角,柳宗元说:"凡是州之山水有异态者,皆我有也。"(《始得西山宴游记》)以奇特为美。"游之适,大率有二:旷如也,奥如也,如期而已。"(《永州龙兴寺东丘记》)袁宏道论山之通病说:"凡山深僻者多荒凉,峭削者鲜迂曲;貌古则鲜妍不足,骨大玲珑绝少,以至山高水乏,石峭毛枯:凡此皆山之病。"(《天目》)也就是说,山水自然之美,没有一定之规,但仍有格调高下之别。关于鉴赏方法,袁中道说:"江声滂湃,听宜远;溪声涵淡,听宜近。"(《三游洞序》)山水各具个性,其玩味的方法、角度也应因景而异。

3.艺术借鉴价值

导游人员要以富于表现力和感染力的语言去激发游客的兴致,使游客获取知识,增加见闻,享受美感。如果导游人员知识欠缺,语言贫乏,表达不到位,游客的收获就会大打折扣。而古代游记中多样的艺术表现手法,对于导游人员来说具有很高的参考价值。

首先,古代游记作家除了运用最常见的白描手法,以准确的语言描摹景物外,还往往借助比喻、夸张、拟人、顶真、对比等修辞技巧,使景物逼真生动,增强了语言的感染力。如柳宗元的《钴鉧潭西小丘记》以拟人手法写山石突起的样子:"突怒偃蹇,负土而出,西小丘记";以拟人手法写山石突起的样子:"突怒偃蹇,负土而出,争为奇状",以动写静,神态活现。袁枚的《浙西三瀑布记》中用博喻手法形容瀑布奇观:"尽化为烟,为雾,为轻绡,为玉尘,为珠屑,为琉璃丝,为扬白花。"变化多端,令人目不暇接。其次,优秀的古代游记作家往往善于把握景点的个性特征,做到详略得当,重点突出。如范成大的《峨眉山行记》所涉及的景物虽多,但作者尤其重笔描绘的,是号称"峨眉奇观"的佛光现象。作者用细腻的生花妙笔,将"小现""大现""清现"等变幻多端的景象,犹如万花筒般呈现出来。假如作者在写作中不注意把握轻重缓急,则"佛现"景观就不会给读者留下特别深刻的印象。最后,古代游记作者对篇章结构、层次组织的把握也值得借鉴。名山大川的景点较多、游程较长,如何使导游语言既有丰富的内容,又不失清楚的条理,这一点可以从很多古代游记中获得启发。此外,古代游记中所涉及的表现技巧还有很多,如元代麻革的《游龙山记》在正面描写龙山之游前,先作反面衬托,写自己饱游历览而厌倦的心情,写对龙山被盛赞的将信将疑的心理,从而在文章的开篇造成了悬念,收到了先抑后扬的效果。古代游记中丰富的艺术手法需要导游人员在学习中深思体味,并灵活运用于自己的导游工作中。

三、现当代游记的审美特征和旅游文化价值

(一)现当代游记的审美特征

现当代游记是中国现当代社会发展的记录和反映,与古代游记的审美特征有着明显不同,具有强烈的时代感、广泛的社会性和鲜明的现代性。

1.强烈的时代感

现当代游记既继承了古代游记中的隐逸意识、山水意识,同时又注重表现富有时代特色的忧患意识和爱国情感,特别是在现当代社会生活中具有重大影响力的诸如个性主义、民主主义、爱国主义、马克思主义以及其他一些西方现代思想等都在现当代游记中有充分的体现。

2.广泛的社会性

现当代游记的题材得到了空前的扩展。除了表现传统游记中常见的大川畅游、名山赏景、访古问胜等过程外,由于现代交通工具、交通条件的改善,旅游范围不断扩大,跨文化交流需求旺盛,因此游记增加了考察社会、了解民情、交流文化、探知奥秘等内容,特别是表现出国留学、参观访问、国际往来等内容的作品非常丰富,而且内容涉及政治、经济、文化等方方面面,使现当代游记成为了解特定时期、特定地域社会生活的重要文献材料。

3.鲜明的现代感

文体特征和语体特征均与古代游记有别。文体上,现当代游记除了以纪实性叙述、描写和抒情为主的纪游散文外,还增加了书信、特写、报告文学、小品、随笔等新的文体。语体上的变化更为突出,现当代游记以白话代替了文言,语言表达更加明白晓畅、自然生动,许多现代汉语的表达方式诸如各种修辞格的巧妙运用等,都给现当代游记带来了新的面貌。同时,现当代游记中大量借鉴西方现代派艺术表现技巧,如意识流、蒙太奇、变形夸张等,也大大增强了游记的审美效果。

(二)现当代游记的旅游文化价值

现当代游记是现当代旅游文化的重要组成部分,对旅游文化建设意义重大。

1.旅游文化资源开发的评价与借鉴价值

游记为开拓和挖掘旅游资源服务。游记虽然是个人的个性化的创造,但所描写的内容是客观的。游记中所表现的域外或境内各地域不同的社会思想、文化生活、风俗习惯、山川风貌等,既是该地区旅游资源特征的真实表现,同时也可以成为

人文旅游资源开发与建设的重要依据和参照。有些旅游景点在开发过程中表现出的过于"文人气"和"商业气",都是旅游文化建设的偏失,这些在游记中有非常明显的反映。从此意义上讲,游记可以视为旅游资源开发成败的风向标。

2.旅游文化传播和文化教育价值

优秀的游记可以提升游客思想境界。随着旅游业的不断发展,扩展旅游文化的内涵,提升旅游品质是大势所趋,当旅游不仅仅作为繁荣社会经济的手段和社会发展的窗口,而是作为人们文化生活方式的自觉选择时,旅游的文化意蕴必将在一定程度上借文学创作的方式而张扬,可以说游记是旅游文化中最具有生命力的因素。用优秀的游记陪伴游客,不但可以使旅游资源的文化意蕴得到充分领会,还可以陶冶游客的情操,具有深刻的文化传播和道德教育意义。

第二节 古代游记名篇选讲

华山[1]

北魏·郦道元

古语云[2]:华岳本一山当河[3],河水过而曲行[4]。河神巨灵[5],手荡脚蹋[6],开而为两[7],今掌足之迹仍存。《华岳开山图》[8]云:"有巨灵胡者[9],遍得坤元之道[10],能造山川,出江河[11]。"所谓"巨灵赑屃,首冠灵山"者也[12]。常有好事之士[13],故升华岳而观厥迹焉[14]。

自下庙历列柏[15],南行十一里,东回三里[16],至中祠。又西南出五里,至南祠,谓之北君祠。诸欲升山者[18],至此皆祈请焉[19]。从此南入谷七里,又届一祠[20],谓之石养父母[21],石龛木主存焉[22]。又南出一里,至天井[23]。井裁容人[24],穴空,迂回顿曲而上[25],可高六丈余[26]。山上又有微涓细水[27],流入井中,亦不甚沾[28]。人上者,皆所由陟[29],更无别路[30]。欲出井[31],望空视明,如在室窥窗也。

出井东南行二里,峻坂斗上斗下[32]。降此坂二里许[33],又复东上百丈崖[34],升降皆须扳绳挽葛而行矣[35]。南上四里路,到石壁,缘旁稍进[36],迳百余步。自此西南出六里,又至一祠,名曰胡越寺,神像有童予之容[37]。从祠南历夹岭[38],广裁三丈余[39],两箱悬崖数百仞[40],窥不见底。祀祠有感[41],则云与之平,然后敢度。犹须骑岭抽身[42],渐以就进,故世谓斯岭为"搦岭"矣[43]。度此二里,便届山顶[44]。

上方七里[45],灵泉二所[46]。一名蒲池,西流注于涧[47];一名太上泉,东注涧下。上宫神庙[48]，近东北隅[49]，其中塞实杂物，事难详载。自上宫东北出四百五十步，有屈岭。东南望巨灵手迹，惟见洪崖赤壁而已[50]，都无山下上观之分均矣。

【作者】 郦道元(466或472?—527)，北魏地理学家、散文家，字善长，范阳涿县(今属河北)人。官御史中尉等职，后为关右大使，被刺杀。他好学博览，在各地"访渎搜渠"，留心考察水道变迁及城邑兴废等地理现象，所撰《水经注》为我国古代重要地理著作。

【注释】 [1]华山：在陕西省东部，属秦岭东段。因远望像花，故名华山。这里指华山主峰，即太华山，古称"西岳"，在陕西华阴南。[2]古语：古代的说法。以下引文见晋代郭缘生《述征记》，文字稍有删节。[3]华岳：华山为西岳，故称。当：挡着。河：黄河。[4]过而曲行：谓黄河水绕山而曲折前行。[5]巨灵：黄河之神的名字。[6]荡：推。[7]"开而"二句：谓巨灵把古华山分开为两座山，他的手印足迹至今仍然留存着。据《述征记》载："华山对河东首阳山，黄河流于二山之间。"巨灵所分成的两座山，一座即太华山，山上留下巨灵手掌印；另一座为首阳山(在今山西永济南)，山下留下巨灵足迹。[8]《华岩开山图》：东汉纬书名。[9]巨灵胡者：姓胡的大仙。这里"巨灵"是"巨大的神灵"的意思，不指后来传为黄河神的"巨灵"。[10]坤元之道：阴阳家语，谓创造天地万物的法术。[11]出江河：谓使大地出现长江大河。[12]"所谓"句：引文出自汉代张衡《西京赋》"巨灵赑屃(bì xì)，高掌远跖"，左思《吴都赋》"巨鳌赑屃，首冠灵山"。"赑屃"：用力的样子。"首冠灵山"，神话传说天帝命巨鳌(神话中的大龟)在大海中背负五座神山，左思《吴都赋》中便用来形容臬都沿海山岛，谓巨鳌力气巨大，头上顶着神山。[13]好事之士：喜欢登山探险、寻幽探奇的人。[14]升：攀登。厥：那个。迹满巨灵手掌印，在太华山东峰仙掌峰。[15]下庙：指西岳庙，在华阴县东五里华山下。历：经过。列柏：西岳庙外柏树林。[16]回：转过。[17]中柯：庙名。南祠与"北君祠"是同一庙名。[18]诸：那些。[19]祈请：祈祷请神保佑登山平安。[20]届：到。[21]石养父母：该祠庙供祀的神主称谓。[22]石龛(kān)：供奉神主的石阁。木主：指石养父母的木偶像。[23]天井：山洞名，是古时登华山顶峰的洞穴通道。[24]裁：通"才"。容人：容纳一个人通行。[25]顿曲：拐弯陡折。[26]可：大约。[27]涓：细小的水流。[28]沾：指沾湿登山者衣鞋。[29]皆所由陟：都是从天井登山的。陟(zhì)：登，上。[30]更：另外，再。[31]"欲出井"三句：是说将要走出天井口时，仰望天空看见光亮，就像在房间里看天窗一样。[32]峻：高而陡峭。坂(嘶)：山坡。斗：通"陡"，陡直。[33]降：走下。[34]百丈崖：山崖名，是古时登华山顶峰必经的山崖。[35]扳：往上拉住。挽：拉着。葛(gě)：草本植物，这里指以葛编结的绳索。[36]缘：靠着，挨着。稍：逐渐，慢慢地。[37]有童子之容：形容神像显得很年轻。[38]夹岭：山岭名。[39]裁：见注[24]。[40]箱：通"厢"，边,旁。仞:古时一仞约今七八尺。[41]"祀祠"三句:在胡越寺祈祷时,如果神灵有所感应,那么空中的云就会升到与夹岭一样高。出现了这样的现象,人们才敢走过夹岭。[42]"犹须"二句:承上三句,意谓即使神有感应,人们仍然必须十分小心,不敢行走,而像骑马似地坐在夹岭上,两腿抽动身体,一点一点向前移行。[43]斯岭:这个山岭。搦(nuò)岭:捉弄人的山岭。[44]届:到达。[45]上:谓山顶上。[46]灵泉:等于说"神泉""仙泉"。二所:两处。[47]注:灌入。[48]上宫神庙:山顶的岳神庙。[49]隅:角落。[50]"惟见"二句:在山顶上看东峰巨灵手掌印,跟山下远望不一样,只看见高大山崖的赤色岩壁,完全没有从山下朝上看时那样五指均匀张开了。

【赏析】 本文节选自《水经注·河水》,记述了古代攀登西岳华山的路线。文中对地理空间的描写错落有致、极具章法,从下庙到中祠、南祠、天井、百丈崖、胡越寺、百丈岭直至山顶,相关地理环境、山川走向、彼此距离等都简洁而又清晰地描绘出来,有条不紊,使读者了然于心。从结构来说,又有对照映衬之美。文中第一段引用古书记载及神话传说,介绍华山的形成,生动而富于神异色彩,增添了文章的趣味性;而末尾以"东南望巨灵手迹,惟见洪崖岩壁而已",直截了当地点明了根本没有所谓灵迹,表明了一个地理学家科学、严谨的态度。

始得西山宴游记[1]
唐·柳宗元

自余为僇人[2],居是州[3],恒惴栗[4]。其隟也[5],则施施而行[6],漫漫而游[7]。日与其徒上高山[8],入深林,穷回溪[9],幽泉怪石,无远不到[10]。到则披草而坐[11],倾壶而醉[12];醉则更相枕以卧[13]。卧而梦,意有所极,梦亦同趣[14]。觉而起,起而归。以为凡是州之山水有异态者,皆我有也[15],而未始知西山之怪特[16]。

今年九月二十八日[17],因坐法华西亭[18],望西山,始指异之[19]。遂命仆人过湘江,缘染溪[20],斫榛莽[21],焚茅茷[22],穷山之高而止。攀援而登,箕踞而遨[23],则凡数州之土壤,皆在衽席之下[24]。其高下之势[25],岈然洼然[26],若垤若穴[27]。尺寸千里[28],攒蹙累积[29],莫得遁隐[30]。萦青缭白[31],外与天际[32],四望如一[33]。然后知是山之特立[34],不与培塿为类[35],悠悠乎与颢气俱而莫得其涯,洋洋乎与造物者游而不知其所穷[36]。

引觞满酌[37],颓然就醉[38],不知日之入[39]。苍然暮色,自远而至,至无所见,而犹不欲归。心凝形释,与万化冥合[40],然后知吾向之未始游[41],游于是乎始[42]。

故为之文以志[43]。是岁元和四年也。

【作者】 柳宗元(773—819),唐文学家、哲学家。字子厚,河东解(今山西运城西)人,世称柳河东。参加主张革新的王叔文集团,失败后被贬永州司马,后迁柳州刺史,故又称柳州。与韩愈倡导古文运动,并称"韩柳",同列"唐宋八大家"。散文峭拔矫健,说理透彻,结构严谨。

【注释】 [1]西山:在今湖南零陵县城西南,又称粮子岭。[2]僇(lù)人:有罪之人,指唐宪宗即位后,作者因在顺宗时期参与王叔文集团而被贬永州司马。僇,同"戮",刑辱。[3]是州:指永州。是,即"此"。[4]恒:经常。惴(zhuì)栗:恐惧不安,战战兢兢的样子。[5]隙:空闲的时候。[6]施施(yíyí):通"迤",缓缓地。[7]漫漫:随意地,漫无目的地。[8]日:每日。徒:同伴。[9]穷:寻源,穷尽。回溪:迂回曲折的溪水。[10]"幽泉"两句:只要有幽泉怪石,多远的地方都去。[11]披草:拨开草丛。[12]倾壶:倒尽壶中之酒。[13]相枕以卧:互相枕靠而睡。[14]"意有"两句:心中有所向往,梦中就会表现出同样的志趣。极:至,到。[15]皆我有也:都已为我所观赏、领略过。[16]未始:未尝。怪特:怪异、奇特。[17]今年:指元和四年(809年)。[18]法华:寺名,在永州城内东山上。西亭:位于法华寺西,系作者所建,其《永州法华寺新作西亭记》曰:"法华寺居永州,地最高……余时谪为州司马,官外乎常员,而心得无事,乃取官之禄秩,以为其亭。"[19]始:才。指异:指点而称奇。之:代西山。[20]缘:沿着、顺着。染溪:即冉溪,在零陵县西南,元和五年(810年),柳宗元更名为愚溪。其《愚溪诗序》:"余以愚触罪,谪潇水上,爱是溪,入二三里,得其尤绝者家焉。古有愚公谷,今予家是溪,而名莫能定,土之居者,犹䶄䶄然,不可以不更也,故更之为愚溪。"[21]斫(zhuó):砍伐。榛(zhēn)莽:丛生的荆棘、杂草。[22]茅茷(fá):茅草。茷:草叶盛多的样子。[23]箕(jì)踞:一种臀部压脚后跟上,形似簸箕的坐姿。这是一种放任自适的举动。遨:游逛。[24]衽(rèn)席:床席,座席。[25]势:形势。[26]岈(yá)然:山谷幽深的样子。洼然:山谷低凹的样子。[27]垤(dié):蚁穴外的土堆。[28]尺寸千里:从西山远眺,山似蚁封谷如洞,视野中看似咫尺大小的地方,实际面积极大。极写山高望远。[29]攒蹙(cù)累积:景物集聚、紧凑、累积。攒:聚集。蹙:压缩。[30]遁隐:隐藏,隐蔽。以上几句言千里之景,聚集眼前,无一隐遁。[31]萦(yíng)青缭白:形容山水重叠。萦:环绕,缠绕。青:山峦。白:水流。[32]外与天际:视线之外的景物远与天连。际:会合,交际。四望如一:四面瞭望,同一景色。[34]特立:突兀。[35]培塿(péi lǒu):小土丘。[36]"悠悠乎"两句:渺远得像大气一样,没有止境;飘飘然与天地同游,无穷无尽。悠悠:长远的样子。灏:同"浩",广大的样子。洋洋:逍遥自得的样子。造物者:古时以天为万物创造者。[37]引觞(shang)满酌:举杯斟满酒。引:举起。觞:酒杯。酌:斟酒。[38]颓然:醉倒的样子。[39]日之入:太阳落山。[40]"心凝"两句,心神凝聚于山水景色之中,形体消散了,与万物融为一体。凝:凝集、凝聚。释:消散。万化:变化着的宇宙万物。冥合:融合为一。[41]"然后"句:与上段"以为凡是州之山水有异态者……"句相应,意谓今日方知以前所游,算不上真正有所体会。未始:未尝、未曾。

向:以前。[42]是:这次。[43]志:记。

【赏析】　本篇为《永州八记》之一。文章围绕题目中"始得"二字,通过往昔和今日的对比,写出了过去的游览,"意有所极,梦亦同趣,"并没有得到真正的精神解脱,而后来真正领略了西山的胜境,"心凝形释,与万化冥合",才确实达到了自由、忘我的境界,也才与大自然融为一体。这篇游记并没有花费太多笔墨实写山水,而是从虚处落笔,着力描绘到达山顶后,极目远眺之所见,展现了一种高远阔大的境界。作者的思想境界——宽广的胸襟,包容的心态,超脱的精神,高远的追求,与其从西山中体味到的境界相互交融。文中运用比喻手法增强了描写的生动性,对偶、顶真等修辞手法的运用则使文章获得一种声韵美,同时也增强了表达的感染力。

冷泉亭记[1]

唐·白居易

东南山水,余杭郡为最[2];就郡言,灵隐寺为尤[3];由寺观,冷泉亭为甲[4]。

亭在山下水中央,寺西南隅。高不倍寻,广不累丈[5],而撮奇得要[6],地搜胜概,物无遁形[7]。春之日,吾爱其草薰薰[8],木欣欣,可以导和纳粹[9],畅人血气[10],夏之夜,吾爱其泉渟渟[11],风泠泠[12],可以蠲烦析酲[13],起人心情[14]。山树为盖,岩石为屏[15],云从栋生,水与阶平[16]。坐而玩之者,可濯足于床下[17];卧而狎之者[18],可垂钓,于枕上。矧又潺湲洁澈[19],粹冷柔滑[20],若俗士,若道人[21],眼耳之尘、心舌之垢,不待盥涤[22],见辄除去[23]。潜利阴益[24]。可胜言哉[25]!斯所以最余杭而甲灵隐也[26]。

杭自郡城抵四封[27],丛山复湖,易为形胜[28]。先是领郡者[29],有相里君造虚白亭[30],有韩仆射皋作候仙亭[31],有裴庶子棠棣作观风亭[32],有卢给事元辅作见山亭[33],及右司郎中河南元藇最后作此亭[34]。于是五亭相望,如指之列[35],可谓佳境殚矣[36],能事毕矣[37]。后来者虽有敏心巧目,无所加焉。故吾继之,述而不作[38]。

【注释】　[1]冷泉亭:在杭州西湖西北飞来峰下,灵隐寺前。旧传冷泉深广可通舟楫。亭在水中,宋郡守毛友移置岸上,亭倚泉而立。[2]"东南"两句:东南山水之胜,以余杭郡为最佳。余杭郡:隋置,唐废,故城在今杭州市北余杭县。[3]"就郡言"两句:就余杭郡的山水而言,灵隐寺的景致最为突出。灵隐:亦名"云林禅寺",为我国佛教禅宗十刹之一,在浙江杭州西湖西北灵隐山麓,前临冷泉,面对飞来峰。东晋咸和年间取名"灵隐",清康熙南巡,赐名"云林禅寺",历代屡有毁建。尤:优异,突出。[4]"由寺观"两句:从灵隐寺的风景看,冷泉亭居首位。甲:天干的第一位,引申为第一,首位。[5]"高不倍寻"两句:高不过十六尺,宽不到两丈。寻:八尺。累:重叠、积累,在此意同"倍"。[6]撮奇得要:聚集奇景,揽得精华。撮(cuō):聚合,聚拢。要:精华。[7]"地搜"两句:搜取大自然之胜景,使山水无所隐遁其形状。搜:觅取,寻找。胜概:胜景,美景。[8]薰薰:指花草的芳香。[9]导和纳粹:引导心平气顺,吸纳纯净新鲜的养分。粹:精华。[10]畅人血气:使人气血舒畅。[11]渟渟(tíng):水静止的样子。 [12]泠泠(bíng):清凉、冷清。[13]蠲(juān)烦析酲(chéng):消除烦恼,解脱酒醒后的困惫。蠲:除去,免除。酲:病酒曰"酲",即酒醒后所感觉的困惫如病的状态。[14]起:激发。[15]"山树为盖"两句:以山峦、绿树为亭之顶盖,以山崖岩石为屏壁。[16]"云从"两句:云生于亭之栋梁上,水与亭之台阶相齐平。 [17]濯(zhuó):洗涤。[18]狎(xiá):亲近。[19]矧(shěn):况且。潺湲(chán yuán):水流的样子。[20]粹冷:纯洁、冷冽。[21]俗士:见识浅陋的世俗之士。道人:出家修行者。[22]不待盥(guàn)涤:用不着以水洗涤。盥:洗(手、脸)。[23]见辄除去:观赏冷泉就能除去尘垢。[24]潜利阴益:不知不觉中对人的熏陶、好处。潜:暗中。阴:不为人察觉。[25]胜言:说尽。[26]"斯所以"句:这就是它的景致居余杭之最、列灵隐之首的原因。四封:余杭郡四边的疆界。[28]易为形胜:容易形成山川胜迹。[29]先是领郡者:以前担任郡守之位者。[30]相里君:所指不详。虚白亭:释来复虚白亭诗云:"洞然一室生虚白,包括须弥百千亿。卧游恍讶玻璃宫,幻出诸天帝青色……"[31]韩皋:字仲闻,唐长安人。知音律,善属文。历任右拾遗、左补阙、考功员外郎、京兆尹、订州司马、杭州刺史,穆宗长庆元年拜尚书右仆射。以东都留守转左仆射卒。仆射(泊):尚书省长官。候仙亭:韩皋建,久废,后重建。[32]裴庶子:即裴棠棣,又作裴常棣,曾任杭州刺史。庶子:皇太子东宫的从官。观风亭:在冷泉亭侧。[33]卢给事:即卢元辅,字子望。奸相卢杞之子,唐滑州人,历任杭、常、绛三州刺史。自兵部侍郎出为华州刺史,文宗大和三年(829)八月卒。给事:即"给事中"。属门下省,管理奏章文书档案。[34]右司郎中:尚书省的助理官员。元:又作元峤。河南(今河南洛阳)人。曾为杭州刺史。[35]如指之列:像五个手指的排列。[36]殚(dàn):尽、竭。[37]能事毕矣:构筑山水之胜的境界达到了极致。[38]述而不作:语出《论语·述而》篇,谓只阐述前人成就,自己无所创作。本文指只记述而不另筑新亭。

【赏析】 本篇作于作者任杭州刺史期间。游记开头,采用层递收缩法,强调冷泉亭景色为余杭灵隐之最佳,这一手法被很多后世记游者所效仿。第二段是全文中心,作者并不对冷泉亭本身细致描绘,而是连用四个"可"字,从春、夏两季、坐、卧不同,写了冷泉亭周围景色之宜人,强调它对人情趣、情操的熏染作用,点明了它"最余杭而甲灵隐"的原因。本文将写景、抒情、议论融为一体,句式既有长短错落,也有对偶整饬,风格优美婉丽。

沧浪亭记[1]

宋·苏舜钦

予以罪废,无所归[2],扁舟吴中[3],始僦舍以处[4]。时盛夏蒸燠[5],土居皆褊狭[6],不能出气。思得高爽虚辟之地[7],以舒所怀,不可得也。

一日过郡学[8],东顾草树郁然,崇阜广水[9],不类乎城中[10]。并水[11],得微径于杂花修竹间,东趋数百步[12],有弃地,纵广合五十寻[13],三向皆水也。杠之南[15],其地益阔,旁无居民,左右皆林木相亏蔽[16]。访诸旧老[17],云:"钱氏有国[18],近戚孙承祐之池馆也[19]。"坳隆胜势[20],遗意尚存[21]。予爱而裴徊[22],遂以钱四万得之。构亭北琦[23],号沧浪焉。

前竹后水,水之阳又竹,无穷极。澄川翠干[24],光影会于轩户之间[25],尤与风月为宜[26]。予时榜小舟[27],幅巾以往[28]。至则洒然忘其归。觞而浩歌[29],踞而仰笑[30]。野老不至,鱼鸟共乐。形骸既适[31],则神不烦;观听无邪[32],则道以明。反思向之汩汩荣辱之场,日与锱铢利害相磨戛,隔此真趣,不亦鄙哉[33]。

【作者】　苏舜钦(1008—1048),字子美,梓州铜山(今四川中江县南)人,生于开封。少慷慨有大志,曾任大理评事。范仲淹荐为集贤校理,监进奏院。后退居苏州,买水石作沧浪亭,自号沧浪翁。其诗与梅尧臣齐名,风格豪健,甚为欧阳修所重。有《苏学士文集》。

【注释】　[1]沧浪亭:在江苏苏州市城南,三元坊附近,是江南现存的历史最久的古园林之一。北宋庆历年间(1041—1048),苏舜钦买下别墅,临水筑亭,因感于楚辞《渔父》中所歌"沧浪之水清兮,可以濯我缨;沧浪之水浊兮,可以濯吾足。"而命名为沧浪亭,并作记,历代屡有兴废。南宋时韩世忠辟为住宅。明代修复后,归有光亦有记。现在的亭园以康熙年间所修为基础,一泓清水绕园而过,进门山丘隆起,建筑均环山布置,沧浪亭翼然山顶。园内殿堂楼榭众多,景色秀丽。[2]予以罪废:《宋史·苏舜钦传》记载,苏舜钦于庆历年间因用卖故纸之公钱召妓乐、会宾客而遭弹劾除名。无所归:无处可归。[3]吴中:指苏州一带。[4]僦(jiù):租赁。舍:屋舍。[5]蒸燠(yù):闷热如蒸。[6]土居:土屋。褊狭:狭窄。褊:衣服狭小,引申为"狭隘"。[7]虚辟:空旷开阔。[8]郡学:州府开设的官学,教授生员。此指郡学学府。[9]崇阜广水:高山阔水。阜:土山。[10]不类乎城中:和城里不同。[11]并(bìng)水:依傍、沿着水流。[12]趋:向。[13]函:包含、包容。[14]三向皆水:三面环水。[15]杠(gāng):石桥。[16]亏蔽:掩蔽。亏:缺、欠。[17]访诸旧老:就弃地事访问老人。诸:之于。[18]钱氏有国:钱镠(liú)于907年被封为吴越王,到978年钱俶献国土,吴越亡。[19]孙承祐:宋钱塘人。吴越王钱俶纳其姐为妃,因擢处要职,故称近戚。沧浪亭旧址即其别墅。[20]坳(āo)隆胜势:地势起伏高下的美景。坳:低凹的地方。隆:隆起、凸出之处。[21]遗意尚存:旧日遗留的形态、情趣还在。[22]裴徊:同"徘徊"。[23]琦(qí):曲折的堤岸。[24]澄川:水清的样子。翠干:竹茂的样子。 [25]轩:窗户。[26]"尤与"句:尤以有风月之时,景色更为宜人。[27]榜:船桨。这里用作动词"划"。[28]幅巾:古代男子用绢一幅束发,称为幅巾。[29]觞而浩歌:饮酒放歌。[30]踞:一种两脚底和臀部着地、两膝上耸的坐姿。[31]形骸:形体。适:舒适,适宜。[32]观听无邪:看不见、听不到邪恶的声色。[33]"反思"四句:回想过去起伏于荣辱升沉的官场,每天与极微小的利害相磕碰,却与这种真趣相隔膜,不是很鄙琐的吗?汩汩(gǔ):水流动荡不安的样子。锱铢(zī zhū):古时重量单位,六铢为一锱,一锱为四分之一两。比喻极微小的计量单位。磨戛(jiá):磨擦、撞击。

【赏析】 本文叙写了作者建亭的背景和觅地的经过,以及游赏的乐趣。就艺术手法而言,作者采用了先抑后扬的笔法,开篇先写"罪废"带来的心情压抑,盛夏所带来的天气蒸燠,居室狭窄所带来的环境郁闷,总体上构成一种不得舒展的氛围。接着描写购亭后得以与水竹、风月为伴的雅趣。"澄川翠干",色彩宜人,"鱼鸟共乐",不乏生机。叙事井井有条,写景如在眼前,景中有趣,景中有理,表达了淡泊忘机的心境。

游褒禅山记[1]

宋·王安石

褒禅山亦谓之华山。唐浮图慧褒始舍于其址,而卒葬之[2]。以故,其后名之曰褒禅。今所谓慧空禅院者,褒之庐冢也[4]。距其院东五里,所谓华山洞者,以其在华山之阳名之也[5]。距洞百余步,有碑仆道[6],其文漫灭[7],独其为文犹可识:曰花山[8]。今言"华"如"华实"之"华"者,盖音谬也[9]。

其下平旷,有泉侧出,而记游者甚众[10],所谓前洞也。由山以上五六里[11],有穴窈然[12],入之甚寒,问其深,则虽好游者不能穷也[13],谓之后洞。余与四人拥火以入[14],入之愈深,其进愈难,而其见愈奇[15]。有怠而欲出者[16],曰:"不出,火且尽。"遂与之俱出。盖余所至,比好游者尚不能十一[17],然视其左右,来而记之者已少[18]。盖其又深,则其至又加少矣。方是时,予之力尚足以入,火尚足以明也[19]。既其出,则或咎其欲出者[20];而予亦悔其随之[21],而不得极夫游之乐也[22]。

于是余有叹焉。古人之观于天地、山川、草木、虫鱼、鸟兽,往往有得,以其求思之深而无不在也[23]。夫夷以近[24],则游者众;险以远,则至者少。而世之奇伟、瑰怪、非常之观[25],常在于险远,而人之所罕至焉,故非有志者,不能至也;有志矣,不随以止也[26],然力不足者,亦不能至也;有志与力,而又不随以怠[27],至于幽暗昏惑而无物以相之,亦不能至也[28]。然力足以至焉[29],于人为可讥,而在己为有悔[30];尽吾志也,而不能至者,可以无悔矣,其孰能讥之乎[31]?此余之所得也[32]。

余于仆碑,又有悲夫古书之不存,后世之谬其传而莫能名者,何可胜道也哉[33]!此所以学者不可以不深思而慎取之也[34]。四人者:庐陵萧君圭君玉[35],长乐王回深父[36],余弟安国平父,安上纯父[37]。至和元年七月某日[38],临川王某记。

【注释】 [1]褒禅山:在今安徽省含山县北十五里,旧名华山,北三里曰华阳山,亦名兰陵山。唐贞观年间慧褒禅师慕此地胜景,结庐山下,在此坐禅修行,葬于此,山因以为名。山色翠霭,四面如围,中有起云峰,欲雨,云则先起,春夏往往见之。有龙洞、罗汉洞,曲折深幽,怪石错落。有龙女泉、白龟泉,泉水清洌,终年不竭。本文作于王安石任职舒州(今安徽安庆)时。[2]浮图:梵语译音,有佛、僧、佛塔诸义,文中指僧人。舍:结庐,筑室居住。卒:最后。[3]禅院:佛寺。禅:梵语"禅那"的省称,意为坐禅或静修,后泛指与佛事有关的人与物。[4]庐冢(zhǒng):室舍和坟墓。[5]阳:山南。古代以山之南、水之北为阳。[6]仆道:倒伏道旁。仆:倒伏。[7]其文漫灭:碑文磨灭不清。[8]"独其为文"句:文中尚可辨认的唯独"花山"两字而已。[9]"今言"两句:现在把"华山"的"华"(huà),读作"华实"的"华"(huá),是读错了音。[10]记游:在游览处题字、赋诗文留念。[11]以:而。[12]窈然:幽深的样子。[13]"好游者"句:喜爱游历者不能穷尽它。[14]拥火以入:举着火把进入。拥:持。[15]"人之愈深"三句:入洞愈深,行进愈困难,而所见的景色也越加奇异。[16]"有怠"句:有懒于前进而想退出的人。怠:懒惰,松懈。[17]"盖予"两句:大约我在洞内所走到的,还不及好游历者的十分之一。[18]"然视其"两句:但看两边的洞壁,能到这儿游历的人已很少了。[19]"方是时"三句:正当此时,我的体力还足以继续入洞,火把还足够照明之用。[20]既:已经。其:句中语气词。咎:责怪。[21]"予亦"句:我也后悔随着他们出来。[22]极:尽。夫:这,那。"以其"句:因为古人思考探求得十分深刻周密的缘故。无不在:没有不到之处,指细致、周密。求思:探求思考。[24]夷以近:平坦而离得近。以:而。[25]瑰怪:瑰丽奇特。非常之观:少见而不平凡的景象。[26]不随以止:不盲目跟随别人而停止。[27]不随以怠:不迁就于惰性。[28]"至于幽暗"两句:到达幽暗不明的地方,却没有外物辅助他,也不能到达尽头。相(xiàng):辅佐,帮助。[29]"然力足"句:然而力量足以达到,(却没有达到)。[30]"于人"两句:对别人来说,是有可讥笑的,而对于自己来说,是有可后悔的。[31]"尽吾志也"四句:尽心尽力,却没能达到的人,可以没有悔恨了,又有谁能讥讽他呢?孰:谁。[32]得:心得、体会。[33]"余于仆碑"四句:对于倒卧的碑石,我又悲叹古书的散佚,后世以讹传讹,终不能弄清真相,这类事情哪数得过来。[34]此:指古书失存、后代谬传的现象。慎取:慎重取舍。[35]庐陵:今江西吉安县。萧君圭字君玉:不详。[36]长乐:今福建长乐。王回:字深父,福建侯官(今闽侯)人,进士及第。为忠武军节度推官,知南顿县。[37]"余弟"句:王安石兄弟七人,安石行三。安国,字平父,行四,仁宗熙宁初,以才行召试及第,除西京国子教授。曾议其兄安石,知人不明、聚敛太急。帝不悦,授崇文院校书。屡以新法谏,后为吕惠卿所陷,罢归。安上,字纯父,行七。[38]至和元年:公元1054年。至和是宋仁宗的年号。

【赏析】 这篇游记不以写景抒情为重点,而是借游记表达了追求学问、献身事业所必备的素质:深入思考,不畏险远,意志坚强。文章记叙与议论结合紧密、自然。每记一段景致则夹叙一段观感,为后文的议论奠定了基础。后文的议论又不脱离前面的景致观感,全面、透彻,有很强的逻辑性。文章详略得当。如游记的重点在后洞而不在前洞,因此前洞略写,后洞详写,重点突出。该游记体现了宋代游记的议论化倾向。

石钟山记[1]

菜·苏轼

《水经》云[2]:"彭蠡之口有石钟山焉[3]。"郦元以为下临深潭[4],微风鼓浪,水石相搏[5],声如洪钟。是说也[6],人常疑之。今以钟磬置水中[7],虽大风浪不能鸣也,而况石乎!至唐李渤始访其遗踪[8],得双石于潭上,扣而聆之[9],南声函胡[10],北声清越[11],桴止响腾[12],余韵徐歇[13]。自以为得之矣。然是说也,余尤疑之。石之铿然有声者,所在皆是也,而此独以钟名,何哉[14]?

元丰七年六月丁丑[15],余自齐安舟行适临汝[16],而长子迈将赴饶之穗兴尉[17],送之至湖口[18],因得观所谓石钟者。寺僧使小童持斧,于乱石间,择其一二扣之,硿硿焉[19]。余固笑而不信也[20]。至暮夜月明,独与迈乘小舟,至绝壁下。大石侧立千尺,如猛兽奇鬼,森然欲搏人[21],而山上栖鹘[22],闻人声亦惊起,磔磔云霄间[23];又有若老人咳且笑于山谷中者,或曰此鹳鹤也[24]。余方心动欲还[25],而大声发于水上,噌吰如钟鼓不绝[26],舟人大恐。徐而察之,则山下皆石穴罅[27],不知其浅深,微波入焉,涵澹澎湃而为此也[28]。舟回至两山间,将入港口,有大石当中流[29],可坐百人,空中而多窍[30],与风水相吞吐,有窾坎镗鞳之声[31],与向之噌吰者相应,如乐作焉。因笑谓迈曰:"汝识之乎[32]?噌吰者,周景王之无射也[33];窾坎镗鞳者,魏庄子之歌钟也[34]。古之人不余欺[35]也。"

事不目见耳闻而臆断其有无[36],可乎?郦元之所见闻,殆与余同[37],而言之不详;士大夫终不肯以小舟夜泊绝壁之下,故莫能知;而渔工水师虽知而不能言[38],此世所以不传也。而陋者乃以斧斤考击而求之,自以为得其实[39]。余是以记之,盖叹郦元之简,而笑李渤之陋也。

【作者】 苏轼(1037—1101),北宋文学家、书画家。字子瞻,号东坡居士,眉州眉山(今属四川)人。与父苏洵、弟苏辙合称"三苏"。其文汪洋恣肆,明白畅达,为"唐宋八大家"之一。词开豪放一派,对后代很有影响。

【注释】 [1]石钟山:位于江西省湖口县,西临鄱阳湖,包括上钟山、下钟山两部分。上钟山在县治南,下钟山在县治北,两山相向,当地人称为双钟。[2]《水经》:是我国第一部记述河道水系的专著,旧题汉桑钦撰。自唐以后,此书附郦道元《水经注》流传。[3]彭蠡(晚即鄱阳湖,在江西省北部。[4]郦元:即郦道元。古人为行文方便,有时对人所熟悉者用简称。[5]搏:撞击。[6]是说:这一说法,即郦道元的解说。[7]钟磬(qìng):都是古代的打击乐器,钟多用铜铁铸成,磬用玉或石制成。[8]李渤:字浚之,早年隐居嵩山,唐宪宗元和年间任江州(江西九江)刺史,曾寻访过石钟山,其《辨石钟山》一文云:"次子南隅,忽遇双石……询诸水滨,乃曰:'石钟也,有铜铁之异焉。'……若非潭滋其山,山涵其英,联气凝质,发为至灵;不然则安能产兹奇石乎!乃知山仍石名,旧矣。"遗踪:旧址、遗迹,指石钟山所在地。[9]扣:敲击。聆:听。[10]南声函胡:南边的石头声音厚重不清。[11]北声清越:北边的石头声音清脆悠远。[12]桴(fú)止响腾:鼓槌停止了敲击,而石头发出的声响却经久不息。桴:鼓槌。[13]余韵徐歇:余音袅袅,缓缓消失。歇:止。[14]"石之"四句:能够撞击而发出响亮声音的石头到处都是,而单单这里以钟命名,为什么呢?铿(keng)然:金石撞击所发之音。[15]"元丰"句:1084年阴历六月初九。元丰:宋神宗的年号。[16]齐安:今湖北黄冈。适:去,往。临汝:今河南临汝。苏轼因乌台诗案被贬黄州团练副使四年多,于元丰七年调任汝州。[17]迈:苏迈,字伯达,苏轼长子,善为文。轼贬惠州时,迈求为潮州安化县令,以便奉侍父亲。饶:饶州。德兴:饶州属县,今江西德兴县。尉:县尉,主管一县治安的官吏。[18]湖口:今江西湖口,位于鄱阳湖与长江连接处。[19]硿硿(kōng)焉:硿硿地响。硿硿:石相击之声。[20]固:本来,仍然。[21]森然欲搏人:阴森可怕地像要抓人。搏:抓。[22]栖(qī):鸟类歇宿。鹘(gǔ):鹰类,极凶猛。[23]磔磔(zhe):猛禽的鸣叫声。[24]鹳(guàn)鹤:一种与鹤、鹭相似的水鸟,颈嘴都较长。欬:同"咳"。[25]心动:内心惊悸、紧张。[26]噌吰(cèng hóng):重而响的钟声。[27]石穴罅(xià):石洞和石缝。罅:裂缝。[28]"涵澹"句:水浪激荡澎湃而形成这样的声音。涵澹:水波动荡的样子。澎湃:波浪撞击的声音。[29]当:正好处于。中流:河流中间。[30]空中而多窍:当中是空的,而且多窟窿。[31]窾坎镗鞳(kuǎn kǎn tāng tà):撞击钟鼓的声音。[32]识:明白。周景王:东周的君主,姬姓,名贵。无射(yì):钟名。《国语,周语》载:大钟铸于周景王二十四年(前521年)。[34]魏庄子:魏绛,春秋时晋国大夫,谥号庄子。歌钟:编钟,古代的一种乐器。据《左传,鲁襄公十一年》记载:郑人献歌钟、磬等乐器给晋侯,晋侯赐一半给魏绛。[35]古之人:指郦道元。不余欺:没有欺骗我。此为否定句宾语前置。[36]臆断:凭主观猜测下判断。[37]殆:大概,大体。[38]渔工水师:渔夫船工。不能言:不善于表达。[39]"而陋者"两句:而浅陋的人竟然用刀斧敲击石头来寻求命名的原因,还自以为弄明白了其中的道理。陋者:知识浅薄的人。斤:斧类砍伐的器具。

【赏析】 这是一篇考察性游记。作者通过对石钟山的探访,辨明了山名的真正由来,强调了实地考察的重要性。此文虽在说理,但对石钟山的描绘极富感染力。作者运用生动的比喻、形象的拟人等修辞手法,绘声绘色地勾画出一派水石激荡、猛禽惊鸣的阴森逼人境界,给人一种深夜泛孤舟于绝壁之下的身临其境之感,令人不胜惊悸,使在此基础上生发的议论也显得更加雄辩。全文如行云流水,姿态横生,体现了苏轼散文文、情、理并茂的特点。

观潮[1]

宋·周密

浙江之潮[2],天下伟观也[3]。自既望以至十八日为最盛[4]。方其远出海门[5],仅如银线[6];既而渐近,则玉城雪岭,际天而来[7],大声如雷霆,震撼激射,吞天沃日[8],势极雄豪。杨诚斋诗云:"海涌银为郭,江横玉系腰"者,是也[9]。

每岁京尹出浙江亭教阅水军[10]。艨艟数百分列两岸[11];既而尽奔腾分合五阵之势[12],并有乘骑、弄旗、标枪、舞刀于水面者,如履平地[13]。倏尔黄烟四起[14],人物略不相睹[15],水爆轰震[16],声如崩山;烟消波静,则一舸无迹[17],仅有"敌船"为火所焚,随波而逝[18]。

吴儿善泅者数百[19],皆披发文身[20],手持十幅大彩旗[21],争先鼓勇,溯迎而上[22],出没于鲸波万仞中[23],腾身百变[24],而旗尾略不沾湿,以此夸能[25]。

江干上下十余里间[26],珠翠罗绮溢目[27],车马塞途。饮食百物皆倍穹常时[28],而僦赁看幕[29],虽席地不容间也[30]。禁中例观潮于"天工图画"[31],高台下瞰[32],如在指掌[33]。都民遥瞻黄伞雉扇于九霄之上[34],真若箫台蓬岛也[35]。

【作者】 周密(1232—1298),祖籍济南,流寓吴兴(今属浙江)。字公谨,号草窗。曾为南宋义乌令、浙西帅司幕官。宋亡,寄居杭州,以歌咏著述自娱,与宋遗民唐珏等相唱和。尝居弁山,自号弁阳啸翁,又号肃斋、四水潜夫。工词能诗,著述颇富,有《齐东野语》《武林旧事》等,又编选《绝妙好词》。

【注释】 [1]潮:海水受太阳、月球引力作用,有周期性的升降现象,白昼称潮,夜间叫汐。潮汐现象主要随月的盈亏而变,阴历初一、十五前后,潮汐最大。钱塘潮,也叫海宁潮,是杭州湾钱塘江口的涌潮。起潮时,海水从宽达100千米的江口涌入,受两旁渐狭的江岸约束,并受江口拦门沙坎的阻拦,波涛前阻后推,潮头最高达3.5米,潮差可达8.9米。潮头壁立,波涛汹涌,极为壮观。整个涌潮全程80千米,历时4小时左右。[2]浙江:即钱塘江,源出浙、皖、赣边境,东北流到杭州闸口以下,注入杭州湾,全长410千米,是浙江省最大的河流。[3]伟观:宏伟雄壮的景象。[4]望:月圆之时,常指阴历每月十五日,文中指八月十五日。既望:望日的第二天,这里指阴历八月十六日。[5]方:当。海门:钱塘江的入海口,两边山峦对峙,形如门户。[6] 银线:银白色的丝线。[7] 玉城雪岭:形容海潮奔腾席卷之势。玉、雪:海浪之色。城,岭:状其气势。际天:连天。[8] 吞天沃日:吞噬蓝天,淋洗白日。沃:浇,灌。[9] 杨诚斋:杨万里(1124—1206)号诚斋,字廷秀,江西吉水县人,与范成大、陆游、尤袤并称南宋四大诗人,著有《诚斋集》。"海涌银为郭,江横玉系腰"是其《浙江观潮》诗前半首。银郭:银砌之城廓。[10] 京尹:即京兆尹,京都的最高行政官。文中"京"指南宋京城临安。浙江亭:馆驿名,在临安城南钱塘江北岸。教阅:教习、训练、检阅。[11] 艨艟(méng chōng):同"蒙冲",亦作"艨冲",古代战船名。《释名,释船》:"狭而长曰艨冲,以冲突敌船也。"[12]"既而"句:接着演习阵法,疾驶、冲腾、分合变化之势充分展现。五阵又称五行阵,唐李靖《兵法》说,各路军旗按所在方位作五色排列成阵:赤,南方火;白,西方金;皂,北方水;碧,东方木;黄,中央土。文中泛指军阵。[13]"并有"两句:还有在水面上骑马的、挥旗的、举枪的、要刀的,像踩平地一样。[14] 倏(shū)尔:刹那间,极快。[15]"人物"句:人和物一点都看不清楚了。略:丝毫。[16] 水爆:水中的炸药。[17] 一舸(睛)无迹:连一条船的踪迹都没有了。舸:大船。[18] 敌船:水军演习时假定为攻击目标的船。[19] 吴儿:江南健儿。钱塘江一带,春秋时属吴国。善泅者:水性娴熟,善游泳的人。[20] 披发文身:头披长发,身画纹彩。[21] 幅:布帛的宽度。《汉书·食货志》:"布帛广二尺二寸为幅。"十幅,表示彩旗之宽。[22] 溯(sù)迎:逆流迎潮。[23] 鲸波万仞:形容浪潮之高。鲸波:巨浪。[24] 百变:变换各种姿势。[25] 以此夸能:用这(指"腾身百变,而旗尾略不沾湿")来显示、夸耀自己的本领。[26] 江干:江岸,江边。[27] 珠翠罗绮:泛指华丽的服饰。溢目:满眼。[28]"饮食"句:各种吃食、货物都成倍地多于平时。穹(qióng):高大、隆起。[29] 僦赁(lìn):租借。看幕:用以观潮的临时搭起的帐篷。[30]"虽席地"句:虽然小如一席之地,也不会空闲的。席:座席。[31] 禁中:皇宫,这里指皇帝及其亲近。例:照例。天工图画:台名,在杭州皇宫中。[32] 瞰:从上往下看。[33] 如在指掌:像在手掌上看物一样清楚。[34] 都民:百姓。黄伞雉扇:黄罗伞、雉尾扇,是黄帝专用仪仗。九霄:天空最高处,比喻极高极远的地方。[35] 箫台:凤台。传说秦穆公为女儿弄玉和其夫萧史筑凤台,夫妇吹箫引凤,乘风仙去。蓬岛:传说中的海岛仙山。

　　【赏析】 钱塘江潮以壮观取胜。本文描绘了海潮声如雷霆的气势,叙写水军分合倏忽、变化神奇的阵势,赞美弄潮儿出没万仞鲸波的绝技。文章形象鲜明生动,或用比喻——"声如崩山",或用拟人、夸张——"吞天沃日",或以杨万里诗引证,或正面描述其"天下伟观",或以"车马塞途"侧面衬托,结构井然有序。

观海市记[1]

元·杨璃

尝谓天下有至神至怪而不可知之事[2],恒见则以为常,罕见以为异,是固理势之必然,何足怪哉[4]。

丁亥孟夏二十二日[5],余钦奉上命[6],始至蓬莱。越二日侵晨[7],谒文庙毕[8],与都阃袁公同登蓬莱阁[9]。召守阁之士,问其海市,则曰:"春夏见[10],秋冬少见;大雾之后天晴见,天阴不见;微风见,无风不见,大风不见。风微急,其见也速而巧[11];风微缓,其见也迟而拙。"余谓海市有时[12],难以必见,遂纵观海港,将启行焉。

俄而[13],从者报曰:"山抬头张口,海将市矣[14],愿少止而观焉。"翘首视之[15],牵牛岛见一楼台[16],其前则低,其后则昂[17]。大竹山见一大城[18],其色则青白,其高则居山三分之二,其规模制度[19],则雄伟壮丽,殆若王者之都[20],人世罕见。顾盼之间[21],且惊且愕[22],以为天下有此神怪之事!又自以为眩而妄也[23]。凭阑视之,倏然俱已收矣[24]。余以为海市虽美,特暂焉而已[25],固不知其有所谓久者也[26]。

俄有报者曰:"珠玑山[27]更见一城,其色则半青半黄,其形则或高或下。其城上之诸楼,则隐显无常。其城角之大楼,则离合不定。视牵牛岛二峰,或开而离,或合而连,或小者忽然而大,或尖者突然而平。虽终日变幻,皆舒迟而模糊[28]。"愚又以为海市虽久,特拙焉而已[29],又不知有所谓极天下之至巧者焉[30]。

俄又有报者曰:"半洋山复见一城[31],其中初起一楼,次起一楼。二楼并峙,相离咫尺。复合为一大楼,中留一门,仍复塞焉。其东则起三圆亭,皆重檐三叠,透彻玲珑[32]。其西则起三假山,皆孤峰特耸[33],突兀嵯峨[34]。其大楼之东,复起一小楼,渐与大楼相等。其大者则默移于前[35],小者则潜移于后,殆如王者前宫后寝之制[36]。既而升者沉,起者伏,遂隐而不见。俄而一楼独大,巍然突起于中;三阁微小,森然环列于左[37];三屋又小,纷然杂处于右[38]。而前后左右,各起数楼。或行或止[39],或断或连,或淡而似远,或浓而似近,俨如城郭之上,四面八方,各有楼阁之错综。已而显者微,明者晦,复隐而不见[40]。忽一大殿耸起于中,极其尊严,不事奇巧,虽迭出而不殊[41];三方楼端拱于左[42],皆楼上有楼,其帘箔窗牖[43],闪烁难言[44];三团松植立于右[45],皆松上有松,其葆盖台基[46],形容特异[47]。"愚又以为古今之名画,秦汉之离宫[48],人为虽巧,终不足以拟其天成之妙。袁公作而起曰:"斯亦旷特之奇观[49],愿酌而贺焉。"

未几,三松之顶,三楼之脊[50],微有云气,初如一线,与大殿之脊相连。俄而小者渐大,狭者渐阔,恍然一飞桥[51],下视三松三楼,皆变为三大桥。柱中涵数洞[52]，昭晰分明[53]，有如苍龙跨海之势。既而通者塞，开者闭。忽变为一大台，又析而为二，破而为三。其中则变为一大宫，如宗庙之正室，其左右则分二小宫，如明堂之傍室[54]。已而缭以垣墙[55]，笼以林树，环以房屋，又合于一，极天下之大家。既而其垣墙则或高或下；其林木则或聚或分；其房屋则或疏或密；杂居散处，又如一大村落，中有数十余家，复又混而为一。或又似杯形；或视之若杯，又如盘制。或脊耸而檐长，犹如大厦之相连；或脊缩而檐短，又如屏风之独立。或方起一楼，未成而复隐[56]；或复起一阁，既显而又微。凝滞多而动荡少[57]，亦如劳者欲佚[58]，作者欲息，动极思静之意。时则日欲将暮，兴已半阑[59]，观者倦而立者疲。仆虽屡更[60]，皆跛倚而临事[61]。余乃起曰："时已久矣，众皆倦矣。宾主之情，既已尽矣。海市之变，亦已极矣。"命舆将归[62]。袁公复曰："海市之变无穷，观者之兴已尽，继此而万变迭出，亦未可尽知也。"愚又以为海市虽巧，特见于半洋一山而已。如彼耆老所谓诸山连市，遍海呈奇，又余所未见而不知者也[63]。

　　且诸海市似云而不飞扬，似雾而不阴晦，似烟似气，则凝而不散，动而有常[64]。其体则有大小、方圆、长短、广狭之殊；其用则有屈伸、往来、起伏、升沉、离合之异；其变化则有久暂、迟速、死活、浓淡、巧拙之等。虽一时同观之人，若心志不专，瞻视不定，或见其左，则遗其右；或睹其后，则失其前。故语之以浓者、久者、死者、迟者、拙而粗者，则人之所见皆同[65]；语之以淡者、暂者、活者、速者而精巧者，则人所见各异[66]。诚所谓天开活画[67]，百巧备藏于中[68]。人皆远而望之，各随其所见，而各自以为然[69]。如己有所见，己以为然，而人或以为不然。人有所见，人以为然，而己或以为不然。人己同有所见，人己同以为然，而众人或以为不然。众人皆有所见，众人皆以为然，而未见者又或以为不然。己以为然者，己酉信之[70]，而人或疑之。人皆以为然者，人固信之，而己或疑之。人己同以为然者，人己固同信之，而众人或疑之。众人皆以为然者，众人围皆信之而未见者又或疑之。诚乃天下神怪之至，而不可知者也。将谓有主之者耶？杳杳冥冥之中，谁从而为之，余固不得而知之也[71]。将谓无主之者耶？奇奇异异之事，何从而有之[72]，余亦不得而知也。不知而不问焉，则终于不知而已矣。将就知者而问之[73]，神怪之事，圣人所不语也[74]，予将孰问[75]？近而求诸余身，将问诸余心[76]，余心无言而有知也[77]，将告余曰："昆虫草木，固物也；日月星辰，亦物也，究而极之[78]，其所以为神怪之至，均为造化阴阳之实理[79]，历万古而不易者也。"故因以记之。

　　【作者】　杨瑀（1285—1361），字元诚，元杭州人。天历间（1329 年左右）擢中瑞司典簿。迁任奉议大夫，太史院判官。至正十五年（1355）改建德路总管。进阶中奉大夫，浙东道宣慰使，都元帅。至正二十年（1360 年）辞官。著有《山居新语》四卷。

　　【注释】　[1] 海市：亦称蜃景。远处的光线经密度分布异常的空气层时，发生折射或全反射,把远处景物显示在空中或地面的奇异幻景,常发生在海边或沙漠地区。[2] 至:最、极。[3] 恒:经常。[4]"是固"两句:这本是必然的事理,有什么可奇怪的呢?[5] 丁亥:即元惠宗至正七年(1347年)。孟夏:夏季第一月,1日历四月。[6] 钦奉上命:奉皇帝的命令。钦:封建时代指有关皇帝的。[7] 侵晨:天蒙蒙亮。侵:逐渐。[8] 文庙:唐开元二十七年(739年)封孔子为文宣王,称孔庙为文宣王庙。[9] 都阃(kǔn):指负责州府军事的长官。阃:特指门的门坎,亦以指阃外负军事专责的人。蓬莱阁:在山东蓬莱县城北三里,丹崖山巅。本海神庙旧址。宋英宗治平年闰,郡守朱处约以其地太高峻,移庙至平地,于此建阁,为登临胜地。[10] 见:现,呈现,显现。[11] 速而巧:景色呈现得快而且景致精巧。[12]有时:有一定的条件。[13] 俄而:一会儿。[14] 海将市矣:海上将呈现海市蜃楼的景色了。市:显现海市。[15] 翘(qiáo):抬起。[16] 牵牛岛:在大竹岛西北。[17] 昂:高。[18] 大竹山:即大竹岛,在小竹岛东,产竹,故名。[19] 规模制度:指城的大小与城墙的高度。古代根据诸侯的爵位高低规定城的大小与城墙的高度。[20]"殆若"句:大约像封王者的都城。[21] 顾盼:环视。[22] 且惊且愕:又吃惊又奇怪。且:又。[23]"自以为"句:自己认为是头晕眼花而产生的幻觉。眩:眼花,看不清楚。[24] 倏然:一下子。[25] 特暂焉而已:不过是暂时的而已。[26]"固不知"句:根本不知道海市有长时间的。[27] 珠玑山:在丹崖山下,石壁千尺,水中石为海浪所磨,圆润可爱,称珠玑岩。[28] 舒迟而模糊:变化缓慢而景色模糊。[29] 特拙焉而已:只不过有笨拙的罢了。[30]"极天下"句:达到天下最巧的水平。[31] 半洋山:在龟矶岛北七十里。[32] 透彻玲珑:空明通彻。玲珑:空明。[33] 孤峰特耸:孤峰独耸,互不相连。特:独。[34] 突兀嵯峨:巍然拔地而起。[35] 默移:悄然渐移。[36] 前宫后寝:君王宫殿,前为上朝办公之室,后为安寝之所。[37] 森然:森严的样子。[38] 纷然杂处:无秩序地杂处。[39] 或行或止:有的移动,有的静止。或:有的。[40]"已而"三句:一会儿明显地变模糊了,亮的变暗了,又隐蔽而不见了。[41] 迭出而不殊:更换、轮流出现而没有不同。[42] 端拱:端正地拱卫。[43] 帘箔窗牖(yǒu):帘子、窗户。箔:帘。[44] 闪烁难言:闪烁之状,难以形容。[45] 团松:松树树冠呈圆形者。 [46] 葆盖:伞盖,指树冠的形状。台基:指方楼。[47] 形容特异:形状奇异,特殊。[48] 离宫:行宫,帝王出巡时所驻。[49] 旷特:稀罕,奇特。[50] 脊:屋脊,屋顶两斜面相交隆起之处。[51] 恍然:好像、仿佛。[52] 涵:包容。[53] 昭晰:清晰、清楚。[54] 明堂:古代帝王宣明政教的地方,朝会、祭祀、庆典、教学等大典均在此举行。[55] 缭:环绕。[56]"方起一楼"两句:正聚起一幢楼,结果没形成就隐没了。[57]"凝滞多"句:凝滞不动的时候多,而动荡变化的时间少。[58] 佚:同"逸",休息,安乐。[59] 阑:尽。[60] 更:换。[61] 跛(bǒ)倚而临事:用一只脚斜靠站着,等候盼咐。跛:一只脚着

地而站。[62]命:指派,吩咐。舆:车、轿。[63]"如彼"三句:像那些老人所说的
众山海市相连,整个海上呈现奇景,又是我所没有见过而不知道的。耆(qí):老。
[64]动而有常:变动而有规律。[65]"故语之"句:所以从浓重、久长、静止、迟缓、
朴拙而粗略的方面来说,那么观者所见都是相同的。[66]"语之"句:所以从清淡、
短暂、活动、迅速而精巧的方面来说,那么观者所见又各不相同。[67]天开活画:
自然所显示的变化多端的生动画面。[68]"百巧"句:各种工巧全都包含蕴藏在其
中。[69]"人皆"三句:人们都从远处观看海市,各人就他自己所看见的,认为海市
就是这样。然:代词,这样(指所见)。[70]固信之:当然相信它(指己以为然者)。
[71]"将谓"四句:如果说有主管、操持海市的人吧,那么在渺茫无际的空中海上,
从谁手里造就海市,我本来就不得而知。"将谓……耶?"表示选择的假设语气。
杳(yǎo):昏暗、深远。杳冥:高远不能见的地方,文中指渺茫的空中海上。[72]何
从而有之:从哪里产生它的。[73]"将就"句:想要向知道的人请教。之:代海市之
成因。[74]"神怪"两句:《论语·述而》:"子不语怪、力、乱、神。"[75]"予将"
句:我将去问谁呢?[76]"近而"两句:就近而求之于我本身,将问之于我的心。
[77]"余心?句:我的心虽不能说,但能思考。古人认为心能思考,故云。[78]究
而极之:深求到底。究:深求、推寻。极:到极点。[79]造化阴阳之实理:自然界矛
盾变化的规律。阴阳:古代思想家用阴阳这两个概念来解释自然界两种对立和相
互消长的物质势力。

　　【赏析】　本文以议论起,以议论结,中间描写海市奇景变幻的几段是文章的
核心。作者以层出不穷而又形象生动的比喻,把海市蜃楼宏伟壮丽的规模、精致奇
巧的结构、神妙奇诡的变化描绘得淋漓尽致。而在海市的各种变化之间,都以作者
的观感和心理活动作承上启下的过渡,结构上具有呼应性。末段议论稍嫌冗长,但
作者对海市的认识还是颇具哲理的。

游衡岳记[1]

明·张居正

　　《山海经》[2],衡山在《中山之经》[3],而不列为岳,岂禹初奠山川,望秩犹未逮
与[4]?《舜典》:"南巡狩至于南岳"[5],今潇湘苍梧,故多舜迹[6]。殆治定功成,乃
修禋祀与[7]?张子曰:余登南岳,盖得天下之大观焉[8]。

　　十月甲午,从山麓抵岳庙[9],三十里石径,委蛇盘曲[10],夹以虬松老桂[11],含
烟袅雾,郁郁葱葱,已不类人世矣。余与应城义河李子先至[12],礼神毕[13],坐云开
堂[14]。蒋子、王子、邵子、张子乃从他间道亦至[15],同宿。是夜,悦然有道予升寥
廓之宇者[16],蹑虹梯[17],凭刚飙[18],黄金白玉,幻出宫阙,芝草琅玕[19],灿然盈
把[20]。殆心有忆,触兴念云尔[21]。

乙未晨，从庙侧右转而上。仄径缥缈[22]，石磴垂接[23]，悬岩巨壑，不敢旁瞬，十步九折，气填胸臆，盖乘云扪天，若斯之难也[26]。午乃至半山亭[27]，去庙十五里，五峰背拥[28]，云海荡漾，亦胜境也。饭僧舍。少憩，复十五里乃至祝融[29]。初行山间，望芙蓉、烟霞、石廪、天桂诸峰[30]，皆摩霄摇云，森如列戟[31]；争奇竞秀，莫肯相下[32]。而祝融乃藏诸峰间，才露顶如髻。及登峰首，则诸峰顾在屐底[33]，若揖若退[34]，若俯若拱[35]，潇湘二江，一缕环带。因忆李白"五峰晴雪，飞花洞庭"之句[36]，盖实景也。旁睨苍梧九疑，俯瞰江汉，纮缀六合[37]，举眦皆尽[38]。下视连峦别巘，悉如培塿蚁垤[39]，不足复入目中矣[40]。同游者五六人，咸勒石纪名焉[41]。暮宿观音岩[42]。岩去峰头可一里许，夜观天垣诸宿[43]，大者或如杯盂，不类平时所见也。

晨登上封[44]观海，日初出，金光烁烁，若丹鼎之方开[45]。少焉，红轮涌于海底[46]，火珠跃于洪炉[47]，旋盘旋莹[48]，苍茫云水之间。徘徊一刻许，乃擘浮埃而上[49]。噫吁嘻，奇哉伟与！山僧谓此日澄霁[50]，实数月以来所无。往有好事者，候至旬月，竟不得见去。而余辈以杪秋[51]山清气肃，乃得快睹，盖亦有天幸云。然心悚神惕[52]，不能久留。遂下兜率[53]，抵南台[54]，循黄庭观[55]登魏夫人升天石[56]。西行四十里，得方广寺[57]。方广在莲花峰下，四山重裹如瓣，而寺居其中。是多响泉，声彻数里，大如轰雷，细如鸣弦，幽草珍卉，夹径窈窕[58]。锦石斑驳[59]，照烂丹青[60]。盖衡山之胜，高称祝融厅言方广。然涧道险绝，岩壑幽邃，人罕至焉。暮谒晦庵、南轩二贤祠[61]，宿嘉会堂[62]。夜雨。晓起，云霭窈冥，前峰咫尺莫辨，径道亦绝，了不知下方消息，自谓不复似世中人矣。

止三日，李子拉予冲云而下。行数里，倏见青霄霁日，豁然中开。问山下人，乃云比日殊晴[63]，乃悟向者吾辈正坐云间耳[64]。又从庙侧东转十余里，得朱陵洞[65]，云是朱陵大帝所居。瀑泉洒落，水帘数叠，挂于云际，垂如贯珠，霏如削玉，飞花散雪，萦洒衣襟。岩畔有冲退石，大可径丈。列坐其次[66]，解缨濯足[67]，酌酒浩歌。当此之时，意惬心融[68]，居然有舞雩沂水之乐[69]，诚不知簪绂尘鞅之足为累也[70]。是日，石塘李子亦至，会于岳庙，同返。

自甲午迄辛丑[71]八日，往来诸峰间，足穷于攀登，神罢于应接[72]，然犹未尽其梗概也，聊以识大都云[73]。张子云："昔向平欲俟婚嫁已毕[74]，遍游五岳。嗟乎，人生几许，得了此尘事[75]？惟当乘间自求适耳[76]。"予用不肖之躯[77]，弱冠登仕[78]，不为不通显矣。然自惟涉世酷非所宜[79]，每值山水会心处，辄忘返焉，盖其性然也。夫物惟自适其性，乃可永年[80]，要欲及今[81]，齿壮力健。即不能"与汗漫期于九垓"[82]，亦当遍游寰中诸名胜[83]，游目骋怀[84]，以极平生之愿。今兹发轫南岳[85]，遂以告予山灵[86]。

【作者】 张居正（1525—1585），字叔大，号太岳，明代江陵（今属湖北）人。嘉靖进士,明神宗时为宰相,主持国政十年,在财政、吏治、军事、水利等方面积极改革,海内称治,谥号"文忠"。著有《书经直解》《太岳集》。

【注释】　[1]衡岳:也称南岳,即五岳之一的衡山,在湖南中部。山势雄伟,盘纡数百里,有七十二峰,以祝融、天柱、芙蓉、紫盖、石廪五峰最著名。相传舜南巡和禹治水都到过这里,其后除汉武帝以衡山道远而迁祀安徽潜山外,历代帝王祀典南岳,相沿不变。[2]《山海经》:古代地理著作,内容主要为民间传说中的地理知识,包括山川、道理、民族、物产、药物、祭祀、巫医等,保存了不少远古的神话传说。作者不详,旧传为夏禹、伯益所著。[3]《中山之经》:指《山海经》第五卷《中山经》,其中有关衡山的记载并不标明 其为"岳"。[4]"禹功"两句:难道是大禹治水,奠基高山大川,没有来得及祭祀呢?(还是……见下文)奠:奠基。望秩:按等级而望祭山川。《南岳志》载,禹曾登衡山岣嵝峰,获金简玉牒,得治水之要。逮(dài):及,到。[5]舜典:伪《古文尚书》篇名,主要叙述虞舜时的史事。[6]潇:湘江支流,在湖南省南部,源于九嶷山。湘:水名,源于广西兴安县,流入洞庭湖。苍梧:山名,即九嶷山,在湖南宁远县东南。虞舜南巡,崩于此,今有舜庙遗址。[7]"殆治定"两句:此句与"岂……与"一起组成选择问句,意谓还是治水之功成,才进行祭祀呢。裸(帅)祀:泛指祭祀。[8]张子:作者自指。[9]岳庙:在衡山南岳镇,创建于唐开元十三年(725),后经过多次扩建和重建,现存建筑为清光绪年间重建,是我国五岳庙中规模最大、总体布局最完整的古建筑群之一。[10]委蛇(yí):绵延曲折貌。[11]虬松:枝干偃蹇盘曲、形如无角之龙的松树。[12]李子:据《张太岳文集》,为李义河,应城人,官给谏,作者多有诗赠之。[13]礼神:向神像参拜行礼。[14]云开堂:唐贞元间,韩愈以上疏获罪,由监察御史贬阳山韩愈令,改江陵法曹,自郴至衡,急欲登衡岳以览其胜,时值秋雨晦晦,韩愈默祷小顷,云气净扫,而群峰为之尽出,故有"云开堂"等建筑。[15]间道:旁出的小道。[16]恍(huǎng)然:恍惚的样子。道予:引导我。[17]蹑虹梯:登彩虹搭成的云梯。[18]凭刚飙:凭借着强劲的旋风。飙:暴风。道教认为升天到达太清境界,便乘罡风。[19]琅玕(láng gān):质次于玉的美石。[20]盈把:满把。[21]"殆心"两句:大概是心里追忆白天"已不类人世"的感受,触动兴念,才做这样的梦。[22]仄径:狭窄的小径。缥缈:若有若无。[23]磴(dèng):石头台阶。[24]旁瞬:向两旁看。[25]氛填胸臆:云气填满胸腔,指喘不过气来。[26]"盖乘云"两句:乘云摸天,像这样难哪。[27]半山亭:位于南岳庙与祝融峰之间,南朝齐梁时修建,清光绪间改为玄都观。[28]五峰:祝融、芙蓉、石廪、天柱、烟霞诸峰。背拥:拥立背后。[29]祝融:是衡山七十二峰的主峰,海拔1 290米。相传古祝融氏葬此,故名。从峰顶俯瞰,众山罗列,景物雄奇。峰上建有祝融殿,以祀祝融火神。[30]芙蓉:在岳庙后,峰东有仙人石室,相传能闻讽诵之声。烟霞:在岳庙后,下有懒残岩,为唐李泌故居。石廪:在岳庙西南,形如仓廪,有二户,一开一阖。天柱:又名双柱峰,在岳庙西,两峰端耸,其形如柱。[31]森如列戟:森然像并列的刀戟。[32]莫肯相下:谁也不肯示弱。[33]顾:回头看。[34]若揖若退:若作揖,若退让;与前"莫肯相下"形成对比。[35]若頫(fǔ)若拱:若低俯,若打拱。[36]"五峰"句:见李白《与诸公送陈郎将归衡阳》诗。原句为:"回飚吹散五峰雪,往往飞花落洞庭。"[37]纮綖(hóng yán):包举。六合:天地、四方为六合。[38]眦(zī):眼角,此即指代目。[39]培楼:小土丘。蚁垤(dié):蚁穴旁的小土堆。[40]"不足"句:不值得一看了。[41]勒石:在石上刻字。勒:刻。[42]观音岩:即高台寺,在祝融峰下。[43]天垣:泛指星空。垣:星位,分上、中、下三垣。[44]上封:寺名,在祝融峰下,旧名光天观,隋大业年间改为寺,现仅存后殿,寺后山顶有望日台。[45]丹鼎:道家炼丹炉。[46]红轮:指太阳。[47火珠:比喻太阳。洪炉:天地。[48]旋盘旋莹:一边盘旋而升,一边闪闪发光。[49]掣(chè):拉,牵。[50]霁(jì):雨后或雪后初晴。[51]杪(miǎo)秋:暮秋,农历九月。杪:年月或四季的末尾。[52]悚(sǒng):慑、恐惧。[53]兜率:寺名,在弥勒峰下,唐韦宙建,宋名净福。[54]南台:寺名,在南岳庙西北八里。寺建于梁天监中,唐天宝二年(743)僧希迁居此,辟为道场,并在此著《草庵歌参同契》。日本佛教曹洞宗视南台寺为祖庭。现存关圣殿、大佛殿、说法堂和两侧祖堂、禅堂等建筑,均为清光绪年间重建。[55]黄庭观:今在衡山集贤峰下,距南岳庙约二里。观原在天柱峰下,唐建,至清乾隆年间才移建于集贤峰。故作者当时所过黄庭观在天柱峰。[56]魏夫人:名华存,字贤安,晋司徒魏舒之女,山东任城人,相传在南岳黄庭观静修16年,得《太上黄庭内景经》,于东晋咸和九年(334)托剑化形升天,世称南岳夫人。升仙石:在黄庭观门外,相传魏夫人在此飞升仙化。[57]方广寺:在岳庙西,莲花峰花心位置,建于南朝梁天监二年(503年),唐时改为方广圣寿寺,宋初又赐额"方广崇禅寺"。寺处地幽深,附近泉石、树木、峰峦均美,有"不游方广,不知南岳之深"之说,为南岳四绝(祝融峰之高,藏经殿之秀,方广寺之深,水帘洞之奇)之一。[58]窈窕:幽深的样子。[59]锦石斑驳:五光十色的石头,色泽斑斓。[60]丹青:泛指绘画用的颜色。[61]晦庵:朱熹(1130—1200),字元晦,一字仲晦,号晦庵、遁翁,宋朝著名理学家,徽州婺源(今属江西)人。曾任秘阁修撰等职,但在朝不满四十日。南轩:张栻(1130—1180)的号,字敬夫,号南轩,绵竹人,张浚之子,官至吏部侍郎,也是南宋著名理学家。二贤祠:在方广寺右,祀朱熹、张栻。[62]嘉会堂:在二贤祠后。南宋孝宗乾道三年(1167)朱熹游衡山,会张栻于此。[63]比日:近日。殊:非常。[64]向者:过去,指前几天。[65]朱陵洞:在紫盖峰下,又名水帘洞。水源于峰顶,流经山洞,汇入石池,水满溢出,垂直下倾,高二十余丈,跳珠溅雪,玉喷雷鸣,为南岳四绝之一。[66]列坐其次:顺次排列而坐。[67]缨:结冠的带子。[68]惬(qiè):称心、满意。[69]舞雩沂水:据《论语,先进篇》,孔子弟子曾点曾言其志曰:"暮春者,春服既成,冠者五六人,童子六七人,浴乎沂风乎舞雩,咏而归。"以此为乐,孔子对此表示赞许。沂:水名,在山东曲阜县南,水有温泉流入,故暮春时可入浴。舞雩:地名,是曲阜县东南的求雨坛。[70]簪绂(zān fú):皆古礼服之制,以喻显贵。簪:酒冠的长针。绂:丝制的缨带。尘鞅:世俗事务的束缚。鞅:套在马颈上的皮带。[71]讫(qì):完毕;终了。[72]罢:同"疲"。[73]大都(dōu):大概。[74]向平:又称向子平,东汉隐士,光武帝建武年间。子女婚嫁事完,遂不问家事,出游名山大川,不知所终。[75]"嗟乎"两句:人生才多少时间,何时才能了却世俗之事。[76]间:空闲之时。适:舒心快意。[77]不肖:原指子不似父,后多用作自谦之词,不贤。[78]弱冠:古礼男子二十而行冠礼,以示成年。初加冠,体还未壮,故称年少为弱冠。[79]惟:考虑。涉世:经历世事,这里指做官。[80]惟:只有。永年:长寿,长生。[81]要欲:约束欲望。[82]"与汗漫句":意谓即使不能与神仙相期于仙境。《淮南子·道应训》记载:隐士卢遨在北海遇见神仙,神仙笑着说:"吾与汗漫期于九垓之外,吾不可以久驻。"汗漫:广大无边。期:约会。九垓(gāi):九天之上。[83]寰中:宇内,天下。[84]骋怀:敞开胸怀。[85]发轫:启程。[86]山灵:山神。

【赏析】　本文首先简略介绍了衡山尊为南岳的相关史地背景,接着浓墨重彩,重点记述了在作者八天游历中所观赏到的南岳胜景。文章抓住衡山壮观雄奇的特点来描绘,运用了一系列语言技巧,如以"森如列戟"比喻石廪、天柱诸峰的高峻陡险,以红轮、火珠借喻日出时分太阳的壮美,以"大如轰雷、细如鸣弦"的响泉,反衬方广寺的幽静,极尽山中景色之美,手法灵活,描摹细腻,情景交融。

浣花溪记[1]

明·钟惺

　　出成都南门,左为万里桥[2]。西折纤秀长曲[3],所见如连环、如玦、如带、如规[4];色如鉴、如琅玕、如绿沉瓜[5],窈然深碧、潆回城下者,皆浣花溪委也[6]。然必至草堂,而后浣花有专名[7],则以少陵浣花居在焉耳。

　　行三四里为青羊宫[9]。溪时远时近,竹柏苍然。隔岸阴森者尽溪,平望如荠[10]。水木清华,神肤洞达[11]。白宫以酉,流汇而桥者三,相距各不半里[12]。异夫云通灌县[13],或所云"江从灌口来"是也[14]

　　人家住溪左[15],则溪蔽不时见,稍断则复见溪[16],如是者数处,缚柴编竹,颇有次第[17]。桥尽,一亭树道左,署曰"缘江路"[18]。过北则武侯祠[19],祠前跨溪为板桥一[20],覆以水槛[21],乃睹"浣花溪"题榜[22]。过桥一小洲[23],横斜插水间如梭[24],溪周之[25],非桥不通,置亭其上,题曰"百花潭水"。由此亭还度桥,过梵安寺[26],始为杜工部祠[27]。像颇清古,不必求肖,想当尔尔[28]。石刻像一,附以本传^[29]，何仁仲别驾署华阳时所为也^[30]，碑皆不堪读^[31]。

钟子曰^[32]：杜老二居^[33]，浣花清远，东屯险奥^[34]，各不相袭^[35]。严公不死，浣溪可老^[36]，患难之于友朋大矣哉^[37]！然天遣此翁增夔门一段奇耳^[38]。穷愁奔走，犹能择胜；胸中暇整，可以应世^[40]，如孔子微服主司城贞子时也^[41]。时万历辛亥十月十七日^[42]，出城欲雨，顷之霁^[43]。使客游者^[44]，多由监司郡邑招饮^[45]，冠盖稠浊^[46]，磬折喧溢^[47]，迫暮趣归^[48]。是日清晨，偶然独往。楚人钟惺记^[49]。

【作者】 钟惺(1547—1625)，字伯敬，号退谷，竟陵(今湖北天门县)人，与谭元春同为竟陵派的创始者，明代散文家。万历进士，历官工部主事、南京礼部郎中、福建提学佥事。作诗主张抒写性灵，反对前后七子的复古主义，对散文发展有一定促进作用，但追求形式的险僻，作品流于冷涩。

【注释】 [1]浣花溪：在成都西郊，一名濯锦江，又名百花潭。溪畔有杜甫故居浣花草堂。[2]万里桥：在四川成都市南，跨锦江上，旧名长星桥。传说三国时蜀国费祎(yī)出使吴国，诸葛亮为他饯行于此，祎说："万里之行始于此"，因此改名。杜甫草堂在此桥西，杜诗《狂夫》有"万里桥西一草堂"句。[3]"西折"句：向西弯转，纤巧秀丽而又蜿蜒绵长。[4]环：圆形而中间有孔的玉器。玦：环形有缺口的玉器。带：古代官僚腰间系的大带子。规：圆规，画圆形的工具。[5]鉴：镜子。琅玕(láng gān)：珠状美石。绿沉瓜：深绿色的瓜。[6]"窈(yǎo)然"三句：幽深而暗绿，萦绕回旋于城下的，都是浣花溪流聚之处。窈然：幽深的样子。委：水流所聚。[7]"然必至"二句：然而一定要到杜甫草堂，水流才有浣花溪的专名。草堂：杜甫在安史之乱后的乾元二年(759年)流亡成都时所建。[8]"则以"句：那是因为杜甫浣花居在那里(所以溪以浣花名)。少陵：本为汉宣帝许后墓地，在长安杜陵附近。杜甫曾居此，并自号"少陵野老"，故世称杜少陵。浣花居：杜甫客居成都的旧宅。[9]青羊宫：亦称青羊观，在成都通惠门外，百花潭北，是著名的道教宫观，相传为老子约会关尹喜之处。始建于唐，现存殿宇建于清。其中三清殿(又名无极殿)内有铜羊一对，那只单角铜羊系雍正年间由京移蓉。此羊形象古怪。每年农历二月间，观中(现为成都文化公园)有盛大花会，是郊游胜地。[10]"隔岸"二句：对岸林木阴森，直至溪的尽头，远远地水平望去，像荠莱一样。荠(jì)：一两年生草本植物，多野生，喜温和，嫩株做蔬菜，带花果的全草可入药。[11]"水木"二句：水光树色清幽、秀丽，使人心神、体肤都感清爽。清华：景物清幽美丽。洞达：通达，此指清爽之气贯通肤神。[12]"白宫"三句：从青羊宫以西，水流汇聚而架桥的有三处，相隔都不到半里。桥：作动词，架桥。[13]舁(yú)夫：轿夫。灌县：在成都平原西北缘，有著名的都江堰水利工程。[14]"或所云"句：像有人所说的"锦江从灌口镇来"那样。江：指锦江，岷江的支流，源于郫县，流经成都城南。因古时用"此水濯锦，鲜于他水"(《元和郡县志》)，故名。[15]溪左：溪东。古以东为左。

[16]"溪蔽"二句:溪为人家所蔽而不能全部显现,一到无人家处,则又能显现。
[17]缚柴编:指村舍人家的篱笆,是住家的标志。次第:秩序。[18]"一亭"句:一座亭子立于道东,署名曰:"缘江路"。杜诗《堂成》有"背郭堂成荫白茅,缘江路熟俯青郊",亭或因以为名。署:题字。[19]武侯祠:在四川成都市南郊。西晋末年,十六国李雄为纪念蜀汉丞旧、武乡侯诸葛亮而建。明代初年武侯祠被并入昭烈(刘备谥号)庙,虽门额题作"汉昭烈庙",人仍称"武侯祠"。祠内古柏苍翠,殿宇高大,颇多题咏碑刻,现为全国重点文物保护单位。[20]板桥:木板或石板铺的桥。[21]覆以水槛(jiàn):桥上加了临水的栏杆。槛:栏杆。[22]榜:匾额。[23]洲:水中沙地。[24]"横斜"句:斜着横插水中像织布梭子。[25]周之:环绕着它(即小洲)。[26]梵安寺:在成都市西南五里,与杜甫草堂相连,原名桃花尼寺,隋文帝时改为梵安寺,俗称草堂寺。[27]杜工部祠:杜甫的祠庙,因杜甫曾任检校工部员外郎,故人称"杜工部"。今祠堂内有杜甫全身泥塑像和明、清两代石刻像,两侧配祠宋黄庭坚、陆游等像。[28]"像颇"三句:祠中杜甫像清癯古朴,不必追求酷似,料想应当这样罢了。肖:像,似。尔尔:如此。[29]本传:唐书中杜甫的传记。[30]"何仁仲"句:何仁仲以别驾代理华阳县令时所立的。别驾:明代通判(州府的副长官)的别称。署:代理官职。华阳:旧县名,在四川省成都平原东南部,现并入双流县。[31]"碑皆"句:碑文都字迹模糊,无法辨认。堪:能够。[32]钟子:钟惺自称。[33]杜老:对杜甫的尊称。二居:指下浣花、东屯二处住所。[34]东屯:指夔州(今四川省奉节县)东瀼溪,因东汉公孙述在这里屯过田,故称。杜甫于766年4月从成都移居此地。创作了430多首诗。[35]各不相袭:各不相同。袭:沿袭。[36]"严公"二句:不是严武早死,则杜甫可以终老于浣花溪。严武(726—765年),字季鹰,华州华阴人,与杜甫交情很深。其任剑南节度使、成都尹时,杜甫前往依附他。老:终老。[37]"患难"句:在患难之中得到朋友的帮助,是太重要了。[38]"然天遣"句:然而天意驱遣此老,增添了在夔门这一段不平常的生活。夔门:在瞿塘峡西入口处。[39]"穷愁"二句:穷愁潦倒,为生活而奔走,还能选择景色奇丽之处居住。[40]"胸中"二句:胸中宽闲不乱,就可以应付世变。暇整七安闲不烦乱。[41]"如孔子"句:就像宋国司马桓魋要杀孔丘,他化装逃到陈国大夫司城贞子家一样。微服:为不暴露身份而改换服装。主:以……为主。[42]万历辛亥:万历三十九年(1611年)。本句记作者游浣花草堂的时间。万历:明神宗朱翊钧年号。[43]顷之:一会儿。[44]使客:朝廷派来的使臣、客人。[45]监司:监察州县的官吏。明代按察使(主管司法的长官)围掌管监察,亦称监司。郡邑:指府县的长官。招饮:招待宴饮。[46]冠盖:古代官吏所戴帽子和所坐车上的伞盖,代指官吏。稠浊:稠密杂乱。[47]磬折:弯腰打躬作揖,像曲折的石磬,以示恭敬。磬:乐器,以玉、石、金属为之,状如矩。喧溢:喧闹沸腾。[48]趣:急促。[49]楚人:钟惺原籍

竟陵属战圈时楚地,故自称楚人。

【赏析】 本文写作者游览浣花溪、参观杜工部祠的情景。作者与溪流为伴,一路领略溪岸风光。写溪水,采用博喻手法,着重平面形象,用"如连环、如玦、如带、如规",写其蜿蜒曲折;用"色如鉴,如琅玕,如绿沉瓜"写其幽深碧绿。写溪行,则侧重于流动形象,如"溪时远时近""溪蔽不时见""稍断则多见溪"等,动静结合,形象鲜明。文章写沿途名胜古迹,沉寂深幽,使人览物生情,不禁与作者同生遥古之思。

游黄山日记(后)[1](节选)

明·徐弘祖

初五日[2],平明[4],从天都峰坳中北下二里,石壁岈然[4],其下莲花洞[5],正与前坑石笋对峙[6],一坞幽然[7],别澄源,下山,至前岐路侧,向莲花峰而趋。一路沿危壁西行,凡再降升[8],将下百步云梯[9],有路可直跻莲花峰,既陟而磴绝,疑而复下。隔峰一僧高呼曰:"此正莲花道也!"乃从石坡侧度石隙,径小而峻,峰顶皆巨石鼎峙[10],中空如室。从其中迭级直上[11],级穷洞转,屈曲奇诡,如下上楼阁中,忘其峻出天表也[12]。一里,得茅庐,倚石罅中,方徘徊欲升,则前呼道之僧至矣。僧号凌虚,结茅于此者,遂与把臂陟顶[13]。顶上一石,悬隔二丈,僧取梯以度。其颠廓然[14],四望空碧[15],即天都亦俯首矣。盖是峰居黄山之中,独出诸峰上,四面岩壁环耸,遇朝阳霁色。鲜映层发,令人狂叫欲舞。久之,返茅庵。凌虚出粥相饷[16],啜一盂[17],乃下。至岐路侧,过大悲顶[18],上天门[19]。三里,至炼丹台[20]。循台嘴而下,观玉屏风、三海门诸峰[21],悉从深坞中壁立起。其丹台一冈中垂,颇无奇峻,惟瞰翠微之背[22],坞中峰峦错耸,上下周映,非此不尽瞻眺之奇耳。还过平天矼[23],下后海[24],入智空庵[25],别焉[26]。三里,下狮子林[27],趋石笋矼[28],至向年所登尖峰上,倚松而坐,瞰坞中峰石回攒[29],藻绩满眼[30],始觉匡庐、石门[31],或具一体,或缺一面[32],不若此之阔博富丽也。久之,上接引崖[33],下眺坞中,阴阴觉有异[34]。复至冈上尖峰侧,践流石,援棘草,随坑而下,愈下愈深,诸峰自相掩蔽,不能一目尽也。日暮,返狮子林。

初六日,别霞光[35],从山坑向丞相原[36]。下七里,至白沙岭[37],霞光复至。因余欲观牌楼石[38],恐白沙庵无指者,追来为导,遂同上岭,指岭右隔坡,有石丛立,下分上并,即牌楼石也。余欲逾坑溯涧,直造其下。僧谓:"棘迷路绝,必不能行,若从坑直下丞相原,不必复上此岭;若欲从仙灯而往[39],不若即由此岭东向。"余从之,循岭脊行。岭横亘天都、莲花之北,狭甚,旁不容足,南北皆崇峰夹映[40]。岭尽北下,仰瞻右峰罗汉石,圆头秃顶,俨然二僧也。下至坑中,逾涧以上。共四里,登仙灯洞。洞南向,正对天都之阴,僧架阁连板于外[41],而内犹穹然[42]。天趣未尽刊也[43]。复南下三里，过丞相原，山间一夹地耳。其庵颇整，四顾无奇，竟不入。复南向循山腰行，五里，渐下，洞中泉声沸然，从石洞九级下泻，每级一下，有潭渊碧，所谓九龙潭也[44]。黄山无悬流飞瀑，惟此耳。又下五里，过苦竹滩[45]，转循太平县路[46]，向东北行。

【作者】　徐弘祖(1587—1641)，明代地理学家，名弘祖，字振之，号霞客，南直隶江阴(今属江苏)人。从 22 岁起，历时 30 多年进行地理考察，足迹所到，北至燕、晋，南及云、贵、两广，旅途中备尝艰险。其观察所得，按日记载，死后被整理成富有地理学价值和文学价值的《徐霞客游记》。

【注释】　[1]黄山：在安徽歙县、太平、休宁、黟县之间。秦称黟山，因传说黄帝曾在此修身炼丹，故唐天宝六年(747 年)改今名。这里山峰雄奇，青松苍郁，烟云浩瀚，巧石星布，温泉喷涌，是我国名胜之一。作者曾于万历四十四年(1616)二月初二至十一日初游黄山，作《游黄山日记》。此为第二次，故缀以(后)字。[2]初五日：指万历四十六年(1618 年)九月初五。[3]平明：天亮时。[4]岈然：山深邃的样子。[5]莲花洞：在莲花峰下。洞方广三丈，洞侧有峡。[6]石笋：状似竹笋之石。[7]坞：地势四周高中间低的地方。[8]凡：总共。再：两次。[9]百步云梯：为上莲花峰道。梯磴插天，足趾及腮，磴石倾侧，兀兀欲动。[10]鼎峙：如鼎三足并立。[11]迭级：一级级重叠。[12]天表：天外。[13]把臂：握住对方手臂。[14]廓然：空阔的样子。[15]空碧：青天。[16]饷：馈，送。[17]啜(chuò)：饮。盂(yú)：盛饮食的器皿。[18]大悲顶：峰名，在炼丹峰前。[19]天门：地名，在莲花峰北，两壁夹立，中阔摩肩，高数十丈，仰面而度，阴森可怖。[20]炼丹台：在炼丹峰下，台石为紫色，空旷平敞。传浮丘公曾在此炼丹，黄帝服食七粒，即升空而去。[21]三海门：在石门峰和炼丹峰间。这里崖石峭刻，云雾如海，故名。[22]翠微：峰名，在清潭峰北。全山遍布青松翠柏，故名。[23]平天矼(gāng)：为黄山前海、后海的分界处，四面皆峻，独此若平地。矼：石桥。[24]后海：平天矼南为前海，北为后海。[25]智空庵：在平天矼后，庵主曰智空，作者前次游黄山曾得其款待引路。[26]别焉：此指与僧智空告别。[27]狮子林：庵名，在狮子峰。因峰似卧地雄狮而名。狮子张口处有狮子林、狮林精舍等庙刹。[28]石笋矼：在接引崖东一里左右，矼脊斜亘，夹悬坞中。[29]回攒(cuán)：山峰迂回簇聚。[30]藻绩(huì)：指藻绘，华美的彩绘。[31]匡庐：指江西九江市南的庐山。石门：在庐山北。[32]"或具"两句：或者只具备黄山的某一面，而又缺少其另一面。[33]接引崖：在狮子林庵与石笋矼之间。这里乱峰争奇，崖忽中断，架木连之，上有一松，攀引可度，故名。[34]阴阴：气象阴森。异：异常。[35]霞光：为狮子林主僧，作者上次游黄山时相识。[36]丞相原：在石门峰、钵盂峰间。相传南宋理宗时任右丞相的程元凤，少时曾读书于此，故名。[37]白沙岭：在篷皮岭至丞相原途中，因沙软滑洁白而得名。[38]牌楼石:又名天牌石,仙人榜。在散花坞中,一石通体黄色,中间绿字,宛然可辨,是谓"天牌"。[39]仙灯:洞名,在钵盂峰下,高数十丈,传说洞口时有仙灯出现,阴暗之时也朗如明星,故名。[40]崇峰夹映:高峰夹峙、映衬。[41]"僧架阁"句:和尚在洞外架设栈道连板。阁:阁道,即栈道。[42]穹(qióng)然:高大空阔貌。[43]天趣:天然的情趣。刊:删除,失掉。[44]九龙潭:又称九叠泉、九龙瀑,在黄山罗汉峰与香炉峰间,为黄山最壮丽的瀑布。悬千仞青壁之上,瀑折为九,每折一潭。大雨之后,瀑布如九龙飞舞,气势磅礴。[45]苦竹滩:指苦竹溪,在九龙潭下,距汤口五里。[46]太平:县名,在安徽南部,黄山北麓。

【赏析】 本篇选自《徐霞客游记》,描写作者登莲花峰、游丞相原的历程。莲花峰山路崎岖难行,仙灯洞天趣未失,九龙潭泉声沸然,让人目不暇接。除了善于客观描摹外,作者还长于传达自己的感受。如写登顶后"遇朝阳霁色,鲜映层发,令人狂叫欲舞",写峰石的闳富博丽,"藻绘满眼",既写出了黄山秀绝的风景,也充分表达了作者为黄山所倾倒、折服的心境。同时,文中所体现的攀险者的精神,不仅给人以美的享受,还可提升人的境界。

第三节　现当代游记名篇选讲

桨声灯影里的秦淮河(节选)

朱自清

那时河里热闹极了;船大半泊着,小半在水上穿梭似的来往。停泊着的都在近市的那一边,我们的船自然也夹在其中。因为这边略略的挤,便觉得那边十分的疏了。在每一只船从那边过去时,我们能画出它的轻轻的影和曲曲的波,在我们的心上;这显着是空,且显着是静了。那时处处都是歌声和凄厉的胡琴声,圆润的喉咙,确乎是很少的。但那生涩的,尖脆的调子能使人有少年的,粗率不拘的感觉,也正可快我们的意。况且多少隔开些儿听着,因为想像与渴慕的做美,总觉更有滋味;而竞发的喧嚣,抑扬的不齐,远近的杂沓和乐器的嘈嘈切切,合成另一意味的谐音,也使我们无所适从,如随着大风而走。这实在因为我们的心枯涩久了,变为脆弱;故偶然润泽一下,便疯狂似的不能自主了。但秦淮河确也腻人。即如船里的人面,无论是和我们一堆儿泊着的,无论是从我们眼前过去的,总是模模糊糊的,甚至渺渺茫茫的,任你张圆了眼睛,指净了眦垢,也是枉然。这真够人想呢。在我们停泊的地方,灯光原是纷然的;不过这些灯光都是黄而有晕的。黄已经不能明了,再加上了晕,便更不成了。灯愈多,晕就愈甚;在繁星般的黄的交错里,秦淮河仿佛笼上了一团光雾。光芒与雾气腾腾的晕着,什么都只剩了轮廓了;所以人面的详细的曲线，便消失于我们的眼底了。但灯光究竟夺不了那边的月色；灯光是浑的，月色是清的。在混沌的灯光里，渗入一派清辉，却真是奇迹！[1]那晚月儿已瘦削了两三分。她晚妆才罢，盈盈的上了柳梢头。天是蓝得可爱，仿佛一汪水似的；月儿便更出落得精神了。岸上原有三株两株的垂杨树，淡淡的影子，在水里摇曳着。它们那柔细的枝条浴着月光，就像一支支美人的臂膊，交互的缠着，挽着；又像是月儿披着的发。而月儿偶然也从它们的交叉处偷偷窥看我们，大有小姑娘怕羞的样子。[2]岸上另有几株不知名的老树，光光的立着；在月光里照起来，却又俨然是精神矍铄的老人。远处——快到天际线了，才有一两片白云亮得现出异彩，像是美丽的贝壳一般。白云下便是黑黑的一带轮廓；是一条随意画的不规则的曲线。这一段光景，和河中的风味大异了。但灯与月竟能并存着，交融着，使月成了缠绵的月，灯射着渺渺的灵辉；这正是天之所以厚秦淮河，也正是天之所以厚我们了。

（选自《朱自清作品欣赏》广西人民出版社）

【作者】　朱自清（1898—1948），字佩弦。现代著名散文家、诗人、学者，江苏扬州人。著有散文集《背影》《欧游杂记》《你我》等诗文合集《踪迹》。其诗文以文笔秀丽、洗炼、感情真挚动人而著称。

【赏析】　本文是现代游记中的典范之作。在艺术上的突出特点是语言清新自然，富于变化，文章诗意盎然，意境优美。

作者用工笔描写手法对秦淮河途夜景进行了细密勾画。工笔描写，也称细描，指通过精雕细刻的描写和刻画，将描写对象的各个侧面表现出来，让读者看到事物的总体形象。以细腻、精确详尽为特色。作者在文中多处运用了工笔描写。如对渺渺灯火与缠绵月色相互交融的美景的描写，见选文[1]作者观察得仔细也描写得细致，使这片灯光迷蒙、素月依人的美景历历在目。文章的语言清新绮丽，妙喻不断，比喻、拟人等修辞手法相互穿插、融合，使描写更加生动逼真。如选文[2]是比喻与拟人联用。作者先写晚月，将晚月儿比作晚妆才罢的少女，标致、清新而且顽皮，在水一样蓝的天空中，俏丽地站在柳梢枝头偷偷地窥看河中的游人。接着又写柳枝，将柳枝柔柔地在水中摇曳的形态先比作"美人的臂膊"，又比作"月儿披着的发"，使柳枝和晚月儿融为一体。作者巧妙的比喻和拟人修辞技巧的运用，将晚月儿、柳枝等描绘得形神毕肖、风采怡然，既有形态美又有神韵美。其他的比喻也很新奇，如将老树比作"精神矍铄的老人"，此喻为暗喻；将现出异彩的白云比作"美丽的贝壳"，此喻为明喻。

另外，作者大量运用叠音词，如略略的、轻轻的影和曲曲的波、嘈嘈切切、渺渺茫茫、盈盈的、一支支、偷偷、光光的、黑黑的、渺渺的等。这些叠音词的运用舒缓了语气，创造了温婉优美的艺术氛围。

北戴河海滨的幻想(节选)

徐志摩

在这艳丽的日辉中,只见愉悦与欢舞与生趣、希望,闪烁的希望,在荡漾,在无穷的碧空中,在绿叶的光泽里,在虫鸟的歌吟中在青草的摇曳中——夏之荣华,春之成功。春光与希望,是长驻的;自然与人生,是谐调的。

在远处有福的山谷内,莲馨花在坡前微笑,稚羊在乱石间跳跃,牧童们,有的吹着芦笛,有的平卧在草地上,仰看变幻的浮游的白云,放射下的青影在初黄的稻田中缥缈地移过。在远处安乐的村中,有妙龄的村姑,在流涧边照映她自制的春裙;口衔烟斗的农夫三四,在预度秋收的丰盈,老妇人们坐在家门外阳光中取暖,她们的周围有不少儿童,手攀着黄白的钱花在环舞与欢呼。[1]

在远——远处的人间,有无限平安与快乐。无限的春光……

在此暂时可以忘却无数的落蕊与残红;亦可以忘却花荫中掉下的枯叶,私语地预告三秋的情意;亦可以忘却苦恼的僵瘪的人间,阳光与雨露的仁慈,不能感化他们凶恶的兽性;亦可以忘却庸俗的卑琐的人间,行云与朝露的丰姿,不能引逗他们刹那间的凝视;亦可以忘却自觉的失望的人间,绚烂的春时与媚草,只能反激他们悲伤的意绪。[2]

我亦可以暂时忘却自身的种种;忘却我童年期清风白水似的天真;忘却我少年期种种虚荣的希冀;忘却我渐次的生命的觉悟;忘却我热烈的理想的寻求;忘却我心灵中乐观与悲观的斗争;忘却我攀登文艺高峰的艰辛;忘却刹那的启示与彻悟之神奇;忘却我生命潮流之骤转;忘却我陷落在危险的旋涡中之幸与不幸;忘却我追忆不完全的梦境;忘却我大海底里埋着的秘密;忘却曾经剖割我灵魂的利刃,炮烙我灵魂的烈焰,摧毁我灵魂的狂飙与暴雨;忘却我的深刻的怨与艾;忘却我的冀与愿;忘却我的恩泽与惠感;忘却我的过去与现在……[3]

过去的实在,渐渐的膨胀,渐渐的模糊。渐渐的不可辨认,现在的实在,渐渐的收缩,逼成了意识的一线,细极狭极的一线,又裂成了无数不相关联的黑点……黑点亦渐次的隐翳。幻术似的灭了,灭了,一个可怕的黑暗的空虚……

(选自《徐志摩散文全集》花山文艺出版社 1994 年版)

【作者】 徐志摩(1896—1931),现代诗人。浙江海宁人。著有诗集《志摩的诗》《翡冷翠的一夜》《猛虎集》《云游》,散文集有《落叶》《巴黎的鳞爪》等。

【赏析】 本文是徐志摩 1924 年发表在《晨报·文学刊》上的一篇游记。文章以作者的思绪为主线,抒发了作者在理想与现实的矛盾之间无法解脱的痛苦情感。

徐志摩自 1922 年由英国回国后,无论是个人感情生活还其政治抱负均遭受了幻灭的打击。本篇游记真切地表现了徐志摩此时期这种幻灭的情感。作者叙述了自己独坐海边放逐心灵的经过,在寂静的冥想中为我们展示了如海潮一样奔腾不息的内心世界。这篇游记的写作技巧与徐志摩一贯的"跑野马"的散文风格相一致,意识的自然流动是行文的主要线索,心理描写是主要特色。

心理描写是指对处在一定环境中的人物内心活动进行的描写,是塑造人物形象、刻画人物性格的重要手段。通过对人物心理的描写,能够直接深入人物心灵,揭示人物的内心世界,表现人物丰富而复杂的思想情感。在心理描写的各种描写技法中,意识流是现当代西方文艺创作中经常使用的技巧,主要用于小说创作,但在散文中也较为常见。本文意识流的运用主要表现在文章结构上,作者充分发挥了幻想的作用,打乱了时空界限,使现在与过去种种情景和思绪交织在一起,闪烁在意识流动过程中,意象纷繁、富于变化。

徐志摩将诗化的语言用于游记创作,语言错综,张弛有度,各种句式错落有致语言具有绘画美的审美特点。绘画美指语言富有表现力,文词绚丽多彩,如在选文[1]中,作者为我们描绘了一幅乡村生活乐图,似一幅细致的工笔水墨画,恬静优美。

修辞手法的运用也富创造性和表现力,如选文中作者运用大段的排比句,排比句组[2]表现了作者对现实生活的不满;排比句组[3]表现了作者超脱过去的愿望,两组排比句均以"忘却"两字引领一气呵成,感情强烈,充分表达了作者思绪万千的情感状态。

西湖的雪景(节选)

钟敬文

在冬天,本来是游客冷落的时候,何况这样雨雪清冷的日子呢?所以当我们跑到庵里时,别的游客一个都没有——这在我们上山时看山径上的足迹便可以晓得的——而僧人的眼里,并且也有一种觉得怪异的表示。我们一直跑上最后的观海亭。那里石阶上下都厚厚地堆满了水沫似的雪,亭前的树上,雪着得很重,在雪的下层并结了冰块。旁边有几株山茶花,正在艳开着粉红色的花朵。那花朵有些堕下来的,半掩在雪花里,红白相映,色彩灿然,使我们感到华而不俗,清而不寒;[1]因而联忆起那"天寒翠袖薄,日暮倚修竹"[2]的佳人来。

……

本来拟在僧房里吃素面的,不知为什么,竟跑到山门前的酒楼喝酒了。老李不能多喝,我一个人也就无多兴致干杯了。在那里,我把在山径上带下来的一团冷雪,放进酒杯里混着喝。堂倌看了说:"这是顶上的冰淇淋呢。"

半因为等不到汽车,半因为想多玩一点雪景,我们决意步行到岳坟才叫划子去游湖。一路上,虽然走的是来时汽车经过的故道,但在徒步观赏中,不免觉得更有意味了。我们的革履,踏着一两寸厚的雪泥前进,频频地发出一种清脆的声音。有时路旁树枝上的雪块,忽然丢了下来,着在我们的外套上,正前人所谓"玉堕冰柯,沾衣生湿"[3]的情景。我迟回着我的步履,旷展着我的视域,油然有一派浓重而灵秘的诗情,浮上我的心头来,使我幽然意远,漠然神凝。郑綮对人说他的诗思,在灞桥雪中,驴背上,真是懂得冷趣的说法。

当我们在岳王庙前登舟时,雪又纷纷地下起来了。湖里除了我们的一只小划子以外,再看不到别的舟楫。平湖漠漠,一切都沉默无哗。舟穿过西泠桥,缓泛里西湖中,孤山和对面诸山及上下的楼亭、房屋,都白了头,在风雪中兀立着。山径上,望不见一个人影;湖面连水鸟都没有踪迹,只有乱飘的雪花坠下时,微起些连漪而已。[4]柳宗元诗云:"千山鸟飞绝,万径人踪灭,孤舟蓑笠翁,独钓寒江雪。"[5]我想这时如果有一个渔翁在垂钓,它很可以借来说明眼前的景物。

(选自《散文三百篇》华夏出版社)

【作者】 钟敬文(1903—2002),散文家,著名民俗家,教授,广东海丰人。主要作品有:散文集《荔枝小品》西湖漫拾》《湖上散记》,新诗集《海滨的二月》《未来的春》诗论集《诗心》等。

【赏析】 这是一篇意境冲淡静默的游记。

作者特意选取了冬雪中的西湖,带着"高朗其怀,旷达其意,揽景会心,便得真趣"思想,饱览了西湖的雪景,游兴有别于一般。作者心中装满了古代文人咏雪名篇,一路写来,美景伴随佳句,盛情辅以名文,情趣、景趣、意趣融为一体,令人回味无穷。

本文在审美情调上以清冷幽寂为主。为了将雪后的西湖写出韵味,写出情致,作者大量运用烘托、铺陈等手段渲染气氛,描写景物,使西湖雪景之美、之奇跃然纸上。烘托,指对作品所描写的主要对象不作正面的刻画,而是通过写周围的人物或环境使其鲜明突出。比如选文[1],作者在描写韬光庵的雪景之美时,选取了几株正在盛开的山茶花作为陪衬,雪野中几株鲜艳的山茶花,顿时将单调的白色点染得更富有生机,更有情趣。铺陈,也写作"敷陈"或"赋陈",是一种详细叙述详加论列的写作技法。本文在描写雪景时,多次使用铺陈技法。比如选文[4]写雪中泛舟的情景,作者将雪中西湖描绘得细致而有层次,漠漠平湖,茫茫白雪,淡淡远山,微微涟漪,一叶扁舟,缓泛湖中,这段描写如非亲历不会写得如此细腻,这种铺陈不仅真实描绘了西湖雪景,而且创造了清冷幽寂的意境。

除了清寒壮旷景色的渲染外,文中还充满了情趣、意趣。作者兴之所至将一团"冷雪"放进酒杯里混着喝,自制"冰激淋",赏雪不够还要尝雪,足见作者对雪的爱意。还有在观雪景时,作者经常联想到古诗古韵的意境,如选文[2]、[3]、[5],这些古诗将作者眼前的景象做了更为形象而传神的描绘,使我们感受到作者画中游、诗中游的意趣。

庐山真面目(节选)

丰子恺

庐山的名胜古迹很多,据说共有两百多处。但我们十天内游踪所到的地方,主要的就是小天池、花径、天桥、仙人洞、含鄱口、黄龙潭、乌龙潭等处而已。夏禹治水的时候曾经登大汉阳峰,周朝的匡俗曾经在这里隐居,晋朝的慧远法师曾经在东林寺门口种松树王羲之曾经在归宗寺洗墨,陶渊明曾经在温泉附近的栗里村住家,李白曾经在五老峰下读书,白居易曾经在花径咏桃花,朱熹曾经在白鹿洞讲学,王阳明曾经在舍身岩散步,朱元璋和陈友谅曾经在天桥作战……[1]古迹不可胜计……有一天就跟着孩子们去寻访(天桥)。爬上断崖去的时候,一位挂着南京大学徽章的教授告诉我:"上面路很难走,老先生不必去吧。天桥的那条石头大概已经跌落,就只是这么一个断崖。"我抬头一看,果然和照片中所见不同:照片上断崖相对右面的断崖上伸出一根大石条来,伸向左面的断崖,但是没有达到,相距数尺,仿佛一脚可以跨过似的。然而实景中并没有石条,只是相距若十丈的两个断崖,我们所登的便是左面的断崖。我想:这地方叫作天桥,大概那根石条就是桥,如今桥已经跌落了。我们在断崖上坐看云起,卧听鸟鸣,又拍了几张照片逍遥地步行回寓。晚餐的时候,我向管理局的同志探问这条桥何时跌落,他回答我说,本来没有桥,那照相是从某角度望去所见的光景。啊,我恍然大悟了:那位南京大学教授和我谈话的地方,即离开左面的断崖数十丈的地方,我的确看到有一根不很大的石条伸出在空中,照相镜头放在石条附近适当的地方,透视法就把石条和断崖之间的距离取消,拍下来就是我所欣赏的照片。我略感不快,仿佛上了资本主义社会的商业广告的当。然而就照相术而论,我不能说它虚伪,只是"太"巧妙了些。天桥这个名字也古怪没有桥为什么叫天桥?

含鄱口左望扬子江,右瞰鄱阳湖,天下壮观,不可不看。有一天我们果然爬上了最高峰的亭子里。然而白云作怪,密密层层地遮盖了江和湖,不肯给我们看。我们在亭子里吃茶,等候了好久,白云始终不散,望下去白茫茫的,一无所见。这时候有一个人手里拿一把芭蕉扇,走进亭子来。他听见我们五个人讲土白,就和我招呼,说是同乡。原来他是湖州人,我们石门湾靠近湖州边界,语音相似。我们就用土白同他谈起天来。土白实在痛快,个个字入木三分,极细致的思想感情也充分表达得出。这位湖州客也实在不俗,句句话都动听。他说他住在上海,到汉口去望儿子,归途在九江上岸,乘便一游庐山。我问他为什么带芭蕉扇,他回答说,这东西妙用无穷:热的时候扇风,太阳大的时候遮阴,下雨的时候代伞,休息的时候当坐垫[2],这好比济公活佛的芭蕉扇。因此后来我们谈起他的时候就称他为"济公活佛"……此后济公活佛就变成了我们的谈话资料。姓名地址都没有问,再见的希望绝少,我们已经把他当作小说里的人物看待了。谁知天地之间事有凑巧:几天之后我们下山,在九江的浔庐餐厅吃饭的时候,济公活佛忽然又拿着芭蕉扇出现了。原来他也在九江候船返沪。我们又互相叙述别后游览经过。此公单枪匹马,深入不毛,所到的地方比我们多得多。我只记得他说有一次独自走到一个古塔的顶上,那里面跳出一只黄鼠狼来,他打湖州白说:"渠被吾吓了一吓,吾也被渠吓了一吓!"我觉得这简直是诗,不过没有叶韵。宋杨万里诗云:"意行偶到无人处,惊起山禽我亦惊。"岂不就是这种体验吗?

(选自《中华人民共和国五十年名著文库·散文杂文卷》作家出版社出版)

【作者】 丰子恺(1898—1975),作家著名画家文学翻译家浙江崇德人。主要作品有散文集《缘缘堂随笔》《缘缘堂再笔》车厢社会《率真集》等,翻译作品有俄国著名作家屠格涅夫的《猎人笔记》、日本著名古典文学巨著《源氏物语》等。

【赏析】 《庐山真面》是一篇典型的以记叙为主要表现形式的游记。

文章题为庐山真面,但文中并没有着重表现庐山远近高低各不同的景色,而是选取了与游庐山紧密相连的几个充满情趣的故事,从另一侧面展现庐山的面目。特别值得关注的是,作者在叙述故事时,在写作上成功运用了点染技法,使文章于质朴中见情趣。

点染是写作中的重要技法。点,指点笔,亮底,画龙点睛;染指铺陈,烘托,渲染。点染,即把"画龙点睛"与"烘托染"有机结合起来,以提高艺术表现力的综合性的艺术手法。点和染原本均为中国山水画创作中的用墨之法,丰子恺先生作为现代著名的画家,深谙个中奥妙,在游记创作上的运用也得心应手。比如选文中有关天桥的故事,作者对如何想去看天桥、看到了什么样的天桥做了详细的铺陈,最后却被告知"本来没有桥,照相是从某角度望上去的结果"。这一句便是"点笔",前面的一系列铺叙至此有了一个出人意料结果,作者和读者都恍然大悟,无不感到"太"巧妙了些作者还进一步嗔怪"天桥这名字也古怪,没有桥为什么叫天桥?"

有关"济公活佛"的故事也是一样。作者事无巨细地叙写了与湖州老者相遇的经过,这个操着"句句都动听"的家乡话的老人为旅途增添了兴致。作者如此细致记叙结识老人的经过,为老人的第二次出现奠定了基础,也渲染了气氛。第二次见到老人互叙别后游览经历时,老人用又湖州话告诉他,在一个少有人去的古塔顶上遇到一个黄鼠狼,"渠被吾吓了一吓,吾也被渠吓了一吓!"这句朴素的湖州白与杨万里"意兴偶到无人处,惊起山禽我亦惊"的诗句表达了一样的生活体验,充满了情趣,也充满了诗意,这又是一个"点笔",它的出现使前面的种种铺叙骤然有了精神,虽然都是游中插曲,但显然这句富有诗意的即兴之语给人留下了最深刻的印象。

这篇文章语言形象、幽默,比如写知道天桥本无桥后,形容心中的不快为"仿佛上了资本主义商业广告的当",将操湖州口语的老者叫"济公活佛"等。这些形象又幽默的语言使事件的叙述变得活泼生动,令人回味无穷。

排比的运用也增强了文章的表现力。作者在描述庐山名胜古迹之多时,运用了排比句,见选文[1],这段文字既是对庐山真面另一个角度的勾画,又是对庐山厚重的历史文化渊源的交代,语言既简洁明快又形象生动。又如对湖州老者大芭蕉扇的描写,也用了排比句,见选文[2],这四句排比突现了老人达观、爽朗的性格特点,活泼生动,充满情趣。

香山红叶(节选)

杨朔

早听说香山红叶是北京最浓最浓的秋色。能去看看,自然乐意。我去的那日,天也作美,明净高爽,好得不能再好了;人也凑巧,居然找到一位老向导。这位老向导就住在西山脚下,早年做过四十年的向导,胡子都白了,还是腰板挺直,硬朗得很。[1]

我们先邀老向导到一家乡村小饭馆里吃饭。几盘野味,半杯麦酒,老人家的话来了,慢言慢语说:"香山这地方也没别的好处,就是高,一进山门,门坎跟玉泉山顶一样平。地势一高,气也清爽,人才爱来。春天人来踏青,夏天来消夏,到秋天——"一位同游的朋友急着问:"不知山上的红叶红了没有?"

老向导说:"还不是正时候。南面一带向阳,也该先有红的了。"

……

老向导交叠着两手搭在肚皮上,不紧不慢走在前面,总是那么慢言慢语说:"原先这地方什么也没有,后面是一片荒山,只有一家财主雇了个做活的给他种地、养猪。猪食倒在一个破石槽里,可是倒进去一点食,猪怎么吃也吃不完,那做活的觉得有点怪,放进石槽里几个铜钱,钱也拿不完,就知道这是个聚宝盆了。到算工账的时候,做活的什么也不要,单要这个石槽。一个破石槽能值几个钱?财主乐得送个人情,就给了他。石槽太重,做活的扛到山里就扛不动了,便挖个坑埋好,怕忘了地点,又拿一棵松树和一棵柏树插在上面做记号,自己回家去找人帮着抬。谁知返回来一看 满山都是松柏树,数也数不清。"[2]谈到这儿,老人又慨叹说:"这真是座活山啊。有山就有水,有水就有脉,有脉就有苗。难怪人家说下面埋着聚宝盆。"

这当儿,老向导早带我们走进一座挺幽雅的院子,里边有两眼泉水。石壁上刻着"双清"两个字。老人围着泉水转了转说:"我有十年不上山了,怎么有块碑不见了?我记得碑上刻的是'梦赶泉'。"接着又告诉我们一个故事,说是元朝有个皇帝来游山,倦了,睡在这儿,梦见身子坐在船上,脚下翻着波浪,醒来叫人一挖脚下,果然冒出股泉水,这就是"梦赶泉"的来历。

老向导又笑笑说:"这都是些乡村野话,我怎么听来的,怎么说,你们也不必信。"

听着这个白胡子老人絮絮叨叨谈些离奇的传说,你会觉得香山更富有迷人的神话色彩。我们不会那么煞风景,偏要说不信。只是一路上山,怎么连一片红叶也看不见?

老人说:"你先别急,一上半山亭,什么都看见了。"

我们上了半山亭,朝东一望,真是一片好景,茫茫苍苍的河北大平原就摆在眼前,烟树深处,正藏着我们的北京城。也妙,本来也算有点气魄的昆明湖,看起来只像一盆清水。万寿山,佛香阁不过是些点缀的盆景。我们都忘了看红叶。红叶就在高山头坡上,满眼都是,半黄半红的,倒还有意思。可惜叶子伤了水,红的又不透。要是红透了,太阳一照,那颜色该有多浓。

我望着红叶,问:"这是什么树?怎么不大像枫叶?"

老向导说:"本来不是枫叶嘛。这叫红树。"就指着路边的树说:"你看看,就是那种树。"

路边的红树叶子还没红,所以我们都没注意。我走过去摘下一片,叶子是圆的,只有叶脉上微微透出点红意。

我不觉叫:"哎呀!还香呢。"把叶子送到鼻子上闻了闻,那叶子发出一股轻微的药香。

另一位同伴也嗅了嗅,叫:"哎呀!是香。怪不得叫香山。"

老向导也慢慢说:"真是香呢。我怎么做了四十年向导,早先就没闻见过呢?"

……

也有人觉得没看见一片红叶,未免美中不足。我却摘到一片更可贵的红叶,藏到我心里去。这不是一般的红叶,这是一片曾在人生经过风吹雨打的红叶,越到老秋,越红得可爱。不用说,我指的是那位老向导。

(选自《杨朔散文选》人民文学出版社 1979 年版)

【作者】 杨朔(1913—1968),原名杨敏晋,山东省蓬莱县人。当代散文家。主要著作有散文集《亚洲日出》《东风第一枝》《海市》《杨朔散文选》等,《三千里江山》是杨朔创作的反映铁路工人抗美援朝英雄业绩的优秀长篇小说。

【赏析】 本文是当代游记中的典范之作。其特点是构思新颖巧妙,叙事活泼生动,语言简洁,充满诗意。

构思新颖巧妙主要体现在两个方面:一是作者巧设比喻,借香山红叶"经霜愈红"的特点,赞美老向导积极健康的人生,以"红叶"喻"老向导"取义别致贴切,借景喻人,别出心裁。二是卒章显志。卒章显志是指在文章或文学作品的收束、结尾处显露出主旨的结尾技法。本文中的老向导是一位普普通通的老人,与作者素昧平生。文章对老向导的赞美之情是在游香山的过程中逐渐产生、逐渐强化,并在文章最后得到体现的。一位精神矍铄的白须老人,饱经风霜的人生经历,恰如历经春夏又经霜的秋叶,"进到老秋,越红得可爱",作者在文章最后表达了这份赞美的感情,将老人视为"可贵的红叶"珍藏在心里,也使这位开朗、乐观、朴实、可敬的老向导形象深刻地留在了读者心中。

本文在叙事上也很有特点,一是作者不断变化叙事角度,作者、同伴、老向导都参与叙事,因此每一个角色的性格、兴趣、收获都有客观的体现,这样的叙事方式使叙述语气富于变化,叙述内容也活泼生动。二是作者运用正问句引导叙述话题的转换。如"不知山上的红叶红了没有?""怎么连一片红叶也看不见?""这是什么树?怎么不大像枫叶?""我怎么做了四十年向导,早先就没闻见过呢?"随问随答,话题转换非常自然,适合游山的具体情境,也为作者抒情、议论创造了良好的契机。叙事的第三个特点是恰到好处地插叙民间故事传说,关于"聚宝盆"的故事、"梦赶泉"的传说,老向导慢言慢语的讲述,既增加了香山的神秘,又表现出老向导对香山的热爱之情。语言纯朴,趣味盎然。

杨朔散文创作的语言向来以诗意浓郁著称,本文亦不例外。但由于叙述角度不同,语言也表现出口语化和诗化语言并举的特点。老向导的语言是口语化的,如选文[2],他讲故事以及回答问题,用的都是口语,让人感到自然亲切。与之相对的是作者的抒情叙事充满了诗意,语言简洁、清新、流畅、别致,如选文[1]几句话将游香山的时间、天气、人物、心情都交待得清清楚楚。这些句子长短错落有致,读起来富于变化,感情充沛,言简意丰,字里行间透露着诗情画意。

敦煌沙山记(节选)
贾平凹

河西走廊,是沙的世界,少石岩,少飞鸟,稀罕树木,也稀罕花草;[1]荒荒寂寂的戈壁大漠,地是深深的洞,天是高高的空;出奇的却是敦煌城南,三百里地方圆内,沙不平铺,堆积而起伏,低者十米八米不等,高则二百米三百米直指蓝天,垄条纵横,游峰回旋,天造地设地竟成为山了。沙成山自然不能凝固,山有沙因此就有生有动:一人登之,沙随足坠落,十人登之,半山就会软软泻流,千人万人登过了,那高耸的骤然挫低,肥塞的骤然减瘦。这是沙山之形啊。其形变之时,又出奇轰隆鸣响,有闷雷滚过之势,有钢骑奔驰之感。这是沙山之声啊。沙鸣过后,万山平平,一夜风吹,却更出奇的是平堆竟为丘,小丘竟为峰,辄复还如。这是沙山之力啊。进入十里,有一泉水,周回千数百步,其水澄澈,深不可测,弯环形如半月,千百年来不溢,不涸,沙漏不掉,沙掩不住,明明净净在沙中长居。这是沙山之神秘啊。《汉书》载:"元鼎四年,有神马(从泉中)出,武帝得之,作天马歌"。现天马虽已远走,泉中却有铁背游鱼,七星水草,相传食之甘美,亦强身益寿。这是沙山之精灵啊!

敦煌久为文化古都,敦者,大也,煌者,盛也;[2]旧时为丝绸之路咽喉,今日是西山高原公路交通枢纽。自莫高窟惊世骇俗以来,这沙山也天下称奇,多少年来,多少游客,大凡观了人工壁画,莫不再来赏这天地造化的绝妙的。放眼而去,一座沙山又一座沙山,偌大的蘑菇的模样,排列中错错落落,纷乱里有联有系:竖着的,顺着的,脉络分明,走势清楚,梁梁相接,全都向一边斜弯,呈弓的形状;横着的,岔着的,则半圆支叠,弧线套叉,传一唱三叹之情韵。[3]这是沙山之远景啊。沿沙沟而走,漫坡缓上,徐下慢坡,看山顶不高,蒙蒙不清晰,万道热气顺阳光下注,浮阳光上腾,忽聚忽散,散则丝丝缕缕,聚则一带一片,晕染梦幻,走近却一切皆无;偶尔见三米五米之外有彩光耀眼,前去细辨,沙竟分五色:红、黄、蓝、白、黑,不觉大惊小叫,脚踹之,手掬之,口袋是装满了,手帕是包饱了,满载欲归,却一时不知了东在哪里,西在何方? 茫然失却方向了。这是沙山之近景啊。登至山巅,始知沙山之背如刀如刃,赤足不能稳站,而山下泉水,中间的深绿,四边的浅绿,深绿绿得庄重的好,浅绿绿得鲜活的好。四周群山倒影又看得十分明白,疑心山有多高,水有多深,那水面就是分界线,似乎山是有根在水,山有多高,根也便有多长。人在山巅抬脚动手,水中人就豆粒般的倒立,如在瞳仁里,成千上万倍地缩小了。这是沙山俯景啊。站在泉边,借西山爽气豁人心神,迎北牖凉风荡涤胸次,解怀不卧,仄眼上眺,四面山坡无崖,无穴,无坎,无坑,漠漠上下,光洁细腻如丰腴肌肤。[4]这是沙山之仰景啊。阴风之日,山山外表一尺左右团团一层迷离,不即不离,如生烟生雾,如长毛长绒,悲鸣齐响,半响不歇,月牙泉内却水波不兴,日变黄色,下澈水底,一动不动,犹如泉之洞眼,盛夏晴朗天气,四山空洞,如在瓮底,太阳伸万条光脚,缓缓走过,沙不流下泻,却丝竹管弦之音奏起,看泉中有鱼跃起,亦是无声,却涟漪扩散,不了解这泉是一泓乐泉,还是这山是一架乐山? 这是沙山动中静、静中动之景啊。

(选自《散文三百篇》华夏出版社)

【作者】 贾平凹(1953年生),陕西丹凤县人,当代著名作家。主要著作有长篇小说7部,其中《浮躁》获1988年第八届美孚飞马文学奖;中短篇小说近30部,其中《满月儿》获首届全国优秀短篇小说奖;《腊月·正月》获得第三届全国优秀中篇小说奖;散文集十余部,其中《爱的踪迹》获首届全国优秀散文集奖;其他散文集有《月迹》《商州散记》等。

【赏析】 本文是以写景抒情为主要特征的游记。

本文在结构上有突出的特点,即采用"扇面形结构"。扇面形结构指描写、议论、抒情、记叙总是围绕一个焦点或是中心,内容由此向广度辐射、铺陈、面面展开,犹如打开的扇子,又称"扇面展开式结构"。这种结构形式在小说和散文创作中经常使用。扇面形结构重在同一侧面的扫描,从而见事物全貌于一端。本文以敦煌鸣沙山为描写中心,围绕着沙山,从古到今、从形到神、从远到近、从俯到仰、从动到静等一一描述,使我们获得了对沙山无论哪个角度的全面的认识。而且每一个侧面描写之后,都用一个相类似的感叹句做结语,诸如"这是沙山之形啊""这是沙山之力啊""这是沙山之神秘啊""这是沙山之精灵啊",这些感叹句清晰地将各个不同的层面区分开来,既在内容上与其他描写相隔开,又为新一个层面的描写提供了转换句式的机会。这种结构方式整饬而巧妙。

本文的语言也别具一格。首先,文章用语洗炼典雅,古色古香,富有古典美。文中大量运用文言句式,同时夹杂通俗的白话造成既俗又雅的语言特色。如选文[1]、[2]这两组句子中,单音节词与多音节词、现代句法与古代句法并用,使语言富于变化、错落有致。其次,语言干净利落,很少有华丽的修饰。如写沙山之远景、仰景,见选文[3]、[4],这两部分的语言语句简短,讲究对仗,和谐工整,读起来抑扬顿挫,很有节奏感。再次,文章中有些句子造语新奇,给人耳目一新之感。如"深绿绿得庄重的好,浅绿绿得鲜活的好"等。

修辞格的运用也为文章增添了不少文采,文中用了多种修辞格,有层递,如"一人登之,沙随足坠落,十人登之,半山就会软软泻流,千人万人登过了,那高耸的骤然挫低,肥塞的骤然减瘦"。此处的层递由少到多排列,表现了鸣沙山无穷的魅力。有拟人,如"太阳神万条光脚,缓缓走过"。将阳光比作太阳的脚,形象而生动;"缓缓走过"使抽象无形的时间流动有了质感。"人在山巅拾脚动手水中人就豆粒般的倒立,如在瞳仁里,成千上万倍地缩小了"。这种形象的比喻给人留下深刻印象。

水乡茶居(节选)
杨羽仪

在广东水乡,茶居是一大特色。

每个村庄,百步之内,必有一茶居。这些茶居,不像广州的大茶楼,可容数百人;每一小"居",约莫只容七八张四方桌,二十来个茶客。倘若人来多了,茶居主人也不心慌,临河水榭处,湾泊着三两画舫,每舫四椅一茶几,舫中品茶,也颇有味。[1]

……

茶居的名字,旧时多用"发记茶居""昌源茶室"之类字号。现在,水乡人也讲斯文,常常可见"望江楼""临江茶室""清心茶座"等雅号。[2]

……

水乡人饮茶,又叫"叹"茶。那个"叹"字,是广州方言,含有"品味"和"享受"之意。[3]不论"叹"早茶或晚茶,水乡人都把它作为一种享受。他们一天辛勤劳作,各自在为新生活奔忙,带着一天的劳累和溽热,有暇"叹"一盅茶,去去心火,便是紧张生活的一种缓冲。我认为"叹"茶的兴味,未必比酒淡些,它也可以达到"醺醺而不醉"的境界。

"叹"茶的特点是慢饮。倘在早晨,茶客半倚栏杆"叹"茶,是在欣赏小河如何揭去雾纱,露出俏美的真容么?瞧,两岸的番石榴、木瓜、杨桃果实,或浓或淡的香气,渗进小河里,迷蒙、淡远的小河,便如倾翻了满河的香脂。也许,是看大小船只在半醒半睡的小河中摇橹扬帆来去,看榕荫、朝日及小鸟的飞鸣吧!倘在傍晚,日光落尽,云影无光,两岸渐渐消失在温柔的暮色里,船上人的吆喝声渐渐远去。河面被一片紫雾笼罩。不知不觉,皎月悄悄浸在小河里……[4]此境此情,倘遇幽人雅士,固然为之倾倒,然而多是"卜老"的茶客。他们"叹"茶,动辄一两小时,有如牛的反刍,也是一种细细品味——不是品味着食物,而是品味着生活。

一座水乡小茶居,便是一幅"浮世绘"。茶被"冲"进壶里,不论同桌的是知已还是陌路人,话匣子就打开了。村里的新闻,世事的变迁,人间的悲欢,正史的还是野史的,电台播的大道新闻还是乡村小道消息,全都在"叹"茶中互相交换。说着,听着,有轻轻的叹息,有呵呵的笑声,也有愤世嫉俗的慨叹。无怪乎古时柳泉居士蒲松龄先生要在泉边开一小茶座,招呼过往客人,一边"叹"茶,一边收集可写《聊斋志异》的故事了。

……

月已阑珊,上下莹澈,茶居灯火的微茫,小河月影的皱皱,水气的奔驰,夜潮的拍岸,一座座小小茶居疑在醉乡中。一切都和心象相融合。我始觉这个"叹"字的功夫,颇如艺术的魅力,竟使人"渐醉"……　　　　(选自《人民文学》1984 年第 5 期)

【作者】　杨羽仪(1940 年生),广东省人,散文作家。著有散文集《古海里的北斗星》《南的微笑》《水乡茶居》《香港众生相》等。

【赏析】　本文为我们描绘了一幅广东水乡茶居的风俗画。特色鲜明,充满情趣。

本文是一篇情理相生的佳作。作者心怀对家乡茶居的眷念和热爱,将水乡茶居古朴雅致的、外观丰盛独到的茶食以及悠闲叹茶的习俗描绘得如诗如画。文章充满了浓郁的主观抒情色彩。作者除了展现茶居的别致、茶客的欢娱外,对人们富足美好的生活进行了由衷的赞美,将充满诗情画意的水乡意境进行了升华,从中人们看到了水乡人民充满自信、充满欢乐的生活和未来。

文章的语言表达富于变化。有说明,如选文[1]、[2]、[3],这些说明文字使我们对茶居有了清晰明确的认识。有描写,情景交融的描写文字是文章中最美丽的部分,如选文[4],作者用两个设问句引导人们的视线,用工笔手法细致地描绘了水畔茶居迷人的景色,赞美之情溢于言表。还有大量的叙述,在叙述过程中,值得注意的是作者运用了"闲笔"的表达方式。闲笔是指行文中穿插进或在首尾处安上的貌似离题、似无必要的文字,是与正笔相对对言的。闲笔的作用主要是充实、丰富文章内容,拓宽和加深主要事件的思想意义;调节文势烘托主体;增强文章的生活气息等。选文中写茶客"叹"茶内容时,将柳泉居士蒲松龄开茶座收集《聊斋志异》故事的典故插入其中,这段闲笔既丰富了文章表现的内容,又增加了闲适的情趣。

端午,在屈原的家乡(节选)

公刘

……

七条龙船一只接一只,在辽阔的江面组成了一个花环。这条龙首咬定那条龙尾,巡行一周,然后再各归各位——南岸莲花峰下的莲花漩,沿着沙滩等距离地一字儿排开,准备竞渡。每条龙船的泊位,都飘着一面红旗,与之遥遥相对的是,北岸也有七面红旗,很规整地画出了七条看不见的航线。[1]

税归的龙船,在狭长与轻巧上,和我家乡江西甚而至于整个南方,没有什么两样,龙首和龙尾的彩色木雕,也不一定显出多少特殊之处。富有魅力的和无法与之比拟的是人,是龙船上所有的人。布局和格调是这样富于巧思;龙是什么颜色,人的衣着也是什么颜色,由此而产生的效果(这里用得上"分感"一词了),自然是更逼真、更栩栩如生了。惟一的例外是紫龙,人们并没有穿紫衣,而是在浅紫色的底上边加织了深紫方格,质地疑是土布,这一变化,就更别具风韵了。每一条船上都有一位站立在尖尖的船头上的、那威风凛然是三军阵前的上将军,还配备一位掌梢的,两位舞旗的(腰旗和尾旗);另外一位鼓手,地位也十分重要,他不但击鼓,还要领唱或者带头哈喝;而排满两的 14 对桨手,仿佛都成了联体人。站在船头上的七位"上将军"各自手执不同的兵器:刀、剑、斧、锁铜……包括这些"上将军"在内,全体"指战员"人人头上都缠着一块头帕,上身都是一件小坎肩,裸露在阳光下的胳膊和胸肌直如紫铜铸就。[2]不知道为什么,我老觉着他们的眼睛也是规格化了的又大又明亮,放射着一种奇异的光芒;也长着一样的牙齿,又密又洁白。力在他们身上流动,流到哪儿,就鼓凸到哪儿。手执兵器者本领最为高强,不断地挥舞,同时做着种种凛然不可侵犯的表情,而且有时就在那方寸之地手之舞之,足之蹈之,甚至拿大鼎,竖蜻蜓;其中有两位须发皆白的长者,想必在 60 岁开外了,精神矍铄,一丝不苟,博得了大众的赞叹与欢呼;说他们是最机智、最勇敢、最尚武的水手中的水手,实不为过。击鼓者也不示弱,除了两臂不停地锤击外,那一阵阵的激越的鼓点,都直接转化为电能、光能和热能,使得周围的几万颗心都呼呼地着了火。旗子也要得极为活跃多变,他们的口哨就是命令,旗帜就是方向。28 位手的协同和谐,配合默契,达到了集体主义精神的最高境界。特别值得称道的是,他们快而不乱,重而不狂,像大雁掠翅似地一一飞过波峰浪谷,我当时几乎引起了超越时空的幻觉,仿佛眼前一个个全是断发文身的上古勇士,我甚至怀疑自己是不是回到了列祖列宗身旁。"楚虽三户,亡秦必楚"。我相信,如今我更懂得这句誓言和预言的活生生的意义了。

最撩人遐思的是歌声!是地地道道的举世无双的标准的楚音!伴着鼓,伴着锣,伴着鞭炮,伴着吆喝,伴着欢呼,人们唱起了招魂的挽歌,如泣如诉,如怨如慕,

呼天抢地,摧肝裂肺。请听这洒血而祭的呼唤吧:

我哥哟,回哟嗬,嘿嗬吧,

大夫大夫哟,听我说哟,嘿嗬吧,

天不可上啊,上有黑云万里

地不可下啊,下有九关八极

东不可往啊,东有弱水无底

南不可去啊,南有豺狼狐狸

西不可向啊,西有流沙戈壁,

北不可游啊,北有冰雪盖地。

惟愿我大夫,快快回故里,

衣食勿须问,楚国好天地……

听了这发自心底的声音,铁人也要落泪!人民的心声,多少代,流传至今,永不寂灭,永不低回,这才是真正的万寿无疆啊!

我哭了。

——(选自《当代作家随笔精选》)

【作者】 公刘(1927年生),江西南昌人,当代著名诗人。主要作品有诗集《神圣的岗位》《黎明的城》《在北方》;诗选集《离离原上草》;长诗《尹灵芝》《白桦·红花》《仙人掌》等。

【赏析】 本文是一篇随感式游记。

全文以时间、空间为主要结构线索,采用随笔形式记述了作者20世纪80年代初随同"诗人访问团"到屈原的家乡过端午节的难忘经历。

"江游"和"招魂"是文章中最具风采的部分。在这两部分的写作过程中,作者激情澎湃、思绪万千,运用点面结合的写作手法将壮美热闹的场面和激越沸腾的情感渲染得淋漓尽致。点面结合中,点指构成事物整体的最小单位、项目或局部;面则指构成事物整体的某一方面、某个范围或它的全局。点上的材料和面上的材料相组合,即为点面结合。这种结构形式通常用于景物或场面的描写,表现为:全文有一部分是全景式的鸟瞰或整体性的勾勒,有一部分是局部的描摹或个别物象的特写。或者,有一部分是对广阔背景的大笔渲染,还有一部分是对表现主题的局部的精雕细刻。本文在写"江游"的热闹场景时采用的就是整体性勾勒与局部的描摹相结合的方式作者先写远景,见选文[1],接着近距离细致地描绘,见选文[2],其中对龙舟首尾的彩色木雕、龙舟上选手们的穿着打扮、精气神的描写是静态的,对龙舟上选手们各个不同的精彩表演的描写是动态的动静结合的描写手法使"江游"的热闹场面生动地呈现在读者面前。点面的有机结合既符合大场面的观赏状态,又符合读者的审美习惯,再加上作者不无夸张的渲染,场面的宏大与热烈跃然纸上。

对"招魂"场面的描写,则突出了情感的浓烈。歌声"伴着鼓伴着锣,伴着鞭炮,伴着吆喝,伴着欢呼""如泣如诉,如怨如慕,呼天抢地,摧肝裂肺",这是整体状态的描写,歌词的具体引用将这种情感表现得更加真切。情真意切的招魂歌表达了楚地人民对屈原深挚的怀念和爱戴,感奋人心的招魂场面对于每一位观赏者无疑又成为爱祖国、爱人民教育的大课堂,文章的主题随之得到了升华。

都江堰(节选)
余秋雨

我以为,中国历史上最激动人心的工程不是长城,而是都江堰。

长城当然也非常伟大,不管孟姜女们如何痛哭流涕,站远了看,这个苦难的民族竟用人力在野山荒漠间修了一条万里屏障,为我们生存的星球留下了一种人类意志力的骄傲。长城到了八达岭一带已经没有什么味道,而在甘肃、陕西、山西、内蒙古一带,劲厉的寒风在时断时续的颓壁残垣间呼啸,淡淡的夕照、荒凉的旷野溶成一气,让人全身心地投入对历史、对岁月、对民族的巨大惊悸,感觉就深厚得多了。

但是,就在秦始皇下令修长城的数十年前,四川平原上已经完成了一个了不起的工程。它的规模从表面上看远不如长城宏大却注定要稳稳当当地造福千年。如果说,长城占据了辽阔的空间那么,它却实实在在地占据了邈远的时间。长城的社会功用早已废弛,而它至今还在为无数民众输送汩汩清流。有了它,旱涝无常的四川平原成了天府之国,每当我们民族有了重大灾难,天府之国总是沉着地提供庇护和濡养。因此,可以毫不夸张地说,它永久性地灌溉了中华民族。

有了它,才有诸葛亮、刘备的雄才大略,才有李白、杜甫、陆游的川行华章。说得近一点,有了它,抗日战争中的中国才有一个比较安定的后方。[1]

它的水流不像万里长城那样突兀在外,而是细细浸润、节节延伸.延伸的距离并不比长城短。长城的文明是一种僵硬的雕塑,它的文明是一种灵动的生活。长城摆出一副老资格等待人们的修缮,它却卑处一隅,像一位绝不炫耀、毫无所求的乡间母亲,只知贡献。一查履历,长城还只是它的后辈。[2]

它,就是都江堰。

……

七转八弯,从简朴的街市走进了一个草木茂盛的所在。脸面渐觉滋润,眼前愈显清朗,也没有谁指路,只向更滋润、更清朗的去处走。忽然,天地间开始有些异常,一种隐隐然的骚动,一种还不太响却一定是非常响的声音,充斥周际。如地震前兆,如海啸将临,如山崩即至,[3]浑身起一种莫名的紧张,又紧张得急于趋附。不知是自己走去的还是被它吸去的,终于陡然一惊,我已站在伏龙观前,眼前,急流浩荡,大地震颤。

即便是站在海边礁石上,也没有像这里这样强烈地领受到水的魅力。海水是雍容大度的聚会,聚会得太多太深,茫茫一片,让人忘记它是切切实实的水,可掬可捧的水。这里的水却不同,要说多也不算太多,但股股叠叠都精神焕发,合在一起比赛着飞奔的力量,踊跃着喧嚣的生命。这种比赛又极有规矩,奔着奔着,遇到江心的分水堤,刷地一下裁割为二,直窜出去,两股水分别撞到了一道坚坝,立即乖乖地转身改向,再在另一道坚坝上撞一下,于是又根据筑坝者的指令来一番调整……也许水流对自己的驯顺有点恼怒了,突然撒起野来,猛地翻卷咆哮,但越是这样越是显现出一种更壮丽的驯顺。已经咆哮到让人心魄俱夺,也没有一滴水溅错了方位。阴气森森间,延续着一场千年的收伏战。水在这里,吃够了苦头也出足了风头,就像一大拨翻越各种障碍的马拉松健儿,把最强悍的生命付之于规整,付之于企盼,付之于众目睽睽。看云看雾看日出各有胜地,要看水,万不可忘了都江堰。

(选自《秋雨散文》浙江文艺出版社出版)

【作者】 余秋雨(1946年生),浙江余姚人。散文家、教授主要著作有散文集《文化苦旅》《千年一叹》《霜冷长河》《山居笔记《行者无疆》等。

【赏析】 《都江堰》是一篇以夹叙夹议为主要特征的游记。

夹叙夹议是一种独特的文学表达技巧。意指一边叙述,一边议论,以取得叙事与明理浑然一体的效果。夹叙夹议有两种表现形式:一是由叙而议,再叙再议,多层叙述与多层议论穿插交错,由浅入深,由轻而重,螺旋上升,最终归入题旨。二是叙议结合成为文章的意脉,贯穿全篇。《都江堰》即采用后种叙述方式。

文章开篇即不同凡响,开门见山地指出了都江堰的伟大,接下来作者以充满诗意的语言将长城与都江堰进行了对比,叙述了都江堰悠久的历史,虽然不宏大但默默造福百姓至今仍然发挥作用的奉献精神,得出的结论是"它永久性地灌溉了中华民族"。在随后的叙述中,作者进一步挖掘了都江堰所给予人们的精神启迪——它的默默无闻,它的坚忍不拔,使都江堰与长城一样成为民族精神的一种象征。作者这种叙议结合的表达方式,无疑使作品的思想意义得到了更充分、更形象的体现。

本文语言生动活泼,充满才情。文中大量使用判断句,态度鲜明,语气肯定,充满自信,不容置疑。文中多次运用排比句,如选文[1]、[3],排比的运用强化了作者的激情,渲染了气氛,增强了审美效果。作者还运用比喻、拟人等修辞手法使叙事议论形象化,如选文[2],这段文字中既有比喻又有拟人,将都江堰与长城比作母亲与晚辈的关系,既有历史的真实性又有形象的表现力。

读沧海(节选)

刘再复

……

打开海蓝色的封面,我进入了书中的境界。隐约地,我听到太阳清脆的铃声,海底朦胧的音乐。乐声中,我眼前出现了神奇的海景,我看到了安徒生童话里白天鹅洁白的舞姿,看到罗马大将安东尼和埃及女王克莉奥特佩屈拉在海战中爱与恨交融的戏剧.看到灵魂复苏的精卫鸟化作大群的银鸥在寻找当年投入海中的树枝,看到徐悲鸿的马群在这蓝色的大草原上仰天长啸,看到舒伯特的琴键像星星在浪尖上跳动……

就在此时此刻,我感到一种神奇的变动在我身上发生,一种无法言说的谜在我胸中跃动:一种曾经背叛过我自己,但是非常美好的东西复归了,而另一种我曾想摆脱而无法摆脱的东西消失了。我感到身上好像减少了很多,又增加了很多,只是减少了些什么和增加了些什么,我说不出来。只感到我自己的世界在扩大,胸脯在奇异地伸延,一直伸延到无穷的远方,伸延到海天的相接处,我觉得自己的心,同天,同海,同躲过的星月连成一片。也就在这个时候,喜悦像涌上海面的潜流,突然滚过我的胸脯。生活多么好呵!这大海拥载着的土地,这土地拥载着的生活,多么值得我爱恋呵!

……

我读着海。我知道海是古老的书籍,很古老很古老了,古老得不可思议。

原始海洋没有水,为了积蓄成大海,造化曾经用了整整十亿年。造化天才的杰作呵!十亿年的积累,十亿年的构思,十亿年吮吸天空与大地的乳汁。雄伟的横贯天地的巨卷呵!谁能在自己的一生中读尽你的丰富而博大的内涵呢?

有人在你身上读到豪壮,有人在你身上读到寂寞,有人在你心中读到爱情,也有人在你心中读到仇恨,有人在你身边寻找生,有人在你身边寻找死。那些蹈海的英雄,那些自沉海底失败的改革者,那些越过怒浪向彼岸进攻的冒险家,那些潜入深海发掘古化石的学者,那些耳边飘忽着丝绸带子的水兵,那些驾着风帆顽强地表现自身强大本质的运动健将,还有那些仰仗着你的豪强铤而走险的海盗,都在你这里集合过,把你作为人生的拼搏的舞台。

你,伟大的双重结构的生命,兼收并面的胸怀:悲剧与喜剧,壮剧与闹剧,正与反,潮与汐,深与浅,珊瑚与礁石,洪涛与微波,浪花与泡沫,火山与水泉,巨鲸与幼鱼,狂暴与温柔,明朗与朦胧,清新与混沌,怒吼与低唱,日出与日落,诞生与死亡,都在你身上冲突着,交织着。

哦!雨果所说的"大自然的双面像",你不就是典型吗?

在颤抖的长岁月中,不知有多少江河带着黄土染污你的蔚蓝,不知道有多少狂风带着大陆的尘埃挑衅你的壮丽,也不知道有多少巨鲸与群鲨的尸体毒化你的芬芳,然而,你还是你。海浪还是那样活泼,波光还是那样明艳,阳光下,海水还是那样清澈。不是吗?我明明读到浅海的海底,明明读到沙,读到礁石,读到飘动的海带。呵!我的书籍,不被污染的伟大的篇章,不会衰老的雄奇文采!我终于读到了书魂——一种伟大的力量,一种比海上的风暴更伟大的力量,这是举世无双的沉淀力与排除力,这是自我克服与自我战胜的蔚蓝色的奇观。

(选自《太阳·土地·人》)

【作者】 刘再复(1941年生),福建人,作家、文艺理论家,著有散文集《雨丝集》《探海的追寻》《告别》《太阳·土地·人》《洁白的灯心草》等,还有传记文学《鲁迅传》及理论文集《鲁迅美学思想论稿《性格组合论《刘再复论文选》等。

【赏析】 本文是一篇气势磅礴的写海的佳作。在构思、写作技法方面都富有特色。

从构思上看,本文的立意别出心裁、新颖别致。对于大海,人们描写过很多,观海、听海、赶海、想海、探海、问海等从诸多不同的角度写都有成功的文字。本文作者独辟蹊径,将大海喻为一本“展示在天与地之间的书籍”。仔细阅读,我们读出了海的久远、海的博大、海的力量、海的深奥,这一独特的写海角度为文章增添了魅力,读起来让人有耳目一新的感觉。

从写作技法上看,本文成功运用了两大艺术技法,一是照应,二是繁笔。

照应是文学创作中一种非常重要的写作技法,指在写作中重视内容的前后呼应。在实际应用中照应有多种具体形式,主要有细节照应、环境照应、性格照应、首尾照应、题文照应等。《读沧海》中既有首尾照应又有题文照应。作者开篇写“我来到海滨了”,结尾时写“别了,大海”,这样,形成了一个封闭的结构,首尾应和,十分完整。另外,文章题为《读沧海》,在行文中,多次重现,使题与文不断得到照应,这样的应和使文章的节奏非常紧凑,像交响乐中的主旋律一样不断得到重现,加深了读者的印象。

繁笔又称作“用墨如泼”,指写文章用墨如泼水一般,酣畅淋漓地铺陈渲染的方法。《读沧海》在表现大海的境界、摹写大海的豪放、展现大海的深奥时反复运用繁笔的表现手法,借助比喻、夸张、拟人,特别是排比等修辞手段达到了多方着墨、大肆铺陈的效果,创造了波澜壮阔、意象纷繁的艺术世界。

参考文献

[1] 导游教材编写组.汉语言文学知识[M].北京:旅游教育出版社,2002.

[2] 孙小兵.中国现代文学[M].哈尔滨:哈尔滨工程大学出版社,2004.

[3] 陆俭明.现代汉语语法研究教程[M].北京:北京大学出版社,2003.

[4] 徐中玉,陶型传.大学语文[M].上海:华东师范大学出版社,2006.

[5] 吕福田.阅读与写作专论[M].哈尔滨:黑龙江人民出版社,2004.

[6] 火玥人.应用文写作[M].北京:中国电力出版社,2003.

[7] 董小玉,刘海涛.现代写作教程[M].3版.北京:高等教育出版社,2014.

[8] 夏秀,于瑞桓,陈晓洁.新编大学写作[M].青岛:中国海洋大学出版社,2018.

[9] 邹红.影视文学教程[M].北京:中国人民大学出版社,2004.

[10] 朱栋霖,丁帆,朱晓进.中国现代文学史(1917—1997)[M].北京:高等教育出版社,1999.

[11] 洪子诚.中国当代文学史(修订版)[M].北京:北京大学出版社,1999.

[12] 袁行霈.中国文学史[M].北京:高等教育出版社,2005.